高职高专"十三五"规划系列教材

新编高职大学语文

吴汉德　钱旭初　徐四海　主　编
　　　　杨　丽　章　玳　副主编

东南大学出版社
·南京·

内容提要

本教材是根据高职高专学生的通用能力、企业需求和典型工作任务设计和编写。该教材突出职业教育的理念，紧密结合教学实际和学生职业需求，按"走进大学，感悟校园"、"我的大学，雅言之韵"、"我的大学，文学之魅"、"我的大学，文化之旅"、"我的大学，文章之法"、"告别大学，服务社会"六个模块进行教学设计。通过语言、文字、文学、文化、文章、应用等一体化教学，提高学生阅读、思维、表达和拓展能力，强调人文素质与职业素质的融合，着力提高学生阅读、思维能力和表达拓展能力，为提高学生的文化素养和学好各类专业课程、接受通才教育奠定基础。

教材还吸收了高职高专大学语文课程最新研究成果，以目标导向、任务驱动的方式设置教学模块，实行模块式项目化教学，更多强调让学生在学中练、练中学，具有职业性、针对性、实用性等特点。在选文上注意照顾到各类文体，并穿插适当点评，体例、版式调整设计新颖，同时穿插针对性较强的"工作任务"，构成"立体"、"集合"式的、特色鲜明的大学语文教材，在同类教材中是首次大胆尝试。

图书在版编目(CIP)数据

新编高职大学语文/吴汉德，钱旭初，徐四海主编.
—南京：东南大学出版社，2014.1(2022.1重印)
高职高专"十二五"规划系列教材
ISBN 978-7-5641-4639-9

Ⅰ.①新… Ⅱ.①吴…②钱…③徐… Ⅲ.①大学语文课—高等职业教育—教材 Ⅳ.①H19

中国版本图书馆 CIP 数据核字(2013)第 267767 号

新编高职大学语文

主　　编	吴汉德　钱旭初　徐四海		责任编辑	陈　跃
电　　话	(025)83795627/83362442(传真)		电子邮箱	chenyue58@sohu.com
出版发行	东南大学出版社		出 版 人	江建中
地　　址	南京市四牌楼2号		邮　　编	210096
销售电话	(025)83794121/83795801			
网　　址	http://www.seupress.com		电子邮箱	press@seupress.com
经　　销	全国各地新华书店		印　　刷	南京玉河印刷厂
开　　本	700mm×1000mm　1/16		印　　张	21.25
字　　数	428千字			
版印次	2014年1月第1版　2022年1月第10次印刷			
书　　号	ISBN 978-7-5641-4639-9			
定　　价	58.00元			

* 本社图书若有印装质量问题，请直接与营销部联系。电话：025-83791830。

目　　录

模块一　走进大学·感悟校园

项目一　感受大学 …………………………………………………… 1
1. 大学的精神升华(节选) ……………………………… 雅斯贝尔斯 1
2. 我所知道的康桥(节选) ………………………………… 徐志摩 4

项目二　认识自我 …………………………………………………… 11
3. 致燕妮 ………………………………………………………… 马克思 11
4. 一般书信的写作 …………………………………………………… 12
5. 自传与个人简历的写作 …………………………………………… 15

项目三　学习生涯规划 ……………………………………………… 21
6. 计划的写作 ………………………………………………………… 21

项目四　单元学习成果汇报 ………………………………………… 24

模块二　我的大学·雅言之韵

项目一　感悟母语 …………………………………………………… 31
1. 认得几个字(节选) ……………………………………… 张大春 31
2. 汉字书法与文字之美(节选)(自读篇目) ……………… 王岳川 37
　附:常用字体集成 ………………………………………………… 41

项目二　说话的艺术 ………………………………………………… 42
3. 烛之武退秦师 …………………………………………… 左丘明 42
4. 诸葛亮舌战群儒 ………………………………………… 罗贯中 47
5. 国际大专辩论赛决赛辩词(自读篇目) ……………………… 54
　附:国际大专辩论赛规则 ………………………………………… 59

项目三　汉语的美感 ………………………………………………… 60
6. 蒹葭 ……………………………………………………… 《诗经》 60
7. 春江花月夜 ……………………………………………… 张若虚 62
8. 登高 ………………………………………………………… 杜甫 66
9. 声声慢 …………………………………………………… 李清照 68
10. 西厢记(节选) …………………………………………… 王实甫 71

1

11. 雨巷 ························· 戴望舒　80
　　12. 听听那冷雨(自读篇目) ············· 余光中　85
　　13. 世界上最遥远的距离(自读篇目) ········ 泰戈尔　91
　　14. 诗歌朗诵的技巧 ·························· 92
项目四　演讲稿的写作 ·························· 97
　　15. 敬业与乐业 ······················· 梁启超　97
　　16. 演讲稿的写作 ························· 101
项目五　单元学习成果汇报 ····················· 105

模块三　我的大学·文学之魅

项目一　中国文学长河 ························· 111
　　1. 诗经(三首) ···························· 111
　　　附：上邪 ······························ 113
　　　　　菩萨蛮 ···························· 114
　　2. 李将军列传(节选) ·················· 司马迁　118
　　3. 宣州谢朓楼饯别校书叔云 ············· 李白　127
　　4. 定风波 ························· 苏轼　130
　　5. 狂人日记(节选) ····················· 鲁迅　133
　　6. 边城(节选) ······················· 沈从文　142
　　7. 回答 ·························· 北岛　147
项目二　文学形象分析 ························· 152
　　8. 雷雨(节选) ······················· 曹禺　152
　　9. 金锁记(节选) ····················· 张爱玲　161
　　10. 萧峰之死(节选)(自读篇目) ··········· 金庸　170
项目三　单元学习成果汇报 ····················· 182

模块四　我的大学·文化之旅

项目一　文化人格追寻 ························· 185
　　1. 论语(二则) ··························· 185
　　2. 应帝王(节选) ······················ 庄子　188
　　3. 智者乐水，仁者乐山 ················ 刘向　191
　　4. 哀郢 ·························· 屈原　194
　　5. 饮酒(其五) ······················· 陶渊明　200
　　6. 念奴娇·昆仑 ····················· 毛泽东　203

7. 无梦楼随笔(五则) ································· 张中晓 206
　8. 受戒(节选) ·· 汪曾祺 209
项目二　单元学习成果汇报 ································· 225

模块五　我的大学・文章之法

项目一　主题的提炼和表达 ····································· 228
　1. 长恨歌 ·· 白居易 228
　2. 吃瓜子(节选) ·· 丰子恺 233
　3. 断章 ·· 卞之琳 240
项目二　情节的组成和结构 ····································· 243
　4. 神话二则 ·· 243
　5. 子夜(节选) ·· 茅盾 247
项目三　社会调查与社会实践 ································· 264
　6. 调查报告的写作 ····································· 264
　7. 社会实践报告的写作 ······························· 271
项目四　单元学习成果汇报 ····································· 277

模块六　告别大学・服务社会

项目一　告别校园 ·· 281
　1. 送别 ·· 李叔同 281
　2. 论工作 ·· 纪伯伦 283
　3. 希波克拉底誓言 ···································· 希波克拉底 287
　4. 赠与今年的大学毕业生(自读篇目) ·············· 胡适 290
项目二　毕业论文与总结 ··· 299
　5. 毕业论文的写作 ····································· 299
　6. 总结的写作 ··· 317
项目三　求职信 ··· 322
　7. 致米兰大公书 ·· 达·芬奇 322
　8. 求职信的写作 ·· 323
项目四　单元学习成果汇报 ····································· 328

模块一 走进大学·感悟校园

项目一 感受大学

1. 大学的精神升华(节选)

雅斯贝尔斯

卡尔·西奥多·雅斯贝尔斯(1883—1969),出生于德国奥尔登堡。他是德国存在主义哲学家、神学家、精神病学家。代表作品有《这个时代的人》《现代的精神状况》《尼采》《存在哲学》《哲学入门》《什么是教育》等。

大学也是一种学校,但它是一种特殊的学校。学生在大学里不仅要学习知识,而且要从教师的教诲中学习研究事物的态度,培养影响其一生的科学思维方式。大学生要具有自我负责的观念,并带着批判精神从事学习,因而拥有学习的自由;而大学教师则是以传播科学真理为己任,因此他们有教学的自由。

大学的理想要靠每一位学生和教师来实践,至于大学组织的各种形式则是次要的。如果这种为实现大学理想的活动被消解,那么单凭组织形式是不能挽救大学的生命的,而大学的生命全在于教师传授给学生新颖的、符合自身境遇的思想来唤起他们的自我意识。大学生们总是潜心地寻觅这种理想并时刻准备接受它,但当他们从教师那里得不到任何有益的启示时,他们便感到理想的缥缈和希望的破灭而无所适从。如果事实果真如此,那他们就必须经历人生追求真理的痛苦磨难去寻求理想的亮光。

我认为,大学的理想始终存在,只要西方国家的大

学习目标与建议

1. 认识与理解大学的本质。
2. 认识与理解在大学期间培养科学的思维方式、自由追求真理、培养创造的精神,正确建筑并坚守自己精神家园的意义。

思考与练习

思考一下:你的大学理想是什么?你将以怎样的姿态走进"大学"?

1

学里还把自由作为其生命的首要原则,那么实现这种理想则依赖于我们每一个人,依赖于理解这一理想并将他广为传授的单个个人。

年轻一代正因为年轻气盛,所以从其天性来说,他们对真理的敏感速度往往比成熟以后更为灵敏。哲学教授的任务就是,向年轻一代指出哪些是对思想史作出重大贡献的哲学家,不能让学生们把这些哲学家与普通的哲学家混为一谈。哲学教授应鼓励学生对所有可知事物科学的意义的把握,让他们认识到生活在大学的理想之中,并且意识到自己有责任去创新、去建设和实现这一理想,他不必讳言知识的极限,但是他要教授适当的内容。

精神贵族是从各阶层中产生的,其本质特征是品德高尚、个体精神的永不衰竭和才华横溢,因此精神贵族只能是少数人。大学的观念应指向这少数人,而芸芸众生则在对精神贵族的憧憬中看到了自身的价值。

> 任何一个具有高尚品德、个体精神永不衰竭的人,都可以有条件成为精神贵族。

但是,由于精神贵族只能在民主社会中得到承认,而不是出自自我要求,因此大学必须为他们提供机会。大学就是要求在成绩和个性方面都十分突出的人才,这是不言而喻的,他们才构成了大学生命的条件。

人们普遍认为,大学的更新要与整个人类观念的改变联系起来把握,其结果仿佛会导致国家观念的觉醒。一个真正的民主国家懂得怎样运用权力,惟其如此,国家的意义才能深深扎根于民众的日常思维方式中。如同所有精神生活一样,国家不断校正自我的形象,在精神的斗争中显出自由,精神通过共同的任务存在于与它相连的对立面中。这样的国家充满了尊重知识的气氛,因此,在大学的精神创造中不仅要寻求最透明的意识,而且还要寻找国民教育的根源。

大学生是未来的学者和研究者。即使他将来选择实用性的职业,从事实际的工作,但在他的一生中,将永远保持科学的思维方式。

原则上,学生有学习的自由,他再也不是一个高中生,而是成熟的、高等学府中的一分子。如果要培养出科学人才和独立的人格,就要让青年人勇于冒险,当然,也允许他们懒惰、散漫,并因此而脱离学术职业的

> 学生有学习的自由,是指要具有自我负责的观念,并带着批判精神从事学习,培养影响其一生的科学思维方式。

自由。

如果人们要为助教和学生定下一系列学校的规则,那就是精神生活、创造和研究的终结之日。在这种状况下成长起来的人,必然在思维方式上模棱两可、缺乏批判力,不会在每一种境况中寻找真理。

假如我们希望大学之门为每一个有能力的人敞开,就应该让全国公民,而不是某些阶层中的能干人拥有这项权利。这就是说不要因为一些需要特别技巧应付的考试而淘汰了真正具有创造精神的人。

解读与鉴赏

本文节选自雅斯贝尔斯著《什么是教育》一书,它是作者对大学教育思索的片段。"大学的精神升华"的含义是人类社会在传承大学精神的同时,还有责任不将断它升华。

在文中,作者提倡认识自我、肯定自我和实现自我,这不仅是其哲学思想的体现,而且还运用到大学教与学的实践之中。

作者主张教师有教学的自由——要以传播科学真理为己任,大学生拥有学习的自由——要具有自我负责的观念,并认为大学是要带有批判精神从事的学习,是培养影响其一生的科学思维方式的学习,这也是大学的精神所在。

知识积累

1. 雅斯贝尔斯,德国哲学家、精神病学家,存在主义的主要代表。他认为人的存在有四种形式,即"此在"、一般意识或意识本身、精神、生存。强调只有生存才是人的真正存在的形式。他在著作《哲学》中详尽叙述了人所体验的三种存在方式,即客观存在、自我存在和自在存在。自在存在指体验自我存在之后超越世界和认识其他世界的境界。其存在主义思想就是认识自我、肯定自我和实现自我。

2. 存在主义,又称生存主义,当代西方哲学主要流派之一。最早由法国有神论的存在主义者马塞尔提

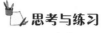
思考与练习

1. 作者认为,教师有教学的自由,大学生有学习的自由。请阐述你是怎样理解"自由"的。

2. 结合课文,并联系自身的学习经历,试谈谈你对大学是"一种特殊的学校"的认识。

3. 作为大学生,请阐述你的大学学习目标是什么,你对大学学习有怎样的期待和选择。

参考阅读

所谓教育,不过是人与人的主体间灵肉交流活动(尤其是老一代对年轻一代),包括知识内容的传授、生命内涵的领悟、意志行为的规范,并通过文化传递功能,将文化遗产教给年轻一代,使他们自由地生成,并启迪其自由的天性。

——雅斯贝尔斯

雅斯贝尔斯的一生没有跌宕起伏的事件,没有传记,他把全部精力投入了思维。

——桑纳尔

出。存在主义是一个很广泛的哲学流派,主要包括有神论的存在主义、无神论的存在主义和存在主义的马克思主义三大类,它可以指任何把孤立个人的非理性意识活动当作最真实存在的人本主义学说。存在主义以人为中心、尊重人的个性和自由,认为人是在无意义的宇宙中生活,人的存在本身也没有意义,但人可以在存在的基础上自我造就,活得精彩。

2. 我所知道的康桥(节选)

徐志摩

徐志摩(1897—1931),浙江海宁人。现代著名诗人、散文家。1921年开始新诗创作。1923年参与发起新月社,成为新月诗派的代表诗人。著有诗集《翡冷翠的一夜》《猛虎集》《云游》,散文集《落叶》《巴黎的鳞爪》《自剖》等。其中,《再别康桥》《翡冷翠的一夜》、《我所知道的康桥》《翡冷翠山居闲话》等都是传世的名篇。

学习目标与建议

1. 了解徐志摩的生平及其代表作品。

2. 了解作者与康桥的渊源,理解作者对康桥的情感内涵。

3. 学习本文借景抒情的特点。

(三)

康桥的灵性全在一条河上;康河,我敢说是全世界最秀丽的一条水。河的名字是葛兰大(Granta),也有叫康河(River Cam)的,许有上下流的区别,我不甚清楚。河身多的是曲折,上游是有名的拜伦潭——"Byron's Pool"——当年拜伦常在那里玩的;有一个老村子叫格兰骞斯德,有一个果子园,你可以躺在累累的桃李树荫下吃茶,花果会掉入你的茶杯,小雀子会到你桌上来啄食,那真是别有一番天地。这是上游;下游是从骞斯德顿下去,河面展开,那是春夏间竞舟的场所。上下河分界处有一个坝筑,水流急得很,在星光下听水声,听近村晚钟声,听河畔倦牛刍草声,是我康桥经验中最神秘的一种:大自然的优美、宁静,调谐在这星光与波光的默契中不期然地淹入了你的性灵。

但康河的精华是在它的中流,著名的"Backs",这

Backs,英国剑桥大学的后花园,以景色优美著称。

两岸是几个最蜚声的学院的建筑。从上面下来是Pembroke, St. Katharine's, King's, Clare, Trinity, St. John's。最令人流连的一节是克莱亚与王家学院的毗连处,克莱亚的秀丽紧邻着王家教堂(King's Chapel)的宏伟。别的地方尽有更美更庄严的建筑,例如巴黎赛因河的罗浮宫一带,威尼斯的利阿尔多大桥的两岸,翡冷翠维基乌大桥的周遭;但康桥的"Backs"自有它的特长,这不容易用一二个状词来概括,它那脱尽尘埃气的一种清澈秀逸的意境可说是超出了画图而化生了音乐的神味。再没有比这一群建筑更调谐更匀称的了!论画,可比的许只有柯罗(Corot)的田野;论音乐,可比的许只有萧班(Chopin)的夜曲。就这也不能给你依稀的印象,它给你的美感简直是神灵性的一种。

假如你站在王家学院桥边的那棵大椈树阴下眺望,右侧面,隔着一大方浅草坪,是我们的校友居(fellows Building),那年代并不早,但它的妩媚也是不可掩的,它那苍白的石壁上春夏间满缀着艳色的蔷薇在和风中摇颤,更移左是那教堂,森林似的尖阁不可浼的永远直指着天空;更左是克莱亚,啊!那不可信的玲珑的方庭,谁说这不是圣克莱亚(St. Clare)的化身,哪一块石上不闪耀着她当年圣洁的精神?在克莱亚后背隐约可辨的是康桥最潇贵最骄纵的三清学院(Trinity),它那临河的图书楼上坐镇着拜伦神采惊人的雕像。

但这时你的注意早已叫克莱亚的三环洞桥魔术似的摄住。你见过西湖白堤上的西泠断桥不是(可怜它们早已叫代表近代丑恶精神的汽车公司给踩平了,现在它们跟着苍凉的雷峰永远辞别了人间)?你忘不了那桥上斑驳的苍苔,木栅的古色,与那桥拱下泄露的湖光与山色不是?克莱亚并没有那样体面的衬托,它也不比庐山栖贤寺旁的观音桥,上瞰五老的奇峰,下临深潭与飞瀑;它只是怯伶伶的一座三环洞的小桥,它那桥洞间也只掩映着细纹的波鄰与婆婆的树影,它那桥上栀比的小穿阑与阑节顶上双双的白石球,也只是村姑子头上不夸张的香草与野花一类的装饰;但你凝神地看着,更凝神地看着,你再反省你的心境,看还有一丝屑的俗念沾滞不?只要你审美的本能不曾泯灭时,这

Pembroke,潘布鲁克学院。St. Katharine's,圣凯瑟琳学院。King's,王家学院。Clare,克莱亚学院。Trinity,三清学院。St. John's,圣约翰学院。

翡冷翠,作者对佛罗伦萨的翻译。

Chopin,今译肖邦。

注意文中写景时的人称。

雷峰,即雷峰塔。

是你的机会实现纯粹美感的神奇!

  但你还得选你赏鉴的时辰。英国的天时与气候是走极端的。冬天是荒谬的坏,逢着连绵的雾盲天你一定不迟疑地甘愿进地狱本身去试试;春天(英国是几乎没有夏天的)是更荒谬的可爱,尤其是它那四五月间最渐缓最艳丽的黄昏,那才真是寸寸黄金。在康河边上过一个黄昏是一服灵魂的补剂。阿!我那时蜜甜的单独,那时蜜甜的闲暇。一晚又一晚的,只见我出神似的倚在桥阑上向西天凝望——

> 看一回凝静的桥影,
> 数一数螺钿的波纹:
> 我倚暖了石阑的青苔,
> 青苔凉透了我的心坎……

还有几句更笨重的怎能仿佛那游丝似轻妙的情景:

> 难忘七月的黄昏,远树凝寂,
> 像墨泼的山形,衬出轻柔暝色,
> 密稠稠,七分鹅黄,三分橘绿,
> 那妙意只可去秋梦边缘捕捉……

(四)

  这河身的两岸都是四季常青最葱翠的草坪。从校友居的楼上望去,对岸草场上,不论早晚,永远有十数匹黄牛与白马,胫蹄没在恣蔓的草丛中,从容地在咬嚼,星星的黄花在风中动荡,应和着它们尾鬃的扫拂。桥的两端有斜倚的垂柳与椈阴护住。水是澈底的清澄,深不足四尺,匀匀的长着长条的水草。这岸边的草坪又是我的爱宠,在清朝,在傍晚,我常去这天然的织锦上坐地,有时读书,有时看水,有时仰卧着看天空的行云,有时反仆着搂抱大地的温软。

  但河上的风流还不止两岸的秀丽,你得买船去玩。船不止一种:有普通的双桨划船,有轻快的薄皮舟(Canoe),有最别致的长形撑篙船(Punt)。最末的一种是别处不常有的:约莫有二丈长,三尺宽,你站直在船艄上用长竿撑着走的。这撑是一种技术。我手脚太蠢,始终不曾学会。你初起手尝试时,容易把船身横住在河中,东颠西撞的狼狈。英国人是不轻易开口笑人的,

---

此处,连用"荒谬",恰是内心情感的写照。

康河的黄昏是灵魂的补剂。

再别康桥

轻轻的我走了,
正如我轻轻的来;
我轻轻的招手,
作别西天的云彩。

那河畔的金柳,
是夕阳中的新娘;
波光里的艳影,
在我的心头荡漾。

软泥上的青荇,
油油的在水底招摇;
在康河的柔波里,
我甘心做一条水草!

那榆阴下的一潭,
不是清泉,是天上虹,
揉碎在浮藻间,
沉淀着彩虹似的梦。

寻梦?撑一支长篙,
向青草更青处漫溯,
满载一船星辉,
在星辉斑斓里放歌。

但我不能放歌,
悄悄是别离的笙箫;

但是小心他们不出声的皱眉！也不知有多少次河中本来优闲的秩序叫我这莽撞的外行给捣乱了。我真的始终不曾学会；每回我不服输跑去租船再试的时候，有一个白胡了的船家往往带讥讽地对我说："先生，这撑船费劲，天热累人，还是拿个薄皮舟溜溜吧！"我哪里肯听话，长篙子一点就把船撑了开去，结果还是把河身一段段的腰斩了去。

你站在桥上去看人家撑，那多不费劲，多美！尤其在礼拜天有几个专家的女郎，穿一身缟素衣服，裙裾在风前悠悠地飘着，戴一顶宽边的薄纱帽，帽影在水草间颤动，你看她们出桥洞时的姿态，捻起一根竟像没分量的长竿，只轻轻的，不经心地往波心里一点，身子微微地一蹲，这船身便波地转出了桥影，翠条鱼似的向前滑了去。她们那敏捷，那闲暇，那轻盈，真是值得歌咏的。

在初夏阳光渐暖时你去买一支小船，划去桥边阴下躺着念你的书或是做你的梦，槐花香在水面上漂浮，鱼群的唼喋声在你的耳边挑逗。或是在初秋的黄昏，近着新月的寒光，望上流僻静处远去。爱热闹的少年们携着他们的女友，在船沿上支着双双的东洋彩纸灯，带着话匣子，船心里用软垫铺着，也开向无人迹处去享他们的野福——谁不爱听那水底翻的音乐在静定的河上描写梦意与春光！

住惯城市的人不易知道季候的变迁。看见叶子掉知道是秋，看见叶子绿知道是春；天冷了装炉子，天热了拆炉子；脱下棉袍，换上夹袍，脱下夹袍，穿上单袍；不过如此罢了。天上星斗的消息，地下泥土里的消息，空中风吹的消息，都不关我们的事。忙着哪，这样那样事情多着，谁耐烦管星星的移转，花草的消长，风云的变幻？同时我们抱怨我们的生活、苦痛、烦闷、拘束、枯燥，谁肯承认做人是快乐？谁不多少间诅咒人生？

但不满意的生活大都是由于自取的。我是一个生命的信仰者，我信生活决不是我们大多数人仅仅从自身经验推得的那样暗惨。我们的病根是在"忘本"。人是自然的产儿，就比枝头的花与鸟是自然的产儿，但我们不幸是文明人，人世深似一天，离自然远似一天。离开了泥土的花草，离开了水的鱼，能快活吗？能生存

夏虫也为我沉默，
沉默是今晚的康桥！

悄悄的我走了，
正如我悄悄的来；
我挥一挥衣袖，
不带走一片云彩。

崇尚自然、灵性。

模块一 走进大学·感悟校园

吗？从大自然，我们取得我们的生命；从大自然，我们应分取得我们继续的滋养。哪一株婆婆的大木没有盘错的根柢深入在无尽藏的地里？我们是永远不能独立的。有幸福是永远不离母亲抚育的孩子，有健康是永远接近自然的人们。不必一定与鹿豕游，不必一定回"洞府"去；为医治我们当前生活的枯窘，只要"不完全遗忘自然"一张轻淡的药方我们的病象就有缓和的希望。在青草里打几个滚，到海水里洗几次浴，到高处去看几次朝霞与晚照——你肩背上的负担就会轻松了去的。

这是极肤浅的道理，当然。但我要没有过过康桥的日子，我就不会有这样的自信。我这一辈子就只那一春，说也可怜，算是不曾虚度。就只那一春，我的生活是自然的，是真愉快的！（虽则碰巧那也是我最感受人生痛苦的时期。）我那时有的是闲暇，有的是自由，有的是绝对单独的机会。说也奇怪，竟像是第一次，我辨认了星月的光明，草的青，花的香，流水的殷勤。我能忘记那初春的睥睨吗？曾经有多少个清晨我独自冒着冷去薄霜铺地的林子里闲步——为听鸟语，为盼朝阳，为寻泥土里渐次苏醒的花草，为体会最微细最神妙的春信。啊，那是新来的画眉在那边凋不尽的青枝上试它的新声！阿，这是第一朵小雪球花挣出了半冻的地面！阿，这不是新来的潮润沾上了寂寞的柳条？

静极了，这朝来水溶溶的大道，只远处牛奶车的铃声，点缀这周遭的沉默。顺着这大道走去，走到尽头，再转入林子里的小径，往烟雾浓密处走去，头顶是交枝的榆阴，透露着漠愣愣的曙色；再往前走去，走尽这林子，当前是平坦的原野，望见了村舍，初青的麦田，更远三两个馒形的小山掩住了一条通道。天边是雾茫茫的，尖尖的黑影是近村的教寺。听，那晓钟和缓的清音。这一带是此邦中部的平原，地形像是海里的轻波，默沈沈的起伏；山岭是望不见的，有的是常青的草原与沃腴的田壤。登那土阜上望去，康桥只是一带茂林，拥戴着几处娉婷的尖阁。妩媚的康河也望不见踪迹，你只能循着那锦带似的林木想象那一流清浅。村舍与树林是这地盘上的棋子，有村舍处有佳阴，有佳阴处有村

思考与练习

试着体会作者对康桥的情感。

极肤浅的道理，是指"不完全遗忘自然"是医治人们苦恼烦闷的一张轻淡的药方。

康桥美丽的自然风光不仅给了作者感官的享受，更给了他精神的愉悦和心灵的升华。

思考与练习

1. 为什么说康桥如画的风景对徐志摩有着不一样的意义？

2. 请结合文章，说说徐志摩对康桥的情感主要缘起于什么。

3. 请学习本文写作方法，写一篇以《我的大学校园》为题的散文。

参考阅读

他的人生观真是一种"单纯的信仰"，这里面只有三个大字，一个是爱，一个是自由，一个是美。他梦想这三个理想的条件能够会合在一个人生里，这是他的"单纯信仰"。他的一生的历史，只是他追求这个单纯信仰的现实的历史。

——胡适《追悼志摩》

舍。这早起是看炊烟的时辰:朝雾渐渐地升起,揭开了这灰苍苍的天幕(最好是微霭后的光景),远近的炊烟,成丝的,成缕的,成卷的,轻快的,迟重的,浓灰的,淡青的,惨白的,在静定的朝气里渐渐的上腾,渐渐地不见,仿佛是朝来人们的祈祷,参差的羼入了天听。朝阳是难得见的,这初春的天气。但它来时是起早人莫大的愉快。顷刻间,这田野添深了颜色,一层轻纱似的金粉糁上了这草,这树,这通道,这庄舍。顷刻间这周遭弥漫了清晨富丽的温柔。顷刻间你的心怀也分润了白天诞生的光荣。"春"!这胜利的晴空仿佛在你的耳边私语。"春"!你那快活的灵魂也仿佛在那里回响。

……

一别三年多了,康桥,谁知我这思乡的隐忧? 也不想别的,我只要那晚钟撼动的黄昏,没遮拦的田野,独自斜倚在软草里,看第一个大星在天边出现!

 解读与鉴赏

《我所知道的康桥》是一篇写景抒情的散文。作者利用自己对康桥地理环境的熟悉,生动形象地描绘了康桥美丽的自然风光,"灵性的康河""秀丽的两岸风光"等带给作者不仅仅是感官上的审美享受,更重要的是给了作者精神的愉悦和心灵的升华。正如作者自己所说的"我的眼是康桥教我睁的,我的求知欲是康桥给我拨动的,我的自我意识是康桥给我胚胎的。"(《吸烟与文化》)表达作者崇尚自然的审美情趣,抒发作者对康桥率性、真挚的情感。

这篇散文的主要艺术特色是:其一,作者运用多种修辞技巧来宣泄情感,营造意境,增强散文的艺术表现力。其二,融作者的自我情感、哲理性思考与康桥的自然风光为一体,丰富了作品的自身内涵。其三,在散文创作中融入作者诗歌创作手法,风格飘逸、清新秀丽,充满浪漫主义气息。

 知 识 积 累

1. 康桥,今译剑桥,是英国东南部的一个小镇,也

《猛虎集》是志摩的"中坚作品",是技巧上最成熟的作品,圆熟的外形,配着淡到几乎没有的内容,而且这淡极了的内容也不外乎感伤的情绪,——轻烟似的微哀,神秘的象征的依恋感喟追求;而志摩是中国文坛上杰出的代表者,志摩以后的继起者未见有能并驾齐驱,我称他为"末代的诗人",就是指这一点而说的。

——茅盾《徐志摩论》

是英国著名高等学府剑桥大学所在地。剑桥大学成立于1209年,共培养出80位诺贝尔奖获得者和13位英国首相,学校本身没有一个指定的校园,它下属的31个学院以及研究所、图书馆和实验室都建在镇上的剑河两岸,而学院往往是既不设围墙,也不挂校牌,只是靠一组组掩映在绿树丛中的建筑群来区分。到了剑桥镇就是到了剑桥大学,它是一座开放的校园。

  2. 徐志摩的康桥情结:从1920年10月至1922年8月,两年的康桥生活凝结成了徐志摩一生中不可磨灭的"康桥情结",在徐志摩的作品中充分体现了作者对康桥的深深眷恋之情,主要作品有:1922年的《康桥再会吧》,1925年的散文《我所知道的康桥》,1928年创作的诗《再别康桥》等。

项目二　认识自我

3. 致燕妮

马克思

我的亲爱的：

　　我又给你写信了，因为我孤独，因为我感到难过，我经常在心里和你交谈，但你根本不知道，既听不到也不能回答我。你的照片纵然照得不高明，但对我却极有用……你好像真的在我的面前，我衷心珍爱你，自顶至踵地吻你，跪倒在你的眼前，叹息着说："我爱你，夫人！"

　　暂时的别离是有益的，因为经常的接触会显得单调，从而使事物间的差别消失。甚至宝塔在近处也显得不那么高，而日常生活琐事若接触密了就会过度地胀大。热情也是如此。日常的习惯由于亲近会完全吸引住一个人而表现为热情。只要它的直接对象在视野中消失，它也就不再存在。深挚的热情由于它的对象的亲近会表现为日常的习惯，而在别离的魔术般的影响下会壮大起来并重新具有它固有的力量。我的爱情就是如此。只要我们一为空间所分隔，我就立即明白，时间之于我的爱情正如阳光雨露之于植物使其滋长。我对你的爱情，只要你远离我身边，就会显出它的本来面目，像巨人一样的面目。在这爱情上集中了我的所有精力和全部感情。我又一次感到自己是一个真正的人，因为我感到了一种强烈的热情。

　　你会微笑，我的亲爱的，你会问：为什么我突然这样滔滔不绝？不过，我如能把你那温柔而纯洁的心紧贴在自己的心上，我就会默默无言，不作一声。我不能以唇吻你，只得求助于文字，以文字来传达亲吻……

 学习目标与建议

　　1. 体会这封家信情意绵绵、亲切感人的挚情。

　　2. 学习对亲人表达情感的方法。

 阅读提示

　　情书常用一些动人的辞藻，像花一般的美丽，有诗一般的激情。

诚然,世间有许多女人,而且有些非常美丽。但是哪里还能找到一副容颜,它的每一个线条,甚至每一处皱纹,能引起我的生命中的最强烈而美好的回忆?

……

再见,我的亲爱的,千万次地吻你和孩子们。

你的卡尔

1856 年 6 月 21 日

于曼彻斯特格林码头巴特勒街 34 号

署名、写信日期和写信的地点。

 解读与鉴赏

这是马克思在英国曼彻斯特与恩格斯一起工作时写给燕妮的一封情书。经常在外奔波、流亡,不能厮守在妻子身边的马克思再忙也忘不了用他那生花妙笔向燕妮表达他的爱情。这位写《资本论》并把毕生精力都献给无产阶级革命事业的伟人,也会写出如此缠绵、热烈而细腻的情书,这让我们领略到了革命领袖的另类风采。

4. 一般书信的写作

一、书信的含义

一般书信是指个人与个人之间、个人与家庭之间所使用的一种书信。一般书信不同于申请书、介绍信、感谢信、慰问信、求职信、倡议书、应聘函等专用书信。

一般书信按照寄递对象可以分为家书、情书、致友人书、致师长书等;按物质外观可分为普通书信、明信片、电报、传真、电子邮件等。

二、书信的结构与内容

一般书信由信封和信瓤两部分组成。

(一)信瓤是信的正文,一般由称呼、问候语、正文主体、祝词、署名、日期等几部分组成。

1. 称呼

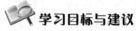 **学习目标与建议**

1. 了解一般书信的含义。

2. 掌握一般书信的结构和写法。

3. 撰写一篇给父母的家书,汇报自己在学校的情况。

12

称呼也叫称谓,当面对收信人如何称呼,信上就如何称呼。写给长辈的,一般照辈分称呼;写给同事、朋友的,称呼后一般写"同志"、"先生"等词,或在姓的前面加上"老"或"小"字以表示亲切。对特定的收信人,称呼前面可以加上"尊敬的"、"亲爱的"、"敬爱的"这样一些形容词,表示尊敬与喜爱之情。称呼应顶格写,单独成行,以示对收信人的尊重。称呼后面要加上冒号,表示领起下文。

2. 问候语

问候是一种文明礼貌行为,写问候语是对收信人的一种礼遇。问候语有节日的问候,如"新年好";有身体状况的问候,如"您身体好吧";对新婚夫妇,可以说"新婚快乐"等等。

问候语在称呼的下一行,开头空两格,也可以独立成为一个段落。

3. 正文主体

正文主体即写信人对收信人说的话。这一部分从问候语的下一行空两格开始写。又可以分为连接语、主体文、总括语三部分。

(1) 连接语,是在问候语之后,说明写信的目的。如"好久没有见面了,很是想念,特写信问候。"如果写的是回信,先要说明"×月×日的来信已收到,请勿念。"

(2) 主体文,是信的主要部分,写信人要说的话、要办理的事情都写在这一部分。主体文开头要空两格。如果要说的话、要办的事情多,就应该分段写,写完一件,再写一件。每段起行空两格。

写主体文,要把话说清楚,因为收信人不在面前,信写不明白,收信人只能猜测,或者写信来问,这样不但麻烦,而且还会耽误事情。主体文写好后,如果发现有遗漏需要再交代的,可补写在结尾的后面,或写在右下方空白处,并在之前加上"另"、"又"等字样;或者在之后写上"又及"、"再启"字样。

(3) 总括语,这是在主体文将要结束时,总括一下全信的内容以加深收信人印象的话。如"拜托之事,请一定帮忙"。如果认为没有必要写总括语,也可以

参考阅读

注意称呼问题。家书不需要称呼姓;情书的称谓能显示双方的感情的距离,要视情感的变化和深浅而定,不能一厢情愿。

写主体文力求详略得当,表达清楚;要注意措辞,语气要依据书信的内容与受信人的关系而定。写给长辈或师长的信应体现出爱戴之情和尊重之意;给平辈的信虽可于轻松处"出彩",但应以不伤大雅为宜;给晚辈的信要有浓郁的关爱之情。

不写。

4. 祝词

祝词也叫致敬语，即书信结尾时对收信人表示祝愿、致敬或勉慰的短语。如"此致敬礼"、"祝你工作顺利"、"顺颂近安"等。

祝词的写法有三种，一种是将"此致"、"祝你"、"顺颂"等词语紧接正文末尾句号后书写，然后另起一行顶格写"敬礼"、"工作顺利"、"近安"等词语；一种是将"此致"、"祝你"、"顺颂"等词重新起行空两格书写，然后另起一行顶格写"敬礼"、"工作顺利"、"近安"等词语；一种是将祝词写成一行，成为一个自然段落。

5. 署名和日期。

(二) 信封的格式与写法

信封分横式、竖式两种。现今通行的是横式信封。

信封应准确地填写以下内容：

1. 邮政编码。我国(除台湾省外)现行的邮政编码为规定的六位阿拉伯数字。

2. 收信人详细地址。书写地址时可以在一行内写完，也可以分两行写出。

3. 收信人姓名。收信人姓名是供邮递员称呼的，姓名要写全，不能省略。姓名后要写上"先生"、"女士"或"同志"等词，之后再写上"启"、"收"、"鉴"等字样，也可以不写。

4. 寄信人的地址、姓名和邮政编码。寄信人的地址、姓名和邮政编码必须显示在信封上，以便这封信不能寄达收信人时，邮局退还所寄信件。

寄往国外的信封，收信人地址、寄信人地址与我国是相反的，即寄信人的地址为横式的左上方，收信人地址为横式的右下方，切忌使用竖式信封。

```
214011
江苏省无锡市广瑞路390号
    无锡城市职业学院
        李百威  先生  启
            广东省富边信息职业技术学院王冠寄
                                    432103
```

信封上不要使用写信人对收信人的亲属称谓，这是因为信封主要是给投递员看的，如信封上写"×××父亲收"、"×××舅妈收"，就有可能引起投递员的不悦。

 思考与练习

撰写一封致亲人或朋友的书信。

5. 自传与个人简历的写作

■自传的写作

一、传记的含义

传记,也称传,是记载人物事迹的文章。传记这种文体,要求真实地再现传主一生的主要事迹、思想面貌和时代生活。它可以记述传主的一生,也可以记述传主生平的某个片断;可以写一个人物,也可以写人物的群体。传记在我国有悠久的历史。早在先秦时期,《左传》《战国策》等历史著作就开始记载、描述历史人物的形象和活动,这是传记写作的萌芽。到西汉中期,司马迁的巨著《史记》标志着我国传记写作进入了成熟阶段。

二、传记的类别

传记的类别繁多,有自传、小传、别传、内传、外传、列传、合传、传略、评传等。

自传,是作者自己记述自身一生经历、思想、言行和生活的文章。自传的篇幅可长可短,采用第一人称叙述。如老舍的《老舍自传》、沈从文的《从文自传》、爱新觉罗·溥仪的《我的前半生》、彭德怀的《彭德怀自述》等。

小传,同自传一样,是记述人物生平的文章,因是略记人物的生平事迹,篇幅一般短小。如李商隐的《李贺小传》。也有篇幅较长的,如周汝昌的《曹雪芹小传》。小传又分为两种:一种是自传体小传,是作者自叙生平的,用第一人称叙述,如老舍写的《老舍自传》;另一种是别传体小传,是作者为他人写的小传,叙述时用第三人称,如鲁迅写的《柔石小传》。

传略,是作者为在政治、经济、军事、文化、教育、体育、科技等领域有成就或影响的人物写的传记。一般篇幅较长,采用第三人称叙述。如王寿云的《钱学森传略》。

评传,是传记和评论的有机结合体。它除了要写

学习目标与建议

1. 了解自传、简历的用途和特点。

2. 掌握自传、简历的结构和写法。

3. 为自己撰写一篇自传和一篇简历。

阅读提示

陶渊明自传《五柳先生传》表现了中国文人张扬个性、自我欣赏的"风骨",其人生态度与生活方式,东晋以来被许多知识分子所欣赏。

沈从文的《从文自传》记述了自己年轻时在湘西的成长经历:天真好奇的童年时代,胸怀抱负却经历坎坷的青年时代,最终选择走上文学创作的道路。作者对自我生命的反思与觉醒,在困惑、迷茫中寻找通往未来的希望之路,从而使自己得到蜕变和成长。

传主的生活经历、重要事迹外,还要对传主的思想、言行、学术思想、著述以及事业上的功过进行分析、评价,指出其在历史上的作用和局限。一般篇幅较长,采用第三人称叙述。如陈辽的《叶圣陶评传》。

三、自传的写作要求

1. 要准确地反映自己的思想面貌。不能仅作纯客观的记述,而是要写出自己的思想倾向和精神面貌。

2. 要存真写实,秉笔直书。要写出自己的真实情况,还历史本来面目,不得任意编造事实或杜撰情节。

3. 要立体化地写出鲜活的自己。要把握自己的性格,有血有肉、形象鲜明地着力表现自己的性格特征。

【例文】

老舍自传

舒舍予,字老舍,现年40岁。面黄无须。生于北平。3岁失怙,可谓无父;志学之年,帝王不存,可谓无君,无父无君,特别孝爱老母。布尔乔亚之仁未能一扫空也。幼读三百篇,不求甚解。继学师范,遂奠教书匠之基。及壮,糊口四方,教书为业,甚难发财。每购奖券,以得末彩为荣,示甘于寒贱也。27岁发奋著书,科学、哲学无所懂。故写小说,博大家一笑,没什么了不得。34岁结婚,今已有一男一女,均狡猾可喜。闲时喜养花,不得其法,每每有叶无花,亦不忍弃。书无所不读,全无所获并不着急。教书作事均甚认真,往往吃亏,亦不后悔。如此而已,再活40年也许能有点出息。
(原载《新华文摘》1991年第6期)

■ 个人简历的写作

一、个人简历的含义

个人简历,也称个人履历,是向有关部门和单位提供个人基本情况的一种应用文书。

二、简历的类型

1. 时间型。按时间顺序写简历最为简便,也有助于读者很快了解写作者什么时候在哪儿做过什么工作。但是,时间型简历不利于表现写作者的可塑性。

2. 功能型。通常把最能展示写作者特长和适应能力的工作简历放在开头,给读者深刻的第一印象。

阅读提示

这是老舍40岁时为自己写的小传。阅读后,体会作者的自赏、自嘲、自得、自乐的心境,模仿其笔调,写一篇突出自己个性风采的自传。

阅读提示

个人简历的写作要求:

1. 简历要"简",一两页最好。冗长的简历容易失去简历的效用。

2. 举其要者,突出重点。要选择自己经历中的重要事迹来写,尽可能突出个人的能力和优势。

但是,功能型简历一旦设计不好,会让人觉得写作者在有意隐瞒什么。

3. 混合型。指时间型与功能型相结合的一种简历。这种简历较难写,但最能传递出写作者的品牌信息。

三、简历的结构与内容

(一)个人基本情况

包括:姓名、性别、年龄或出生年月、学历、婚姻状况、籍贯及出生地、职称、职务、现工作单位、联系方式(电话、手机、通信地址、传真、邮编、电子信箱)等。

(二)自我描述

自我描述的英文为 profile,意思是轮廓、剖面。在个人简历中,自我描述可以给招聘者关于求职者的一个概述,强调求职者的主要学识和能力,展示求职者的"卖点",它能够刺激读者产生了解求职者的欲望。所以自我描述往往放在简历的开头,用以争取读者的视线。

(三)教育背景

大多数情况下,教育背景和拥有的资格证书,是决定求职者能否得到这一工作的关键。常常需要列出教育学历、专业资格证书培训课程、其他相关的培训及短期课程。

(四)工作经历

这是整个简历的核心部分。要求重点展示以下内容:

1. 求职者最值得骄傲的事情。

2. 帮助公司增加效益或改善服务、提高效率的工作。

3. 求职者在以上工作中的角色、任务、贡献等。

(五)取得的成绩

这一部分是整个简历中最具挑战性的部分,写好它可能会给求职者带来明显的竞争优势,从而获得面试或被聘用的机会。要着重写通过努力取得的有效成果,不要写成"活动"的过程介绍。

(六)兴趣爱好

这部分虽然不属于简历的重要部分,但它有一定

3. 注重艺术性和个性特色。要精心组织材料,讲究语言表达技巧,达到让人"眼前一亮"的效果,能够给人留下深刻的印象。

4. 文面整洁、美观、庄重。文面能够体现个人特色,给人以清晰、爽目的印象。

求职简历通常需要写明"个人基本情况"、"自我描述"、"教育背景"、"工作经历"、"取得的成绩"、"兴趣爱好"等方面的情况。

的暗示作用,比如爱好运动,表示求职者有一个健康的身体,经常参加公益活动,暗示求职者有当地的关系网,等等。

（七）其他信息

包括:语言能力、计算机应用能力、发表或出版的文章和书、获奖项目及其他有用信息。

【例文1】

林肯个人简历

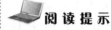
阅读提示

这是一份时间型个人简历。

1809年,出生在寂静的荒野上的一座孤独的小木屋。

1816年,7岁,全家被赶出居住地。经过长途跋涉,穿过茫茫荒野,找到一个窝棚。

1818年,9岁,年仅34岁的母亲不幸去世。

1826年,17岁,已经什么农活都能干了,经常帮人打零工。

1827年,18岁,自己制作了一艘摆渡船。

1831年,22岁,经商失败。

1832年,23岁,竞选州议员,但落选了。想进法学院学法律,但进不去。

1833年,24岁,向朋友借钱经商,年底破产。接下来,花了16年才把这笔债还清。

1834年,25岁,再次竞选州议员,竟然赢了。

1835年,26岁,订婚后即将结婚时,未婚妻死了,因此心也碎了。

1836年,27岁,精神完全崩溃,卧病在床6个月。

1838年,29岁,努力争取成为州议员的发言人,没有成功。

1840年,31岁,争取成为被选举人,落选了。

1843年,34岁,参加国会大选,又落选了。

1846年,37岁,再次参加国会大选,这次当选了。

1848年,39岁,寻求国会议员连任,失败了。

1849年,40岁,想在自己的州内担任土地局长,被拒绝了。

1854年,45岁,竞选参议员,落选了。

1856年,47岁,在共和党的全国代表大会上争取副总统的提名,得票不到100张。

1858年,49岁,再度参选参议员,再度落选。
1860年,51岁,当选美国总统。

【例文2】

个人简历

姓　　名:王若兰

性　　别:女

毕业院校:淮阳商业职业技术学院

出生年月:1992年5月3日

专业:中英文秘书(专科)

通信地址:淮阳市××县××镇××街18号

邮政编码:415600

联系电话:13750××××××

电子信箱:wrl1992@sina.com

求职意向:文员

技能总结

英语水平:

能熟练地进行听、说、读、写,并通过了国家英语六级考试。尤其擅长撰写和回复英文商业信函,能熟练运用网络查阅相关英文资料并能及时予以翻译。

计算机水平:

国家计算机等级考试二级,熟悉网络和电子商务。精通办公自动化,能熟练操作Windows2003/XP。能独立操作并及时高效地完成日常办公文档的编辑工作。

实习经历总结

2011年9月在大地化工网站开展电子商务实习。实习期间主要职责是:(1)协助网站编辑在互联网查阅国内以及国外的相关化工产品信息。(2)搜集、整理有关化工产品的中英文资料。(3)整理和翻译有关英文资料。

教育背景

2006年9月—2009年7月淮阳市第一中学高中部学生。

2009年9月—2012年7月淮阳商业职业技术学院中英文秘书专业学生。

主修课程:

阅读提示

这是一份功能型个人简历。

写作者是为求职而写作这份个人简历的。因为是投石问路,需要具体介绍个人的有关情况及联系方式。同时要提出求职意向。

把最能展示特长和适应能力的学习成绩和社会实践简历放在开头,以便给招聘者留下深刻的印象。

思考与练习

试写一篇个人简历。

现代汉语、中国文学、秘书学概论、基础写作、应用文写作、行政管理学、文书档案管理、办公自动化软件应用、大学英语、英语精读、英语泛读、英语报刊选、英语信函写作、公共关系学、文献检索、计算机应用基础、电子文件与电子档案管理、信息学导论、秘书资格证书专题等。

获奖情况：

获得学校二等奖学金三次；

获得学校单项奖学金一次；

获得学校优秀共青团员称号一次；

获得学校三好学生称号两次。

自我评价

工作勤奋，作风踏实，自觉遵守公司纪律，对公司忠诚。善于与同事相处。

项目三 学习生涯规划

6. 计划的写作

一、计划的含义和用途

计划，是党政军机关、企事业单位、社会团体以及个人，在工作、生产、学习以及日常生活中，为完成某项任务，预先对一定时期拟定的目标、措施、步骤、要求及规定完成期限并加以安排的书面化或表格化的应用文书。

古人说："凡事预则立，不预则废。"这个"预"指的就是计划。计划可以提高工作预见性和自觉性，使工作围绕目标，更好地分工合作，充分利用人力、物力和财力，提高工作效率，同时可以为日后检查工作进度，总结、评价和考核工作的完成情况提供必要的依据。

二、计划的特点

（一）预见性。计划是为未来工作目标或实现具体的目标而制定的预想性的部署和安排，具有一定的预见性。

（二）可行性。一份完善的计划，必须有为实现具体的目标而制定的可行性措施、办法和要求，而且各项措施、办法和要求必须具体明确，切实可行，符合实际。

（三）约束性。计划是内部的执行文件，是具有鞭策力的行为准则。计划一经会议通过和批准，就具有了权威性和约束力。在一般情况下，必须按计划的步骤、措施、进度认真组织实施。

三、计划的内容结构与写法

计划通常由标题、正文和落款三部分组成。

（一）标题

学习目标与建议

1. 了解计划的含义和特点。

2. 掌握计划的内容结构和写法。

3. 撰写一篇学习（或开展某项活动的）计划。

阅读提示

计划的种类：

1. 按计划内容分，有工作计划、生产计划、学习计划、教学计划等。

2. 按计划性质分，有指导性计划、指令性计划。

3. 按计划范围分，有国家计划、地区计划、系统计划、公司计划、部门计划等。

4. 按计划形式分，有条文式计划、图表式计划及条文图表结合式计划。

标题即计划的名称，一般包括制发单位、时限、计划内容、文种四个要素。如《西湖公司2012年引进人才计划》。有时四个要素不一定齐全，一般还有以下几种写法：

1. 省略时限的标题，如《华新公司财务工作计划》。

2. 省略制发单位名称的标题，如《2012年植树绿化工作计划》。制发单位名称可移至文尾处。

3. 只有计划内容和文种两个要素，如《办公大楼装修计划》。

（二）正文

正文是计划的中心部分，一般包括以下几个方面内容：

1. 前言。即计划的序言，是全文的导语。序言一般扼要说明制定该计划的缘由、根据以及计划的对象。

2. 主体。即计划的具体内容。主体是计划的核心部分，包括三要素：目标、措施、步骤。目标就是"做什么"，"做到什么程度"。根据需要和可能性，提出一定时期的任务和要求，这是计划的灵魂。措施就是"怎么做"，"谁来做"。这是实现计划的切实保证，是解决"做什么"，"做到什么程度"的关键环节。步骤就是"什么时候做"，"在哪里做"，这是工作的进度、时序和范围。主体的写作要求清晰、实在，达到"目标"清楚、确切；"措施"具体、得力；"步骤"稳妥、恰当。

3. 结语。即正文的结束语。通常是提出重点或强调有关事项，并发出简短的号召。有的计划不写结语，计划事项写完后自然结束。

（三）落款

落款，即计划的制发单位和日期，位于正文之后右下方。如果标题中已出现制发单位，那么落款处只需标明成文日期。

【例文】

建国钢铁厂健全岗位责任制工作计划

为了贯彻市工业局4月会议精神，学习首钢健全岗位责任制的先进经验，提高本厂的企业管理水平，根据厂职工代表大会的决议和厂部的意见，经过厂长办

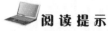
阅读提示

制订计划的注意事项：

1. 要以党和国家的方针政策为指导，能够体现本单位领导的意图，确保计划指导思想的正确性。

2. 要充分考虑计划的可行性，做到反复论证，实事求是地确定计划的目标和任务，并适当留有余地。

3. 要服从长远规划，坚持整体的原则，既要服从大局，处理好多种关系，又要体现本单位工作的特点。

4. 要走群众路线，集思广益，把计划变成群体的共同意志，以保证计划的认同性和可行性。

标题由计划制订单位、计划内容和文种三个要素构成。

公室的初步调查研究,特制定如下健全岗位责任制工作计划:

一、在5、6、7三个月内,全厂以健全岗位责任制为中心工作,改进企业管理,更有效地调动广大职工的积极性,迅速扭转本厂落后状况,用老设备创出新水平,保证完成和超额完成本年度各项工作指标。

二、各生产部门把各项指标分配到各个生产岗位,建立明确的岗位责任制,制定明确的考核标准。对每个岗位的工人,明确规定工作的数量、质量和完成的时限等。

三、各科室制定管理人员办事细则,要求每个管理人员分管的指标必须完成,基础工作必须健全,专业资料必须齐全;要求逐项定出办事程序、协作关系、完成时限和进度。细则要有明确的定额、数量、质量和时间的要求,要能够据以考核。

四、各生产部门和职能部门制定考核办法和制度,与奖惩制度挂钩。工人实行班统计、日公布、周分析、月总结的制度,用百分制按月计算。管理人员按人建立考核手册,按日登记,按周由领导签字记分。计分奖励实行百分制,按分领奖。

五、实施步骤和负责人:

(一)5月上、中旬,分批组织全厂各级领导干部学习有关文件,统一思想认识(李文明负责)。

(二)5月中、下旬,在三车间和技术科试点(章苗成负责)。

(三)6月至7月中旬,各部门全面铺开(各部门负责人负责)。

(四)7月下旬,检查、验收(厂部组织各部门互相检查)。

(五)党、团、工会分别制定工作计划,密切配合这一中心工作。

(六)计划执行情况,每月末由厂长办公室检查通报一次。

二〇一二年三月十日

前言说明健全岗位责任制的目的、依据。结尾一句承启语,过渡到计划的主体部分。

主体的一至四部分,写明计划的目标、具体事项、完成时间和具体措施等。

主体的第五部分,写明实施计划的具体步骤和执行的责任人。

这份计划没有专门的结尾。最后是落款。包括署名和制订计划的时间。

思考与练习

撰写一篇学习大学语文的计划。

项目四　单元学习成果汇报

1. 学会学习。认识"大学语文"课程；通过课程学习平台，尝试课后进行远程网上学习，或建立学习交流QQ群、博客等展开交流。

2. 建立课程学习小组，学会沟通与交流，并以《我和我的团队》为题写一则300字的小散文，介绍自己以及自己小组的成员，或者写一两件自己在平时沟通过程中的趣事。

学习小组名：_____

小组成员：_____

_____

_____

_____

_____

_____

_____

_____

_____

_____

_____

_____

_____

_____

_____

_____

_____

_____

_____

3. 模仿《我所知道的康桥》写一篇散文,题为《我与我的校园》,要求不少于500字。

4. 掌握书信写作的格式了吗？给自己的父母、朋友、同学或老师写一封信，谈谈自己入学后的感想。

5. 撰写一份"大学语文"课程学习计划。

6. 扩展阅读,选读下列一部著作并记录下你的阅读体会:
联合国教科文组织《学会生存》;梁实秋《书》;林语堂《谈牛津》;傅雷《傅雷家书》;刘震云《塔埔》;王蒙《青春万岁》等。

模块二　我的大学·雅言之韵

项目一　感悟母语

1. 认得几个字（节选）

张大春

张大春(1957—)，山东济南人，华语小说家。曾任教于台湾辅仁大学、文化大学。现任台湾辅大中文系讲师，News 98 电台主持人。曾获时报文学奖、吴三连文艺奖等。代表作品有《鸡翎图》《公寓导游》《四喜忧国》《大说谎家》《张大春的文学意见》《欢喜贼》《化身博士》《异言不合》《少年大头春的生活周记》《我妹妹》《没人写信给上校》《撒谎的信徒》《野孩子》《寻人启事》《小说稗类》《城邦暴力团》《聆听父亲》《认得几个字》等。

学习目标与建议

1. 了解汉字的特点及美感。
2. 学会从文字的面目、身世和履历等方面去了解文字自己的故事。

卒

象棋盘上，就属这个子儿令张容困扰不已。第一，他唯独不认识这个字；第二，这个字看来有点儿丑；第三，它总是站在兵的对面——尤其是中央兵对面的，一旦祭出当头炮，总会挡一家伙的那个——特别令他看不顺眼。

我说卒就是兵，如果《周礼》的记载可靠，春秋时代每三百户人家会编成一个大约一到两百人的武力单位，这些最基层的军人就叫"卒"。

"卒"，除了作为一个最低级的武力单位之外，我们在形容末尾、终了、结局、停止甚至死亡的时候，也往往用这个字。就算先不去理会那些比较不常见的用法和读音，我还是将作为"士兵"这个意义的卒字和作为"末

"卒"的第一层含义，是兵、军人。

"卒"的第二层含义，是末了、死亡等意。

31

了"、"死亡"等意义的卒字跟张容说得很清楚,这里面是有一点想法的。我想要告诉他的不只是一个字,而是这个字背后一点一点透过文化累积而形成的价值观。

讲究的中国老古人命名万物之际,曾经刻意连结(或者混淆)过一些事物。在《仪礼·曲礼》上就记载着:"天子死曰'崩',诸侯死曰'薨',大夫曰'卒',士曰'不禄',庶人曰'死'。大夫这个阶级的人一旦死了,仿佛就自动降到士这个阶级的最末——这是一个序列转换的象征——生命时间的终了即是阶级生活的沦落;同样的,士这个阶级的人一旦死了,就以"停止发放俸给"(不禄)来描述之。看起来,这两个阶级的人的死亡是具有一种牵连广泛的"社会属性"的。所以到了唐代以后,官称还延续这个机制,凡是举丧,三品以上称"薨",五品以上称"卒",六品以下至于平民才叫"死"。

往下看,庶人生命的结束看来也没有值得一顾的内容——"死"这个字是带有歧视性的,在更古老的时代,寿考或封建地位高的"君子"之人过世了,得以"终"字称之,配不上"终"字的小民和中寿以下就往生的,才称为"死"。

"是因为要打仗,所以兵和卒才会排在最前面吗?"张容比较关心的是棋盘。

"是吧。后面的老将和老帅得保住,不然棋局就输了。"说这话的时候我还暗自揣摩,猜想,从这个卒字也许可以让他了解很多,关于战争的残酷,关于"一将功成万骨枯"的讽喻,甚至关于制造兵危以巩固权力的坏领袖等等。

"我不喜欢兵和卒。"张容继续撇着嘴说,神情略显不屑。

"因为他们是最低级的武士吗?"我一时有些愕然。

"我觉得他们不应该在最前面。"

"的确,他们总是在最前面,一旦打起仗来,总是先牺牲掉他们。"

"不是,我觉得他们就是不应该挡在前面。这样挡着,'帅'跟'将'就不能决斗了。"他说时虎着一双眼,像是准备去参加火影忍者的格斗考试。

由"卒"字而引出了关于这个字的文化故事。

薨,读 hōng。

达　人

　　身为21世纪的汉语读者,大约都会以"某一行业或技能领域的专家"来解释"达人"这个词,大家也丝毫不用费脑筋就会了意——这是近年来从类似"电视冠军"、"料理东西军"之类,带有知识上、技术上诸般猎奇趣味的日本电视节目输入的。当我们使用这个词的时候,不免也会把它跟"professional"、"specialist"、"expert"这些字眼连结在一起。

　　不过,这个字的原意大约也是由中国输出的。最早见于《左传·昭公七年》:"圣人有明德者,若不当世,其后必有达人。"这里的达人,可以解释为相对于圣人的人——能够通明(理解甚至实践)圣人之道的人。

　　不同的思想传统会把相同的语词充填出趣味和价值全然悖反的意义来。在道家那里,达人便成了"顺通塞而一情,任性命而不滞者"(晋·葛洪《抱朴子·行品》)。较之于儒家的论述,这又抽象了些,若要理会某人称得上、称不上是个达人,还得先把"性命"的意思通上一通。

　　在不同的作家笔下,这个词的使用也会有南辕北辙的意义。贾谊《鵩鸟赋》里的"达人",所指的应该是性情豁达之人,起码是跟着庄子所谓的"至人"行迹前进者。但是到了杨炯替《王勃集》作序的时候,用起"达人"来,所指却是家世显贵之人了。

　　孩子们嬉戏之时,张容偶尔会冒出来这么一句:"你看到我的那个'达人'了吗?"我猜那是一只小小的"哈姆太郎"或者"弹珠超人"。有时,哥哥也会这样跟妹妹说:"你可以不要再弹琴了吗?你会吵到'达人'——他正在休息。"这就表示,无论是"哈姆太郎"或者"弹珠超人"都是哥哥自我投射或认同的对象。但是我一直无缘拜识——究竟哪一个小东西是"达人"?

　　直到有一天,我看着张容作业簿上歪斜别扭的字迹,忽然感慨丛生,便问他:"你不喜欢写字,我知道;可是你要想想,把字写整齐是一种长期的自我训练,字写工整了,均衡感、秩序感、规律感、美感都跟着建立起来了。你是不是偶尔也要想想将来要做什么?是不是也就需要从小训练训练这些感受形式呢?"

Professional,专业人士;specialist,专家,行家;expert,专家,行家。

"圣人有明德者,若不当世,其后必有达人"的意思是:圣人如果把美好的品德传播下去,即便是当前没有产生影响,以后一定会有通达事理、明德辨义的人出现。

"我当然知道将来要做什么。"

"你要做什么?"

"我要做一个'达人'。"

"那太好了。你要做'乐高达人'、还是'汽车设计达人'、还是'建筑达人'都可以,但是要能干这些事,总要会画设计图罢? 要能画设计图,还是得手眼协调得好罢?(以下反正都是教训人的废话,作者自行删去一千字)是不是还要好好写几个字来看看呢?"

"不用那么复杂吧?"

"你不是要做'达人'吗?"

"对呀!太上隐者的'答人',你不是会背吗?"他说,表情非常认真。

据说有唐一代,在终南山修道不仕的真隐者没有几个,但是太上隐者算是一个,因为他连真实的姓名都没有传下来。那首《答人》诗是这样的:偶来松树下,高枕石头眠。山中无历日,寒尽不知年。

张容认为如果能够不用上学,天天这样睡大头觉,生活就实在太幸福了。这一天我认识了他的另一个自我:"答人。"的确,那是一只眯着眼睛看似十分瞌睡的小哈姆太郎。

"不要吵他,"我叹口气,扔下那本鬼画符的作业簿,悄声说,"能像'答人'这样幸福不容易。"

"是我弹琴给他听,他才睡着的。"妹妹说。

不　言

小时候听父亲说诗,总期待一两个笑话,父亲是拿笑话钓住我,我则一贯以为笑话就是诗的本质了。

比方说,在讲到某一首诗的时候,他会这样说:"这是写我跟你表大爷哥儿俩在山里喝着酒,遍山头都是野花,那花儿在旁边一骨朵、一骨朵地开了。咱喝一杯,它开一朵;它开一朵,咱喝一杯;你一杯,我一杯;我再敬你一杯、你也再敬我一杯。这么喝着喝着,一猛子喝醉了,我就跟你表大爷说你回去吧,我要睡大觉了。要是还有兴致的话,你明天抱着胡琴儿再来喝罢。为什么要抱着胡琴来喝酒你知道吗? 你表大爷就那把胡琴能值几个钱,卖了还兴许能买两瓶五加皮,那就再喝一宿。"这里头有什么好笑的呢? 有的。那把琴根本不

孩子赋予"达人"的第三层意义。

一个词背后的现实境界。

是表大爷的,是我父亲的——也值不了几个钱。可一让他说成是表大爷好酒贪杯、卖琴买醉,我就止不住地笑起来。

这是李白的《山中与幽人对酌》:两人对酌山花开,一杯一杯复一杯。我醉欲眠卿且去,明朝有意抱琴来——我秉承诗教的开始。父亲当时并没有多作解释——原诗的第三句是个十分惯见的典故,借的是《宋书·陶潜传》形容这位高士:"若先醉,便语客:'我醉欲眠,卿可去。'"上了大学、认真念起陶诗以后,读到这段来历,还是会因为想起墙上挂的那把胡琴而笑出声来。

数十年过去了,于今想来,恐怕正是那样的诗教唤起了我对于古典诗的好奇。通过诗,仿佛一定能够进入一个"字面显得不够"的时空。当我面对一首诗,逐字展开一个全新旅程的探索之际,躲藏在字的背后的,是"一骨朵、一骨朵"出奇绽放的异想。在"有尽之言"与"无穷之意"的张力之间,诗人和读诗之人即使根本无从相会、相知、相感通,但是他们都摆脱了有限的、个别的字,创造了从字面推拓出来的另一个世界。就好比说陪李白喝酒的那位"幽人"倘若果真抱琴而至,所抱者当然不会是胡琴;而诗之无碍于以情解、以理解、以境解者,就在"当然不会是"这几字上。

张容开始对我每天像做早操晚课一样地写几首旧诗这件事产生了兴趣,有一天趁我在写着的时候,忽然坐到我腿上问起:"你为什么每天都要写诗呢?"

"我想是上瘾了。"我说。

"像喝酒吗?"

"是的,也许还更严重一点。"

他想了想,绕个弯儿又问:"你不是已经戒烟了吗?"

"写诗没有戒不戒的问题。"

"为什么写诗不可以戒掉?"

"写诗让人勇敢。"

"为什么?"

我的工作离不开文字,但是每写一题让自己觉得有点儿意思的文字都要费尽力气,和字面的意思搏斗良久,往往精疲力竭而不能成篇。之所以不能成篇,往

正因为是"字面显得不够",所以才"不言",才会使文字有机会进入到"一骨朵、一骨朵"想象的空间。

言有尽而意无穷,余意尽在不言中。

往是因为写出来的文字总有个假设的阅读者在那儿,像个必须与之对饮的伴侣。有这伴侣作陪,已经难能而可贵了,写作者却还忍不住于自醉之际跟对方说:"卿可去!"特别是在诗里,此事尤为孤独、尤为冷漠。

离开字面这件事所需要的勇气,我要怎样才能教会他呢?我想了很久,居然没有回答。

  解读与鉴赏

本文节选自张大春《认得几个字》一书。该书是由89篇独立的小短文构成的散文小品集。

在这篇选文中,作者以父亲的口吻与视角,用简单和活泼的语言向张容和张宜两个孩子解说日常生活交流中出现的"卒"、"达人"、"不言"等汉字,每个小短文对汉字的解说由浅入深,追根溯源,努力恢复汉字原来的面目、身世和履历,最终又落回于孩子们的生活情境,用孩子们天真无邪的童言,对这些我们看似熟悉的汉字做了生动而又意外的注解。

  知识积累

"达人"的古今异义:

1. 古代"达人"的来源及分类

"达人"一词,自古已有之,最早出自《左传·昭公七年》:"圣人有明德者,若不当世,其后必有达人。"孔颖达疏:"谓知能通达之人。"在这里,"达人"和"圣人"的构词方法是一致的,都是名词。虽然《论语·雍也》:"夫仁者,已欲立而立人,已欲达而达人"中也有"达人",但是结构上,并不能构成一个词语,而是偏正结构的短语,其意思是"使别人显达"。因而,在讨论"达人"的古今异义时,把《论语·雍也》中的"达人"排除在外。根据不同的义类,将"达人"的词义分类。

一类是指通达事理的人,如:

(1)春秋·左丘明《左传·昭公七年》:"圣人有明德者,若不当世,其后必有达人。"孔颖达疏:"谓知能通达之人。"

(2)晋·葛洪《抱朴子·行品》:"顺通塞而一情,

 **参考阅读**

在当代文坛上,"张大春闪电"确是耀人眼目,他学习钻研的玩意儿,统括了上九流、中九流和下九流,他天生具有一种敏睿的内感,一种冥冥的灵动,加上不是常人所能比拟的想象和组合能力,以及极具爆发性的语言创造力,这许许多多的因素造就了他,他就是"野鬼托生的文学怪胎"。

——司马中原

在他的创作里看到写作者一种非常清醒的自觉的追求,他在台湾有一阵是先锋小说的领军人物,但经过一段创作以后,他重新识字,重新写古诗,他放下了现代小说唯一的创作者的身份。从识字开始,这个炫技的大头春谦卑、真诚地做一个写作者应该做的事情……

——李锐

张大春像是《西游记》里的孙悟空,是台湾最有天分、最不驯,好玩得不得了的一位作家。跟张大春这样才华横溢的台湾作家交往,是一种动力,能感觉到自己的不足。

——莫言

任性命而不滞者,达人也。"

(3) 明·徐渭《自浦城进延平》诗:"循理称达人,险难亦何戚。"

(4) 清·叶廷琯《鸥陂渔话·茋州公诗》:"造物忌阴谋,达人务远职。"

一类是指豁达豪放的人,如:

(1) 战国·列御寇《列子·杨朱》:"卫端木叔者,子贡之世也。藉其先赀,家累万金,不治世故,放意所好……段干生闻之曰:'端木叔达人也,德过其祖矣。'"

(2) 汉·贾谊《鵩鸟赋》:"小智自私兮,贱彼贵我;达人大观兮,物无不可。"

(3) 金·孟宗献《张仲山枝巢》诗:"达人孤高与世踈,百年直寄犹须臾。"

还有一类是指作显贵的人,如:

(1) 唐·杨炯《〈王勃集〉序》:"晋室南迁,家声布于淮海;宋臣北徙,门德胜于河汾。宏材继出,达人间峙。"

(2) 宋·司马光《训俭示康》:"孟僖子知其后必有达人。"

(3) 清·侯方域《蹇千里传》:"千里凡驽,其先世亦无达人,而能自缘饰,以诗赋显,致位卿相,呜呼,亦异矣!"

2. 现代"达人"的含义

现代的"达人",意思与古代的"达人"不同,并且用法很普遍,它指经过长年的锻炼,积累了丰富的经验,而得到某个领域的真谛的人,也就是通常所谓的"专家""高手"等。

> **思考与练习**
>
> 1. 学完这篇课文后,请你尝试着去了解一些字,找找他们背后的故事。
>
> 2. 请你说说2010年东方卫视推出一档很火的节目《中国达人秀》,它赋予"达人"的含义是什么。
>
> 3. 做一份现代网络语言调查,谈谈你对文字发展的认识。

2. 汉字书法与文学之美(节选)(自读篇目)

王岳川

王岳川(1955—),四川安岳县人。北京大学中文系教授、书法艺术研究所所长,中国书法家协会教育委员会副主任,北京书法院副院长,国际书法家协会副主席,中国中外文艺理论学会副会长,香港中国文化研究院院长,日本金泽大学客座教授,澳门大学人文学院客座教授。

王岳川长期从事文艺美学、西方文艺理论、当代文化批评和文化战略的研究和教学。学术上主张"发现东方,文化输出,会通中西,中国身份",他致力于中国书法文化的世界化,坚持书法是中国文化输出的第一步。理论上提倡"文化书法",强调"回归经典、走进魏晋、守正创新、正大气象"。

文学之言与书法之线

一切艺术创造都是自由精神的体现,即臻达"游"的境界,文学和书法都概莫能外。

取境与灵感对文学和书法境界的高低有着直接的作用。取境即诗歌意境的创造。诗意的创作在于思之深与感之切。作者以自由心神做无限的追求,在激情澎湃、意象迭出时,便需殚竭心智以求美妙、准确的语言将其神思的情感意象完美表达出来。

同样,书法的创作之路也是相当艰难的。可以说,这是一个"心不厌精,手不忘熟","心悟手从,言忘意得"(《书谱》)的过程。但是,一旦凝神功成,即积学"玄览"与感物会心达到瞬间契合,充满生命活力、具有秉道之心的主体(人)则与有生命灵性、有人格形态的元气氤氲的自然(物)之间产生出一种神秘的共同感应交合作用。这种神与物感应交合所达到的境界,是一种"游"的境界。这种"游"是一种孔子所说的"游于艺"之"游",也是庄子艺术精神中那种心灵自由解放之"游"。

在神思灵感之中,天地万物、人心悲欢都可以纳入书法,挥笔泼墨有如神助,在这种天地人合一的瞬间,物我之间的关隘打通了,书家与自然达到一种新的审美亲和关系。在狂笔纵墨释智遗形中,书家达到精神沉醉和意境的超越,以书法线条将这一形而下的笔墨运动升腾为形而上的自由精神律动。书法在走笔洒墨中抒发的是宇宙和心灵运动合一的沉醉之乐。

书法是线的艺术,文学是语言的艺术。但书法不仅仅是线条的运动,文学也不仅仅是语言的铺陈。它们都是一种超越"线"与"言"这一层次的更高层。

如果说,文学作品本体是由言(语言)、象(形象)、意(意蕴)构成的话,那么,书法作品本体则是由线(点线)、象(意象)、意(意味)组成。比较不同艺术作品的本体构成是比较美学的重要课题。

文学作品是一个由言、象、意构成的多层次结构,同样,书法作品也是一个由形(点线)启蒙(意象),由象悟意(意蕴),又由象入形(有意味的形式)的层次结构。中国书法作为线的艺术,在那线条、旋律、形体、痕迹中,包含着非语言非概念非思辨非符号所能传达、说明、替代、穷尽的某种情感的、观念的、意识和无意识的意味。这"意味"经常是那样的朦胧而丰富,宽广而不确定,它们是真正美学意义上的"有意味的形式"。书法艺术是审美领域内"人的自然化"与"自然的人化"的直接统一的一种典型代表。它直接地作用于人的整个心灵,从而潜移默化地影响着人的身心的各个方面。

书法构成也有三个层面,即点画线条(由笔法产生),意象(由笔势即点画之势、结字之势、章法之势所产生),意味(由笔意产生)。点线是"形",意象属"神",形神共同构成"境",意味由情与理构成,是书法审美核心之"意"。

(一)文学语言与书法点线

构成文学作品第一层的"作品存在方式",主要可以归结为艺术语言问题,如声音、文字、色彩等物质材料构成的层次(又可称为作品外形式)。与此对应,书法构成的第一层次是有生命的线条,这种点画线条不是僵死的、呆滞的,而是远取之于天地万物,近取之于自身的。

点画线条是形式,又不仅仅是形式,而是通神明之德、类万物之情的大气贯注,是人的精神气质、生命力度的外在显现。正唯此,可以说,书法兼备造型(抽象的模拟)和表现(感情的抒发)两种功能,它无色而具画图的灿烂,无声而有音乐的和谐。在长期历史发展过程中,书法由接近于绘画、雕刻发展为近似于音乐、舞蹈的艺术。

点画线条的形式,与书写工具毛笔关系紧密。正是毛笔运行的干湿枯润的线条,使书法成为用文字书写并具有一定的审美价值的艺术形式。它以点、画、线条等的变化运动构成一种形体美和动态美,传达出书法家的思想感情。中国用毛笔写字历史悠久,风格特异。毛笔铺毫抽锋,极富弹性,书写时结合用墨,肥瘦枯润,巨细放纵,变化无穷。它以自由而多样的线条的曲直运动和空间构造,表现出各种字体、情感和气势,形成中国特有的线的艺术。

(二)文学形象与书法意象

文学作品的第二层即形象层,书法艺术构成的第二层是意象之美。这是书法家通过笔势在点画线条中融入情绪意态而成的独具个体性格的书法线条符号意象。如果说文学的意象是随时间运动而产生,那么书法意象则是在空间中随着线条律动而构成。只有妙用玄通,才能达到线条宛转流动与心(情思)徘徊。情思具有朦胧深远的表现性,线条运线具有抽象的造型的规定性,意象使书法线条运动具有了意味。

书法意象美由笔势构成。"笔势"与"笔法"不同。"笔法"是写任何一种点画必须共同遵守之根本方法。"笔势"因人的情性、时代风气而有肥瘦、长短、曲直、方圆、平侧、巧拙、和峻的区别,不同于"笔法"的一致而少有变异。笔势对书法的结体之势和章法布局之势有独特的审美要求。

书法意象融万象之意,从意中悟出万象的特征,使书法从汉字的符号造型性中解放出来,以点线运动在二维空间中造成具有立体笔墨韵味的三维性视觉形象,并在情感的氤氲排挞中,以心性灵气、心境神采的"意志"之维,叠加在三维视觉形象之上,而成为抒情写意艺术时空的四维空间。

(三)文学意蕴与书法意味

文学作品的第三层是作品本体层次的深层结构(意蕴层)。书法艺术的第三层是"意味美",它主要由笔意和书家心性所完成,是书法由实用性向艺术性转化的节点。笔意指书法作品中体现出来的、书法家在意匠经营和笔画运转间所表现出来的神态意趣和风格功力。是对书法作品的精神面貌和奕奕动人的神采的概括,而不仅指表露在外的形式。笔意集中体现书法家的审美趣味和审美理想。

文学之"言"与书法之"线"都关乎人的心灵境界,并使人生与"道"接通而成为诗意的人生。文学的语言揭示出艺术是创造。书法的线条则是生命创造活动中最自由的形式,是使"道"具象化和生命化的轨迹。如果说,文学是通过语言塑造生动多姿的形象,由形象寄寓或领悟作品意蕴的话,那么,书法则是通过点线的律动运载和追摄情思,并由这情与线的"异质同构"节律应和中,升华出人的精神生命和意向风神,使线条作为艺术家灵魂中伸出的神经元。

因此,书法线条与文学内容相依相合所体现的意蕴诗思和笔墨情趣,使书法成为一种深具"意味美"的形式,一种表现天地哲思情怀的抽象艺术,一种融文之精神、舞之风神、画之空间意象的综合艺术。这一高妙的艺术可抒情写意而启迪心性。中国书法与文学能臻达同一的审美境界,成为中国文化精神的重要维度。

附:常用字体集成

字体,又称书体,是指文字的风格式样。如汉字手写的楷书、行书、草书。中国文字有篆、隶、草、楷、行五种。每种字体中,又根据各种风格,以书家的姓氏来命名,像楷书中有欧(欧阳询)体、颜(真卿)体、柳(公权)体等等。有一种字体,却不是创始人的姓氏,用朝代名来命名,这就是宋体字。现在也指技术制图中的一般规定术语,是指图中文字、字母、数字的书写形式。

宋体: 我 的 大 学

黑体: 我 的 大 学

楷体: 我 的 大 学

隶体: 我 的 大 学

行楷: 我 的 大 学

方正小篆体: 我的大学

方正狂草: 我的大学

经典行书: 我的大学

项目二 说话的艺术

3. 烛之武退秦师[1]

左丘明

《左传》又称《春秋左氏传》,是我国第一部叙事详细的编年体历史著作。该书以鲁国君主系年,记事起于鲁隐公元年(公元前722),止于鲁悼公四年(公元前464)。《左传》保存了大量的古代史料,文字优美,记事详明,既是杰出的历史著作,也是卓越的文学作品。《左传》的作者相传是鲁太史左丘明,并有人认为左丘明与孔子同一时代。现代一般认为《左传》是战国初年的作品。

晋侯、秦伯围郑[2],以其无礼于晋[3],且贰于楚也[4]。晋军函陵[5],秦军氾南[6]。佚之狐言于郑伯曰[7]:"国危矣!"若使烛之武见秦君,师必退。公从之。辞曰[8]:"臣之壮也[9],犹不如人;今老矣,无能为也已[10]。"公曰:"吾不能早用子,今急而求子,是寡人之过也[11]。然郑亡[12],子亦有不利焉[13]!"许之[14]。

【注释】[1]烛之武:郑国的大夫。[2]晋侯:指晋文公,晋属侯爵,故称晋侯。秦伯:指秦穆公,秦属伯爵,故称秦伯。[3]以:连词,因为。其无礼于晋:它对晋国无礼。其:指代郑国。指晋文公为公子逃亡在外时,经过郑国,郑文公对他有失礼节。[4]且贰于楚:而且分心于楚国。贰:两属,即不真心亲附晋国,还心向楚国。[5]军:本义指军营,营房,引申为屯兵,驻扎。函陵:地名,在河南新郑县北。[6]氾(sì):水名,指东氾水,今已干涸,故道在今河南中牟县南。[7]佚(yì)之狐:郑大夫。郑伯:指郑文公。[8]辞曰:(烛之武)推辞说。[9]臣之壮也:我壮年的时候。表时间分句。之:用于主语谓语之间的结构助词,取消句子独立性,并有突出谓语的作用。[10]无能为也已:不能做什么了。也已:语气助词连用,重点在"已",作

学习目标与建议

1. 学习本文运用对话描写塑造人物形象的特点。

2. 学习烛之武说服秦国退兵的语言技巧。

与《左传》同被认为是传《春秋》的,还有公羊高的《公羊传》、穀梁赤的《穀梁传》,合称为"春秋三传"。

交代秦、晋围郑的原因,故事开展。

以国家利益为重,接受出使的重任。

思考与练习

分析本文是如何通过语言描写来塑造人物形象的。

用相当于"矣"。[11]是寡人之过也:这是我的过错。是:代词,作判断句主语,相当于"这",指代上文"吾不能早用子,今急而求子"。[12]然:连词,然而。[13]子亦有不利焉:在亡郑这件事上也有不利啊!焉:相当于"于是",在亡郑这件事上。[14]许之:(烛之武)答应了郑文公。许:应允。

夜缒而出[1]。见秦伯曰:"秦晋围郑,郑既知亡矣[2]。若亡郑而有益于君,敢以烦执事[3]。越国以鄙远[4],君知其难也[5];焉用亡郑以陪邻[6]?邻之厚,君之薄也[7]。若舍郑以为东道主[8],行李之往来[9],共其乏困[10],君亦无所害[11]。且君尝为晋君赐矣[12],许君焦、瑕[13],朝济而夕设版焉[14],君之所知也。夫晋何厌之有[15]?既东封郑[16],又欲肆其西封[17];若不阙秦[18],将焉取之[19]?阙秦以利晋,唯君图之[20]。"秦伯说[21],与郑人盟。使杞子、逢孙、杨孙戍之[22],乃还。

以退为进,晓之以理。

处处考虑对方利益,终于拉近了距离,说服了对方,化敌为友,转危为安。

【注释】[1]缒(zhuì):用绳子拴着人或物从高处往下送,这里指用绳子缚住烛之武从城墙上送下来。[2]既:已经。[3]敢以烦执事:冒昧地拿"亡郑"这件事麻烦您,即请您灭亡郑国吧。敢:表敬副词,冒昧地。以:介词,用,拿。其后省略宾语"之",指亡郑这件事。烦:麻烦。执事:办事人员,这是客气话,实际指秦穆公本人。[4]越国以鄙远:越过一个国家来把远方作为自己的边邑。国:指晋国。以:表目的连词,连接"越国"与"鄙远"。鄙远:把远方作为自己的边邑。鄙:边境城邑。这里活用为动词,以……为鄙。远:远方,指郑国。秦在西,郑在东,晋在两国之间,所以说"越国"。[5]其:代词,指"越国以鄙远"。[6]焉:疑问代词,作"用"的状语,为什么,怎么。陪:增益。邻:指晋国。[7]邻之厚,君之薄也:邻国的厚重就是您的薄弱。[8]舍:"捨"的古字,舍弃,不灭亡郑国。以为东道主:是"以(之)为东道主"的省略。之:指代郑国。意为把它作为东方道路上的主人。[9]行李:外交使节。[10]共:"供"的古字,供给。其:指代行李,即秦使者。乏困:这里指使者往来的馆舍资粮的短缺。[11]所害:"所"字词组作"无"的宾语,指害处。[12]且:连词,而且。尝:时间副词,曾经。为:动词,施予。赐:恩赐,恩惠。双宾语句,"赐"为直接宾语,"晋君"为间接宾语。[13]焦、瑕:晋国的两处地名,在今河南三门峡市西。[14]朝、夕:时间名词作状语。济:渡河。指晋惠公渡黄河归国。版:本指打土墙用的夹板,这里指板筑的土墙,即防御工事。焉:相当于"于是",指在焦、瑕。晋惠公依靠秦国的力量才得以回国为君,曾答应割让焦、瑕作为报答,但回国后便不承认其诺言了。[15]

何厌之有：即"有何厌"，有什么满足的。之：复指前置宾语。[16]既东封郑：[晋国]已经在东方把郑国作为疆界。封：疆界。这里用作动词，指作为疆界。[17]肆：极力扩张。西封：西部疆界。[18]阙(quē)：亏损。[19]焉：疑问代词作状语，哪里，怎么。[20]唯：句首语气助词，表希望语气。图：考虑。之：指阙秦利晋之事。[21]说(yuè)："悦"的古字，喜悦，高兴。[22]杞子、逢孙、杨孙都是秦大夫。戍(shù)：守卫。之：指郑国。

子犯请击之[1]。公曰："不可。微夫人之力不及此[2]。因人之力而敝之[3]，不仁[4]；失其所与[5]，不知[6]；以乱易整[7]，不武[8]。吾其还也[9]。"乃去之[10]。

【注释】[1]子犯：晋国大夫，晋文公的舅父。[2]微：否定副词，其作用相当于"非"。夫人：那个人，指秦穆公。夫：指示代词，那。及：到。晋文公曾逃亡在外，是靠秦穆公的力量才回晋国作国君的，以后又称霸中原，所以这样说。[3]因：凭借，借助。敝：坏，这里指损害。[4]不仁：不仁德。[5]失其所与：失掉自己的同盟者。所与：所联合的，即同盟者。[6]不知：不理智。知："智"的古字，聪明，智慧。[7]以乱易整：用战乱来改变和整。易：改变。[8]不武：不英武。[9]吾其还也：我们还是回去吧。其：表示委婉的语气的副词。[10]去：离开。之：指代郑国。

秦、晋联盟解体，郑国化险为夷。

思考与练习

分析烛之武说服秦国退兵的语言技巧。

思考与练习

课后借阅《左传》，并深入思考其文学性特点。

解读与鉴赏

本篇选自《左传·僖公三十年》。鲁僖公三十年（公元前630）秦、晋两国联盟包围郑国，大军压境，郑国危在旦夕。郑伯起用老臣烛之武，烛之武往见秦穆公，说服秦国退兵，使敌人内部发生分化，从而改变了郑国的危险处境。

本文重点记叙了烛之武劝说秦穆公退兵的一段精彩的外交言辞。烛之武首先采用欲扬先抑，以退为进的方法承认"郑既知亡矣"的危险处境，让对方放松警惕；接着巧妙利用秦、晋、郑三国的地理位置，阐述郑国的存亡与秦国的未来存在着重大的利害关系"邻之厚，君之薄也"，动摇了秦军围郑的决心；第三步，烛之武替秦着想"君亦无所害"，以利相诱，拉近了郑秦之间的距离；第四步，抓住敌方弱点，以史为例，引出秦、晋之间矛盾，彻底瓦解秦晋联盟；最后推测未来，劝秦谨慎，成功地说服了秦穆公退兵解围,郑国也转危为安,甚至"与郑人盟",为郑驻防。

知识积累

一、《左传》的思想

《左传》所记载的史实,比较详细而完整地反映了由奴隶社会向封建社会转变这一历史阶段,诸侯各国在政治、经济、军事、外交和文化等各方面发生、发展、斗争、变革的情况,是研究我国古代社会很有价值的资料。《左传》在许多方面表现出了进步思想。

在天、人关系上,《左传》比较强调人的作用。它通过一些历史故事肯定了"天人相分",天道不能或不完全能干预人事的观点,赞扬"天道远,人道迩"的说法,怀疑天道、鬼神,重视人的作用。

在君、民关系上,《左传》比较重视民的作用,在一定程度上表现了民本思想。它常常通过一些历史事件,说明人民在政权得失和战争胜败上的重大作用,证明统治者得民心可以保位兴旺,失民心就会失位亡身。

《左传》本着不隐恶的态度,对统治阶级的一些暴行、荒淫丑事作了暴露。《左传》还表彰了许多有识见、对国家有贡献的人物,赞扬了爱国主义精神。当然《左传》一书的思想内容也是复杂的,它在一些地方宣扬了封建道德思想和封建迷信思想以及某些宿命论的观点。

二、《左传》的艺术价值

《左传》虽是一部历史著作,但具有丰富的文学性。首先,《左传》十分善于描写战争。如晋楚城濮之战、齐晋鞌之战、秦晋殽之战、齐鲁长勺之战,都记述得首尾完整,而且具体、生动。它描写战争的一个突出特点是不仅把战争看作是刀光剑影的搏斗,而且将战争视为一种极复杂的社会现象加以全面叙述,使人感到战争的胜负绝非偶然。如《齐晋鞌之战》就是善于通过一系列的具体情节描写,使所记叙的内容故事化,首尾完整,引人入胜,充分显示了作者记叙历史事件和描写任务的高度技巧。

其二,作者善于把人物放在矛盾冲突中来立体化地表现人物的思想和性格。叙事富有故事性、戏剧性,情节紧张动人。如《晋公子重耳之亡》等。

其三,《左传》的语言精练传神。对话语言极力表现人物说话时的气氛、语气,使得声情毕肖。叙述语言也精确、简练而传神。犹擅长于辞令对答的记录加工,如《烛之武退秦师》等。

《左传》以其高度的思想性和艺术性不仅对后世史学和一般散文有影响,而且对我国小说的发展也有重大影响。

三、散文勃兴的社会背景

春秋后期到战国将近300年的历史时期,是我国古代社会历史上的一个大变革时代,也是一个产生了空前光辉灿烂文化的时代。这一时期由于生产力的发展,促进了新兴地主阶级产生、封建制的确立和奴隶主贵族的没落、奴隶制社会的解体,社会经济基础发生了重大变化。封建性的生产关系逐渐取代奴隶制生产关系。

伴随着政治变革而来的是旧制度、旧思想、旧传统的解体和各类社会思潮的高涨以及文化学术的空前繁荣。"士"的阶层出现,私学代替了官学,文化教育相对得到普及。这些士人有不少就是当时著名的思想家、军事家、政治家和有其他各种知识的学者。他们到处游说、讲学,敢于对社会各种现象进行新的探索,发表新的见解,提出自己的思想观点和政治主张,互相论战,这样就出现百家争鸣的局面,并逐渐形成不同的学派,学术文化空前繁荣,表现在文学上就是散文的勃兴。

春秋战国时期的散文,可以分为两大类,一是以议论、说理为主的诸子散文;一是以记述历史人物思想、活动、历史事件为主的历史散文。前者主要著作有《论语》、《墨子》、《孟子》、《庄子》、《荀子》等;后者主要著作有《春秋》、《左传》、《战国策》等。

4. 诸葛亮舌战群儒

罗贯中

罗贯中（约1330—约1400），名本，字贯中，太原人，汉族，号湖海散人。他是元末明初著名小说家、戏曲家。罗贯中的一生著作颇丰，代表作《三国演义》。其他作品有剧本《赵太祖龙虎风云会》《忠正孝子连环谏》《三平章死哭蜚虎子》；小说《隋唐两朝志传》《残唐五代史演义》《三遂平妖传》等。

学习目标与建议

1. 了解《三国演义》的内容，了解作者，掌握《三国演义》的文学价值。

2. 学习诸葛亮在与群儒论辩过程中，如何灵活运用多种论辩方法进行论辩的。

"却说"，章回体小说起笔的特点。

开头交代了故事发生的背景。

却说鲁肃、孔明辞了玄德、刘琦，登舟望柴桑郡来。二人在舟中共议，鲁肃谓孔明曰："先生见孙将军，切不可实言曹操兵多将广。"孔明曰："不须子敬叮咛，亮自有对答之语。"及船到岸，肃请孔明于馆驿中暂歇，先自往见孙权。权正聚文武于堂上议事，闻鲁肃回，急召入，问曰："子敬往江夏，体探[1]虚实若何？"肃曰："已知其略，尚容徐禀。"权将曹操檄文示肃，曰："操昨遣使赍文[2]至此，孤先发遣来使，现今会众商议未定。"肃接檄文观看。其略曰：

孤近承帝命，奉词伐罪。旄麾南指，刘琮束手；荆襄之民，望风归顺。今统雄兵百万，上将千员，欲与将军会猎于江夏，共伐刘备，同分土地，永结盟好。幸勿观望，速赐回音。

鲁肃看毕曰："主公尊意若何？"权曰："未有定论。"张昭曰："曹操拥百万之众，借天子之名，以征四方，拒之不顺。且主公大势可以拒操者，长江也。今操既得荆州，长江之险，已与我共之矣，势不可敌。以愚之计，不如纳降，为万安之策。"众谋士皆曰："子布之言，正合天意。"孙权沉吟不语。张昭又曰："主公不必多疑。如降操，则东吴民安，江南六郡可保矣。"孙权低头不语。

须臾，权起更衣，鲁肃随于权后。权知肃意，乃执肃手而言曰："卿欲如何？"肃曰："恰才众人所言，深误将军。众人皆可降曹操，惟将军不可降曹操。"权曰："何以言之？"肃曰："如肃等降操[3]，当以肃还乡党，累官故不失州郡也；将军降操，欲安所归乎？位不过封侯，车不过一乘，骑不过一匹，从不过数人，岂得南面称孤哉！众人之意，各自为己，不可听也。将军宜早定大计。"权叹曰："诸人议论，大失孤望。子敬开说大计，正与吾见相同。此天以子敬赐我也！但操新得袁绍之众，近又得荆州之兵，恐势大难以抵敌。"肃曰："肃至江夏，引诸葛瑾之弟诸葛亮在此，主公可问之，便知虚实。"权曰："卧龙先生在此乎？"肃曰："现在馆驿中安歇。"权曰："今日天晚，且未相见。来日聚文武于帐下，先教见我江东英俊，然后升堂议事。"肃领命而去。

次日至馆驿中见孔明，又嘱曰："今见我主，切不可言曹操兵多。"孔明笑曰："亮自见机而变，决不有误。"肃乃引孔明至幕下。早见张昭、顾雍等一班文武二十余人，峨冠博带，整衣端坐。孔明逐一相见，各问姓名。施礼已毕，坐于客位。张昭等见孔明丰神飘洒，器宇轩昂，料道此人必来游说。张昭先以言挑之曰："昭乃江东微末之士，久闻先生高卧隆中，自比管、乐[4]。此语果有之乎？"孔明曰："此亮平生小可之比也。"昭曰："近闻刘豫州三顾先生于草庐之中，幸得先生，以为'如鱼得水'，思欲席卷荆襄。今一旦以属曹操，未审是何主见？"孔明自思张昭乃孙权手下第一个谋士，若不先难倒他，如何说得孙权，遂答曰："吾观取汉上之地，易如反掌。我主刘豫州躬行仁义，不忍夺同宗之基业，故力辞之。刘琮孺子，听信佞言，暗自投降，致使曹操得以猖獗。今我主屯兵江夏，别有良图，非等闲可知也。"昭曰："若此，是先生言行相违也。先生自比管、乐，管仲相桓公，霸诸侯，一匡天下；乐毅扶持微弱之燕，下齐七十余城：此二人者，真济世之才也。先生在草庐之中，但笑傲风月，抱膝危坐。今既从事刘豫州，当为生灵兴利除害，剿灭乱贼。且刘豫州未得先生之前，尚且纵横寰宇，割据城池；今得先生，人皆仰望。虽三尺童蒙，亦谓彪虎生翼，将见汉室复兴，曹氏即灭矣。朝廷旧臣，山林隐士，无不拭目而待：以为拂高天之云翳[5]，仰日月之光辉，拯民于水火之中，措天下于衽席之上，在此时也。何先生自归豫州，曹兵一出，弃甲抛戈，望风而窜；上不能报刘表以安庶民，下不能辅孤子而据疆土；

一"战"张昭。论辩的焦点是诸葛亮自比管、乐是否"言行相违"。

乃弃新野,走樊城,败当阳,奔夏口,无容身之地:是豫州既得先生之后,反不如其初也。管仲、乐毅,果如是乎?愚直之言,幸勿见怪!"孔明听罢,哑然而笑曰:"鹏飞万里,其志岂群鸟能识哉?譬如人染沉疴[6],当先用糜粥以饮之,和药以服之;待其腑脏调和,形体渐安,然后用肉食以补之,猛药以治之:则病根尽去,人得全生也。若不待气脉和缓,便投以猛药厚味,欲求安保,诚为难矣。吾主刘豫州,向日军败于汝南,寄迹刘表,兵不满千,将止关、张、赵云而已:此正如病势尪羸已极之时也。新野山僻小县,人民稀少,粮食鲜薄,豫州不过暂借以容身,岂真将坐守于此耶?夫以甲兵不完,城郭不固,军不经练,粮不继日,然而博望烧屯,白河用水,使夏侯惇、曹仁辈心惊胆裂:窃谓管仲、乐毅之用兵,未必过此。至于刘琮降操,豫州实出不知;且又不忍乘乱夺同宗之基业,此真大仁大义也。当阳之败,豫州见有数十万赴义之民,扶老携幼相随,不忍弃之,日行十里,不思进取江陵,甘与同败,此亦大仁大义也。寡不敌众,胜负乃其常事。昔高皇数败于项羽,而垓下一战成功,此非韩信之良谋乎?夫信久事高皇,未尝累胜。盖国家大计,社稷安危,是有主谋。非比夸辩之徒,虚誉欺人:坐议立谈,无人可及;临机应变,百无一能。诚为天下笑耳!"这一篇言语,说得张昭并无一言回答。

用反问直诘法予以回击,以大鹏自比,而把对方比作群鸟,气势上挫败了对方的锐气。

用事例论证法针对张昭援为论据的荆州为操所占,指出"弃新野,走樊城"有着不可抗拒的客观原因。

【注释】[1]体探:探访、探听。[2]赍(jī)文:赍,持物赠人。赍文,也就是所赠之文,是外交辞令。[3]乡党:周制五百家为一党,一万两千五百家为一乡,合称乡党,泛指乡里。[4]自比管、乐:出自《隆中对》:"亮躬耕陇亩,好为《梁父吟》。身长八尺,每自比于管仲、乐毅。"管仲是春秋时期的齐国相国,他通货积财,富国强兵,九合诸侯,使齐桓公成为五霸之首。乐毅是战国时期的燕国名将,他联合韩、赵、魏、楚,总领五国之兵讨伐齐国,连下七十余城。[5]云翳:病症名。《医宗金鉴·眼科心法要诀》:宿翳呈片状,或似淡烟,或如浮云,故称云翳(类今之"白内障")。后来引申为阴暗的云霾。[6]沉疴:"疴"是病,"沉疴"是久治不愈的病。

座上忽一人抗声问曰:"今曹公兵屯百万,将列千员,龙骧虎视[1],平吞江夏,公以为何如?"孔明视之,乃虞翻也。孔明曰:"曹操收袁绍蚁聚之兵,劫刘表乌合之众,虽数百万不足惧也。"虞翻冷笑,曰:"军败于当阳,穷于夏口,区区求救于人,而犹言'不惧',此真大言欺人也!"孔明曰:"刘豫州以数千仁义之师,安能敌百万残暴之众?退守夏口,所以待时也。今江东兵精粮足,且有长江之险,犹欲使其主屈膝降贼,不顾天下耻笑。由此论之,刘豫州真不惧操贼者矣!"虞翻不能对。

　　座间又一人问曰:"孔明欲效仪、秦之舌,游说东吴耶?"孔明视之,乃步骘也。孔明曰:"步子山以苏秦、张仪为辩士,不知苏秦、张仪亦豪杰也。苏秦佩六国相印,张仪两次相秦,皆有匡扶人国之谋,非比畏强凌弱,惧刀避剑之人也。君等闻曹操虚发诈伪之词,便畏惧请降,敢笑苏秦、张仪乎?"步骘默然无语。

　　忽一人问曰:"孔明以曹操何如人也?"孔明视其人,乃薛综也。孔明答曰:"曹操乃汉贼也,又何必问?"综曰:"公言差矣。汉传世至今,天数将终。今曹公已有天下三分之二,人皆归心。刘豫州不识天时,强欲与争,正如以卵击石,安得不败乎?"孔明厉声曰:"薛敬文安得出此无父无君之言乎!夫人生天地间,以忠孝为立身之本。公既为汉臣,则见有不臣之人,当誓共戮之:臣之道也。今曹操祖宗叨食汉禄[2],不思报效,反怀篡逆之心,天下之所共愤,公乃以天数归之,真无父无君之人也!不足与语!请勿复言!"薛综满面羞惭,不能对答。

　　座上又一人应声问曰:"曹操虽挟天子以令诸侯,犹是相国曹参之后。刘豫州虽云中山靖王苗裔,却无可稽考,眼见只是织席贩屦之夫耳,何足与曹操抗衡哉!"孔明视之,乃陆绩也。孔明笑曰:"公非袁术座间怀桔之陆郎乎?请安坐,听吾一言!曹操既为曹相国之后,则世为汉臣矣;今乃专权肆横,欺凌君父,是不惟无君,亦且蔑祖,不惟汉室之乱臣,亦曹氏之贼子也。刘豫州堂堂帝胄,当今皇帝,按谱赐爵,何云无可稽考?且高祖起身亭长,而终有天下;织席贩屦,又何足为辱乎?公小儿之见,不足与高士共语!"陆绩语塞。座上一人忽曰:"孔明所言,皆强词夺理,均非正论,不必再言。且请问孔明治何经典?"孔明视之,乃严畯也。孔明曰:"寻章摘句,世之

　　二"战"虞翻。虞翻用揭悖法点出了诸葛亮言论和行为相悖谬。诸葛亮先用反问直诘法抵住了对方的话锋,再通过反驳对方的论证来驳倒对方。

　　三"战"步骘。诸葛亮采用间接回答的方法,以敌制敌,抓住步骘对张仪、苏秦的评价大做文章。

　　四"战"薛综。诸葛亮抓住对方立论不符合道统观念的要害,给予迎头痛击。

　　五"战"陆绩。诸葛亮分三步驳斥陆绩。一是反问句;二用釜底抽薪法通过否定对方的论据反驳对方的观点;三是通过反驳对方的论证而完全驳倒了对方。

腐儒也,何能兴邦立事?且古耕莘伊尹,钓渭子牙,张良、陈平之流,邓禹、耿弇之辈,皆有匡扶宇宙之才,未审其生平治何经典。岂亦效书生,区区于笔砚之间,数黑论黄,舞文弄墨而已乎?"严畯低头丧气而不能对。

忽又一人大声曰:"公好为大言,未必真有实学,恐适为儒者所笑耳。"孔明视其人,乃汝南程德枢也。孔明答曰:"儒有君子小人之别。君子之儒,忠君爱国,守正恶邪,务使泽及当时,名留后世。若夫小人之儒,惟务雕虫,专工翰墨,青春作赋,皓首穷经,笔下虽有千言,胸中实无一策。且如扬雄以文章名世,而屈身事莽,不免投阁而死,此所谓小人之儒也,虽日赋万言,亦何取哉!"程德枢不能对。众人见孔明对答如流,尽皆失色。

时座上张温、骆统二人,又欲问难。忽一人自外而入,厉声言曰:"孔明乃当世奇才,君等以唇舌相难,非敬客之礼也。曹操大军临境,不思退敌之策,乃徒斗口耶!"众视其人,乃零陵人,姓黄,名盖,字公覆,现为东吴粮官。当时黄盖谓孔明曰:"愚闻多言获利,不如默而无言。何不将金石之论为我主言之,乃与众人辩论也?"孔明曰:"诸君不知世务,互相问难,不容不答耳。"于是黄盖与鲁肃引孔明入。至中门,正遇诸葛瑾,孔明施礼。瑾曰:"贤弟既到江东,如何不来见我?"孔明曰:"弟既事刘豫州,理宜先公后私。公事未毕,不敢及私。望兄见谅。"瑾曰:"贤弟见过吴侯,却来叙话。"说罢自去。

【注释】[1]龙骧虎视:龙,高大的马,古称八尺以上的马为龙;骧(xiāng),马高扬着头的样子。像龙马昂首,如虎视眈眈,形容气概威武雄壮。[2]叨食汉禄:即蒙受汉室的俸禄。曹操的父亲曹嵩是汉中常侍曹腾的养子,所以这样说。叨:承受,受到(好处)。

鲁肃曰:"适间所嘱,不可有误。"孔明点头应诺。引至堂上,孙权降阶而迎,优礼相待。施礼毕,赐孔明坐。众文武分两行而立。鲁肃立于孔明之侧,只看他讲话。孔明致玄德之意毕,偷眼看孙权:碧眼紫髯,堂堂一表。孔明暗思:"此人相貌非常,只可激,

六"战"严畯。通过指出严畯的言论与古代豪杰匡扶宇宙却未曾治何经典的客观实际之间存有的悖谬进行了驳斥。

七"战"程德枢。诸葛亮抓住"儒"字,用追加前提之法将之分成"君子之儒"和"小人之儒"讥刺程德枢就是"小人之儒"。

察言观色,当机立断,对孙权运用激将法。

不可说。等他问时,用言激之便了。"献茶已毕,孙权曰:"多闻鲁子敬谈足下之才,今幸得相见,敢求教益。"孔明曰:"不才无学,有辱明问。"权曰:"足下近在新野,佐刘豫州与曹操决战,必深知彼军虚实。"孔明曰:"刘豫州兵微将寡,更兼新野城小无粮,安能与曹操相持?"权曰:"曹兵共有多少?"孔明曰:"马步水军,约有一百余万。"权曰:"莫非诈乎?"孔明曰:"非诈也。曹操就兖州已有青州军二十万;平了袁绍,又得五六十万;中原新招之兵三四十万;今又得荆州之军二三十万。以此计之,不下一百五十万。亮以百万言之,恐惊江东之士也。"鲁肃在旁,闻言失色,以目视孔明,孔明只做不见。权曰:"曹操部下战将,还有多少?"孔明曰:"足智多谋之士,能征惯战之将,何止一二千人。"权曰:"今曹操平了荆、楚,复有远图乎?"孔明曰:"即今沿江下寨,准备战船,不欲图江东,待取何地?"权曰:"若彼有吞并之意,战与不战,请足下为我一决。"孔明曰:"亮有一言,但恐将军不肯听从。"权曰:"愿闻高论。"孔明曰:"向者宇内大乱,故将军起江东,刘豫州收众汉南,与曹操并争天下。今操芟[1]除大难,略已平矣;近又新破荆州,威震海内;纵有英雄,无用武之地,故豫州遁逃至此。愿将军量力而处之,若能以吴、越之众,与中国抗衡,不如早与之绝。若其不能,何不从众谋士之论,按兵束甲,北面而事之?"权未及答。孔明又曰:"将军外托服从之名,内怀疑贰之见,事急而不断,祸至无日矣!"权曰:"诚如君言,刘豫州何不降操?"孔明曰:"昔田横,齐之壮士耳,犹守义不辱。况刘豫州王室之胄,英才盖世,众士仰慕。事之不济,此乃天也。又安能屈处人下乎!"

【注释】[1] "芟"(shān):割草。这里指消除。

参考阅读

《三国演义》事实上真正对中国的历史发展产生了重大影响。满清女真民族向明朝进攻时,还是关外没有什么文化的粗野民族,自然不会阅读《孙子兵法》之类的艰深书籍。他们的将领带领军队,行军打仗,方法和技术全靠从《三国演义》中学习。

——金庸

解读与鉴赏

《三国演义》描写的是从东汉灵帝建宁二年(公元169)到晋武帝太康元年(公元280)期间一百多年间发生的事件。它描述了魏、蜀、吴三国的兴衰过程,着重刻画了封建统治者尖锐复杂的政治斗争,尤以军事斗争为主。战争的战略战术,具体的环境特征,人性在战争中的表现等等,在《三国演义》里都有精彩的篇章呈现。

本文节选自《三国演义》第四十三回,主要记叙诸葛亮在说服孙权联刘抗曹之前,与其手下主和派张昭、虞翻、步骘、薛综、陆绩、严畯、程德枢七位谋士进行的一次关于拒曹还是降曹的论辩。面对群儒的轮番诘难,诸葛亮镇定自若,随机而变,以他渊博的知识、卓越的见解、雄辩的才能将对方逐一驳倒,令群儒尽皆失色,哑口无言,取得了这场论辩的胜利,从而为刘备与东吴的联合奠定了基础。

 知识积累

历史演义小说《三国演义》在我国传统的史书"前四史"中,有西晋陈寿写的《三国志》,后经刘宋时人裴松之为其作注,极大地充实了《三国志》的内容。此外,民间的说唱,笔记体小说(如刘义庆的《世说新语》等)也都将三国时期的史料加以文学化,广为流传于民间。宋元时期出现的讲史话本《全相三国志评话》,以蜀汉为主线,叙事从桃园结义始,三国归晋止,基本构成这部小说的框架。罗贯中"据正史,采小说,证文辞,通好尚"(高儒《百川书志》),创作出我国第一部长篇历史章回体小说《三国志通俗演义》。他以严肃的态度考证《三国志》和裴注等史籍材料,以正史为根据,同时又大量采录话本、戏剧、民间传说中的鲜活的内容,按照民众的喜好和美学风尚,虚实相间,成此大作。

 思考与练习

1. 请你谈谈诸葛亮舌战群儒和劝说孙权的策略,这些策略能给你的人际交往带来益处吗?

2. 组织一场班级小型辩论赛,注意语言的运用和辩论的策略。

5. 国际大专辩论赛决赛辩词(自读篇目)

1999年A组决赛

——美是客观存在/美是主观感受(节选)

……

张泽群:好了,首先要进入的是陈述立论阶段。首先有请正方一辩陈瑞华同学陈述观点,时间是3分钟,请。

> 第一阶段,正反方立论,阐述本方观点。

陈瑞华:主席、评委,大家好!到底是客观存在的美决定了人对美的感受呢,还是人的主观感受创造了美?今天我们双方辩论员在此辩论,就是要解决这千古难解的美学难题。如果说美是主观存在的话,那就是说,今天美的存在与否完全由个人主观意念而决定着,但我方今天就是要告诉大家,美的存在有它一定的规律,就因为这不变的规律,因此美的存在不以个人主观的意念而改变,这就是我方的观点——美是客观存在的。

美是一个事物或行为的特质,它有着三个特性:也就是,第一,形象性;第二,感染性;第三,功利性。形象性指的是,一个事物如果要发挥它的美,它就必须拥有一个具体的形象或形式;第二,它也必须拥有一个感染性,让人们能够引起本身的欢愉或喜爱的感觉;第三,它也必须拥有一个功利性,能够给予人精神及物质上的好处,例如进化及使用等等。由于美的存在必须以这三个特性作为衡量,因此也就产生了一个客观的规律,而由于要用这个客观的规律去衡量,对方又怎么能够说这是主观感受呢!

除此以外,美的三个特性也是独立于人的主观意念之外。人的主观感受不能够改变这三个特性的规律,在欣赏的过程中,主体与客体之间所产生的关系只能是感受与被感受的过程,是客观存在的美引起了人的美感,而不是人的美感创造了客观事物的美。美不以欣赏者的个人主观意念而改变。金字塔的美始终存在于金字塔本身,就算没有人去欣赏金字塔,但是金字塔的美却也是千古地流传下来呀。

如果说美并没有一个客观的标准,那么就是说,我们以个人的主观喜好来作为标准的话,那么千百个人就有千百个不同的标准,请问,这又和没有标准有什么分别呢?当然,一个事物的美和丑对于不同的人来说,可能有不同的美感,但这种种不同的美感起源是在于个人不同的背景、不同的审美观念,以及个人不同的修养而决定的。当然,我们可以欣赏美,去发现美,(时间警示)并且可以用美的规律去创造它,但是却不能够轻言取消美,或否定美的存在。如果说美是主观感受的话,那我就不明白了,人类一直追求的真、善、美等等伟大的目标,不是完全没有意义了吗?因为它们因人而异,随时改变哪!法国美学家狄克罗斯就告诉我们,不管有没有人,卢浮宫的美不会因此而荡然无存!谢谢!(时间到)

张泽群:感谢陈瑞华同学!下面我们有请反方一辩樊登同学陈述观点,时间也是3分钟,请。

樊登:谢谢主席!各位好!对方同学为什么忘记了罗丹曾经说过,在艺术家的眼里,这个世界没有什么东西是不美的。而且主观的东西就代表了任何人就可以随意地改变它吗?主观难道不具有普遍性,我们就不能倡导和培养吗?其实对方同学今天始终强调的是,美需要有一种客观的物质基础,这一点与我们根本就不矛盾,有哪一种主观感受可以脱离客观的物质基础而存在呢?

我方认为美是情感的想象活动所引起的精神愉悦,它需要感受于存在而会于心灵,如果美是客观存在,像这张桌子一样的话,那么我们根本就不用"感",也不用"会",只要"看"就可以了,这样倒也方便!只不过我们看到的将会是千篇一律的美,因为美是客观存在的,那么只要大家的视力差不多,对美的认识就应该是相同的呀!这样一来,就有一些问题不好解释了,为什么我们要不断地交流,对于音乐、绘画、美术、包括辩论的感受?为什么人们对于一些问题总是不能达到一种共同的默契呢?这样一来对方就需要解释的是,为什么蒙娜丽莎的微笑,让我们猜测了几个世纪?为什么宋元的山水画至今我们说不尽,道不完?为什么大家对一块奇石的看法会截然相反?为什么那么多的艺术流派会百花齐放?这么多的"为什么",对方同学怎么解释?其实哲学家休谟早就解释过了,他说:美从来就不是物质的客观属性,根本没有客观的标准。这一点与中国传统文化也暗暗呼应。从孔子的"智者乐水,仁者乐山"到柳宗元的"夫美不自美,因人而彰"都在说明着这个道理。如果对方同学还不相信的话,那我可以告诉诸位:实验心理学的学者们早就用科学研究的方法证明了,任何线条啊、颜色啊,本身并不具备美的标准,而人类为什么会对这些线条颜色的组合产生感情,觉得它美呢?那是因为我们对它倾注了很多的情感与想象,加上各自不同的文化背景,才构成了我们这个斑斓的美的世界。所以我们才能够见到国旗、国花,觉得它们是最美的;所以我们过三峡时,看到的不是山,而是等待(时间警示)夫婿归来的女子;所以我们见到黄河就能够感受到母亲般的情怀。说到这儿,我感觉到我们的生活是多么的美好!我们可以感受、想象、去听、去看,人类在客观世界就已经受到了太多的约束,如果我们美的这种自由的体现,还要被对方用客观的标准来束缚住的话,那我只能说我感到非常的悲哀!谢谢!

……

张泽群:……好了,最后是总结陈词阶段。我们首先有请反方的路一鸣同学陈述观点,时间是4分钟,请。

路一鸣:好一场唇枪舌剑的自由之辩!不过我们仔细分析,在对方的口若悬河之下,对方非但不能自圆其美,而且还有几点非常明显的美中不足。第一,对方的立论基础无非是说:美可以脱离人的主观意识而存在,所以对方自由人才告诉我们,这本唐诗拿到了国外,就算这个人没有看过,也会觉得它是美的,如果这本唐诗从来就没有人看过,有没有人觉得它是美的?如果对方二辩,没有人去欣赏她的话,有没有人觉得她是美的呢?其实,对方论证的是美可以脱离一部分人

第二阶段,正反方盘问、驳论、自由辩论。

第三阶段,正反方总结陈词。

的主观意识而存在,那是因为另一部分人主观上认为它美,我们知道了。我们从来没有见过西施、貂蝉是什么样子的,为什么我们现在一提到西施、貂蝉就想到了美呢?那是因为美就是人们主观上流传下来的口碑,这个时候,美是主观的普遍性。第二,对方又把美和善混为一谈,想要论证他们的辩题。对方又说美和丑其实是可以统一的,如果真是这样的话,那么美可以有一个不以人的意志为转移的作用而存在,因而它对人应该有影响,不过如果我没有感到它的美的话,它对我的影响是什么呢,它的美的作用又在哪里呢?下面我总结我方观点。

第一,客观存在的事物只有融入了人的主观想象与情感才会显得美,从山川河流到花鸟鱼虫,从春夏秋冬到风云雨雪,我们看到,客观的事物是不以人的主观意志为转移的,正所谓"天行有常,不为尧存,不为桀亡",而有了人的主观想象,才有了"山舞银蛇,原驰蜡象,欲与天公试比高。"

第二,我们认为,审美的标准和结果,会因为人们的客观生活经历和他的文化背景而不同,我们看到很多人喜欢维纳斯的雕像,维纳斯的雕像风靡西方世界,但我们中国的老婆婆却一定要给她缝上坎肩儿才能心安理得。楚王好细腰,唐皇爱丰满,那么在情人眼中,无论如何对方都如西施一般沉鱼落雁。这个时候我们看到,美其实是源于人们的主观想象和内心情感,是人们借助于客观事物来表达人情冷暖。

第三,我们强调美是主观感受,因为这反映了人追求自由的价值信念,人的肉体受制于客观,从而人的精神就追求无限的驰骋空间。我们爱生活,因为生活的故事上(时间警示)下五千年,叫人浮想联翩;我们爱自然,因为"万类霜天竞自由",那是生命的礼赞!

综上所述,我方认为,美丑无对错,审美无争辩,因而我们才强调美是自由的象征,我们来自五大洲的辩友,才能胸怀宽广地唱一首:一心情似海,感动天地间。谢谢!

张泽群:谢谢路一鸣同学,感谢他的精彩陈词,谢谢!最后我们有请正方的何晓薇同学总结观点,时间也是4分钟,请。

何晓薇:在感谢对方的滔滔陈词之后,我仍然不得不指出对方所犯下的一个错误,就是离题。对方今天告诉我们的种种始终是人究竟是怎么样去审美,人觉得这个事物美不美。然而这是我们今天要讨论的题目吗?我们今天说,美是主观感受还是客观存在,说的是美究竟是以怎么样的一种形式存在啊。然而对方今天举出的花,举出的种种事物告诉我们,说得始终还是一种人怎么样去审美,而不是我们今天所要讨论的题目啊!再来,对方告诉我们美和善之间不能够合起来谈,可是我们看到的是什么呢?许许多多的人具有内在美,难道对方说这些内在美不是善吗,这些善行不是美吗?再来,对方又说许许多多的人审美角度不同,可是这也不是我们所要讨论的啊!事实上,美,它是一种规律,是一种脱离于人的主观意识而存在的,它是客观存在的事物。

首先,美具有形象性。黑格尔就说了:美能在形象中见出。不管是自然界当中的"江南可采莲"的美,还是社会里舍身救人的美,甚至是艺术当中"问君能有几多愁,恰似一江春水向东流"的美,这种种的具体形态,正是美的形象性所在啊。

第二,美具有感染性。它的感染力量,或者让我们黯然神伤,在"十年生死两茫茫"中不胜唏嘘;或者是让我们肃然起敬,在"留取丹心照汗青"之中敬仰万分,而这股力量正是让客观存在的美持续徘徊在人的脑海之中的呀。

第三,美具有功利性。人的本质力量推动人类追求美好的事物,而美正是可以让人感到愉悦啊。"阳春白雪"是美,"下里巴人"也是美,它们都是美,因为它们满足了不同的人的不同需要啊。而这三种规律处在人的主观感受之外,不受人的主观感受的控制啊,同时规律本身的存在,也正是论证了美是客观存在的啊。实际上,因修养、经历,因社会条件、历史条件的种种不同,所以各人的审美能力有所不同,所以美有相对的美,然而对方不能够因此就把美和审美混为一谈哪!认为美是主观感受,这就完全否定了美的客观实在性,颠倒了美与美感两者之间的关系呀。罗丹就曾经告诉我们：美是到处都有的，而我们的眼睛事实上不是缺少美，而是缺少了发现。谢谢！

……

附：

国际大专辩论赛规则

环节		内容	参与辩手	时间
第一环节	正反方立论	各方阐述本方观点	正方一辩 反方一辩	3分钟
第二环节	反方盘问	反方二辩手对正方一辩进行盘问，反方一辩只准回答，不准反问；每次提问不超过20秒，每次回答不超过30秒	反方二辩 正方一辩	3分钟
	正方盘问	正方二辩手对反方一辩进行盘问，反方一辩只准回答，不准反问	正方二辩 反方一辩	3分钟
第三环节	双方攻辩	两名双方未发言辩手进行对辩，由反方先开始发言	正反方任一未发言辩手	各2分钟
第四环节	正反方驳论（盘问小结）	正方任一未发言辩手对于反方进行反驳	正方任一未发言辩手	2分钟
第五环节	自由辩论	正方四辩先发言，双方交替发言	所有辩手	各4分钟
第六环节	反方陈词	总结陈词	正方四辩	4分钟
	正方陈词	总结陈词	反方四辩	4分钟

项目三 汉语的美感

6. 蒹 葭[1]

《诗经》是我国最早的一部诗歌总集。它收集了自西周初年至春秋中期大约500多年间(公元前11世纪至公元前6世纪)的305篇诗歌,春秋末年已流传于世。当时人们称之《诗》或《诗三百》,到了汉代,人们把它奉为经典,始称作《诗经》。《诗经》句式以四言为主,多用复叠方式,反复咏叹,突出诗歌的形象。根据内容不同的需要,分别采用赋、比、兴的艺术手法,写景抒情都富于感染力。《诗经》朴素自然,富于表现力的文学语言,对后世诗歌产生了较大的影响。

学习目标与建议

1. 了解本诗大意,仔细体会本诗的语言特点。
2. 学习本诗歌语言特色,体会意境,领悟诗情。

　　蒹葭苍苍[2],白露为霜[3]。所谓伊人[4],在水一方。溯洄[5]从之,道阻且长;溯游从之,宛在水中央。
　　蒹葭萋萋[6],白露未晞[7]。所谓伊人,在水之湄[8]。溯洄从之,道阻且跻[9];溯游从之,宛在水中坻[10]。
　　蒹葭采采[11],白露未已。所谓伊人,在水之涘[12]。溯洄从之,道阻且右[13];溯游从之,宛在水中沚[14]。

【注释】[1]蒹葭(jiān jiā):泛指芦苇。[2]苍苍:灰白色。[3]为霜:凝结成霜。[4]伊人:那个人。一般指诗人所追寻的人。[5]溯(sù)洄:沿着弯曲的河道向上游走。[6]萋萋:青白色。[7]晞:干。[8]湄(méi):水和草交接的地方,也就是岸边。[9]跻(jī):升,高起,指道路越走越高。[10]坻(chí):水中小洲或高地。[11]采采:色彩众多的样子。[12]涘(sì):水边。[13]右:迂回曲折。[14]沚(zhǐ):水中小沙滩,比坻稍大。

解读与鉴赏

《蒹葭》选自《诗经·秦风》,是一首抒情诗。诗歌主要写主人公为了追寻"伊人"而"溯洄从之"、"溯游从之",但是"伊人"始终是可望而不可即。因此,全诗除了写出了主人公对"伊人"的真诚向往和执著追求的情感,更溢出的是求"伊"不得的失望、惆怅之情。

全诗共三章,每章八句。每章开头两句皆以"蒹葭"和"白露"变化起兴;三、四句交代了主人公所追慕的对象"伊人"及其所处的地点;后四句描述追寻"伊人"的情况,无论是"溯洄从之"还是"溯游从之"追寻"伊人","伊人"皆不可得。

这首诗最主要的艺术特色是:

第一,全诗意境朦胧、蕴意深远。《蒹葭》全诗写得扑朔迷离,在模糊的意象中,展示出一种神秘莫测、似有若无的朦胧之美。主人公的身份是模糊的,追寻"伊人"的缘由也不明了。"伊人"形象也是模糊的,"所谓伊人"中"伊人"究竟是指什么?诗中也没有交代清楚,可以揣测:一说情人、恋人,抒发求偶不得之情;二说美好理想,抒发怀才不遇之情;三说友人,抒发知音难求之情。尽管诗中没有给我们明确所指,但是从追求者那炽热、执著的感情指向中,和通过清露秋水的烘托中"伊人"的"高洁"、"可敬"的形象呼之欲出。留给读者耐人寻味的思索,可谓境界幽邃,蕴意深远。

第二,语言形象生动,全诗充满韵律美。诗中以"蒹葭"、"白露"、"秋水"三个意象给我们描绘了一幅苍凉萧索的秋景图。"所谓伊人,在水一方",诗人隔着盈盈一水,左右徘徊,努力寻求心中的"伊人",那份热烈而急切之情跃然纸上;韵律美、节奏美,《蒹葭》全诗以四字句为主,四字句节奏鲜明而短促。首章采取偶句入韵的方式。"苍"、"霜"、"方"、"长"、"央"的韵脚读起来朗朗上口,具有韵律美。全诗重章叠句、回环复沓,一唱三叹的形式,用韵先响后暗,先扬后抑,使全诗达到了余音绕梁、反复抒情的目的。另外,"蒹葭"属于双声词,"苍苍"、"萋萋"、"采采"等是叠词,用韵和句式的参差变化以及双声叠词的运用,增强了诗歌的节奏感和音乐美。

 **参考阅读**

"《诗·蒹葭》一篇,最得风人深致。"具有"以我观物,故物皆着我之色彩"和"其言情也必沁人心脾;其写景也必豁人耳目;其辞脱口而出,无矫揉妆束之态"。

——王国维《人间词话》

赋者,敷陈其事而直言之者也。比者,以彼物比此物也。兴者,先言他物以引起所咏之辞也。

——朱熹《诗集传·序》

 思考与练习

1. 讨论诗歌中"伊人"的多义性。

2. 仿照本诗语言特点,自己创作诗歌,内容自择。

7. 春江花月夜

张若虚

张若虚（660？—720？）扬州（今江苏扬州）人。曾官兖州兵曹。唐玄宗开元初年，与贺知章、张旭、包融号称"吴中四士"，驰名京都。作品大多散佚，《全唐诗》仅录存其诗《春江花月夜》和《代答闺梦还》二首。《春江花月夜》被誉为"以孤篇压倒全唐"。

春江潮水连海平[1]，海上明月共潮生。
滟滟随波千万里[2]，何处春江无月明。
江流宛转绕芳甸[3]，月照花林皆似霰[4]。
空里流霜不觉飞，汀上白沙看不见[5]。
江天一色无纤尘，皎皎空中孤月轮。
江畔何人初见月？江月何年初照人？
人生代代无穷已，江月年年只相似。
不知江月待何人，但见长江送流水。
白云一片去悠悠，青枫浦上不胜愁[6]。
谁家今夜扁舟子[7]？何处相思明月楼？
可怜楼上月徘徊，应照离人妆镜台。
玉户帘中卷不去[8]，捣衣砧上拂还来[9]。
此时相望不相闻，愿逐月华流照君。
鸿雁长飞光不度[10]，鱼龙潜跃水成文[11]。
昨夜闲潭梦落花，可怜春半不还家。
江水流春去欲尽，江潭落月复西斜。
斜月沉沉藏海雾，碣石潇湘无限路[12]。
不知乘月几人归，落月摇情满江树。

【注释】[1]连海：与海连接在一起。海：这里是虚指，指长江下游宽阔的江面。[2]滟滟（yàn）：水面动荡闪光的样子。[3]芳甸：长满花草的原野。甸，郊外之地。[4]霰（xiàn）：雪珠。[5]汀：水中或水边的平地，这里指江畔沙滩。[6]青枫浦：地名，在今湖南浏阳县南浏水畔。这里泛指遥远荒僻的水

学习目标与建议

1．了解初唐诗人和初唐四杰的创作特点。

2．分析《春江花月夜》的层次结构，概括各段抒情着眼点。

3．诵读《春江花月夜》，体会其音韵美。

开头两句点出春、江、月、夜四字，"生"赋景物于生命。"千万里"是点，"何处"是面，唐人气派。

"江天"以下四句由写景转入抒情。

两个"初"字把现实的景物升华，表现诗人对人生、宇宙的"自我意识"。

"可怜"句通过游子设想闺妇的相思情状。

"鸿雁"两句暗用典故，含蓄表达书信不能往来，突出不可会面之苦。

"不知"两句寻求人生与永恒的大自然关系的解

思考与练习

"白云"两句在结构上起什么作用？分析"月徘徊"三字的表现力。

边。不胜:受不了。[7]扁舟子:指乘一叶小舟漂流在外的游子。扁(piān)舟:小舟。[8]玉户:闺中,此指思妇居室。[9]捣衣砧:古代用以捶洗衣服的砧板、垫石。[10]鸿雁:此指信使。《汉书·苏武传》记有鸿雁传递书信之事。度:通"渡"。[11]鱼龙:鲤鱼。潜跃:潜游跃动。文:通"纹",波纹。[12]碣石:山名,在今河北昌黎县北。潇湘:二水名,在湖南零陵合流,北入洞庭湖。这里以"碣石"指北,"潇湘"指南。无限路:指相距之远。

解读与鉴赏

全诗可分三段。第一段从开头至"汀上白沙看不见"句,写明月照耀下的春江花林的景色。第二段从"江天一色无纤尘"句至"但见长江送流水"句,写面对江月而生的遐想与感慨。第三段从"白云一片去悠悠"至结尾,写花月春宵游子与思妇的离愁别恨。

《春江花月夜》在思想与艺术上都超越了前人单纯的描写景物诗。闻一多称这首诗是"诗中的诗,顶峰上的顶峰"(《唐诗杂论》)。诗人借对春江花月夜的描绘,尽情赞叹大自然的奇丽景色,着力抒发了离人之间缠绵委婉的相思之情,表达了对人生的追求与对宇宙的探索。因此,在写景时寄托情感,将抽象化的情感鲜活起来,在抒情中表现人生哲理,达到画意、抒情和哲理的完美结合。

艺术上,画面描写细腻委婉,结构完整,构思缜密。全诗紧扣"春、江、花、月、夜"五字,以月的运行为线索展开,诗情随着月轮的升落而起伏曲折。月在一夜之间经历了升起——高悬——西斜——落下的过程,在月的照耀下,江水、沙滩、天空、原野、花林;长飞的鸿雁、潜跃的鱼龙、不眠的思妇及漂泊的游子,组成了完整的诗歌形象,展现出一幅澄明恬静,充满人生哲理与生活情趣的画卷。全诗由景入情,最后以景结情,情、景、理达到了有机的统一。诗歌节律清新,流美婉转。诗人用宫体诗题,但完全摆脱了曲调的束缚,另创优美的七言长歌。诗韵抑扬回旋。诗共三十六句,四句一换韵,平仄交错运用,回环反复。近人王闿运说:"张若

思考与练习

《春江花月夜》题目共五个字,代表五种事物。你认为作者重点写的是哪一个字?为什么?

参考阅读

1. 其实,这诗是有憧憬和悲伤的,但它是一种少年时代的憧憬和悲伤,一种"独上高楼,望断天涯路"的憧憬和悲伤。所以,尽管悲伤,仍然轻快,虽然叹息,总是轻盈。它显示的是,少年时代在初次人生展望中所感到的那种轻烟般的莫名惆怅和哀愁。春花春月,流水悠悠,面对无穷宇宙,深切感受到的是自己青春的短促和生命的有限。

——李泽厚《美的历程》

2. 余情袅袅,摇曳于春江花月之中,望海天而杳渺,感今古之茫茫,伤离别而相思,视流光而如梦,千端万绪,总在此情字内,动摇无已,交全首诗情,一总归结其下,添不得一字,而又余韵无穷。

——清·王尧衢《唐诗合解》

虚《春江花月夜》，用《西洲》格调。孤篇横绝，竟为大家。"（《湘绮楼说诗》卷一）

知识积累

1. 初唐四杰

唐诗的发展，大致分为初、盛、中、晚四个时期。唐初，相对开明的文化政策，自由的创作氛围，东西南北文化的撞击，都空前激发了广大中下层知识分子的热情。他们意气风发，激情洋溢，诗歌呈现出恢弘气象。而在理论和创作中真正体现诗风转变的是被称为"初唐四杰"的王勃、杨炯、卢照邻和骆宾王。在当时，四人的诗歌反映了社会中、下层士人的精神风貌和创作追求。他们怀着变革文风的自觉意识，有十分明确的审美追求，反对纤巧绮靡，提倡刚健骨气，诗中开始出现了较为壮大的气势，颇有慷慨悲凉的特点。四人中，卢、骆长于歌行，王、杨长于五律。

2. 陈子昂诗歌创作及诗歌革新理论

陈子昂（659？—700）是一位对唐诗发展有重大影响的诗人。当馆阁诗人醉心于应制咏物、寻求诗律的新变时，陈子昂的诗歌创作以其深刻充实的内容和质朴刚劲的风格，一扫六朝绮丽的余风。他的诗歌，代表作主要是《感遇》38首。这些诗有的抒发个人建功立业的理想抱负，以及自己的理想抱负不能实现的慷慨不平；有的直陈时政，具有很强的思想性和现实性。《登幽州台歌》是陈子昂的千古绝唱。天地无穷，而人生有限，在一己的悲哀里，蕴含着得风气之先的伟大孤独感，透露出英雄无用武之地、抚剑四顾茫茫而慷慨悲歌的豪侠气概。陈子昂强调"汉魏风骨"（思想感情表现明朗，语言质朴有力，形成一种爽朗刚健的风格）和"风雅兴寄"（要求作品中寄托作者深沉充实的感慨），反对"彩丽竞繁，而兴寄都绝"的齐梁诗风，主张继承建安风骨、正始之音。陈子昂的创作与文学主张，可以说正式揭开了唐诗革新的序幕。

3. 诗的意境

王昌龄《诗格》最早提出诗的三境。即物境、情境

思考与练习

试分析《春江花月夜》意境美。

思考与练习

收集相关描写"月"的诗歌，并比较在描写上有何异同？

"这里似乎有某种哲理，某种人生的感伤，然而它却仍是那样快慰，清淡，光昌流丽。"
——李泽厚《美的历程》

思考与练习

诵读《春江花月夜》，体会其音韵美。

和意境。在中国古代文艺理论中,意境指抒情性作品中描写的景物(画面)与情感内涵水乳交融般地结合而形成的艺术境界。具体表现为抒情性作品中的景是情中之景,情是景中之情,写景之语成为象征性表现情感的写情之语。诗歌中的情、景是彼此互相依傍,缺一不可的。

王夫之提出诗歌中情景结合的方式有三种:其一是"妙合无垠",结合得天衣无缝,无法分别,这是最高境界,然而要达到这种境界是比较难的;其二是"景中情",在写景当中蕴含着情,如李白的《子夜吴歌》中的"长安一片月";其三是"情中景",在抒情过程中能让人感到有景物形象在,如杜甫《和贾至舍人早朝大明宫》中的"诗成珠玉在挥毫"。总之,情景互相融合才能构成诗歌的意境美。

4. 诗歌的哲理

"哲理",是睿智洞照自然之理。有了深邃的哲理内涵,诗歌更显韵味无穷。诗人因对某种事物的特点或由某种经历顿悟,阐发在自然界或人类社会中具有普遍意义的道理。如"问渠那得清如许?为有源头活水来","欲穷千里目,更上一层楼",都是蕴含深厚的哲理句。诗歌的哲理必须以情景为依归,构成鲜明的审美意境,才能使人获得美感。

5. 诗歌的韵律

诗歌和谐的韵律主要表现在韵脚的押韵上。押韵又称"叶韵",它能产生音乐美,成为古典诗歌的最基本的要求。押韵是诗词中把韵母、声母相同或相邻的字放在一定的位置上(一般在行末),使声音有规律地回环照应,由于韵字常在句末,所以也叫"韵脚"或"押韵"。近体诗用韵要求很严格。除首句入韵外,一般都是隔句入韵;一般用平声韵;不能出韵(韵脚只能用同一个韵的字)。押韵的诗句读起来悦耳动听,朗朗上口。全诗语言音调平仄错综,起伏变化,形成声律美。《春江花月夜》共三十六句,四句一换韵,共换九韵。转韵自然流畅,与诗意相得益彰。诗以平声庚韵起首,中间为仄声霰韵、平声真韵、仄声纸韵、平声尤韵、灰韵、文韵、麻韵,最后以仄声遇韵结束。诗人把阳辙韵与阴辙韵交互杂沓,高低音相间。全诗随着韵脚的转换变化,平仄的交错运用,一唱三叹,前呼后应,韵律随诗情而曲折回旋,形成强烈的节奏感和音韵美。

8. 登 高

杜 甫

杜甫(712—770),字子美,巩县(今河南巩县)人。杜甫从二十岁起,开始了将近十年的漫游生活,游历吴、越、齐、赵各地,开元二十三年(735)进京应举,不第。玄宗天宝五年(746)进京求官,困居长安十年后获得右卫率府胄曹参军的小官。不久,安禄山叛乱爆发,长安沦陷。他在逃亡途中被叛军俘虏,解往长安。第二年夏初,冒死逃出,投奔肃宗驻地灵武,肃宗任命他为左拾遗,不久被贬官,迫于生计,辗转流落到成都,经友人严武荐举,任西川节度使幕府参谋、检校工部员外郎,世称"杜工部"。代宗永泰元年(765)离蜀南下,途中又因兵乱滞留夔州两年,至大历三年(768)出峡,漂流在湖北、湖南一带,后客死郴州途中。杜甫在儒家正统思想熏陶下,树立了"致君尧舜上,再使风俗淳"的理想。他真实地描写了当时人民的苦难和国家的灾难,被称为"诗圣",而他的诗则被誉为"诗史"。杜甫是我国诗歌史上最伟大的现实主义诗人之一。现存诗1 400多首,有《杜工部集》传世。

风急天高猿啸哀,渚清沙白鸟飞回[1]。
无边落木萧萧下[2],不尽长江滚滚来。
万里悲秋常作客,百年多病独登台[3]。
艰难苦恨繁霜鬓[4],潦倒新停浊酒杯[5]。

【注释】[1]渚:水中的小洲。回:回旋,旋转。[2]萧萧:象声词,此指落叶的声音。[3]百年:多年,此指一生。[4]艰难:

学习目标与建议

1. 诵读《登高》,分析其写作特点。
2. 掌握杜甫诗歌创作集大成特点。
3. 掌握杜甫"沉郁顿挫"的创作风格。

开头两句选取六件具有代表性的景物,各用一形容词修饰,细致生动,为悲秋抒怀创造气氛。

杨万里云:以"萧萧"、"滚滚"唤起精神(《诚斋诗话》)。"不尽"二字,描绘绵延壮阔之景。此联气势磅礴,境界阔大,雄浑苍凉。

时局艰难,自己一生颠沛流离。苦恨:深恨。繁霜鬓:像霜一样白的鬓发很多。[5]潦倒:衰颓不振,生活无靠。

解读与鉴赏

这首七律作于唐代宗大历二年(767)秋。时诗人正漂泊西南,年已五十有六,生计艰难,百病缠身。诗中描述登高所见的秋景,倾诉了诗人长年漂泊、老病孤愁的飘零身世,也抒发了忧国伤时的思想感情。慷慨悲壮,动人心弦。

前四句写景,后四句抒情,在写法上又各有错综变化。第一联着重刻画眼前具体景物,好比画家的工笔,形、声、色、态,一一得到表现。第二联着重渲染整个秋天气氛,好比画家的写意,只宜传神会意,让读者用想象补充。第三联表现感情,从纵(时间)、横(空间)两方面着笔,由异乡漂泊写到年老多病。第四联又从白发日多,因病断饮,归结到时世艰难是潦倒不堪的根源。这样,诗的主旨便鲜明地表达了出来。

律诗要求中间两联要用对仗,这首诗却八句皆对,句句皆律,格律十分精细工整,体现出杜甫"晚节渐于诗律细"(《遣闷戏呈路十九曹长》)的特点。由于诗人的感情沛然从肺腑中流出,技巧已达到炉火纯青的地步,故整首诗自然和谐,浑然一体,被后人称为"旷代之作"(胡应麟《诗薮》)。

知识积累

1. 沉郁顿挫的风格

杜甫诗的主要风格是"沉郁顿挫"。这是杜甫早年对自己创作风格的描述。杜甫说:"臣之述作,虽不足以鼓吹六经,先鸣数子,至于沉郁顿挫,随时敏捷,而扬雄、枚皋之流,庶可跂及也。"(《进雕赋表》)

"沉郁"原意是指其辞赋构思深沉,在思想文词方面均具有深厚功力;"顿挫"是指其赋在结构表达上,做到音情抑扬顿挫。后代评论者从品评杜诗风格出发,则把"沉郁"理解为开阔壮大、深厚苍凉的思想感情。"顿挫"理解为语言和韵律的曲折起伏、反

参考阅读

1. "杜'风急天高'一章五十六字,如海底珊瑚,瘦劲难名,沉深莫测,而精光万丈,力量万钧。通章章法、句法、字法,前无昔人,后无来学。……然此诗自当为古今七言律第一,不必为唐人七言律第一也。"

——胡应麟《诗薮》

2. 上四句登高所见,下四句登高所感。八句皆对,而一气贯串,全以神行。

——宋宗元《网师园唐诗笺》

3. "沉郁顿挫,深刻悲壮,磅礴气势却严格规范在工整的音律对仗之中。"

——李泽厚《美的历程》

4. "诗是吾家事,人传世上情。"

——杜甫《宗武生日》

思考与练习

1. 杜甫的律诗有哪些成就?

2. 尝试运用对偶手法写一首格律诗。

复低回。时代的动荡,个人的坎坷遭遇,使杜甫的诗有一种深沉的忧思。忧国忧民,有高度的政治抱负、社会责任而又处处受压抑,由是形成沉郁顿挫的诗风。最能代表杜诗沉郁顿挫风格的是其晚年漂泊西南时期创作的近体律诗。这一时期杜甫保存下来的有五律481首,七律125首。代表作《登高》围绕"悲秋"主题,由羁旅愁思,进一步升华到忧国忧民之情。音调的调配,或用叠韵,或在四声运用上造成一字一调,更见其抑扬顿挫。

当然,除了沉郁顿挫之外,杜诗还兼有多种风格。杜甫"不薄今人爱古人"和"转益多师",使他能比较全面地认识到各个历史时期的作家、作品都有自己的特色和成就,也形成自己博采众长的风格。

9. 声声慢

李清照

李清照(1084－1155),山东济南人,自号易安居士,宋代婉约派女词人。李清照擅长书、画,通晓金石,尤精诗词,在词坛中独树一帜,形成了独特的艺术风格——"易安体",有"千古第一才女"之称。其词作可分为前后两期,前期多写其闺情相思,描绘自然风光,风格清新妍丽;后期作品内容多写悲凉身世,国仇家恨,风格凄凉深沉。李清照有《易安居士文集》、《易安词》等著作,但久已不传。现存诗文集为后人所辑,有《漱玉词》1卷,《漱玉集》5卷。

寻寻觅觅,冷冷清清,凄凄惨惨戚戚[1]。乍暖还寒时候[2],最难将息[3]。三杯两盏淡酒,怎敌他、晚来风急?雁过也,正伤心,却是旧时相识[4]。

满地黄花堆积。憔悴损,如今有谁堪摘?守著窗儿,独自怎生得黑?梧桐更兼细雨,到黄昏、点点滴滴。这次第,怎一个、愁字了得[5]!

【注释】[1]寻寻三句:是说自己内心百无聊赖,想有所寻觅,以图慰藉,却发现四周冷冷清清、凄凉寂静。[2]乍暖还寒:一般是指早春时节,这里主要指深秋天气忽冷忽热,变化无常,由此推出写的是秋季早晨。[3]将息:修养,调理。[4]却是旧时相识:是指从北方归来的大雁。[5]了得:概括,说尽。

学习目标与建议

1. 了解李清照在文学史上的地位和成就。

2. 掌握李清照词的语言特色。

3. 了解有关词的文学常识。

愁,在李清照的词里,萦绕不绝,不仅有家愁,亦有国愁。这愁,通过各种形象或手法表现,沁人肺腑。

参考阅读

1. 李清照在所著的《论词》中坚持词"别是一家",即强调诗词分吟,词应当具有高雅、流畅、轻灵,严守声律,而富于情致的特点。

解读与鉴赏

《声声慢》是李清照晚年的作品,是作者南渡之后,面临着国破家亡的现实所书写的怀乡思国之作。全词叙说了主人公从早到晚一整天的百无聊赖,无所依托的心境,风格凄清、悲凉、低沉。

此词上片主要写主人公清晨一起床就寻觅精神寄托而无着落,于是借酒浇愁,恰逢北燕飞过,反而增加了思乡的惆怅之情;下片视角由秋日高空转入自家庭院,院中菊花盛开,而自己却因为忧伤而憔悴黄瘦。因为自己心情悲凉孤寂,再娇艳美丽的花朵,也没了心境去采摘。"守着窗儿,独自怎生得黑?"直接写出了自己独自一人,生活没了乐趣,内心苦闷至极。最后"怎一个愁字了得"收笔,写出作者此时的心境怎能用一个"愁"字概括得了呢。

李清照的词在语言风格上别树一帜:朴素中不乏典雅,清新而又隽永。她善用白描手法创造鲜明的形象,给人以质朴的感觉,但她又善于不见雕痕地化用典故、精警的成句,给人似曾相识却又耐人寻味的想象。

《声声慢》语言浅显易懂,全篇用语朴素清新,接近口语化。……读来明白如话,听来也有明显的声调美。

 知识积累

1. 李清照善于根据感情的起伏变化,结合词体的特点,运用多样而独特的抒情手法,把感情诉诸笔端。李清照既重视词的宫调声律,又注重词的文字生情。如早期的闺阁词表现了少女的生活和情怀,活泼天真,明朗热烈,所以其词多用风格清新、格调明快的令体;中期的爱情词反映了她对爱情的执著,对丈夫的思念,伤离惜别,感情深厚,脱去了少女的稚气和天真,因而词调缠绵悱恻、深婉流丽。而"靖康之变"后,词人饱经丧乱,迭遭忧患,前期的清新流丽之体,已不足以表达她的坎坷遭遇和忧愤心情,深沉的故国之思和流离之苦使得她晚期的词作更出现了深沉凄婉、沉郁呜咽的慢词。

2. "作长短句能曲折尽人意"。

——王灼在《碧鸡漫志》

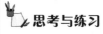 **思考与练习**

1. 何谓婉约词?这首词是怎样体现婉约派的词风的?

2. 李易安的词具有怎样的艺术特点?

如《如梦令》、《点绛唇》、《浣溪沙》等。

如《一剪梅》、《醉花阴》等。

如《永遇乐》、《声声慢》等。

2. 李清照善于化虚为实,把抽象无形的内心世界和主观情思具体形象地呈现在读者面前。这类词,一是通过富有特征性的细节描写,形象生动地展现主人公的内心世界;一是运用比兴的手法,把看不见、摸不着的情思写得具体可感。

3. 词与宋词。词兴起于唐代的民间。相对于诗句(尤其是律诗)的整齐,词的句子是长短不齐的,所以词又称为"长短句"。词原本是为"曲子"填写的歌词,所以词最初称为"曲子词"。"由乐以定词,非选词以配乐"(元稹《乐府古题序》),这就指出了词的主要特点。词要受制于音乐,文辞与音乐的融合,使词的审美情趣更精致而高雅了。纵然诗与词同属于韵文,词也被称为"诗余",但王国维说:"词之为体,要眇宜修,能言诗之所不能言,而不能尽言诗之所能言,诗之境阔,词之言长。"(《人间词话》)这番评论,是从美学的角度指出词的特点是精微美妙,具有恰到好处的美,所以比诗抒情更入微,达意更悠远。

宋词的发达,首先表现在词作数量多,作家流派多,填词创作普及于宫廷、民间。据统计,宋代词人及作品分别为唐五代词人及作品的20倍和50倍,宋人所填词调多至千余种;词人的流派众多,如"柳永体"、"东坡体"、"易安体"、"稼轩体"、"白石体"等,均为名家所创。其次,宋词的繁荣,表现在形式和内容上的创新。宋词突破了唐五代词狭义的言情和婉约为主的风格。宋人创作的长调慢曲,既抒情言志,又陈事推理,既有婉约之音,更有旷达、豪放和骚雅之风。现存词两万余首,内容丰富,异彩纷呈,两宋风云的翻卷,在浅斟低唱或慷慨激昂的乐曲中,由词表现得淋漓尽致,感人肺腑。

4. 慢词。依慢调填写的词。唐宋杂曲有令引进慢四种体制,其中令曲,即小令,每片四拍,慢即慢曲,每片八拍。由唐宋杂曲演变而成的词调,其中有一种舒缓的曲调,称作慢调。在敦煌发现的唐代琵琶谱,就叫《慢曲子》。至宋代,柳永为乐工依慢调大量填写慢词,不仅突破了以往词在篇幅上的限制,更在艺术手法上开拓创新,充分发挥了慢词铺陈的功能,以及和乐的

李清照中、晚期词作中大量写"愁"的:"寂寞深闺,柔肠一寸愁千缕",(《点绛唇》),"愁"有千缕之多;"从今又添一段新愁"(《凤凰台上忆吹箫》),"愁"有了长度;"更谁家横笛吹动浓愁"(《满庭芳》)、"正人间天上浓愁"(《行香子》),"愁"有了浓度;"独抱浓愁无好梦"(《蝶恋花》),"愁"有了形体;"只恐双溪舴艋舟,载不动、许多愁"(《武陵春》),"愁"有了重量。词人化虚为实,写了这么多"愁",生动具体,感人至深。

"新声巧笑于柳陌花衢,按管调弦于茶坊酒肆。"
——孟元老《东京梦华录》

美感作用。

5. 盛唐的文化所体现的是一种蓬勃向上的时代精神,它的特征是外向、开放、昂扬的,是积极追求事功,积极入世的英雄主义、理想主义精神;而晚唐以后,社会政治的变迁,使跻身仕途的士人难以完成"兼济天下"的政治抱负,理想和追求产生了很大的转向,从而在文化特征上有外倾转为内倾,开放走向收敛,昂扬化为感伤,从而寄情于花间樽前的世俗感官娱乐,因而形成了"宋型文化""娱心"的重要特征。词则作为遣兴娱宾满足感性需要和情感生活的手段,成为宋代主要的文学形式。

10. 西厢记(节选)

王实甫

王实甫,据元人钟嗣成的《录鬼簿》记载,为大都(今北京)人,生活年代与关汉卿(生于金代末期,卒于元成宗大德年间)大致相同。他的剧作除了《西厢记》之外,还有《丽春堂》、《破窑记》等。

长亭送别

(夫人,长老[1]上云)今日送张生赴京,十里长亭[2],安排下筵席。我和长老先行,不见张生小姐来到。

(旦、末、红同上)(旦云)今日送张生上朝取应[3]。早是[4]离人伤感,况值那暮秋天气,好烦恼人也呵!悲欢聚散一杯酒,南北东西万里程。

【正宫端正好】碧云天,黄花地,西风紧,北雁南飞。晓来谁染霜林醉[5]?总是离人泪。

【滚绣球】恨相见得迟。怨归去得疾。柳丝长玉骢[6]难系,恨不倩疏林挂住斜晖。马儿迍迍[7]的行,车儿快快的随。却告了相思回避,破题儿又早别离[8]。听得道一声去也,松了金钏[9];遥望见十里长亭,减了玉肌:此恨谁知?

学习目标与建议

1. 掌握《西厢记》的形象和主题。
2. 丰富戏剧常识。
3. 感悟曲辞的美感。

本段是这一折的起首段,在赴长亭途中,莺莺有三支曲子,抒发了无法排遣的离情别绪。

看似写景,却是抒情,妙在其中。

"松了金钏","减了玉肌",形象的描写。

（红云）姐姐今日怎么不打扮？（旦云）你哪知我的心里呵？

【叨叨令】见安排着车儿、马儿，不由人熬熬煎煎的气；有甚么心情花儿、靥[10]儿，打扮的娇娇滴滴的媚；准备着被儿、枕儿，则索[11]昏昏沉沉的睡；从今后衫儿、袖儿，都揾做重重叠叠的泪。兀的不闷杀人也么哥！兀的不闷杀人也么哥！久已后书儿、信儿，索与我恓恓惶惶[12]的寄。

一连串排比句尽情倾泻莺莺对别离的愁闷，其后的叠韵词和儿化词的运用，形成回环流转的韵调，亲切感人。

【注释】[1]长(zhǎng)老：寺庙的住持和尚。这里指普救寺的法本长老。[2]十里长亭：古代驿路上供行人休息的亭舍，十里一长亭，五里一短亭。饯别送行常至长亭。[3]上朝取应：赴京应考。[4]早是：本来已是。[5]霜林醉：形容经霜的树叶像醉酒一样颜色发红。[6]玉骢(cōng)：毛色青白相杂的马。后用作马的美称。[7]迍(tūn)迍：行动迟缓的样子。[8]"却告"二句：是说刚刚摆脱了相思之苦，又开始了别离之愁。却，通"恰"。破题儿，古时称诗赋起首点破题意的几句为破题，引申为事情的开端。[9]松了金钏：形容肌体瘦损。钏，手镯。[10]靥(yè)儿：面颊上的酒窝。这里指女贴在面部的花饰。[11]则索：只须。[12]恓恓惶惶：匆忙不安的样子。这里是急忙、赶紧的意思。

（做到）（见夫人科）（夫人云）张生和长老坐，小姐这壁坐，红娘将酒来。张生，你向前来，是自家亲眷，不要回避。俺今日将莺莺与你，到京师休辱没[13]了俺孩儿，挣揣一个状元回来者[14]。（末云）小生托夫人余荫[15]，凭着胸中之才，视官如拾芥[16]耳。（洁[17]云）夫人主见不差，张生不是落后的人。（把酒了，坐）（旦长吁科）

【脱布衫】下西风黄叶纷飞，染寒烟衰草萋迷[18]。酒席上斜签着坐的[19]，蹙愁眉死临侵地[20]。

【小梁州】我见他阁泪[21]汪汪不敢垂，恐怕人知；猛然见了把头低，长吁气，推[22]整素罗衣。

【幺篇】虽然久后成佳配，奈时间[23]怎不悲啼。意似痴，心如醉，昨宵今日，清减[24]了小腰围。

（夫人云）小姐把盏者！（红递酒，旦把盏长吁科，云）请吃酒！

【上小楼】合欢未已，离愁相继。想着俺前暮私情，

思考与练习

背诵前三段唱词。

这是本折的第二段，在送别宴上，莺莺有八支曲子，精细入微地表现了莺莺柔肠寸断的痛苦心境。

"清减了小腰围"，又一形象的描写。

昨夜成亲,今日别离。我谂知[25]这几日相思滋味,却原来此别离情更增十倍。

【幺篇】年少呵轻远别,情薄呵易弃掷。全不想腿儿相挨,脸儿相偎,手儿相携。你与俺崔相国做女婿,妻荣夫贵[26],但得一个并头莲[27],煞强如状元及第[28]。

(夫人云)红娘把盏者!(红把酒科)(旦唱)

【满庭芳】供食太急,须臾对面,顷刻别离。若不是酒席间子母每当回避,有心待与他举案齐眉[29]。虽然是厮守[30]得一时半刻,也合着[31]俺夫妻每共桌而食。眼底空留意,寻思起就里[32],险化做望夫石[33]。

(红云)姐姐不曾吃早饭,饮一口儿汤水。(旦云)红娘,甚么汤水咽得下!

【快活三】将来的酒共食,尝着似土和泥;假若便是土和泥,也有些土气息,泥滋味。

【朝天子】暖溶溶玉醅[34]白泠泠[35]似水,多半是相思泪。眼面前茶饭怕不待要吃[36],恨塞满愁肠胃。"蜗角虚名,蝇头微利"[37],拆鸳鸯在两下里。一个这壁,一个那壁,一递一声[38]长吁气。

【注释】[13]辱没:玷辱,使不光彩。[14]挣揣(chuài):博取,夺得。状元:科举考试殿试第一名称为状元,为科名中最高荣誉。[15]余荫(yìn):恩泽,福分所及。[16]拾芥:拾取小草,比喻轻而易举。[17]洁:元代俗称和尚为洁郎,省称为洁。这里指法本长老。[18]衰草:枯草。萋迷:凄清迷蒙的样子。萋:通"凄"。[19]斜签着坐的:指张生。斜签着坐,侧身直腰坐在凳子边沿。[20]蹙(cù):皱。死临侵:死气沉沉的样子。[21]阁泪:含着眼泪。阁,通"搁",这里是含的意思。[22]推:这里是假作的意思。[23]奈时间:无奈眼前这个时候。[24]清减:清瘦之意。[25]谂(shěn)知:深知。[26]妻荣夫贵:反用成语"夫荣妻贵"。意说张生可以凭相国女婿的身份得到荣华富贵。[27]并头莲:即并蒂莲,两朵莲花并开于一蒂。旧时常用以比喻恩爱夫妻。[28]煞强如:远胜似。[29]举案齐眉:东汉时孟光和丈夫梁鸿相敬如宾,吃饭时孟光总是将食案(有脚小托盘)高举齐眉,献给梁鸿。事见《后汉书·梁鸿传》。[30]厮守:相守,相聚。[31]合着:应让。[32]就里:内中的实情。[33]望夫石:民间传说,古时有人外出多年不归,其妻每天登山远望,日久化成石头,因名望夫石。[34]玉醅(pēi):美酒。醅,本指酿

"但得一个并头莲,煞强如状元及第",这是价值观的具体表现。

"蜗角虚名,蝇头微利"既是用典,又是主人公鄙视功名利禄的情感表露。

熟而未过滤的酒。[35]白泠泠(líng)：这里形容清淡寡味。[36]不待要：不愿或不想做某事，有懒得的意思，即实在懒得去吃。[37]蜗角虚名，蝇头微利：语出苏轼《满庭芳》词，比喻微不足道的功名利禄。蜗角（蜗牛的触角）和蝇头都比喻极其细微的东西。[38]一递一声：相互更替着一声接一声。

（夫人云）辆起车儿[39]，俺先回去，小姐随后和红娘来。（下）（末辞洁科）（洁云）此一行别无话儿，贫僧准备买登科录[40]看，做亲的茶饭少不得贫僧的。先生在意，鞍马上保重者！从今经忏无心礼[41]，专听春雷第一声[42]。（下）（旦唱）

【四边净】霎时间杯盘狼藉，车儿投东，马儿向西，两意徘徊，落日山横翠。知他今宵宿在哪里？有梦也难寻觅。

（旦云）张生，此一行得官不得官，疾便回来。（末云）小生这一去白夺一个状元，正是"青霄[43]有路终须到，金榜无名誓不归"。（旦云）君行别无所赠，口占一绝[44]，为君送行："弃掷今何在，当时且自亲。还将旧来意，怜取眼前人。"[45]（末云）小姐之意差矣，张珙更敢怜谁？谨赓[46]一绝，以剖寸心："人生长远别，孰与最关亲？不遇知音者，谁怜长叹人？"（旦唱）

【耍孩儿】淋漓襟袖啼红泪[47]，比司马青衫[48]更湿。伯劳东去燕西飞[49]，未登程先问归期。虽然眼底人千里，且尽樽前酒一杯。未饮心先醉，眼中流血，心内成灰。

【五煞】到京师服水土，趁程途[50]节饮食，顺时自保揣身体[51]。荒村雨露宜眠早，野店风霜要起迟！鞍马秋风里，最难调护，最要扶持。

【四煞】这忧愁诉与谁？相思只自知，老天不管人憔悴。泪添九曲黄河溢[52]，恨压三峰华岳低[53]。到晚来闷把西楼倚，见了些夕阳古道，衰柳长堤。

【三煞】笑吟吟一处来，哭啼啼独自归。归家若到罗帏里，昨夜宵个绣衾[54]香暖留春住，今夜个翠被生寒有梦知。留恋你别无意，见据鞍上马，阁不住泪眼愁眉。

（末云）有甚么言语嘱咐小生咱？（旦唱）

【二煞】你休忧"文齐福不齐"[55]，我则怕你"停妻

这是本折的第三段，有莺莺在宴后话别的八支曲子，由她向张生倾诉离情。

"两意徘徊"的忧伤。

形象的哀叹，"未登程先问归期"的痴情。

体贴的叮咛。

夸张和具体的描绘，突出了孤寂的哀伤。

内心的隐忧，和盘托出。

再娶妻"[56]。休要"一春鱼雁无消息"[57]！我这里青鸾[58]有信频须寄,你却休"金榜无名誓不归"。此一节君须记：若见了那异乡花草,再休似此处栖迟[59]。

（末云）再谁似小姐？小生又生此念。小姐放心,小生就此拜辞。（旦唱）

【一煞】青山隔送行,疏林不做美,淡烟暮霭相遮蔽。夕阳古道无人语,禾黍秋风听马嘶。我为甚么懒上车儿内,来时甚急,去后何迟？

（红云）夫人去好一会,姐姐,咱家去！（旦唱）

【收尾】四围山色中,一鞭残照里[60],遍人间烦恼填胸臆,量这些大小车儿[61]如何载得起？

（旦、红下）（末云）仆童赶早行一程儿,早寻个宿处。泪随流水急,愁逐野云飞。（下）

【注释】[39]辆起：套上。辆,这里作动词用。[40]登科录：科举考试的录取名册。[41]经忏：指佛经。礼：这里指诵习的意思。[42]春雷第一声：指科举考试夺魁的捷报。[43]青霄：青云。比喻高官显爵。[44]口占一绝：随口吟成一首绝句。[45]"弃掷"四句：出自唐元稹《会真记》传奇,是崔莺莺另嫁后,谢绝张生约她会面的请求时所作。这里借来写莺莺告诫张生不要变心。[46]赓(gēng)：续。[47]红泪：《拾遗记》载,魏文帝时,薛灵芸被选入宫,别父母,"以玉唾壶承泪,壶则红色……及至京师,壶中泪凝如血"。后因泛称女子眼泪为红泪。[48]司马青衫：语出白居易《琵琶行》,时白居易被贬为江州司马,因此自称。此用其典,言别离之凄苦。[49]伯劳东去燕西飞：比喻离散。伯劳,鸟名。语出乐府诗《东飞伯劳歌》。[50]趁程途：赶路程。[51]顺时自保揣(chuāi)身体：是说根据时令变化,自己保重身体。揣,弱,此指身体的虚弱。[52]泪添九曲黄河溢：极言泪之多。黄河从积石山到龙门一段弯曲甚多,有九曲黄河之称。[53]恨压三峰华岳低：极言别恨之重。华岳,即西岳华山。华山以莲花峰、朝阳峰、落雁峰最为高峻,称为"天外三峰"。[54]衾(qīn)：被子。[55]文齐福不齐：当时成语,意说文才够格而时运不济,即考不中。[56]停妻再娶妻：即重婚。旧律有"停妻再娶妻"条例。[57]一春鱼雁无消息：语出宋秦观《鹧鸪天》词。鱼雁,古代有鱼腹藏信、雁足传书的传说,后因以鱼雁代指书信或信使。[58]青鸾：传说中能够传递书信的鸟。[59]"若见"二句：提醒张生见了异乡女子,不要像在普救寺遇见她那样便滞留不走。花草,喻女色。栖迟,停留,耽搁。[60]一鞭残照：谓落日距离山峰只有一鞭之长。[61]这些大小车儿：这么点大的小车儿。

凄凉而优美的描述,真是心情的袒露。

形象的语言,用暮秋的晚景,烘托出无限的哀愁。

参考阅读

1. 曹雪芹在《红楼梦》中,通过林黛玉的口,称赞《西厢记》："曲词警人,余香满口。"

2. 明末清初著名书评家金圣叹说《西厢记》是"一部永恒而且有普遍生命力的伟大艺术品"。

解读与鉴赏

《西厢记》全剧一共五本,除了第二本有五折无楔子,其他每本均有四折一楔子。第一本"张君瑞闹道场",写崔张相逢普救寺,老夫人召侄儿郑恒来与莺莺相见,但穷书生张珙(君瑞)与莺莺一见钟情。第二本"崔莺莺夜听琴",张崔爱情急速发展,受到老夫人反对,在突遇孙飞虎率兵围普救寺的厄难之时,张生在老夫人允诺婚娶莺莺后,飞书白马将军解围,但事后老夫人又以老相公早已将莺莺许给郑尚书之子郑恒为由,赖婚。当晚在红娘的安排下,张生弹琴向莺莺传递爱慕之意,赢得莺莺的爱情。第三本"张君瑞害相思",戏剧冲突又起,张生害了相思病,听琴之夜后,两人再次约会,却产生了误会。张生病情愈重,红娘再度穿针引线,弥合创伤。第四本"草桥店梦莺莺",写老夫人发现隐情后,拷问红娘,红娘不畏权势,指责老夫人背信弃义,造成张、崔都受到精神创伤,经红娘力争,老夫人答应崔张婚配,但要张生进京赶考,中官之后才能成亲。在十里长亭送别时莺莺畅述衷情,将爱情视为比功名利禄都要重的头等大事,张生在梦中与莺莺相会,醒来更觉惆怅。第五本"张君瑞庆团圆",写矛盾终于解决,得一大团圆结局。

《西厢记》能"天下夺魁"(明代贾仲明言),是其主题的永恒和艺术的高超。这是一部反映情与礼冲突的戏剧,即以人性解放与封建道德的冲突为主题的爱情戏。这样的主题是有现实意义和永恒价值的。王实甫通过创造富有个性的典型人物,切入生活而又高度舞台化的展开戏剧冲突,在冲突中不断深入地展现人物性格,又不断深化主题,从而以高超的戏剧艺术让受众得到了美的享受。

本剧成功地塑造了一系列典型人物:老夫人是全剧中冲突一方的代表。作为已故相国的夫人,要维护相府门第的荣誉,必须要使女儿的婚事符合封建门第观念,所以不能容忍贫民张生与女儿的结合。但在无力解围时,她又当众宣称:"但有退得贼兵的,将小姐与他为妻。"这是她在冲突时表现出的权诈机变的一面,俨然抛弃了原有的道德门第标准。然而一旦解围,她又回到原来的态度,翻脸不认人,直到最后仍坚持要金

他还说读《西厢记》,"必须扫地读之。扫地读之者,不得存一点尘于胸中也。《西厢记》,必须焚香读之。焚香读之者,致其恭敬,以期鬼神之通之也。《西厢记》,必须对雪读之。对雪读之者,资其洁清也。《西厢记》,必须对花读之。对花读之者,助其娟丽也……《西厢记》,必须与美人并坐读之。与美人并坐读之者,验其缠绵多情也。《西厢记》,必须与道人对坐读之。与道人对坐读之者,叹其解脱无方也……"

思考与练习

1. 试分析莺莺的人物形象。

2. 举例说明作者如何创造情景交融的艺术境界。

3. 举例说明唱词中运用了哪些修辞手法。

4. 这一折戏,没有曲折的情节,其艺术魅力何在?

5. 试将其中的唱词改写为散文。

榜题名时,才能洞房花烛夜"的传统标准。所以她是冲突中代表束缚青年自由爱情的封建礼教捍卫者,同时暴露出封建道德的虚伪和残酷。

红娘这一角色后来成为爱情婚姻的牵线人的代名词,成为大众喜爱的偶像,其意义在于她是正义和自由的维护者。在《西厢记》中她既是戏剧冲突的推动者,又是反抗封建礼教的鼓励者和代言人。在"拷红"一出中,她仗义执言,大胆批驳老妇人食言的错误,言之有理有节。面对郑恒争亲,她更不把这个尚书儿子放在眼里,挖苦了他一番。全剧21套曲子,红娘主唱占了八套。可见作者对她的重视和悉心打造。

莺莺是封建礼教的叛逆者,她不顾母亲反对,鄙视郑恒这个尚书之子,许身清贫的张生,证明她具有反封建的爱情观。在"长亭送别"一折中,她有19支曲文,这些唱词不仅充分表现了她的内心情感,并将此形象地加以表现。在赴长亭途中,她因思念张生和考虑未来而"松了金钏","减了玉肌",最重要的是"此恨谁知",抒发了心中无法排遣的离情别绪。在送别宴上,她的唱词,既表达了寻思就里的纷乱思绪,又曲折地表达了自己对爱情的态度。在爱情与功名利禄之间,她说后者只是"蜗角虚名,蝇头微利",她恨封建道统"拆鸳鸯在两下里",自己只求"一个并头莲,煞强如状元及第"。她认为只要两心相依远胜于取得功名利禄,这已完全不是一个相府淑女的价值观,而是追求自由爱情的叛逆者的宣言。宴后她的8支曲子倾诉了"未登程先问归期"的痴情,一再叮嘱"顺时自保揣身体",劝张生"休忧'文齐福不齐'",再次表白自己对爱情的忠贞。

这折戏通过优美的唱词,诗化的语言,深刻细腻地揭示了人物隐秘复杂的心理活动,展现了人物独特的思想性格。莺莺的曲词有的典雅含蓄,有的浅俗本色,富有生活气息。联想、夸张、对仗、排比等修辞手法,运用自如,极妙地发挥了表情达意的作用。

知识积累

1. 王实甫的《西厢记》,全名为《崔莺莺待月西厢记》,系直接取材于金代董解元的《西厢记诸宫调》。虽然唐代已有描述崔张爱情故事的传奇《莺莺传》(又名

《会真记》),其主人公及剧情与《西厢记诸宫调》、《西厢记》有一脉相承的关系,但是到了元杂剧中,故事性质已经有所变化。《莺莺传》叙写崔张爱情时,张生最后抛弃崔莺莺,是因为莺莺不合礼教,是"尤物",而《西厢记》则歌颂莺莺反抗封建礼教,崔张忠于爱情而终。

从唐传奇到元杂剧,《西厢记》将轻薄文人张生改为志诚的情种,将逆来顺受的莺莺变为封建礼教的反抗者,将莺莺的母亲塑造成封建卫道士,将丫环红娘塑造成热心、乐于成人之美,又可爱伶俐的反封建典型。与《西厢记诸宫调》相比,王实甫克服了董解元剧本情节不紧凑,人物形象不鲜明等缺点,使主题更为突出。《西厢记》是一部情与礼冲突的戏剧,即以人性解放与封建道德的冲突为主题的爱情戏。这样的主题既具有现实意义,又有永恒的价值。

2. 戏曲鉴赏的方法

(一) 深入把握戏剧作为以演员为中心的综合性艺术的特点。

无论戏曲还是现代话剧,它都是一门综合性的艺术。戏剧艺术在一定的空间中,同时也在一定的时间内,塑造舞台形象,它兼有文学和音乐的时间性、听觉性,具有绘画、雕塑、建筑的空间性和视觉性,同时又融合了舞蹈的形体作为媒介,它将文学、音乐、舞蹈、雕塑、绘画等结合于一身并将其精致化。戏曲是中国古代各类艺术的综合展现。

就表演角度而言,戏曲作品具有表演上的虚拟性和程式化特点。

所谓"程式化"是指中国戏曲的程式不仅规定较多,还比较鲜明而夸张。从角色上看,主要包括生、旦、净、丑四大基本分行。每一个行当,每一种人物该怎么演,必须按照一定的程式以及依靠每位演员对具体角色的把握。从动作上看,戏曲舞台上的演员一举手一投足,都有一定的程式。云手、旋风步、水袖、兰花指等,都具有较强的技巧性。程式有时借助于节奏和一些夸张的表现手法让观众看得更为清楚明白。从曲调上看,中国古代戏曲离不开曲调,其程式性主要表现在对传统曲调的重复应用上,比如,悲喜各有一套基本曲

每一个基本分行又可再分,生可再分为老生、小生、武生,小生又可再分为中生、冠生、穷生。每一行都有角色特有的性格特征、道德品格、唱腔及念白的规定。旦可分为正旦、花旦;净又可分为正净、二净等。

比如进门时抬脚然后踏入,出门时也要抬脚然后踏出,否则就要有一个绊门槛跟跄跌出的动作。再如简单的开门程式,主要集中在拔门闩、将门左右分开两个关键动作。

调,对曲调组合方法和板式变化的方法上,将不同曲调、唱腔按一定规则加以组合等。从服饰上看,中国古代戏曲对于服饰的要求颇为严格,以便人物一出场,观众从服饰上一眼就能识别出他们的等级、民族、男女、老少、文武、善恶等。从脸谱上看,最早出现的脸谱是丑角的脸谱,其特点是在面部中心画一块白斑,或画两个白眼圈。到了元代出现了黑、黑白、粉白、油白、红、杂等色的脸谱,用以表示不同的性格。这些经过夸张后的脸谱,带有鲜明的爱憎情感。另外,道具、旋律、节奏以及哭笑等也都有严格的程式。

所谓虚拟性,必须要靠调动观众的想象力才能达到效果,同时在戏曲中可以凭借的方式也是多种多样的。(1)身段,演员的身段伴随着锣鼓的节拍和弦乐的旋律起舞,由此把没有实物意向传递给观众欣赏。(2)宾白,通过演员的说白可以表示时空的变迁、事件的变化以及人物活动环境的变动,简单的几句话就可将时间横跨几十载、空间飞跃数万里。(3)动作,演员通过准确、形象的动作,表现人物的内心活动和精神面貌,表现人物所处的自然环境和时空的变化。(4)布景和道具,中国的戏曲一般不布实景,因为实景会限制观众的想象力,使艺术境界变浅。(5)音乐,中国古代戏曲的音乐很注意暗示环境的某些因素,有时也暗示人物性格。

(二)充分欣赏文辞优美的戏曲文本。

中国古代戏曲与诗词曲的关系极为密切,中国最成熟的戏曲文学的出现,正是诗体变迁的结果,古代剧评家往往把是否有诗作为衡量剧本的一个重要标准。无论唐诗、宋词、散曲,都是可以唱的,"唱"在戏曲中占有十分重要的地位,所以也称"演戏"为"唱戏",也有称戏曲为"诗剧"的。

另一方面,中国古代戏曲与古代小说也具有紧密的关系,他们相互影响、相互渗透、共同发展。从内容上看,中国的戏曲的题材大多取之于古代的小说;从形式上看,中国古代戏曲大量借鉴吸收了古代小说的表现形式,如戏曲的唱词借鉴了白话小说的又说又唱,戏曲的楔子借鉴话本小说的入话,戏曲的题目正名近似长篇小说的回目等,因此二者间的共容共生是显而易见的。

> 通常的舞台设置是仅在后场挂一块配有图案的天幕,中场设一桌二椅,左右为上下场门。观众可以从戏曲舞台各类帷幕布置安放的情况,了解表演空间的内外和宽窄等。

> 一方面,戏曲中的大量唱词直接由诗词曲演化而成;另一方面,戏曲中的联套、宫调、曲牌、曲谱等无不与诗词一脉相承。

其三，中国古代散文中的名句常为中国古代戏曲直接引用，散文遣词造句的精练生动，也给戏曲很大的影响。

戏曲结构指戏曲情节的组织和安排必须是完整统一的有机整体，场与场之间、情节与情节之间必须有连贯性、逻辑性和顺序性。戏曲剧本的情节结构一般比较单一集中，没有庞杂的枝蔓，有始有终、头尾齐全，便于从容地展开对内容的描写。有时一出戏只有一条情节线索，有时一出戏有一条主线和一条副线，有时有若干条副线，而我们首先应着重把握主线。戏曲的展开通常包括剧情介绍、矛盾开始、高潮出现、矛盾化解、全剧结束。重点要把握住高潮。也有的剧本戏到高潮就结束了，没有矛盾的解开和结局，要根据不同剧本作不同的分析。

中国古代戏曲多采用开放式的结构。这种结构是把戏曲情节故事按先后顺序从头至尾原原本本地表现出来，能完整地表现事件的始末过程。古代戏曲按"折"、"出"、"场"来划分，虽然戏曲情节是按顺序发展的，但每折、每出、每场都有一个中心事件，因此每个段落都有相对的独立性。

11. 雨 巷

戴望舒

戴望舒(1905—1950)，原名戴梦鸥，浙江杭州人，现代著名诗人。1922年开始写诗，1926年与施蛰存创办《璎珞》，开始正式发表诗歌处女作《凝泪出门》，1927年在《小说月报》上发表《雨巷》，成为现代派代表诗人。1932年后留学法国、西班牙，1935年回国后曾任《现代》、《新诗》等杂志编辑。1938年赴香港，主编《星岛日报》副刊。1941年底香港沦陷，被日军以"抗日"罪名下狱，在狱中保持了民族气节，次年春被营救出狱。抗战胜利后回上海教书，1949年春北上至解放区。1950年因病逝世。先后出版诗集《我底记忆》(1929)、《望舒草》(1933)、《望舒诗稿》(1937)和《灾难的岁月》(1948)等。

 学习目标与建议

1. 以戴望舒诗歌为例分析现代派诗的创作特点。

2. 掌握本诗的象征手法和音乐性特点。

《望舒诗稿》是《我底记忆》和《望舒草》为主的诗选集。

《雨巷》是戴望舒的成名作和前期的代表作，他因此赢得了"雨巷诗人"的雅号。

撑着油纸伞,独自
彷徨在悠长、悠长
又寂寥的雨巷,
我希望逢着,
一个丁香一样地
结着愁怨的姑娘。

她是有
丁香一样的颜色,
丁香一样的芬芳,
丁香一样的忧愁,
在雨中哀怨,
哀怨又彷徨;

她彷徨在这寂寥的雨巷,
撑着油纸伞
像我一样,
像我一样地
默默彳亍着,
冷漠、凄清,又惆怅。

她默默地走近
走近,又投出
太息一般的眼光
她飘过
像梦一般地,
像梦一般地凄婉迷茫。

像梦中飘过
一枝丁香地,
我身旁飘过这个女郎;
她静默地远了,远了,
到了颓圮的篱墙,
走尽这雨巷。

在雨的哀曲里,

首先描写了一幅江南小镇"雨巷"的图景,这个外在的意象空间给人以沉闷、凄苦之感。

"我"是孤独的寻梦者。

用丁香结,即丁香的花蕾,来象征人们的愁心,是中国古代诗词中一个传统的表现方法。

诗句的重叠反复运用,形成了舒缓悠扬、回环叠唱的节奏。

类似修辞中"顶真"手法的运用,也是构成诗歌回环节奏的重要手法。

丁香一般的姑娘是全诗的主要抒情线索,也是作者内在情绪的意象,也是迷茫、缥缈和虚无的。全诗围绕期待"她"的出现、到"她"走进、飘过、消失。

外在的意象空间和内在的情绪意象相结合,表现出苦涩、孤独、虚无的情感体验。

消了她的颜色，
散了她的芬芳，
消散了，甚至她的
太息般的眼光
丁香般的惆怅。

撑着油纸伞，独自
彷徨在悠长、悠长
又寂寥的雨巷，
我希望飘过
一个丁香一样地
结着愁怨的姑娘。

 解读与鉴赏

《雨巷》首先描绘了一幅梅雨时节江南小巷的阴沉图景，空寂悠长的雨巷、孑然独行的彷徨者，构成了一个富有浓重象征色彩的抒情意境，这也是作者为全诗营造的外在意象空间，抒发了作者浓重的失望和彷徨的情绪。而那位结着愁怨的丁香姑娘，她的冰色芬芳而幽香，眼光惆怅而哀怨，身影冷漠而凄清，脚步梦幻般凄婉迷茫地飘过，则是诗人内在情绪意象的表征。在特定的外在空间和内在情绪的交融下，外在意象和内在情绪意象最终交融在一起，体现出作者诗人对美好理想的追求和追求理想的艰辛、苦涩。

《雨巷》的主题解读具有多义性：立足于作者创作的时代背景，可以理解为大革命失败后进步青年消沉、迷惘、徘徊，找不到出路又不甘心沉沦的精神痛苦；立足于诗人追求爱情的经历，此诗被解读为孤身彷徨在江南雨巷的青年，等待梦中的姑娘，寻求刹那间的情感交汇的感情追求。从更深的象征意蕴看，"我"是苦闷的孤独者，也是执著的寻梦者，在孤寂中仍怀着对美好理想和希望的憧憬与追求。空寂悠长、漫天雨雾的"雨巷"使"我"既不能看清前方的路，又不能仰望遐想天空高远，只能用油纸伞撑起一个狭小的空间。在如此的精神困境中，时闪时现的丁香一样的"姑娘"——美好理想的象征，但是如此美好却又如此的不可把握。诗

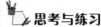 **思考与练习**

请反复朗诵并背诵全诗。

 参考阅读

1. 新诗最重要的是诗情上的 nuance 而不是字句上的 nuance（法文，意为细微的差异）。

诗是由真实经过想象而出来的，不单是真实，亦不单是想象。
——戴望舒《望舒诗论》

人概括了人对理想的探求过程,即希望—追寻—失望—再希望的心路历程。

在艺术上,《雨巷》鲜明地体现了戴望舒早期诗歌的创作特色。它既采用了象征派重暗示、重象征的手法,又有格律派对于音乐美的追求。《雨巷》的意象来自李璟"春鸟不传云外信,丁香空结雨中愁",意境是中国古典的。诗中的"我"、"雨巷"、"姑娘"似是实指,又是充满了诗意的象征,是诗人在雨中获得的瞬间印象,是充满了象征意味的抒情形象。

这首诗艺术上最大的特点就是它的音乐性,具有回荡的旋律和流畅的节奏。全诗七节,每节六行,每行字数长短不一,但又在相隔不远的行里重复一次韵。停顿分明,诗句停顿次数大致相近,节奏流利;诗句与诗句之间构成重叠。首尾呼应,回环往复,造成了回荡的旋律。用"三江"韵部来贯通全篇,不仅韵尾上始终如一,而且成了全篇音响的主旋律。加上首尾诗节的回环,主要景象的重复和故意造成顿挫抑扬的重叠,运用了复沓、叠句、重唱等手法,造成了回环往复的旋律和宛转悦耳的乐感。因此叶圣陶先生称赞这首诗为中国新诗的音节开了一个"新纪元"。

知识积累

1. 中国早期的象征诗派是指以李金发等人为代表的一群诗人,他们深受法国象征主义诗歌的影响,从理论到实践上,在中国积极提倡和尝试象征主义诗歌。

现代派诗歌则继承上世纪20年代象征诗派的艺术追求,以现代人在现代生活中的现代情绪,以其特有的现代辞藻形式排列成的现代诗形来传达寂寞怅惘,表达对社会的不满和抗争。戴望舒是这一诗派的代表。

2. 现代中国新诗发展

1926年之前,新诗的发展大致经历了两个阶段:一是从1917年的白话诗的出现到1921年,可以看成是新诗发展的第一阶段。1917年胡适在《新青年》上发表《白话诗八首》作为新诗最早的作品,体现了胡适和新文化运动倡导者们打破诗的格律,从旧诗词体式

2. 圣陶先生……称许他替新诗底音节开了一个新的纪元……圣陶先生底有力的推荐使望舒得到了"雨巷诗人"这称号,一直到现在。

——杜衡《望舒草·序》

 思考与练习

1.《雨巷》是怎样体现诗作的音乐性的?试比较一下该诗与《再别康桥》在音乐性表现上有什么异同?

2. 你认为该诗的主题是什么?

3. 发挥大胆想象,把《雨巷》改编成一篇散文或者小说,并试着比较诗歌语言与散文和小说语言的异同。

4. 尝试自己创作一首诗,请注意创作过程中对音乐性的实践。

中解放、以白话写诗,从文言词汇和语体、结构中解放的努力。1921年出版的郭沫若的《女神》则充分体现了五四时代精神和"诗体解放"的特质,使《女神》成为现代新诗的奠基之作。在这一阶段中,白话新诗扫荡了传统旧体诗把持了几千年的旧诗坛,确立了新诗在诗坛上的霸主地位。二是从1921年到1926年,这一阶段中,新诗的创作掀起了一种复杂的局面,一方面是诗歌的创作内容更多地反映了社会生活和诗人的先进思想,这是新诗的进步;另一方面,是诗歌艺术受到了忽视,出现了许多粗制滥造的低劣作品,这又是诗歌的危机。

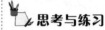
思考与练习

为什么说《女神》为中国新诗发展开辟了一个崭新的时代和广阔的天地?

3. 现代新诗的阅读

现代新诗的阅读,首先当然是抓住自己的直观感受,把握情绪和氛围的感染或冲击,形成鲜明的第一印象;然后,应该注意"回到历史现场",力图把握了解作者和时代背景、文化环境,将直观感受融进这个特定的时代氛围中;最后,结合个人直观的情感,结合当时普遍的社会心理,结合作者、读者和作品三者,把握内容与形式的美感。在这一阶段,注意分析生动、鲜明的诗歌意象。在反复诵读的基础上,运用联想和想象由词入景,由景悟情,由点及面,填补诗歌由于凝练而造成的形象残缺,连缀诗歌由于跳跃而出现的形象间的间断,理解意象的深层含义和诗歌的整体意境。领悟诗歌语言的内在韵律和艺术手段。

4. 诗歌的音乐性是诗歌的本质属性之一。由于诗歌重于抒情,且高度凝练、精美,在结构上富于跳跃性,因此节奏和韵律对于诗歌来说不仅是诗歌的外形,也是诗歌的生命,可以说没有节奏就不是诗。

诗歌的音乐性首先体现在"节奏"上,即根据语音排列次序不同而形成的有规律的抑扬顿挫。中国古体诗的节奏主要在于顿。一般说来,四言诗是每句两顿,每顿两个字,五言诗每句三顿,每顿两个字或一个字;七言诗则每句四顿,每顿两个字或一个字。这样读起来,节奏明快,跌宕有致。近体诗(格律诗)以及词曲的节奏要求更为严格,除了顿和字数的限制以外,还要合乎一定的平仄格律,不仅加强了诗句内部的抑扬和声调的变换,而且加强了诗句间的对照,从而增强作品的旋律感,使全诗产生更悦耳的音乐效果。

其次,诗歌的节奏是由其抒情特点所决定的。诗是情绪激动的表现。而情绪的流动本身是有节奏的,或者先抑后扬,或者先扬后抑,或者抑扬相间,或轻或重,或疾或徐,以波状的形态进行,这便是诗的内在节奏。对于一首诗来说,顿数的匀齐和平仄的谐调还是外在的节奏,它应当与诗的内在节奏(感情的波动)相一致,并成为内在节奏的自然体现。

诗歌音乐性的另一个表现是押韵。押韵对于诗歌创作具有重要意义,它可以使得诗句更加悠扬动听,前后呼应,形成一个完美的整体,增强诗的节奏和旋律,更便于人们朗读和背诵。

对仗、反复等也是增强作品音乐性的重要手段,由此可以强化作品的主旋律,画出诗人感情起伏的波澜,起到了一唱三叹的效果。

12. 听听那冷雨(自读篇目)

余光中

余光中(1928—),出生于南京,原籍福建。当代著名诗人、散文家、学者。20 世纪 50 年代末以后,先后在台湾和香港的大学任教,同时从事写作和文学杂志的编辑工作,是台湾蓝星诗社的代表诗人。他著有诗集《白玉苦瓜》《舟子的悲歌》《在冷战的年代》等,散文集《左手的缪斯》《逍遥游》《听听那冷雨》等 30 余部。

本文是一篇优美的抒情散文。语言典雅而富于弹性,巧妙地熔古典语汇与白话于一炉;作者通过双声叠字的运用、长短相同的句式和绵密的意象叠加渲染了一个漂泊他乡者浓重的孤独感和思乡之情,表现了一个远离故土的知识分子对传统文化的深情依恋和赞美。

惊蛰一过,春寒加剧。先是料料峭峭,继而雨季开始,进而淋淋漓漓,时而淅淅沥沥,天潮潮地湿湿,即使在梦里,也似乎把伞撑着。而就凭一把伞,躲过一阵潇潇的冷雨,也躲不过整个雨季。连思想也都是潮润润的。每天回家,曲折穿过金门街到厦门街迷宫式的长巷短巷,雨里风里,走入霏霏令人更想入非非。想这样子的台北凄凄切切完全是黑白片的味道,想整个中国整部中国的历史无非是一张黑白片子,片头到片尾,一直是这样下着雨的。这种感觉,不知道是不是从安东尼奥尼那里来的。不过那一块土地是久违了,二十五年,四分之一的世纪,即使有雨,也隔着千山万山,千伞万伞。二十五年,一切都断了,只有气候,只有气象报告还牵连在一起。大寒流从那块土地上弥天卷来,这种酷冷吾与古大陆分担。不能扑进她怀里,被她的裙边扫一扫吧也算是安慰孺慕之情。

这样想时,严寒里竟有一点温暖的感觉了。这样想时,他希望这些狭长的巷子永远延伸下去,他的思路也可以延伸下去,不是金门街到厦门街,而是金门到厦门。他是厦门人,至少是广义的厦门人,二十年来,不住在厦门,住在厦门街,算是嘲弄吧,也算是安慰。不过说到广义,他同样也是广义的江南人,常州人,南京人,川娃儿,五陵少年。杏花春雨江南,那是他的少年时代了。再过半个月就是清明。安东尼奥尼的镜头摇过去,摇过去又摇过来。残山剩水犹如是。皇天后土犹如是。纭纭黔首纷纷黎民从北到南犹如是。那里面是中国吗?那里面当然还是中国永远是中国。只是杏花春雨已不再,牧童遥指已不再,剑门细雨渭城轻尘也都已不再。然则他日思夜梦的那片土地,究竟在哪里呢?

在报纸的头条标题里吗?还是香港的谣言里?还是傅聪的黑键白键马思聪的跳弓拨弦?还是安东尼奥尼的镜底勒马洲的望中?还是呢,故宫博物院的壁头和玻璃柜内,京戏的锣鼓声中太白和东坡的韵里?

杏花。春雨。江南。六个方块字,或许那片土地就在那里面。而无论赤县也好神州也好中国也好,变来变去,只要仓颉的灵感不灭美丽的中文不老,那形象,那磁石一般的向心力当必然长在。因为一个方块字是一个天地。太初有字,于是汉族的心灵他祖先的回忆和希望便有了寄托。譬如凭空写一个"雨"字,点点滴滴,滂滂沱沱,淅沥淅沥淅沥,一切云情雨意,就宛然其中了。视觉上的这种美感,岂是什么rain也好pluie也好所能满足?翻开一部《辞源》或《辞海》,金木

参考阅读

余光中右手写诗,左手写文,成就之高,一时无两。

——梁实秋

水火土，各成世界，而一入"雨"部，古神州的天颜千变万化，便悉在望中，美丽的霜雪云霞，骇人的雷電霹雹，展露的无非是神的好脾气与坏脾气，气象台百读不厌门外汉百思不解的百科全书。

听听，那冷雨。看看，那冷雨。嗅嗅闻闻，那冷雨，舔舔吧那冷雨。雨在他的伞上这城市百万人的伞上雨衣上屋上天线上，雨下在基隆港在防波堤在海峡的船上，清明这季雨。雨是女性，应该最富于感性。雨气空濛而迷幻，细细嗅嗅，清清爽爽新新，有一点点薄荷的香味，浓的时候，竟发出草和树沐发后特有的淡淡土腥气，也许那竟是蚯蚓和蜗牛的腥气吧，毕竟是惊蛰了啊。也许地上的地下的生命也许古中国层层叠叠的记忆皆蠢蠢而蠕，也许是植物的潜意识和梦吧，那腥气。

第三次去美国，在高高的丹佛他山居住了两年。美国的西部，多山多沙漠，千里干旱，天，蓝似安格罗·萨克逊人的眼睛，地，红如印第安人的肌肤，云，却是罕见的白鸟，落基山簇簇耀目的雪峰上，很少飘云牵雾。一来高，二来干，三来森林线以上，杉柏也止步，中国诗词里"荡胸生层云"，或是"商略黄昏雨"的意趣，是落基山上难睹的景象。落基山岭之胜，在石，在雪。那些奇岩怪石，相叠互倚，砌一场惊心动魄的雕塑展览，给太阳和千里的风看。那雪，白得虚虚幻幻，冷得清清醒醒，那股皑皑不绝一仰难尽的气势，压得人呼吸困难，心寒眸酸，不过要领略"白云回望合，青霭入看无"的境界，仍须回来中国。台湾湿度很高，最饶云气氤氲雨意迷离的情调。两度夜宿溪头，树香沁鼻，宵寒袭肘，枕着润碧湿翠苍苍交叠的山影和万籁都歇的岑寂，仙人一样睡去。山中一夜饱雨，次晨醒来，在旭日未升的原始幽静中，冲着隔夜的寒气，踏着满地的断柯折枝和仍在流泻的细股雨水，一径探入森林的秘密，曲曲弯弯，步上山去。溪头的山，树密雾浓，蓊郁的水汽从谷底冉冉升起，时稠时稀，蒸腾多姿，幻化无定，只能从雾破云开的空处，窥见乍现即隐的一峰半壑，要纵览全貌，几乎是不可能的。至少入山两次，只能在白茫茫里和溪头诸峰玩捉迷藏的游戏，回到台北，世人问起，除了笑而不答心自问，故作神秘之外，实际的印象，也无非山在虚无之间罢了。云缭烟绕，山隐水迢的中国风景，由来予人宋画的韵味。那天下也许是赵家的天下，那山水却是米家的山水。而究竟，是米氏父子下笔像中国的山水，还是中国的山水上纸像宋画，恐怕是谁也说不清楚了吧？

雨不但可嗅，可亲，更可以听。听听那冷雨。听雨，只要不是石破天惊的台风暴雨，在听觉上总是一种美感。大陆上的秋天，无论是疏雨滴梧桐，或是骤雨打荷叶，听去总有一点凄凉，凄清，凄楚，于今在岛上回味，则在凄楚之外，更笼上一层凄迷了。饶你多少豪情侠气，怕也经不起三番五次的风吹雨打。一打少年听雨，红烛昏沉。再打中年听雨，客舟中，江阔云低。三打白头听雨在僧庐下，这便是亡宋之痛，一颗敏感心灵的一生：楼上，江上，庙里，用冷冷的雨珠子串成。十年前，他曾在一场摧心折骨的鬼雨中迷失了自己。雨，该是一滴湿漓漓的灵魂，窗外在喊谁。

雨打在树上和瓦上，韵律都清脆可听。尤其是铿铿敲在屋瓦上，那古老的音乐，属于中国。王禹偁在黄冈，破如椽的大竹为屋瓦。据说住在竹楼上面，急雨声如瀑布，密雪声比碎玉，而无论鼓琴，咏诗，下棋，投壶，共鸣的效果都特别好。这样岂不像住在竹筒里面，任何细脆的声响，怕都会加倍夸大，反而令人耳朵过敏吧。

雨天的屋瓦，浮漾湿湿的流光，灰而温柔，迎光则微明，背光则幽暗，对于视觉，是一直低沉的安慰。至于雨敲在鳞鳞千瓣的瓦上，由远而近，轻轻重重轻轻，夹着一股股的细流沿瓦槽与屋檐潺潺泻下，各种敲击音与滑音密织成网，谁的千指百指在按摩耳轮。"下雨了"，温柔的灰美人来了，她冰冰的纤手在屋顶拂弄着无数的黑键啊灰键，把晌午一下子奏成了黄昏。

在古老的大陆上，千屋万户是如此。二十多年前，初来这岛上，日式的瓦屋亦是如此。先是天黯了下来，城市像罩在一块巨幅的毛玻璃里，阴影在户内延长复加深。然后凉凉的水意弥漫在空间，风自每个角落里旋起，感觉得到，每一个屋顶上呼吸沉重都覆着灰云。雨来了，最轻的敲打乐敲打这城市，苍茫的屋顶，远远近近,一张张敲过去,古老的琴,那细细密密的节奏,单调里自有一种柔婉与亲切,滴滴点点滴滴,似幻似真,若孩时在摇篮里,一曲耳熟的童谣摇摇欲睡,母亲吟哦鼻音与喉音。或是在江南的泽国水乡,一大筐绿油油的桑叶被啮于千百头蚕,细细琐琐屑屑,口器与口器咀咀嚼嚼。雨来了,雨来的时候瓦这么说,一片瓦说千亿片瓦说,说轻轻地奏吧沉沉地弹,徐徐地叩吧哒哒地打,间间歇歇敲一个雨季,即兴演奏从惊蛰到清明,在零落的坟上冷冷奏挽歌,一片瓦吟千亿片瓦吟。

在日式的古屋里听雨,听四月,霏霏不绝的黄梅雨,朝夕不断,旬月绵延,湿黏黏的苔藓从石阶下一直侵到他舌底,心底。到七月,听台风台雨在古屋顶上一夜盲奏,千寻海底的热浪沸沸被狂风挟来,掀翻整个太平洋只为向他的矮屋檐重重压下,整个海在他的蜗壳上哗哗泻过。不然便是雷雨夜,白烟一般的纱帐里听羯鼓一通又一通,滔天的暴雨滂滂沛沛扑来,强劲的电琵琶忐忑忑忑忐忑忑,弹动屋瓦的惊悸腾腾欲掀起。不然便是斜斜的西北雨斜斜刷在窗玻璃上,鞭在墙上打在阔大的芭蕉叶上,一阵寒濑泻过,秋意便弥漫日式的庭院了。

在日式的古屋里听雨,从春雨绵绵听到秋雨潇潇,从少年听到中年,听听那冷雨。雨是一种单调而耐听的音乐是室内乐是室外乐,户内听听,户外听听,冷冷,那音乐。雨是一种回忆的音乐,听听那冷雨,回忆江南的雨下得满地是江湖下在桥上和船上,也下在四川在秧田和蛙塘,下肥了嘉陵江下湿布谷咕咕的啼声。雨是潮潮润润的音乐,下在渴望的唇上舐舐那冷雨。

因为雨是最最原始的敲打乐从记忆的彼端敲起。瓦是最最低沉的乐器灰蒙蒙的温柔覆盖着听雨的人,瓦是音乐的雨伞撑起。但不久公寓的时代来临,台北你怎么一下子长高了,瓦的音乐竟成了绝响。千片万片的瓦翩翩,美丽的灰蝴蝶纷纷飞走,飞入历史的记忆。现在雨下下来下在水泥的屋顶和墙上,没有音韵的雨季。树也砍光了,那月桂,那枫树,柳树和擎天的巨椰,雨来的时候不再有丛叶嘈嘈切切,闪动湿湿的绿光迎接。鸟声减了啾啾,蛙声沉了咯咯,秋天的虫吟也

模块二 我的大学·雅言之韵

减了啁啾。七十年代的台北不需要这些,一个乐队接一个乐队便遣散尽了。要听鸡叫,只有去《诗经》的韵里寻找。现在只剩下一张黑白片,黑白的默片。

　　正如马车的时代去后,三轮车的时代也去了。曾经在雨夜,三轮车的油布篷挂起,送她回家的途中,篷里的世界小得多可爱,而且躲在警察的辖区以外。雨衣的口袋越大越好,盛得下他的一只手里握一只纤纤的手。台湾的雨季这么长,该有人发明一种宽宽的双人雨衣,一人分穿一只袖子,此外的部分就不必分得太苛。而无论工业如何发达,一时似乎还废不了雨伞。只要雨不倾盆,风不横吹,撑一把伞在雨中仍不失古典的韵味。任雨点敲在黑布伞或是透明的塑胶伞上,将骨柄一旋,雨珠向四方喷溅,伞缘便旋成了一圈飞檐。跟女友共一把雨伞,该是一种美丽的合作吧。最好是初恋,有点兴奋,更有点不好意思,若即若离之间,雨不妨下大一点。真正初恋,恐怕是兴奋得不需要伞的,手牵手在雨中狂奔而去,把年轻的长发和肌肤交给漫天的淋淋漓漓,然后向对方的唇上颊上尝凉凉甜甜的雨水。不过那要非常年轻且激情,同时,也只能发生在法国的新潮片里吧。

　　大多数的雨伞想不会为约会张开。上班下班,上学放学,菜市来回的途中,现实的伞,灰色的星期三。握着雨伞,他听那冷雨打在伞上。索性更冷一些就好了,他想。索性把湿湿的灰雨冻成干干爽爽的白雨,六角形的结晶体在无风的空中回回旋旋地降下来,等须眉和肩头白尽时,伸手一拂就落了。二十五年,没有受故乡白雨的祝福,或许发上下一点白霜是一种变相的自我补偿吧。一位英雄,经得起多少次雨季?他的额头是水成岩削成还是火成岩?他的心底究竟有多厚的苔藓?厦门街的雨巷走了二十年与记忆等长,一座无瓦的公寓在巷底等他,一盏灯在楼上的雨窗子里,等他回去,向晚餐后的沉思冥想去整理青苔深深的记忆。前尘隔海。古屋不再。听听那冷雨。

一九七四年春分之夜

13. 世界上最遥远的距离（自读篇目）

泰戈尔

罗宾德拉纳特·泰戈尔(1861—1941)，印度著名诗人、作家、艺术家和社会活动家。毕生致力于东西文明的交流和协调。泰戈尔以诗著称，被称为"诗圣"，他的诗中含有深刻的宗教和哲学的见解，代表作品有《吉檀迦利》《飞鸟集》。1913年，泰戈尔以诗歌集《吉檀迦利》荣获诺贝尔文学奖，成为第一位获得诺贝尔文学奖的亚洲人。

世界上最远的距离，
不是生与死的距离。
而是我站在你面前，
你不知道我爱你。

世界上最远的距离，
不是我站在你面前，
你不知道我爱你。
而是爱到痴迷，
却不能说我爱你。

世界上最远的距离，
不是我不能说我爱你。
而是想你痛彻心脾，
却只能深埋心底。

世界上最远的距离，
不是我不能说我想你。
而是彼此相爱，
却不能够在一起。

世界上最远的距离，
不是彼此相爱，

却不能够在一起。
而是明知道真爱无敌，
却装作毫不在意。

世界上最远的距离，
不是树与树的距离。
而是同根生长的树枝，
却无法在风中相依。

世界上最远的距离，
不是树枝无法相依。
而是相互了望的星星，
却没有交汇的轨迹。

世界上最远的距离，
不是星星之间的轨迹。
而是纵然轨迹交汇，
却在转瞬间无处寻觅。

世界上最远的距离，
不是瞬间便无处寻觅。
而是尚未相遇，
便注定无法相聚。

世界上最远的距离，
是鱼与飞鸟的距离。
一个在天，一个却深潜海底。

14. 诗歌朗诵的技巧

学习诗歌，朗诵是必不可少的环节。一般来说，朗，即声音的清晰、响亮；诵，即背诵。朗诵，就是用清晰、响亮的声音，结合各种语言手段来完善地表达作品思想感情的一种语言艺术。朗诵可以提高读者对作品的阅读能力,增强艺术鉴赏能力,能陶冶人的性情,有效地培养对语言词汇细致入微的体味能力,进而提高自我口语表述与交际的能力。

一、朗诵前的准备

朗诵是朗诵者的一种再创作活动。这种再创作,要求朗诵者通过原作的字句,用有声语言传达出原作的主要精神和艺术美感。让听众领会朗诵内容的同时,在感情上也受到感染。

1. 选择朗诵材料

朗诵是一种传情的艺术。朗诵者要很好地传情,引起听众共鸣,就必须注意材料的选择。作品选择标准主要有两个:一是易于"上口入耳";二是便于自己把握。

2. 理解作品内容和把握感情基调

(1) 正确、深入地理解作品内容。第一,要清除障碍,搞清楚文中生字、生词、成语典故、语句等的含义,不要囫囵吞枣、望文生义;第二,要把握作品创作的背景、作品的主题和情感的基调,并由此确定朗诵基调。

(2) 要"入境"、"入角",切忌"挤"情、"造"性。"入境"、"入角",即指真正走进作品所描绘的世界,走进作品所描述的感情世界。朗诵者必须仔细体味作品,要感同身受,"诗""人"合一。才能在朗诵时唤起听众的感情,使听众与自己同喜同悲同呼吸。

(3) 进行合理的、丰富逼真的想象。在理解感受作品的同时,往往伴随着丰富的想象,这样才能使作品的内容在自己的心中、眼前活动起来,就好像亲眼看到、亲身经历一样。

比如李白的《蜀道难》,作品言蜀道之险,描写了大自然动人心魄的奇险与壮伟,给人以回肠荡气之感,咏叹的意味尤浓,诵读时必须把握这个基调,才能再现诗中的意境。开始朗诵时,朗诵者首先要"入境"、"入角",想象自己就是李白,正站在连峰绝壁之下,送友人过蜀道的情景,想象"蜀道之难"、想象"青泥何盘盘"等等。

3. 用普通话朗诵

普通话就是以北京语音为标准音,以北方话为基础方言,以典范的现代白话文著作为语法规范。在朗诵之前,首先要咬准字音,掌握语流音变等普通话知识。

二、朗诵的基本语言表达手段

朗诵时,一方面要深刻透彻地把握作品的内容;另一方面,要合理地运用各种艺术手段,准确地表达作品的内在含义。常用的基本表达手段有:停顿、重音、语速、句调。

1. 停顿指语句或词语之间声音上的间歇。

停顿主要有:生理停顿,朗诵者朗诵时自身生理上的需要;语法停顿,句子结构上的需要;强调停顿,为了更好地表达作品的思想感情,或者是为了给听者一个领略和思考、理解和接受的余地,帮助听者理解文章含义,加深印象。

"语法停顿"是反映一句话里面的语法关系,在书面语言里就反映为标点。一般来说,语法停顿时间的长短同标点大致相关。例如句号、问号、感叹号后的停顿比分号、冒号长;分号、冒号后的停顿比逗号长;逗号后的停顿比顿号长;段落之间的停顿则长于句子停顿的时间。

"强调停顿"为了强调某一事物,突出某个语意或某种感情,而在书面上没有标点、在生理上也可不作停顿的地方作了停顿,或者在书面上有标点的地方作了较大的停顿,强调停顿主要是靠仔细揣摩作品,深刻体会其内在含义来安排的。

2. 重音是指朗诵、说话时句子里某些词语念得比较重的现象。一般用增加声音的强度来体现。重音有语法重音和强调重音两种。

(1) 语法重音在不表示什么特殊的思想和感情的情况下,根据语法结构的特点,而把句子的某些部分重读的,叫语法重音。语法重音的位置比较固定,常见的规律是:

①一般短句子里的谓语部分常重读;

②动词或形容词前的状语常重读;

③动词后面由形容词、动词及部分词组充当的补

语常重读;

④名词前的定语常重读;

⑤有些代词也常重读。

(2) 强调重音指的是为了表示某种特殊的感情和强调某种特殊意义而故意读得重一些的音,主要是为了引起听者注意自己所要强调的某些部分。在朗诵时,首先要认真钻研作品,正确理解作者意图,才能较快较准地找到强调重音之所在。有时候说同一句话,强调重音不同,表达的意思也往往不同。

例如:我/去过故宫。(回答"谁去过故宫")

我去过/故宫。(回答"你去没去过故宫")

我去过/故宫。(回答"故宫、长城、颐和园,你去过哪个旅游景点?")

3. 语速是指说话或朗诵时每个音节的长短及音节之间连接的紧松。语速是由说话人的感情决定的,朗诵的速度则与文章的思想内容相联系。一般热烈、欢快、兴奋、紧张的内容速度快一些;平静、庄重、悲伤、沉重、追忆的内容速度慢一些。而一般的叙述、说明、议论则用中速。

(1) 王强爬起来,拍着手大笑道:"啊,我中大奖了!"(兴奋,快速)

(2) "这是谁呀?怕是来偷东西的吧?"(心里寻思着,慢速)我心里想着,"这回我要是逮着了,非把他送到派出所去不可!"(气愤,快速)

(3) 杀了人,又不敢承认,还要诽谤人,说什么桃色事件,说什么共产党杀共产党,可耻啊,可耻!(愤怒,快速)

4. 句调。在汉语中,字有字调,句有句调。句调是指语句的高低升降。句调是贯穿整个句子的,只是在句末音节上表现得特别明显。句调根据表示的语气和感情态度的不同,可分为四种:升调、降调、平调、曲调。

(1) 升调,前低后高,语势上升。一般用来表示疑问、反问、惊异等语气。

(2) 降调,前高后低,语势渐降。一般用于陈述句、感叹句、祈使句,表示肯定、坚决、赞美、祝福等感情。

（3）平调，这种调子，语势平稳舒缓，没有明显的升降变化，用于不带特殊感情的陈述和说明，还可表示庄严、悲痛、冷淡等感情。

（4）曲调。全句语调弯曲，或先升后降，或先降后升，往往把句中需要突出的词语拖长着念，这种句调常用来表示讽刺、厌恶、反语、意在言外等语气。

如：《囚歌》

为人进出的门紧锁着，（平调）（冷眼相看）

为狗爬出的洞敞开着，（平调）

一个声音高叫着：（曲调）（嘲讽）

——爬出来吧，给你自由！曲调（诱惑）

我渴望自由，（庄严）

但我深深地知道——（平调）

人的身躯怎能从狗洞子里爬出！（升调）（蔑视、愤慨、反击）

我希望有一天（平调）地下的烈火，（稍向上扬）（语意未完）

将我连这活棺材一齐烧掉，（降调）（毫不犹豫）

我应该在烈火与热血中得到永生！（降调）（沉着、坚毅、充满自信）

项目四 演讲稿的写作

15. 敬业与乐业

——8月14日在上海中华职业学校讲演

梁启超

梁启超(1873—1929),字卓如,号任公,别号饮冰子、饮冰室主人、自由斋主人等,广东新会人。中国近代著名的政治活动家、启蒙思想家、资产阶级宣传家、教育家、史学家和文学家。17岁中举,后随其师康有为参与维新变法,事败后流亡日本,在当地创办《新小说》杂志。1920年后,脱离政界,先后在清华大学、南开大学任教授,专心著述。一生著述宏富,所遗《饮冰室合集》计148卷,1 000余万字。为后人留下了丰厚的学术遗产,成为一代宗师。

 学习目标与建议

1. 理解敬业与乐业的价值。
2. 学习演讲技巧。

我这题目,是把《礼记》里头"敬业乐业"和《老子》里头"安其居,乐其业"那两句话,断章取义造出来的。我所说是否与《礼记》、《老子》原意相合,不必深求;但我确信"敬业乐业"四个字,是人类生活不二法门。

本题主眼,自然是在"敬"字、"乐"字。但必先有业,才有可敬、可乐的主体,理至易明。所以在讲演正文以前,先要说说有业之必要。

孔子说:"饱食终日,无所用心,难矣哉!"又说:"群居终日,言不及义,好行小惠,难矣哉!"孔子是一位教育大家,他心目中没有什么人不可教诲,独独对于这两种人便摇头叹气说道:"难!难!"可见人生一切毛病都有药可医,唯有无业游民,虽大圣人碰着他,也没有办法。

唐朝有一位名僧百丈禅师,他常常用两句格言教训弟子,说道:"一日不做事,一日不吃饭。"他每日除上堂说法之外,还要自己扫地、擦桌子、洗衣服,直到八十岁,日日如此。有一回,他的门生想替他服劳,把他本日应做的工悄悄地都做了,这位言行相顾的老禅师,老实不客气,那一天便绝对的不肯吃饭。

我征引儒门、佛门这两段话,不外证明人人都要有正当职业,人人都要不断地劳作。倘若有人问我:"百行什么为先?万恶什么为首?"我便一点不迟疑答道:"百行业为先,万恶懒为首。"没有职业的懒人,简直是社会上的蛀米虫,简直是"掠夺别人勤劳结果"的盗贼。我们对于这种人,是要彻底讨伐,万不能容赦的。有人说:"我并不是不想找职业,无奈找不出来。"我说:职业难找,原是现代全世界普通现象,我也承认。这种现象应该如何救济,别是一个问题,今日不必讨论。但以中国现在情形论,找职业的机会,依然比别国多得多。一个精力充满的壮年人,倘若不是安心躲懒,我敢信他一定能得相当职业。今日所讲,专为现在有职业及现在正做职业上预备的人——学生——说法,告诉他们对于自己现有的职业应采何种态度。

第一要敬业。敬字为古圣贤教人做人最简易直接的法门,可惜被后来有些人说得太精微,倒变了不适实用了。唯有朱子解得最好。他说:"主一无适便是敬。"用现在的话讲,凡做一件事,便忠于一件事,将全副精力集中到这事上头,一点不旁骛,便是敬。业有什么可敬呢?为什么该敬呢?人类一面为生活而劳动,一面也是为劳动而生活。人类既不是上帝特地制来充当消化面包的机器,自然该各人因自己的地位和才力,认定一件事去做。凡可以名为一件事的,其性质都是可敬。当大总统是一件事,拉黄包车也是一件事。事的名称,从俗人眼里看来,有高下;事的性质,从学理上解剖起来,并没有高下。只要当大总统的人,信得过我可以当大总统才去当,实实在在把总统当作一件正经事来做;拉黄包车的人,信得过我可以拉黄包车才去拉,实实在在把拉车当作一件正经事来做,便是人生合理的生活。这叫做职业的神圣。凡职业没有不是神圣的,所以凡职业没有不是可敬的。唯其如此,所以我们对于各种职业,没有什么分别拣择。总之,人生在世是要天天劳作的。劳作便是功德,不劳作便是罪恶。至于我该做哪一种劳作呢?全看我的才能何如、境地何如。因自己的才能、境地,做一种劳作做到圆满,便是天地间第一等人。

怎样才能把一种劳作做到圆满呢?唯一的秘诀就是忠实,忠实从心理上发出来的便是敬。《庄子》记佝偻丈人承蜩的故事,说道:"虽天地之大,万物之多,而唯吾蜩翼之知。"凡做一件事,便把这件事看作我的生命,无论别的什么好处,到底不肯牺牲我现做的事来和他交换。我信得过我当木匠的做成一张好桌子,和你们当政治家的建设成一个共和国家同一价值;我信得过我当挑粪的把马桶收拾得干净,和你们当军人的打胜一支压境的敌军同一价值。大家同是替社会做事,你不必羡慕我,我不必羡慕你。怕的是我这件事做得不妥当,便对不起这一天里头所吃的饭。所以我做这事的时候,丝毫不肯分心到事外。曾文正说:"坐这山,望那山,一事无成。"我从前看见一位法国学者著的书,比较英法两国国民性质,他说:"到英国人公事房里头,只看见他们埋头执笔做他的事;到法国人公事房里头,只看见他们衔着烟卷像在那里出神。英国人走路,眼注地下,像用全副精神注在走路上;法国人走路,总是东张西望,像不把走路当一回事。"这些话比较得是否确切,姑且不论;但很可以为敬业两个字下注脚。若果如他所说,英国人便是敬,法国人便是不敬。一个人对于自己的职业不敬,从学理方面说,便是亵渎职业之神圣;从事实方面说,一定把事情做糟了,结果自己害自己。所以敬业主义,于人生最为必要,又于人生最为有利。庄子说:"用志不分,乃凝于神。"孔子说:"素其位而行,不愿乎其外。"我说的敬业,不外这些道理。

第二要乐业。"做工好苦呀!"这种叹气的声音,无论何人都会常在口边流露出来。但我要问他:"做工苦,难道不做工就不苦吗?"今日大热天气,我在这里喊破喉咙来讲,诸君扯直耳朵来听,有些人看着我们好苦;翻过来,倘若我们去赌钱、去吃酒,还不是一样淘神、费力?难道又不苦?须知苦乐全在主观的心,不在客观的事。人生从出胎的那一秒钟起,到咽气的那一秒钟止,除了睡觉以外,总不能把四肢、五官都搁起不用。只要一用,不是淘神,便是费力,劳苦总是免不掉的。会打算盘的人,只有从劳苦中找出快乐来。我想天下第一等苦人,莫过于无业游民,终日闲游浪荡,不知把自己的身子和心子摆在哪里才好,他们的日子真难过。第二等苦人,便是厌恶自己本业的人,这件事分明不能不做,却满肚子里不愿意做。不愿意做逃得了吗?到底不能。结果还是皱着眉头,哭丧着脸去做。这不是专门自己替自己开玩笑吗?

我老实告诉你一句话:"凡职业都是有趣味的,只要你肯继续做下去,趣味自然会发生。"为什么呢?第一,因为凡一件职业,总有许多层累、曲折,倘能身入其中,看它变化、进展的状态,最为亲切有味。第二,因为每一职业之成就,离不了奋斗;一步一步地奋斗前去,从刻苦中将快乐的分量加增。第三,职业性质,常常要和同业的人比较骈进,好像赛球一般,因竞胜而得快感。第四,专心做一职业时,把许多游思、妄想杜绝了,省却无限闲烦闷。孔子说:"知之者不如好之者,好之者不如乐之者。"人生能从自己职业中领略出趣味,生活才有价值。孔子自述生平,说道:"其为人也,发愤忘食,乐以忘忧,不知老之将至云尔。"这种生活,真算得人类理想的生活了。

我生平最受用的有两句话:一是"责任心",二是"趣味"。我自己常常力求这两句话之实现与调和,又常常把这两句话向我的朋友强聒不舍。今天所讲,敬业即是责任心,乐业即是趣味。我深信人类合理的生活总该如此,我盼望诸君和我一同受用!

> 总结演讲内容,画龙点睛,鲜明观点。

解读与鉴赏

这篇演讲词选自《饮冰室合集》(第5卷)。演讲开宗明义提出了"敬业乐业"的主旨,接着分别谈论了"有业""敬业"和"乐业"三个问题,列举了多种论据:有生活中的实例,有古代、外国著作中的事例,有作者亲身经历中卓有成效的经验,还有古人的流传至今的名言警句等。这些论据的精选运用,使讲演词具体、生动,富有说服力。最后以"责任心"和"趣味"结束讲演。

大量引用经典、格言,娓娓道来,语重意长,是这篇讲演词的艺术特点。儒家的《礼记》《论语》以及孔子、朱熹、曾国藩,道家的《老子》《庄子》,佛家的百丈禅师等,都被作者拿来论证自己的观点。主旨鲜明,层次清晰,语言通俗。

16. 演讲稿的写作

一、演讲稿的含义

演讲稿,也称演讲词,是演讲者在特定的场合、针对特定的问题向听众说明事理、发表见解和主张的讲话文稿。演讲稿与一般议论文不同,其内容最终诉诸听众的是听觉而不是读者的视觉,要富有号召力、感染力和说服力,能够引起听众感情上和思想上的共鸣,以起到宣传、鼓动和教育作用。

二、演讲稿的特点

(一)针对性。演讲是一种社会活动,是用于公众场合的宣传形式。演讲要想打动听众、"征服"听众,必须要有现实的针对性。写作演讲稿时,要根据不同场合和不同听众,为听众设计不同的演讲内容。

(二)鼓动性。演讲是一门语言艺术。成功的演讲都有一种激发听众情绪、赢得好感的鼓动性。郭沫若《科学的春天》结尾:"春分刚刚过去,清明即将到来。'日出江花红胜火,春来江水绿如蓝。'这是革命的春天,这是人民的春天,这是科学的春天!让我们张开双臂,热烈地拥抱这个春天吧!"富有火热的激情和强大的鼓动性。

(三)感染性。演讲的结尾尤其要精彩。美国独立战争前夕,时任美国国务卿的斐特瑞克·亨利在弗吉尼亚议会上发表演说,最后他激动地说:"在这场斗争中,我不知道别人会如何行事,至于我,不自由,毋宁死!"听了他的演讲,议员们群情激奋,立刻站起来高

 **学习目标与建议**

1. 了解演讲稿的用途、特点和类型。

2. 掌握演讲稿的内容结构和写法。

3. 根据提供的材料和要求撰写一篇演讲稿。

喊,"拿起武器!"以后,这充满激情富有感染性的话,竟成为一句激励人们斗志的战斗口号。

三、演讲稿的结构与内容

演讲稿的结构一般可以分为开头、主体和结尾三个部分。

开头要力求精彩,引人入胜。常用的方法有设问法、感叹法、悬念法、谈心法等。例如闻一多《最后一次演讲》的开头,既有设问又有感叹,表现了演讲者鲜明的态度和强烈的愤慨,同时又吸引了听众。

1940年11月,马寅初在重庆讲《战时经济问题》时,刚登上讲台,劈头就说:"兄弟今天把儿子女儿都带来了,我今天的讲话,就算给他们的一份遗嘱。"这个具有爆炸性而充满悬念的开场白,不仅使听众为此而惊奇骇异,而且使在场的国民党特务更是目瞪口呆。

主体是演讲稿的核心。演讲者将要围绕即将阐述的观点,选择最典型、最有力、最有趣的材料证明自己的观点。1963年8月,美国黑人民权运动领袖马丁·路德·金在一次有25万人参加的集会上所作的《我有一个梦想》的演讲,主体是这样安排的:他首先指出美国黑人在《黑奴解放宣言》颁布100年后依然没有获得自由,在种族隔离和种族歧视的双重桎梏下挣扎谋生。在揭示黑人面临的这一悲惨现实后,又对为追求自由解放而进行艰苦斗争的勇士们给予鼓舞。他以诗一般的语言描绘道:"尽管我们面前困难重重,挫折累累,但我们还是心怀一个梦……这就是我们的希望。"演讲者把这个"梦"讲得美好而诱人,宛如一个个理想已成为现实,既有娓娓道来的叙述,又有鼓舞人心的描绘,更有热烈急切的抒情,极富鼓动性。

结尾要简短有力,掷地有声。常用的有以鼓动教育为主的,有以启发提示听众进行思考为主的,有以共勉共进为主的,有以表示演讲者心愿、理想、态度为主的。总之,要力求给听众留下深刻的印象。

四、写作演讲稿的要求

(一)观点鲜明。观点鲜明,就必须做到观点集中。一篇演讲稿只能有一个中心,全篇内容都必须围绕这个中心去铺陈。只有观点集中、鲜明的演讲稿,才有说服力,给听众以深刻的印象。

(二)有的放矢。撰写演讲稿,首先要了解听众对象,了解听众的思想状况,了解他们所关心和迫切需要解决的问题。不看对象,不了解听众的需求,讲一些不关痛痒的问题,即使说得天花乱坠,听众也会感到索然无味,达不到宣传、鼓动和教育的目的。

(三)感情真挚。演讲的内容要既有热情的鼓动,又要有冷静的分析,要把说理和抒情有机地结合起来,做到动之以情,晓之以理。在第二次世界大战期间,戴高乐将军在英国伦敦向法国人民发表了《反法西斯广播演说》,最后,他说:"无论发生什么情况,法兰西抵抗法西斯的火焰绝不应该熄灭,也绝不会熄灭!"真挚的感情,极富鼓动性的话语,曾激起过法国人民反法西斯的精神。

(四)语言明白、晓畅。演讲稿的语言既要通俗易懂、口语化,又要准确鲜明,生动形象,同时不乏幽默、智慧、风趣、张弛有度,跌宕起伏,激发听众兴奋点的语言。平铺直叙的干巴巴语言和一味的政治说教,将永远达不到预期的演讲效果。

【例文】

在葛底斯堡的演讲
亚伯拉罕·林肯

87年前,我们的先辈们在这块大陆上创立了一个新国家,它孕育于自由之中,奉行一切人生来平等的原则。

现在我们正从事一场伟大的内战,以考验这个国家,或者任何一个孕育于自由和奉行上述原则的国家是否能够长久存在下去。我们在这场战争中的一个伟大战场上集会。烈士们为使这个国家能够生存下去而献出了自己的生命,我们来到这里,是要把这个战场的一部分奉献给他们作为最后安息之所。我们这样做是完全应该而且非常恰当的。

但是,从更广泛的意义上来说,这块土地我们不能够奉献,不能够圣化,不能够神化。那些曾在这里战斗过的勇士们,活着的和去世的,已经把这块土地圣化了,这远不是我们微薄的力量所能增减的。我们今天

阅读提示

林肯(1809—1865),美国第16届总统,著名的资产阶级革命家、演讲家、雄辩家。

1861—1865年,美国发生了南北战争,林肯在人民的推动下,领导联邦平定了南部反动奴隶主的武装叛乱,颁布了解放黑人奴隶的宣言。为了永远纪念在葛底斯堡大战中光荣捐躯的将士们,国家决定在葛底斯堡建立烈士公墓。1863年11月20日,林肯应邀出席公墓落成典礼,并登台发表了这篇简短的演讲。

在这里所说的话,全世界不大会注意,也不会长久的记住,但勇士们已经如此崇高地向前推进尚未完成的事业。倒是我们应该在这里把自己奉献于仍然留在我们面前的伟大任务——我们要从这些光荣的死者身上汲取更多的献身精神,来完成他们已经彻底为之献身的事业;我们要在这下定最大的决心,不让这些死者白白牺牲;我们要使国家在上帝的保佑下得到自由的新生,要使这个民有、民治、民享的政府永世长存。

解读与鉴赏

全篇只有10句话,不到3分钟就讲完了,甚至连摄影记者都没来得及拍照,然而林肯的演讲却受到了听众的热烈欢迎,他的演讲5次被掌声打断,演讲结束时台下又响起了经久不息的掌声。

这次演讲之所以能获得如此巨大的成功,关键在于演讲的内容中心突出,感情浓郁。其中心意思是继承先烈遗志,使自己的国家永世长存。全文围绕这个中心,层层深入,逐步展开,只用10句话就把烈士们献身的伟大意义、全世界不会忘记他们、活着的人应该把自己奉献于他们尚未完成的事业、不让死者的鲜血白流等丰富而深刻的内容表达得清晰完整、全面无遗,林肯的这篇简短演讲,被人们视为不朽之作。

项目五　单元学习成果汇报

1. 遵照语言应用规范,以小组为单位深入校园、社区以及本专业相关行业,或找一份当天的晚报,查找并改正错别字;以班级为单位,组织一次汉字纠错比赛活动。

2. 阅读戴望舒的《雨巷》,尝试将其扩写成一篇400字左右的散文。

3. 组织一次小型辩论赛。以小组为单位进行辩论赛的策划与准备工作;请将自己小组的策划书以及自己所承担的工作、自己的辩论词记录下来。

4. 自主选择和抄录一则作品,在班上开展一次硬笔书法比赛。

5. 学习朗诵技巧,学会朗诵,勇于展示自我;熟练使用普通话;在班上举办一次古今诗歌朗诵会;请记录下你对这首诗的认识以及你怎样来处理朗诵方法。

6. 结合当下社会文化现象,撰写一则演讲稿,在班上开展一次演讲比赛活动。

7. 扩展阅读,选读下列一部著作,并记录下你的阅读体会:苏轼《论书》;林语堂《说话的艺术》;卓雅《说话的艺术全集》;温秀珍《怎样写好竞聘词》;卓别林《要为自由而战斗》等。

模块三　我的大学·文学之魅

项目一　中国文学长河

1. 诗经(三首)

桃　夭

桃之夭夭[1]，灼灼其华[2]。之子于归[3]，宜其室家[4]！

桃之夭夭，有蕡其实[5]。之子于归，宜其家室！

桃之夭夭，其叶蓁蓁[6]。之子于归，宜其家人！

【注释】[1]夭夭(yāo)：树木壮盛的样子。[2]灼灼：火红的。华："花"的古字。[3]之：那个。子：女子。古代男女都可通称为子。于归：古代女子出嫁叫于归。[4]宜：适宜，相宜。室家：男子有妻称有室，女子有夫称有家，这里指所嫁的人家。下面的"家室"、"家人"意思相同。[5]有：语气助词。蕡(fén)：形容果实大而多。实：果实。这里以结果实比喻生子。[6]蓁蓁(zhēn)：叶子繁盛茂密的样子。这里比喻家族兴旺而福荫后代。

解读与鉴赏

本篇选自《诗经·周南》。这是一首祝贺女子出嫁的民歌。诗以桃树起兴，用艳丽的桃花、丰硕的成果和茂盛的枝叶反复比喻姑娘的出嫁正合时机，写得乐观、轻快。

首章以鲜艳火红的桃花比喻美丽的姑娘，告诉人们，这个时候她多么适合有一个温馨的家。第二章以桃树的累累果实比喻姑娘将来多子多福。第三章以桃树茂密的枝叶比喻姑娘将来家庭和睦兴旺的景象。全

学习目标与建议

1. 结合本诗，学习"比"的表现手法。

2. 了解《诗经》重章叠句、一唱三叹的特点。

首章写花；二章写实；三章写叶。

"灼灼"给人以照眼欲明的感觉，比喻新娘之美。"实""叶"众多，比喻家庭兴旺。

思考与练习

1.《诗经》所反映的时代，人们对"美"的观念是怎样的？

2. 用比喻的方法，描写一个你熟悉的人物。

诗三章,重章叠句,反复咏叹,意思一层比一层深入地抒写了姑娘出嫁的好时机,给人以温馨之感。

葛　生

葛生蒙楚[1],蔹蔓于野[2]。予美亡此[3],谁与独处[4]?

葛生蒙棘,蔹蔓于域[5]。予美亡此,谁与独息[6]?

角枕粲兮[7],锦衾烂兮[8]。予美亡此,谁与独旦[9]?

夏之日,冬之夜[10]!百岁之后[11],归于其居[12]。

冬之夜,夏之日!百岁之后,归于其室[13]。

【注释】[1]葛:葛生藤类植物。蒙:覆盖。楚:楚荆,灌木。[2]蔹(liǎn):白蔹,蔓生的野草。古代风俗,死尸用葛藤缠裹,或者用葛藤把棺缠裹起来。葛和蔹都是蔓生植物,必须依附在其他物体上才能生长,此处比喻女子依靠丈夫。[3]予:我。美:名词,美好的人,指丈夫。此:指人世。[4]谁与:即"与谁"。意为他与谁同居呢?[5]域:指墓地。[6]息:安息。[7]角枕:用兽角装饰的枕头。粲:鲜明,漂亮。[8]烂:灿烂。这两句写她曾用漂亮的枕头和被子为丈夫殓尸。[9]旦:同"坦",安息。"独旦"和"独息"意思相同。[10]夏天日长,冬天日短。这两句形容年月的漫长难熬。[11]百岁:"死"的委婉说法。[12]其居:死者的居处,即坟墓。[13]室:这里指墓室,坟中。

解读与鉴赏

本篇选自《诗经·唐风》。这是一个妇女悼念亡夫的诗。诗以蔓生藤类植物起兴,以蔓生藤类植物必须依附于它物才能生存的现实,比喻女子和丈夫互为依存的关系,写得十分悲伤、凄凉。

全诗五章,第一章写与自己相依为命的丈夫离开了人间,孤孤单单地长眠地下。第二章写葛藤荆棘覆盖了墓穴,独眠墓中的丈夫谁来陪伴他呢?第三章回想丈夫下葬时,自己曾用漂亮的枕头和被子为丈夫殓尸。第四章、第五章写她今后岁月漫长,无依无靠,只希望死后能同亡夫葬在一起。

这首诗综合运用了"赋""比""兴"手法。开头一章的"兴"引出话题,"比"表明相依为命的夫妻关系。丈

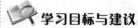
学习目标与建议

1. 学习本诗"兴"、"比"结合的写作方法。

2. 结合作品理解《诗经》"温柔敦厚"的风格。

开头两句"比"、"兴"结合。

"角枕"以下三章为"赋"的笔法。

采用"赋"的笔法,体现了该诗"温柔敦厚"的风格,也体现了儒家"中庸"文化的特征。

思考与练习

1. 说明"比""兴"的特征和作用。

2. 写两句"比""兴"结合的句子。

《诗经》首创了赋、比、兴的表现手法,成为后代诗歌创作的楷模。

夫离开人世,生者和死者都变得孤苦伶仃,渲染了凄凉、悲伤的气氛。第三、四、五章先追忆丈夫下葬时的情形,再无限愁苦地反复叙说今后难熬的漫长岁月,最后表示死后要与丈夫同处一室。

柏 舟

泛彼柏舟[1],在彼中河[2]。髧彼两髦[3],实维我仪[4]!之死矢靡它[5]。母也天只[6]!不谅人只[7]!

泛彼柏舟,在彼河侧。髧彼两髦,实维我特[8]!之死矢靡慝[9]。母也天只[10]!不谅人只!

【注释】[1]泛彼柏舟:彼:那。柏舟:柏木做的船。[2]中河:河中。[3]髧(dàn):头发下垂的样子。髦(máo):古代未成年男孩的发式,下垂至眉的短发。因左右分开为两部分,故云两髦。[4]维:是。仪:配偶。下文的"特"与此同。[5]之死:到死。矢:通"誓"。靡它:没有别的心事,即心无二致。[6]母也天只:也、只都是语气词。相当于"呀"。[7]谅:体谅。[8]特:对象。[9]慝(tè):变心。[10]只:句末语气词,表示感叹。

解读与鉴赏

《诗经》以国风的艺术成就最高:展示了时代风貌的生动画面;倾诉内心感情、表现各自性格的形象塑造。

本篇选自《诗经·鄘风》。描写一个女子在郊游时爱上了一个青年男子,可是母亲却要给她另选对象,她大胆反抗,发誓不改变自己的心志。

全诗分两章,抒发了主人公对母亲不谅解自己选择的爱情的怨和愤。主人公发出的宁死不变心的誓言,是对于不能自主的婚姻制度的强烈抗议。诗反复咏叹,写得大胆而直爽,感情粗犷而真诚。

附: ## 上 邪[1]
乐府民歌

上邪[2]!我欲与君相知[3],长命无绝衰[4]。山无陵[5],江水为竭,冬雷震震[6],夏雨雪[7],天地合,乃敢与君绝[8]!

【注释】[1]上邪:乐府歌词,见于《乐府诗集》的《鼓吹曲

思考与练习

结合《上邪》分析本诗表达情感"温柔敦厚"的特征。

学习目标与建议

1. 学习本诗反复咏叹,抒发感情的方法。

采用呼告、层递、博喻的修辞方式。

《柏舟》诗写得语无伦次,诗情和事理完全相反,正表达了恋人间的一片痴情。

前人称之为"短章神品"。

《上邪》是一首情歌。抒写一个女子对爱人的忠贞之情。主人公以火山迸发般的语言表达了不可抑制的强烈爱情:一连设想出五种难以实现的情状发誓。显示了汉乐府民歌情感奔放的特点。

辞·汉铙歌十八曲》。[2]上邪(yé):等于说天啊! [3]相知:相亲爱。[4]长:长久。命:通"令"。令是使的意思。绝衰:指爱情断绝和衰减。[5]陵:山峰。这句是说高山变成了平地。[6]震震:形容雷声。[7]雨(yù):动词,降下。[8]乃敢:才敢,方能。

菩 萨 蛮
无名氏

枕前发尽千般愿:要休且待青山烂,水面上秤锤浮;直待黄河彻底枯。

白日参辰现[1],北斗回南面[2]。休即未能休,且待三更见日头。

【注释】[1]参(shēn)辰:二星名。这里泛指星辰。[2]北斗:星座名,因位置在北面且形如斗而得名。

这首《菩萨蛮》是唐代的情歌。两阕词一贯到底,以不可能出现的六种事象为喻,表明自己深挚的爱情和决心。与前诗写作方法相似,更有曲折之致。

知识积累

一、文学艺术的起源

1. 最早的文学是原始人类的口头创作,是流传在原始人类中的歌谣和神话。

2. 原始歌谣产生于劳动之中,是远古人类"举重劝力之歌"。原始歌谣,由于年代久远,当时又没有文字可以记录,因而保存下来的极少。

在一些古籍里保存下来的少量古代歌谣,从思想和形式上看,比较接近原始的形态。如《吴越春秋》中的《弹歌》、《礼记·郊特牲》中相传是伊耆氏时代的《蜡辞》,以及《周易》中保存下来的《归妹》爻辞等。不但形式淳朴、自然,内容也多是反映远古人类的劳动和生活。

二、《诗经》的结集和流传

1. 关于《诗经》作品的结集,汉代学者提出了周代有"采诗"制度的说法。班固《汉书·食货志》说:"孟春之月,群聚者将散,行人振木铎徇于路以采诗,献之太师,比其音律,以闻于天子。"采诗的目的《汉书·艺文志》说是"王者可以观风俗,知得失,自考正也"。大约另外还为了搜集乐章,以供祭祀、征伐、狩猎、宴庆举行

思考与练习

把《柏舟》、《上邪》、《菩萨蛮》三首诗结合起来学习,体会其在情感表现上的不同,并以此深入感知《诗经》对后代文学的影响。

土反其宅,水归其壑。昆虫毋作,草木归其泽!
——《礼记·郊特牲》

仪式时用来演奏。这是民歌汇集的方式。

《诗经》中文人作品的汇集则是通过"献诗"的渠道。周代有让公卿列士等贵族官员献诗的制度。贵族官员和文人把他们对政事的批评和歌颂的意见,通过作诗、献诗的方式表达出来。

这两部分诗汇集到乐官"太师"手中,而"太师"又有"以乐语(指诗)教国子(贵族子弟)"的任务,《诗三百》可能正是"太师"为了教授"国子"而选订的课本。

2. 第一个以私人讲学身份出现的大学者孔子,把《诗》作为政治伦理教育,以及博物学的教本。汉代传习《诗经》的有鲁、齐、韩、毛四家。鲁、齐、韩三家诗先后亡佚,只有《毛诗》流传下来,这就是我们现在读到的《诗经》。

三、《诗经》的分类

《诗经》按风、雅、颂三类编排。现在一般认为这种分类是按照音乐曲调的特点来划分的。"风"就是乐曲的意思,因此《诗经》中的"国风"就是指当时各诸侯国和各地区的乐曲,是相对于周京都而言的地方土乐。《诗经》有十五国风,160篇作品,大部分是民歌。"雅",是"正"的意思。"雅乐"就是"正乐",是相对于地方乐而言的周京都地方的王畿之乐。雅诗包括小雅74篇,大雅31篇,共105篇。其中"小雅"的风格接近"国风",可能是在音乐上受到了"风"的影响。雅诗多数是贵族文人作品,也有一些是民歌。"颂",是祭神祭祖时用的歌舞乐曲。它在音乐上的特点不同于"风"和"雅"。颂诗包括"周颂"31篇,鲁颂4篇,商颂5篇,共计40篇。

四、《诗经》民歌的思想内容

《诗经》中的民歌大致是春秋初期到中期的作品,较广泛地反映了当时的社会风貌。

1. 反剥削、反压迫的诗篇。《诗经》"国风"中的许多作品,反映了那一时代劳动人民的痛苦生活,表现了他们对奴隶主阶级的不满,流露了深刻的阶级仇恨和愤怒的反抗情绪。代表作品是《豳风·七月》、《魏风·伐檀》、《魏风·硕鼠》等。

2. 反徭役、兵役痛苦的诗篇。奴隶主强迫人民发

 参考阅读

1. 故《诗》有六艺焉:一曰风,二曰赋,三曰比,四曰兴,五曰雅,六曰颂。
——《毛诗序》

2. 子曰:"小子何莫学夫《诗》?诗,可以兴,可以观,可以群,可以怨。迩之事父,远之事君;多识于鸟兽草木之名。"
——《论语·阳货》

动战争、驱使人民服各种徭役,使得人民背井离乡,有家难回,有亲难见。这些生活在《诗经》民歌中有较多的反映。代表性的诗篇《齐风·东方未明》、《小雅·何草不黄》、《豳风·东山》等反映的是征人、役夫的生活;《卫风·伯兮》、《王风·君子于役》等反映的是思妇生活。这两类作品表现了兵役、徭役给人民带来的痛苦和灾难这一共同主题,表达了人民渴望过和平生活、正常劳动生活的愿望。

3. 反映爱情和婚姻问题的诗篇。这类作品在《诗经》中占很大比重。《诗经》中大量的爱情作品,多方面反映了男女恋爱生活中的各种情景和心理,有的也反映了一定的社会问题。有的描写了在爱情中大胆的追求和坦率的表白,如《周南·关雎》等;有的描写男女在一起游戏的快乐和幽期密约时的兴奋和不安,如《郑风·溱洧》、《邶风·静女》等;有的描写真挚的相爱和刻骨的相思以及遇到波折失恋时的痛苦,如《王风·采葛》、《秦风·蒹葭》等;也有的描写爱情在受到外来干涉时的强烈反抗情绪,如《鄘风·柏舟》等。还描写不幸婚姻生活的作品,如描写弃妇生活的诗《卫风·氓》和《邶风·谷风》等,这些作品真实反映了青年男女在爱情生活中的忧喜哀乐情绪。

4. 反映劳动生活和爱国思想的诗篇。《诗经》许多作品反映了劳动的情景。其中《魏风·十亩之间》、《周南·芣苢》等反映了劳动人民对劳动生活的热爱和劳动时的喜悦之情。

5.《诗经》中一些作品鲜明地反映了爱国思想。《秦风·无衣》表现团结一心,同仇敌忾,共同奋起,齐心协力抵御外侮、保家卫国的崇高无畏精神;《小雅·采薇》在描写士兵们紧张、饥渴、劳累的痛苦生活的同时,也抒发了士兵们的爱国热情。这类诗歌都洋溢着深厚的爱国情感和英雄主义精神。

五、《诗经》民歌的艺术成就

《诗经》民歌的艺术成就主要表现在以下几个方面。

1. 朴素、自然的艺术风格。《诗经》主要反映的是劳动人民朴实的生活和愿望。在语言和形式上淳朴自

3. 诗之句法,自三言至七言,《三百篇》中皆有之矣。三言如"麟之趾"、"夜未央"、"从夏南"、"思无邪"之类是也。五言如"谁谓鼠无牙"、"胡为乎株林"、"或燕燕居息,或尽瘁事国"之类是也。七言如"维昔之富不如时,维今之疚不如兹"、"学有缉熙于光明"之类是也。

——朱弁《风月堂诗话》卷上

4.《三百篇》美刺箴怨皆无迹,当以心会心。

——姜夔《白石道人诗说》

思考与练习

1. 通过景物描写表现主人公的情感是《诗经》中民歌常用的手法,试举一两例加以说明。

2. "温柔敦厚"是《诗经》民歌的风格之一,试举两例说明之。

3. 举例说明《诗经》民歌质朴的语言特点。

然。《豳风·七月》《魏风·伐檀》《魏风·硕鼠》等描写劳动人民的困苦生活和对奴隶主残酷剥削压迫的愤怒之情,他们用朴素的语言,唱出心头的积愤,随口而出,但感情真实自然。那些描写男女爱情和婚姻生活的诗篇,则更是他们日常生活所常见或经历的,因此无不是触景生情,情由衷发,淳朴天然。

2. 赋、比、兴的表现手法。用现代汉语说,赋就是对事物进行直接的陈述描写。如《豳风·七月》描述奴隶们一年四季的悲惨生活,基本上就是直陈其事的叙述。《邶风·静女》描写的仅是幽会的一个场景,生动的叙述,鲜明的人物形象都是借助直接的敷陈其事来表现的。

比,就是打比喻,对事物加以形象的比况,更鲜明地表现事物的特点,更深刻地暴露事物的本质。如,《魏风·硕鼠》把奴隶主比作贪得无厌的大老鼠,十分生动形象,深刻地表现了诗歌的主题。

兴,一般用于一首诗的开头,诗人触景生情,先用一两句话写周围的景物,以引起下面的歌词。兴虽只是起头儿,但可以起寓意、联想、象征、烘托气氛和起韵的作用。如《周南·桃夭》首二句"桃之夭夭,灼灼其华",寓含着姑娘的容貌像桃花一样艳丽,象征着姑娘青春美好,同时还渲染了结婚的喜庆气氛。《周南·关雎》首二句"关关雎鸠,在河之洲",使人由关雎的成双鸣叫联想到爱情的成双结对。《邶风·谷风》首二句"习习谷风,以阴以雨",以风雨阴霾烘托全诗的悲剧气氛。

3. 复沓的章法和灵活的句式。所谓复沓,是指一首诗的若干章字句基本相同,只对应地变换少数字词,反复地咏唱。这种联章复沓,反复咏唱的形式,不仅起着便于记忆和传颂的作用,而且还在艺术上起着尽兴抒情的作用,造成回环跌宕的艺术效果。《诗经》民歌中的重章叠句的结构,重复中有变化,变化中又有重复,它使主题鲜明,感情充沛,给人留下深刻鲜明的印象。

《诗经》中句式以四言为主,但常根据内容和表达感情的需要而灵活多变,从《邶风·式微》、《召南·行

4. 了解《诗经》的相关知识。

5. 掌握《诗经》的思想艺术特点,并能结合相关作品进行分析。

朱熹在《诗集传》中对赋、比、兴作了较为明确的解释:"赋者,敷陈其事而直言之也。""比者,以彼物比此物也。""兴者,先言他物以引起所咏之词也。"

露》等诗可以看出,二言到八言的句子都有。

4. 丰富的词汇与和谐的韵律。《诗经》的语言用词丰富,表达准确,且富于音乐美。首先,动词、形容词用得细致、精当。其次,重言叠字的运用很有特色。如"关关"、"肃肃""砍砍"、"依依"、"灼灼"、"习习"、"脱脱"等,或拟声,或状物,无不穷形尽相,声情毕肖。双声叠韵词的运用,如"参差"、"玄黄"、"踟躇"、"窈窕"、"辗转"等,这些词使声调谐和,状物形象。

六、《诗经》民歌对后世文学的影响

《诗经》中的民歌,大都是人民群众的口头创作,是《诗经》的精华所在,最富于文学价值,对后世文学有深远影响。

1.《诗经》中的优秀民歌大都是"饥者歌其食,劳者歌其事",具有反映现实、批判现实的社会意义。开创了一条现实主义的创作道路,奠定了我国现实主义文学的基础,为后代现实主义的诗歌创作提供了范例。

2.《诗经》中的优秀民歌真切地表现了人民群众的喜怒哀乐,具有较高的思想性和艺术性。《诗经》优秀民歌取得的巨大成就,一开始就确立了民间文学在文学史上的崇高地位。从而有力地启发和推动了后世作家重视劳动人民的创作,向民间文学作品学习。

3.《诗经》中的优秀民歌作品,在艺术风格、手法和语言技巧等各方面对后代文学有巨大影响。其中的比、兴手法已成为我国诗歌表现手法的基本法则,为历代诗人不断学习和发展,成为我国诗歌创作上所特有的民族艺术特色。

2. 李将军列传(节选)

司马迁

司马迁(公元前145—前87?),字子长,夏阳(今陕西韩城)人,伟大的史学家、文学家。司马迁年十岁即能诵古文,又从当时儒学大师孔安国学古文《尚书》、从董仲舒学公羊派《春秋》。20岁时遨游大江南北,实地

学习目标与建议

1. 了解司马迁的精神世界与历史观。

2. 了解《史记》的主要内容和体例。

考察了各地的民俗、地理、历史传说及历史古迹等,为《史记》的写作搜集了许多新鲜的材料。元封三年(公元前108)司马迁继承父志为太史令。天汉二年(公元前99)因救李陵获罪,次年下狱受宫刑。出狱后迁为中书令,发愤写作《史记》。《史记》一书大约成于征和二年(公元前91),前后历时十四年之久。

3. 掌握《李将军列传》人物传记的写作特色。

李将军广者,陇西成纪人也[1]。其先曰李信,秦时为将,逐得燕太子丹者也。故槐里[2],徙成纪。广家世世受射[3]。孝文帝十四年[4],匈奴大入萧关[5],而广以良家子从军击胡[6],用善骑射,杀首虏多,为汉中郎[7]。广从弟李蔡亦为郎,皆为武骑常侍[8],秩八百石。尝从行,有所冲陷折关及格猛兽[9],而文帝曰:"惜乎,子不遇时!如令子当高帝时,万户侯岂足道哉!"

概括介绍李广的家世和特点:将门之后、世代受射、天下无双而生不逢时。

及孝景初立,广为陇西都尉[10],徙为骑郎将[11]。吴楚军时,广为骁骑都尉[12],从太尉亚夫击吴楚军[13],取旗,显功名昌邑下[14]。以梁王授广将军印,还,赏不行[15]。徙为上谷太守,匈奴日以合战。典属国公孙昆邪为上泣曰:"李广才气,天下无双,自负其能,数与虏敌战,恐亡之。"于是乃徙为上郡太守。后广转为边郡太守,徙上郡。尝为陇西、北地、雁门、代郡、云中太守,皆以力战[16]为名。

匈奴大入上郡,天子使中贵人[17]从广勒习兵击匈奴。中贵人将骑数十纵[18],见匈奴三人,与战。三人还射,伤中贵人,杀其骑且尽。中贵人走广[19]。广曰:"是必射雕者也。"广乃遂从百骑往驰三人。三人亡马步行,行数十里。广令其骑张左右翼,而广身自射彼三人者,杀其二人,生得一人,果匈奴射雕者也。已缚之上马,望匈奴有数千骑,见广,以为诱骑,皆惊,上山陈[20]。广之百骑皆大恐,欲驰还走。广曰:"吾去大军数十里,今如此以百骑走,匈奴追射我立尽[21]。今我留,匈奴必以我为大军之诱,必不敢击我。"广令诸骑曰:"前!"前未到匈奴陈二里所,止,令曰:"皆下马解鞍!"其骑曰:"虏多且近,即有急,奈何?"广曰:"彼虏以我为走,今皆解鞍以示不走,用坚其意[22]。"于是胡骑遂不敢击。有白马将出护其兵,李广上马与十余骑奔

第一战:上郡遭遇战。由于"善射",作出准确无误的判断。

"前""止""令曰"几字准确传神,富有韵味,犹一字千金。

镇定从容,指挥若定;以进为退,以假乱真;迷惑胡骑,保全自身。

此为第一段,写李广的家世和他在青年时代的际遇与战功,表现李广临危不乱、镇定自若的胆略。

射杀胡白马将,而复还至其骑中,解鞍,令士皆纵马卧。是时会暮,胡兵终怪之,不敢击。夜半时,胡兵亦以为汉有伏军于旁欲夜取之,胡皆引兵而去。平旦[23],李广乃归其大军。大军不知广所之,故弗从。

【注释】[1]陇西:汉郡名,在今甘肃东部。成纪:汉县名,在今甘肃秦安县北。[2]槐里:县名,在陕西兴平县东。[3]世世受射:家传箭法。[4]孝文帝:刘恒,在位二十三年(公元前179—前157)。[5]萧关:在今宁夏固原县东南。[6]良家子:世家子弟。[7]中郎:掌管侍卫皇宫等职务的官。[8]武骑常侍:皇帝侍从官。[9]冲陷:冲锋陷阵。折关:抵抗防御。格:搏击。[10]陇西都尉:陇西郡尉,掌管该郡武事。[11]骑郎将:郎官分户、车、骑三种,主管骑郎的长官称骑郎官。[12]骁骑都尉:统率骁骑的都尉。[13]吴楚时:指平吴楚之乱,其事在景帝三年。[14]昌邑:县名,在今山东金乡县西北。[15]赏不行:李广为禁军骁骑都尉,接受梁王将军印,有罪,因此还朝后不获赏赐。[16]力战:打硬仗。[17]中贵人:受宠幸的宦官。[18]纵:纵马驰骋。[19]走广:逃到李广处。[20]陈:通"阵",指布置阵地。[21]立尽:立即被全歼。[22]用坚其意:以此使他们确信我们是诱骑。[23]平旦:天刚亮。

居久之,孝景崩,武帝立,左右以为广名将也,于是广以上郡太守为未央卫尉[1],而程不识亦为长乐卫尉[2],程不识故与李广俱以边太守将军屯[3]。及出击胡,而广行无部伍行陈[4],就善水草屯,舍止[5],人人自便,不击刀斗以自卫[6],莫府省约文书籍事,然亦远斥候[8],未尝遇害。程不识正部曲行伍营陈,击刀斗,士吏治军簿至明,军不得休息,然亦未尝遇害。不识曰:"李广军极简易,然虏卒犯之,无以禁也;而其士卒亦佚乐[9],咸乐为之死。我军虽烦扰,然虏亦不得犯我。"是时汉边郡李广、程不识皆为名将,然匈奴畏李广之略[10],士卒亦多乐从李广而苦程不识。程不识孝景时以数直谏为太中大夫[11]。为人廉,谨于文法。

> 程不识与李广地位、人品有相同之处,为一时名将。但两人作风完全不同。此处通过对比,把李广独特的作风鲜明地描绘出来。

后,汉以马邑城诱单于[12],使大军伏马邑旁谷,而广为骁骑将军,领属护军将军。是时单于觉之,去,汉军皆无功。其后四岁[13],广以卫尉为将军,出雁门击匈奴[14]。匈奴兵多,破败广军,生得广。单于素闻广贤,令曰:"得李广必生致之。"[15]胡骑得广,广时伤病,置广两马间,络而盛卧广[16]。行十余里,广详死,睨其

> 第二战:雁门出击战。

旁有一胡儿骑善马,广暂腾而上胡儿马,因推堕儿,取其弓,鞭马南驰数十里,复得其余军,因引而入塞。匈奴捕者骑数百追之,广行取胡儿弓,射杀追骑,以故得脱。于是至汉,汉下广吏[17]。吏当广所失亡多,为虏所生得,当斩,赎为庶人。

顷之,家居数岁。广家与故颍阴侯孙屏野居蓝田南山中射猎[18]。尝夜从一骑出,从人田间饮。还至霸陵亭[19],霸陵尉醉,呵止广。广骑曰:"故李将军。"尉曰:"今将军尚不得夜行,何乃故也!"止广宿亭下。居无何[20],匈奴入杀辽西太守[21],败韩将军[22],后韩将军徙右北平。于是天子乃召拜广为右北平太守。广即请霸陵尉与俱,至军而斩之。

广居右北平,匈奴闻之,号曰"汉之飞将军",避之数岁,不敢入右北平。

广出猎,见草中石,以为虎而射之,中石没镞[23],视之石也。因复更射之,终不能复入石矣。广所居郡闻有虎,尝自射之。及居右北平射虎,虎腾伤广,广亦竟射杀之。

广廉,得赏赐辄分其麾下,饮食与士共之。终广之身,为二千石四十余年,家无余财,终不言家产事。广为人长,猿臂[24],其善射亦天性也,虽其子孙他人学者,莫能及广。广讷口少言,与人居则画地为军陈,射阔狭以饮[25]。专以射为戏,竟死[26]。广之将兵,乏绝之处,见水,士卒不尽饮,广不近水,士卒不尽食,广不尝食。宽缓不苛,士以此爱乐为用。其射,见敌急,非在数十步之内,度不中不发,发即应弦而倒。用此,其将兵数困辱,其射猛兽亦为所伤云。

居顷之,石建卒[27],于是上召广代建为郎中令。元朔六年[28],广复为后将军,从大将军军出定襄[29],击匈奴。诸将多中首虏率[30],以功为侯者,而广军无功。后二岁[31],广以郎中令将四千骑出右北平,博望侯张骞将万骑与广俱,异道。行可数百里[32],匈奴左贤王将四万骑围广,广军士皆恐,广乃使其子敢往驰之。敢独与数十骑驰,直贯胡骑,出其左右而还,告广曰:"胡虏易与耳。"[33]军士乃安。广为圜陈外向[34],胡急击之,矢下如雨。汉兵死者过半,汉矢且尽。广乃

"腾",一闪而过,栩栩如生。

思考与练习

斩霸陵尉,对塑造李广形象有何作用?司马迁"实录"这一事实说明什么?

此处突出"善射"特征,增强了形象的传奇性。

廉洁爱士,古之良将。赞扬寓于平淡叙述之中。此处多用短语,节奏明快,突出李广仁爱的个性。

第三战:右北平以四千对四万敌之战。

李广以"善射"稳住阵脚,挫伤敌方锐气,指挥若定。

对比吏士,赞李广过人的胆略,临危不乱、治军有方。

令士持满毋发,而广身自以大黄射其裨将[35],杀数人,胡虏益解[36]。会日暮,吏士皆无人色,而广意气自如,益治军。军中自是服其勇也。明日,复力战,而博望侯军亦至,匈奴军乃解去。汉军罢,弗能追。是时广军几没,罢归[37]。汉法,博望侯留迟后期[38],当死,赎为庶人。广军功自如[39],无赏。

此为第二段,写李广出雁门击匈奴和为右北平太守的经历,突出写他善射,治军简易,受官兵爱戴的名将风度。

行文沉雄顿挫,悲壮淋漓。

【注释】[1]未央:长安城中宫名,天子政事之所。[2]长乐宫:在未央宫之东,太后所居。[3]将军屯:率兵驻防。将:率领。屯:驻防。[4]部伍行(háng)阵:部队的编制和军队的行列阵势。[5]舍止:留宿。[6]刁斗:铜锅,白天用来煮饭,晚上用来打更。[7]莫:通幕。幕府,将帅驻扎的帐幕,这里指处理公务之所。省约文书籍事:简化文书簿籍等事项。[8]斥候:侦察候望,指哨兵。[9]佚乐:同"逸乐"。[10]略:胆略。[11]太中大夫:郎中令属官,掌议论。[12]马邑:在今山西省朔县。武帝元光二年(公元前133),汉朝派一马邑人去诱单于,自称愿做单于内应。单于相信了他,带十万骑兵进攻马邑。[13]其后四岁:汉武帝元光六年(公元前129)。[14]雁门:关名,在今山西省代县西北。[15]生致之:把活的送来。[16]络:用绳结成的网。盛:放。把李广放在网中,搭在两马之间。[17]下广吏:把李广交司法官审判。[18]颍阴侯孙:颍阴侯灌婴之孙,名灌强。屏野居:退职闲居在乡下。蓝田:县名,在今陕西蓝田县西。[19]霸陵:汉县名,在今陕西长安县东。亭:驿亭。[20]居无何:过了不久。[21]辽西:郡名,在今河北东北部,内蒙古自治区昭乌达盟和辽宁西部。[22]韩将军:指韩安国。元朔二年(公元前127),匈奴入渔阳,败韩安国军,掳掠千人及畜产而去。[23]没镞:箭头没入石中。[24]猿臂:指两臂似猿猴灵活。[25]阔近:远近。[26]竟死:直到死。[27]石建:武帝时郎中令。[28]元朔六年:公元前123年。[29]大将军:指卫青。定襄:汉郡名,在今山西右玉县以北及内蒙古自治区西南部。[30]中:符合。率:标准。中首虏率:斩首和虏获的数量符合规格。[31]后二岁:元狩二年,公元前121年。[32]可:约。[33]易与:容易对付。[34]圜陈:把部队排成形。圜:同"圆"。外向:面向外。[35]大黄:弩名。裨:副。[36]益解(xiè):渐渐退去。解,通"懈"。[37]罢归:罢,通"疲"。[38]留迟后期:行动迟缓,未能按期会师。[39]自如:功过相当。

初,广之从弟李蔡与广俱事孝文帝。景帝时,蔡积功劳至二千石。孝武帝时,至代相[1]。以元朔五年为轻车将军,从大将军击右贤王,有功中率,封为乐安侯。

与李蔡对比,突出李广不公正之待遇,加强了李广形象的悲剧性。

元狩二年中,代公孙弘为丞相。蔡为人在下中[2],名声出广下甚远,然广不得爵邑,官不过九卿,而蔡为列侯,位至三公[3]。诸广之军吏及士卒或取封侯。广尝与望气王朔燕语[4],曰:"自汉击匈奴而广未尝不在其中,而诸部校尉以下,才能不及中人,然以击胡军功取侯者数十人,而广不为后人[5],然无尺寸之功以得封邑者,何也?岂吾相不当侯邪?且固命也?"朔曰:"将军自念,岂尝有所恨乎?"[6]广曰:"吾尝为陇西守,羌尝反,吾诱而降,降者八百余人,吾诈而同日杀之。至今大恨独此耳。"朔曰:"祸莫大于杀已降,此乃将军所以不得侯者也。"

后二岁[7],大将军、骠骑将军大出击匈奴,广数自请行。天子以为老,弗许;良久乃许之,以为前将军。是岁,元狩四年也。

广既从大将军青击匈奴,既出塞,青捕虏知单于所居,乃自以精兵走之,而令广并于右将军军[8],出东道。东道少回远[9],而大军行水草少,其势不屯行。广自请曰:"臣部为前将军,今大将军乃徙令臣出东道,且臣结发而与匈奴战,今乃一得当单于,臣愿居前,先死单于[10]。"大将军青亦阴受上诫[11],以为李广老,数奇[12],毋令当单于,恐不得所欲[13]。而是时公孙敖新失侯,为中将军从大将军,大将军亦欲使敖与俱当单于,故徙前将军广。广时知之,固自辞于大将军。大将军不听,令长史封书与广之莫府[14],曰:"急诣部,如书。"[15]广不谢大将军而起行,意甚愠怒而就部,引兵与右将军食其合军出东道。军亡导,或失道,后大将军[16]。大将军与单于接战,单于遁走,弗能得而还。南绝幕[17],遇前将军、右将军。广已见大将军,还入军。大将军使长史持糒醪遗广[18],因问广、食其失道状,青欲上书报天子军曲折[19]。广未对,大将军使长史急责广之幕府对簿[20]。广曰:"诸校尉无罪,乃我自失道。吾今自上簿。"

至莫府,广谓其麾下曰:"广结发与匈奴大小七十余战,今幸从大将军出接单于兵,而大将军又徙广部行回远,而又迷失道,岂非天哉!且广年六十余矣,终不能复对刀笔之吏。"[21]遂引刀自刭。广军士大夫一军

思考与练习

李广与王朔的对话突出了李广怎样的性格特点?

第四战:随卫青出战。典故"数奇之命"出此。

皆哭。百姓闻之,知与不知,无老壮皆为垂涕。而右将军独下吏,当死,赎为庶人。

【注释】[1]代相:代国,在今河北蔚县东北及山西省北部。[2]下中:指才干是下等中的中等。[3]位至三公:李蔡为丞相。汉时以丞相、太尉、御史大夫为三公。[4]望气:候测星象云气,占卜吉凶。燕语:私下交谈。[5]不为后人:不落于人后。[6]恨:遗憾。[7]后二岁:元狩四年,公元前119年。大将军卫青与骠骑将军霍去病入漠北击匈奴。[8]并于右将军军:李广为前将军,当为先锋,卫青却调他与右将军赵食其军合并前进。[9]少:通"稍"。[10]先死单于:首先和单于决一死战。[11]阴受上诫:暗中得到武帝的告诫。[12]数奇(jī):命不好。[13]所欲:取胜单于。[14]长史:军事副官,掌理日常事务。[15]如书:按文书执行。[16]后大将军:走在大将军之后,误了会师。[17]南绝幕:往南穿过沙漠。幕:通漠。[18]糒(bèi):干粮。醪(láo):浊酒。[19]曲折:军情原委。[20]对簿:受审问时,就文书对质。[21]管文书的官。

太史公曰:传[1]"其身正,不令而行;其身不正,虽令不从"。其李将军之谓也?余睹李将军悛悛如鄙人[2],口不能道辞。及死之日,天下知与不知,皆为尽哀。彼其忠实心诚信于士大夫也?谚曰"桃李不言,下自成蹊"。此言虽小,可以谕大也[3]。

【注释】[1]传:汉代称儒家的"六艺",即《礼》《乐》《诗》《易》《春秋》为经,解说经书的著作都称为"传"。此处"传"指《论语》。[2]悛悛(xún):老实诚恳的样子。鄙人:粗人。[3]谕:通晓。

解读与鉴赏

本文围绕李广精于骑射、勇于作战、热爱士卒等特点,刻画了李广一代名将的英雄形象。对李广的坎坷一生及悲惨结局,表现了无限的惋惜与同情;对汉代皇帝及其宠幸排挤残害李广的罪行表现了极大的愤慨,对汉代用人制度进行了有力的批判。

艺术上首先是选取最典型的材料、最生动的场面多角度、多层次地表现人物。如,作者在文中只选择两次有代表性的战斗:一是率百骑猝逢千余敌骑的遭遇战,二是伤重被俘、孤身射骑的脱险战。在敌众我寡、

此为第三段,写李广晚年为前将军,跟随卫青攻打匈奴,后被倾轧而死的经过。

作者论赞,高度评价李广为人正派,以身作则品格,寄予了无限的景仰。

用桃李喻,扬李广品德高尚,为后世楷模。

此为第四段,写作者的论赞,表达了对李广的无限景仰。

紧张惊险的战斗中表现了李广惊人的机智和超人的胆略。对李广的善射,如射杀匈奴射雕手,射杀敌军白马将,射退敌人的追骑,误以石为虎而力射没簇,犹如一个个特写镜头,生动地展示了这位名将的风采。其次,用对比烘托方法揭示人物命运,丰富人物的形象。如通过与匈奴射雕者对比,突出李广神箭手的形象;与程不识对比,突出李广简易宽厚的带兵作风。全文在处处写李将军事迹的同时,也记录了他所遭遇的不公平待遇,形成强烈的反差和对比。为了使李广形象富有立体感,文中引用汉文帝的赞叹:"惜乎,子不遇时!如令子当高帝时,万户侯岂足道哉!"又引用匈奴人所赋予的"飞将军"称号,从侧面烘托来表现李广的才干。再次,叙述、描写、议论、抒情熔为一炉,文笔变化多端。篇末以"太史公曰"发议论,无一处不是倾注作者的全部感情,文章洋溢着一种强烈的抒情性。

**思考与练习**

1.《李将军列传》为突出表现李广惊人的机智和超人的胆量,精心选择了一些典型事例和生动细节。试分析其写人特色。

2. 本文以"射"贯穿,试统计一下一共有几处?

3.《史记》在编辑体例上有什么创新?

知识积累

1.《史记》的体例

《史记》是我国第一部纪传体通史,记载了上自黄帝,下至汉武帝太初年间约3000年的历史,贯穿史家"究天人之际,通古今之变"的求索精神。《史记》塑造了众多栩栩如生的历史人物形象,既开创了中国纪传体史学,又开创了中国传记文学。司马迁首创《史记》的纪传体体例。全书由十二本纪、十表、八书、三十世家、七十列传五大部分组成,共130篇(卷),536500字。"本纪"就是将事体的始末用年月加以贯穿和记的意思,十二本纪记载了从黄帝到武帝各代帝王的兴衰和政治大事。"十表"分世表、年表、月表,按世代年月分别记载历史大事。"八书"是对古代社会的经济概况、文物制度、风俗习尚以及山川水利等的记载。"世家"取"开国承家,世代相传"之意,主要记载诸侯王大事,间而述及历史上一些著名人物的事迹。"列传"为司马迁所创,是全书的重要部分。其内容广泛,详记社会各阶层形形色色的人物。《史记》的体例,不仅显示了司马迁对历史材料的驾驭能力,更表现出他对历史作整体把握的会通精神。

参考阅读

"太史公负一世奇气,郁一腔奇冤,是以借此奇事而发为奇文。"

——清代李景星《四史评议》

"李将军战功如此,平序、直序,固亦可观,乃忽分为千绪万垂,或入议论,或入感叹,或入一二闲事,妙矣!又忽于传外插入一李蔡,一程不识,四面照耀,通体皆灵,可称文章神伎!"

——吴见思《史记论文》

2. 关于史书的体例

编年体：以年代为线索编排的有关历史事件，如《左传》。

纪传体：通过记叙人物活动反映历史事件，如《史记》。

纪事本末体：以事件为主线，将有关专题材料集中在一起。首创于南宋的袁枢，如袁枢《通鉴纪事本末》。

国别体：以国家为单位分别记叙的历史，如《战国策》。

通史：不间断地记叙自古及今的历史事件，如《史记》。

断代史：记录某一时期或某一朝代的历史，如《汉书》。

3. "不虚美，不隐恶"的求实精神

《汉书·司马迁传》："自刘向扬雄博极群书，皆称迁有良史之材，服其善序事理，辨而不华，质而不俚，其文直，其事核，不虚美，不隐恶，故谓之实录。"

《史记》中司马迁"不虚美、不隐恶"的求实态度。主要体现在作者深入实地，认真进行调查考核，能够不顾忌当朝统治者的喜怒而勇敢无畏地秉笔直书。尊重事实，不因个人爱憎歪曲历史真相。《史记》叙事方式基本是第三人称全知视角的客观叙述，让事实说话，寓褒贬于叙事之中。司马迁反对"誉者或过其实，毁者或过其真"(《史记·仲尼弟子列传赞》)的主观臆断，力求做到尊重客观的历史实际。如，司马迁反对秦朝的暴政，却肯定秦朝的统一之功和制度体系；司马迁同情李广，给予了高度评价，但并不饰过。"不虚美，不隐恶"不仅要求史家作史要有根据，而且要求史家具有求是存真的高尚史德。

4.《史记》作为人物传记的文学成就

《史记》是以记人和叙事为主要内容的。人物形象丰富，不仅有帝王将相、皇亲国戚，还有刺客侠士、家商医优等，四千多个人物，极大地拓展了史载人物的阶层和范围。从文学角度看，《史记》的写人艺术和叙事艺术都显示出极高的造诣。

(1)《史记》叙事艺术

《史记》创造的第一要点即"以人物为中心"，其文百三十篇，除十表八书外，余皆个人传记，在外国史及过去古籍中无此体裁。以无数个人传记之集合体成一史，结果成为人的史而非社会的史，是其短处。然对于能发动社会事变之主要人物，各留一较详确之面影以传于后，此其所长也。

——梁启超《要籍解题及其读法》

 思考与练习

1. 阅读《高祖本纪》，谈谈司马迁在对刘邦、李广持不同感情的同时，所秉持的"不虚美、不隐恶"的实录精神。

2. 课外选读《史记》篇目，分析《史记》叙事艺术及写人艺术。

叙事脉络婉转多变,清晰有致。详写与略写安排得当。在一般情况下,司马迁对于事情发展的起因,往往详写;而对于这种原因所引发的最终结果,往往略写。《史记》各篇都有贯穿始终的主线,和主线相关的事件都是详写的对象。

(2)《史记》写人艺术

首先,突出人物一生主要性格加以刻画。如《李将军列传》,虽然写了李广的一生,但主要是截取和描写李广性格的横断面和与此相联系的生活的横断面。司马迁截取的如擒敌、射虎、苦战等,都能以小见大,由一点而见全貌,从而揭示出李广性格特征。其次是在紧张激烈的场合中描写人物,让人物在紧张的斗争中展现性格特征,如《魏其武安侯列传》《廉颇蔺相如列传》中都有突出表现。再次,善于用对比衬托突出人物个性。《史记》中有不同篇章的人物之间的对比,也有一篇之内人物之间的对比;有同类人物的并列对比,也有不同人物的正反对比等。通过对比,展现出不同人物的不同性格特征。

思考与练习

1. 鲁迅先生评价《史记》为"史家之绝唱,无韵之离骚",你是如何认识这种评价的?

2. 模仿《史记》,运用细节与对比,记写一位身边的人物。

"互见法"是塑造传记人物的方法,既把历史事件或人物活动分散在数篇之中,令其参差互见,彼此补充,有助于维护人物形象的完整性,又减少了重复。

3. 宣州谢朓楼饯别校书叔云[1]

李 白

李白(701—762),字太白,号青莲居士。祖籍陇西成纪(今甘肃天水),幼时随父迁居绵州昌隆(今四川江油)青莲乡。少年读书学剑,放达不羁。其一生,绝大部分在漫游中度过。其诗以抒情为主,表现出蔑视权贵的傲岸精神,对人民疾苦表示同情,又善于描绘自然景色,表达对祖国山河的热爱,人称"诗仙"。李白的诗作风格豪放飘逸,想象奇特,色调瑰玮绚丽,语言流转自然,音律和谐多变,善于用典,是继屈原之后伟大的浪漫主义诗人。现存世诗文千余篇,有《李太白集》30卷。

学习目标与建议

1. 了解李白生平及其思想特点。

2. 了解诗歌写作背景,把握诗歌内容,分析作品的情感特点。

3. 掌握李白豪放飘逸的诗歌风格。

4. 体会李白诗歌的语言风格。

弃我去者,昨日之日不可留;
乱我心者,今日之日多烦忧。
长风[2]万里送秋雁,对此可以酣高楼[3]。
蓬莱文章建安骨[4],中间小谢[5]又清发[6]。
俱怀逸兴壮思飞[7],欲上青天览[8]明月。
抽刀断水水更流,举杯消愁愁更愁。
人生在世不称意[9],明朝散发弄扁舟[10]。

【注释】[1]宣州:今安徽宣城一带。谢朓楼:又名北楼、谢公楼,在陵阳山上,谢朓任宣城太守时所建,并改名为叠嶂楼。饯别:以酒食送行。校(jiào)书:官名,即秘书省校书郎,掌管朝廷的图书整理工作。叔云:李白的叔叔李云。[2]长风:远风、大风。[3]此:指上句的长风秋雁的景色。酣高楼:畅饮于高楼。[4]蓬莱:此指东汉时藏书之东观。蓬莱,"海中神山,为仙府,幽经秘籍并皆在也。"蓬莱文章:借指李云的文章。建安骨:汉末建安(汉献帝年号,公元196—220)年间,"三曹"和"七子"等所作之诗风骨遒劲,后人称之为"建安风骨"。[5]小谢:指谢朓,字玄晖,南朝齐诗人。后人将他和谢灵运并举,称为大谢、小谢。这里用以自喻。[6]清发(fā):指清新秀发的诗风。发:秀发,诗文俊逸。[7]俱怀:两人都怀有。逸兴(xìng):超凡脱俗的兴致。壮思:雄心壮志,豪壮的意思。[8]览:通"揽",摘取。[9]称意:称心如意。[10]明朝(zhāo):明天。散发(fà):不束冠,意谓不做官。这里是形容狂放不羁。古人束发戴冠,散发表示闲适自在。弄扁(piān)舟:乘小舟归隐江湖。扁舟:小舟,小船。春秋末年,范蠡辞别越王勾践,"乘扁舟浮于江湖"(《史记·货殖列传》)。

谢朓是李白很佩服的南齐杰出诗人。谢朓北楼,即谢朓楼,为谢朓任宣城太守时所建,是宣城的登览胜地。这首诗作于天宝十三年(754),李白在长安为权贵所排挤,弃官而去,政治失意,漂泊流荡。

**参考阅读**

严沧浪、刘会孟评点《李太白集》载明人评语:"如天马行空,神龙出海。"

解读与鉴赏

这首诗作于安史之乱前不久的公元753年(天宝十二年)秋天,李白南游于宣州一带时。李白在宣州谢朓楼上,饯别他的叔叔、秘书省校书郎李云之作。谢朓楼是南齐诗人谢朓任宣城太守时所建。李白曾多次登临,并曾写过一首《秋登宣城谢朓北楼》:

江城如画里,山晚望晴空。两水夹明镜,双桥落彩虹。人烟寒橘柚,秋色老梧桐。谁念北楼上,临风怀谢公。

《宣州谢朓楼饯别校书叔云》虽说是一首饯别抒怀

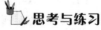**思考与练习**

1. 背诵全诗。

2. 分析诗歌的艺术特色。

3. 试着说说李白诗歌的语言特点。

4. 为什么说李白的诗是远大的理想和残酷的现实之间无法调和的产物?

诗,但诗中作者并不是直接抒发离情别意的,而是重笔抒发自己怀才不遇的牢骚、愤懑之情。全诗感情恣意奔放,宣泄了作者对社会的强烈不满和对理想的执著追求。

全诗感情变化一波三折,回复跌宕。开头用重叠复沓、散文化的语言宣告了作者心烦意乱,忧愤郁结的情绪,体写了李白豪放坦率的性格;中间四句,作者突然把郁结烦闷之情猛地抛开云霄之外,把视角拉回眼前,用飞来之笔,给我们描绘了一幅万里秋空图。情感上的大起大落,仅用一个"酣"字展示出诗人豪迈豁达的胸襟。接着言李云文章有建安风骨的遒劲,自比谢朓,作文清新秀发,意在赞美李云,为他壮行。五六句把面对"长风万里送秋雁"的境界所激起的昂扬情绪推向最高潮,仿佛现实中一切黑暗污浊都已一扫而光,心头的一切烦忧都已丢到了九霄云外。最后两句"人生在世不称意,明朝散发弄扁舟"的豪壮和洒脱,是作者赠别时的劝慰与共勉。

 知 识 积 累

1. **李白的思想及人格**

李白是盛唐文化孕育的天才诗人。他的人格和气度,充分体现了盛唐士人的时代性格和精神风貌。李白思想驳杂。既受传统儒家思想的影响,有儒家"济苍生"、"安黎元"的用世思想和政治抱负,又有纵横家和侠义之士的气质,豪放不羁,抗争叛逆。道教神仙信仰在李白思想中也占有重要地位。他热爱自由,向往自然,飘逸洒脱,傲睨权贵。李白一生的主导思想是把儒家、道家和游侠三者结合成"功成身退"的人生理想。

2. **李白诗歌的艺术特色**

李白是中国文学史上伟大的浪漫主义诗人,是唐代艺术个性最为鲜明的诗人。李白的诗歌创作带有强烈的主观色彩,他很少对客观物象和具体事件做细致的描述,更多的是抒写豪迈气概和激昂情怀。洒脱不羁的气质、傲世独立的人格、易于触动而又爆发强烈的感情,形成了李白抒情方式的鲜明特点。与喷发式感情表达方式相结合,李白诗歌的想象变幻莫测,翱翔八荒。如《蜀道难》、《梦游天姥吟留别》等。李白还将神奇的想象,与比兴、夸张有机地结合,使现实虚幻化,客观主观化,形成陌生话语,给人以新奇、生动的审美感受。如"白发三千丈,缘愁似个长"(《秋浦歌》其十五),"狂风吹我心,西挂咸阳树"(《金乡送韦八之西京》)等。李白诗歌意象组合随情思流动而变化万端,气魄宏大。诗中颇多吞吐山河、包孕日月的壮美意象,如大鹏、巨鱼、长鲸、沧海、雪山等。李白以其天才的艺术创造力,丰富了诗歌的浪漫主义风格,开拓了诗歌艺术的新境界。

3. 豪放飘逸的风格

文学风格是作家创作个性与具体话语情境造成的相对稳定的整体话语特色,是主体与对象、内容与形式的特定融合,是一个作家趋于成熟、其作品达到较高艺术造诣的标志。

李白诗歌风格豪放飘逸。飘逸主要体现在五七言绝句中,豪放体现在乐府歌行体中。李白自我意识极强,狂纵奔放,叱咤风云,吞吐日月,睥睨一世。追求个性的自由发展,始终保持对人生的热爱和追求,是形成他豪放诗风的内在因素。当然,豪放一方面表现了作为主体的诗人的特点,另一方面也表现了作为客体的描绘对象的特点。《蜀道难》雄奇奔放,磅礴峥嵘,充分体现了李白的豪放诗风。

> 刘勰的《文心雕龙·体性》把纷繁复杂的文学风格归纳为八种类型:"一曰典雅,二曰远奥,三曰精约,四曰显附,五曰繁缛,六曰壮丽,七曰新奇,八曰轻靡。"
>
> 明代高棅在《唐诗品汇总序》中对唐代著名诗人的风格作了详细的区分。他说,李翰林之飘逸,杜工部之沉郁,孟襄阳之清雅,王右丞之精致,储光羲之真率,王昌龄之声俊,高适、岑参之悲壮,李颀、常建之超凡,此盛唐之盛也。

4. 定风波

苏 轼

苏轼(1037—1101)是北宋中期最伟大的文学家,字子瞻,号东坡居士。眉州眉山(今属四川)人。曾官至翰林学士、知制诰、礼部尚书等。他仕途多舛,被贬最远一次至天涯海角的儋州(今海南儋县)。他的著作

学习目标与建议

1. 了解苏轼生平、作品写作背景。

在热衷于反映现实的同时,创作风格凸现超脱和旷达。诗、词、文俱为佳品,流芳百世。他善在逆境的思考中,将儒、释、道融会贯通;在以"和"为核心的美学思想中,倡导在变中求新,求真中见理,在"空"中求静,独成中国文学的大家一派。

2. 能借助对意象的分析,感受《定风波》的感情和意境,评价作品中的形象。

莫听穿林打叶声,何妨吟啸且徐行。竹杖芒鞋轻胜马[1],谁怕?一蓑烟雨任平生[2]。

料峭春风吹酒醒,微冷,山头斜照却相迎。回首向来萧瑟处,归去,也无风雨也无晴。

"莫听""何妨""谁怕"透着一点俏皮,更增加挑战色彩,表现了词人履险如夷、不为外界一切侵扰所动摇的从容气度。

【注释】[1]竹杖芒鞋:指平民和隐居状态。"轻"乃是"无官一身轻"的"轻",因为"放下"所以轻松。[2]烟雨:非实指,是想象中的与朝堂相对的那个烟波浩渺、风片雨丝的江湖世界。任:代表一种精神上"逍遥游"的境界:任天而动。"蓑"可以解释为他的才华、思想、艺术世界以至整个精神家园。

解读与鉴赏

此词作于宋神宗元丰五年(公元1082),作者被贬谪居黄州后的第三年。写的是作者与一行人在沙湖道上突然遭到雨袭,其他人都慌乱不知所措,只有作者无所畏惧、泰然自若地"吟啸且徐行",抒写了作者面对突如其来的困难开朗乐观、旷达超脱的人生态度。

这是一首简朴中见深意,寻常处生波澜的词。作者通过写眼前雨景,托出自己的心事;透过"烟雨"这个自然现象,透出他"众浪大化中,不喜亦不惧"的人生哲学——自然界的风雨比官场中的风雨要好多了。

词的上片借自然界骤然而来的风雨象征现实的政治生活,表达面对风雨要以轻松旷达的心情去面对的主题心境。

下片写雨过天晴的景色和感受。重在表达词人追求"心"的退隐;而所欲归隐之处,是一个能使他敏感复杂的灵魂得以安放的精神家园。第五句,写景,写实,写雨后复晴。最后一句,说出了真正的无风无雨的地方只能向自己的内心去寻求。

参考阅读

《东坡志林》中说:"黄州东南三十里为沙湖,亦曰螺师店,予买田其间,因往相田。"

他是一个不可救药的乐天派,一个伟大的人道主义者,一个百姓的朋友,一个大文豪,大书法家,创新的画家,一个政治上的坚持己见者,一个月夜的漫步者,一个诗人,一个生性诙谐爱开玩笑的人。

——林语堂

中国古代最高贵,最亲切,最有魅力的文人。

——余秋雨

知 识 积 累

1. 苏轼的词风

苏轼的词风可分三类：

豪放风格，这是苏轼刻意追求的理想风格。他以充沛、激昂甚至略带悲凉的感情融入词中，写人状物以慷慨豪迈的形象和阔大雄壮的场面取胜。

旷达风格，这是最能代表苏轼思想和性格特点的词风，表达了诗人希望隐居、避开乱世、期待和平的愿望。

婉约风格，苏轼婉约词的数量在其词的总数中占有绝对多的比例，这些词感情纯正深婉，格调健康高远，也是对传统婉约词的一种继承和发展。

2. 苏轼的书画

苏轼擅长行、楷书，与黄庭坚、米芾、蔡襄并称"宋四家"。他曾遍学晋、唐、五代名家，而自成一家。苏轼书法用笔丰腴跌宕，有天真烂漫之趣。自云"我书造意本无法"；又云："自出新意，不践古人。"

苏轼善画墨竹，师文同（即文与可），比文更加简劲，且具掀舞之势。他主张画外有情，画要有寄托，反对形似，反对程式束缚，提倡"诗画本一律，天工与清新"，并明确提出"士人画"的概念等，高度评价"诗中有画，画中有诗"的艺术造诣。为其后"文人画"的发展奠定了理论基础。

存世书迹有《黄州寒食诗贴》、《答谢民师论文帖》与《祭黄几道文》、《前赤壁赋》等。存世画迹有《古木怪石图卷》、《竹石图》、《潇湘竹石图卷》等。

3. 婉约词与豪放词

用婉约和豪放不足以概括风格多样的宋词，但可以呈现词具有阴柔或阳刚之美的不同风格。北宋时期的词人，如晏殊、欧阳修等用词反映士大夫闲适生活和伤感的愁绪，其表现手法以委婉细腻、含蓄温柔为主。其后的词人如柳永、李清照等，善用民间俚词俗语和铺叙的手法，仍反映的是离愁别绪和男女恋情，没有突破"词为艳科"的藩篱。以上词人的词结构缜密而精致，重视音律谐婉，语言清新而绮丽，具有柔婉之风，对这

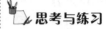 思考与练习

1. 请简要评价苏轼的词作风格。

2. 请尝试写一首词，内容不限。

3. 小组讨论：苏轼为何不躲雨？苏轼超越困境的勇气从何而来？

 参考阅读

黄庭坚说："早年用笔精到，不及老大渐近自然。"

黄庭坚在《山谷集》里说："本朝善书者，自当推（苏）为第一。"

米芾说他"作墨竹，从地一直起至顶。余问：何不逐节分？曰：竹生时，何尝逐节生？"亦善作枯木怪石。米芾又云："作枯木枝干，虬曲无端；石皴硬，亦怪怪奇奇无端，如其胸中盘郁也。"

一流派,人称婉约派。苏轼以开阔的胸襟、俊逸的创造力进入词坛,大大开拓了词的题材、意境。他以诗言志的手法,怀古感今,咏物纪事,突破了"艳科"的局限。他的《江城子·密州出猎》洋溢着报国杀敌的豪情,《念奴娇·赤壁怀古》在畅述人生哲学时表现出不甘沉沦的高傲性格。这些词作或意气昂扬,或高旷雄壮,呈豪放之风。其后的辛弃疾、张元干等,报以爱国热情,继承苏轼豪放之风,创作出大量慷慨悲凉,波澜起伏,境界阔大的佳作。这类词作不拘守音律,视野广阔,立意高远,语词宏博,气势磅礴,显雄放之美,因而称之为豪放一派。

5. 狂人日记(节选)

鲁 迅

鲁迅(1881—1936),原名周树人,字豫才。我国现代文学的奠基人。1881年生于浙江绍兴,从小经历了坠入困顿后的世态炎凉,后"逃异地,走异路,寻求别样的人们"到南京求学,接受进化论思想,1902年到日本仙台学医,后弃医从文,致力于"立人"思想确立、改造国民性为主体,并和社会政治斗争相结合的思想启蒙。1918年发表新文学史上第一篇白话小说《狂人日记》,后又连续发表了《孔乙己》、《药》、《阿Q正传》等小说,显示了文学革命的实绩。鲁迅先后出版有小说集《呐喊》、《彷徨》、《故事新编》以及散文诗集《野草》、散文集《朝花夕拾》和大量的杂文。

学习目标与建议

1. 结合鲁迅的《呐喊·自序》了解鲁迅的生平和创作,尤其要了解鲁迅创作的心理状态。

2. 掌握鲁迅创作的思想成就和文学风格。

3. 掌握狂人的形象特征。

作者用第一人称"余"。

这是小说真正的结尾。狂人的病愈和"候补",代表着狂人的"失败"和"倒退"。因而作为白话小说,却用文言写"识"。言语方式表达了作者的反讽意味。

一

某君昆仲,今隐其名,皆余昔日在中学校时良友;分隔多年,消息渐阙。日前偶闻其一大病;适归故乡,迂道往访,则仅晤一人,言病者其弟也。劳君远道来视,然已早愈,赴某地候补矣。因大笑,出示日记二册,谓可见当日病状,不妨献诸旧友。持归阅一过,知所患盖"迫害狂"之类。语颇错杂无伦次,又多荒唐之言;亦不著月日,惟墨色字体不一,知非一时所书。间亦有略具联络者,今撮录一篇,以供医家研究。记中语误,一字不易;惟人名虽皆村人,不为世间所知,无关大体,然亦悉易去。至于书名,则本人愈后所题,不复改也。七年四月二日识。

"识"音 zhì。

阅读时应注意序言在文章中的作用。

二

今天全没月光,我知道不妙。早上小心出门,赵贵翁的眼色便怪:似乎怕我,似乎想害我。还有七八个人,交头接耳的议论我,又怕我看见。一路上的人,都是如此。其中最凶的一个人,张着嘴,对我笑了一笑;我便从头直冷到脚跟,晓得他们布置,都已妥当了。

人物第一人称"我"。

赵贵翁、路上的人、小孩子……"他们"代表了一个旧文化的群体。这就是鲁迅笔下最有价值的"庸众的群体"。

我可不怕,仍旧走我的路。前面一伙小孩子,也在那里议论我;眼色也同赵贵翁一样,脸色也都铁青。我想我同小孩子有什么仇,他也这样。忍不住大声说,"你告诉我!"他们可就跑了。

我想:我同赵贵翁有什么仇,同路上的人又有什么仇;只有廿年以前,把古久先生的陈年流水簿子,踹了一脚,古久先生很不高兴。赵贵翁虽然不认识他,一定也听到风声,代抱不平;约定路上的人,同我作冤对。但是小孩子呢?那时候,他们还没有出世,何以今天也睁着怪眼睛,似乎怕我,似乎想害我。这真教我怕,教我纳罕而且伤心。

古久先生,对古老而顽固的中国传统文化的象征性表述。

所谓娘老子,就是文化和历史的传承。

我明白了。这是他们娘老子教的!

三

晚上总是睡不着。凡事须得研究,才会明白。

他们——也有给知县打枷过的,也有给绅士掌过嘴的,也有衙役占了他妻的,也有老子娘被债主逼死的;他们那时候的脸色,全没有昨天这么怕,也没有这么凶。

研究的姿态,是现代探求意识。

"他们",是压迫狂人者(吃人者),自己也是被压迫者(被吃者)。

最奇怪的是昨天街上的那个女人,打他儿子,嘴里说道,"老子呀!我要咬你几口才出气!"他眼睛却看着我。我出了一惊,遮掩不住;那青面獠牙的一伙人,便都哄笑起来。陈老五赶上前,硬把我拖回家中了。

拖我回家,家里的人都装作不认识我;他们的眼色,也全同别人一样。进了书房,便反扣上门,宛然是关了一只鸡鸭。这一件事,越教我猜不出底细。

扣上门的书房,暗示"铁屋子"。

前几天,狼子村的佃户来告荒,对我大哥说,他们村里的一个大恶人,给大家打死了;几个人便挖出他的心肝来,用油煎炒了吃,可以壮壮胆子。我插了一句嘴,佃户和大哥便都看我几眼。今天才晓得他们的眼光,全同外面的那伙人一模一样。

狼子村和前面提到的古久先生、赵贵翁、陈老五等均为象征性命名。

想起来,我从顶上直冷到脚跟。

他们会吃人,就未必不会吃我。

你看那女人"咬你几口"的话,和一伙青面獠牙人的笑,和前天佃户的话,明明是暗号。我看出他话中全是毒,笑中全是刀。他们的牙齿,全是白厉厉的排着,这就是吃人的家伙。

隐喻这个吃人的现实,是人兽混杂的世界。

照我自己想,虽然不是恶人,自从踹了古家的簿子,可就难说了。他们似乎别有心思,我全猜不出。况且他们一翻脸,便说人是恶人。我还记得大哥教我做论,无论怎样好人,翻他几句,他便打上几个圈;原谅坏人几句,他便说"翻天妙手,与众不同"。我哪里猜得到他们的心思,究竟怎样;况且是要吃的时候。

凡事总须研究,才会明白。古来时常吃人,我也还记得,可是不甚清楚。我翻开历史一查,这历史没有年代,歪歪斜斜的每叶上都写着"仁义道德"几个字。我横竖睡不着,仔细看了半夜,才从字缝里看出字来,满本都写着两个字是"吃人"!

从历史层面揭示吃人传统,这是鲁迅最深刻的发现。

书上写着这许多字,佃户说了这许多话,却都笑吟吟的睁着怪眼睛看我。

从"字缝"的发现本身就是对文化的错综复杂的反讽。

我也是人,他们想要吃我了!

四

早上,我静坐了一会儿。陈老五送进饭来,一碗菜,一碗蒸鱼;这鱼的眼睛,白而且硬,张着嘴,同那一伙想吃人的人一样。吃了几筷,滑溜溜的不知是鱼是人,便把他兜肚连肠的吐出。

"眼睛"是无处不在的,"被看"的恐惧时时追随着狂人。

我说"老五,对大哥说,我闷得慌,想到园里走走。"老五不答应,走了;停一会,可就来开了门。

"看"与"被看"是鲁迅小说中重要的逻辑关系,可以直接转为"吃"与"被吃"。蒸鱼的眼睛便引起狂人关于"吃"的联想。

我也不动,研究他们如何摆布我;知道他们一定不肯放松。果然!我大哥引了一个老头子,慢慢走来;他满眼凶光,怕我看出,只是低头向着地,从眼镜横边暗暗看我。大哥说,"今天你仿佛很好。"我说"是的。"大哥说,"今天请何先生来,给你诊一诊。"我说"可以!"其实我岂不知道这老头子是刽子手扮的!无非借了看脉这名目,揣一揣肥瘠:因这功劳,也分一片肉吃。我也不怕;虽然不吃人,胆子却比他们还壮。伸出两个拳头,看他如何下手。老头子坐着,闭了眼睛,摸了好一会,呆了好一会;便张开他鬼眼睛说,"不要乱想,静静的养几天,就好了。"

不要乱想,静静的养!养肥了,他们是自然可以多吃;我有什么好处,怎么会"好了"?他们这群人,又想吃人,又是鬼鬼祟祟,想法子遮掩,不敢直截下手,真要令我笑死。我忍不住,便放声大笑起来,十分快活。自己晓得这笑声里面,有的是义勇和正气。老头子和大哥,都失了色,被我这勇气正气镇压住了。

但是我有勇气,他们便越想吃我,沾光一点这勇气。老头子跨出门,走不多远,便低声对大哥说道,"赶紧吃罢!"大哥点点头。原来也有你!这一件大发现,虽似意外,也在意中:合伙吃我的人,便是我的哥哥!

吃人的是我哥哥!

我是吃人的人的兄弟!

我自己被人吃了,可仍然是吃人的人的兄弟!

进一步发现"吃人者"。

七

我晓得他们的方法,直捷杀了,是不肯的,而且也不敢,怕有祸祟。所以他们大家连络,布满了罗网,逼我自戕。试看前几天街上男女的样子,和这几天我大哥的作为,便足可悟出八九分了。最好是解下腰带,挂在梁上,自己紧紧勒死;他们没有杀人的罪名,又偿了心愿,自然都欢天喜地的发出一种呜呜咽咽的笑声。否则惊吓忧愁死了,虽则略瘦,也还可以首肯几下。

吃人者吃人方法的发现与揭示。

他们是只会吃死肉的!——记得什么书上说,有一种东西,叫"海乙那"的,眼光和样子都很难看;时常吃死肉,连极大的骨头,都细细嚼烂,咽下肚子去,想起来也教人害怕。"海乙那"是狼的亲眷,狼是狗的本家。前天赵家的狗,看我几眼,可见他也同谋,早已接洽。老头子眼看着地,岂能瞒得我过。

最可怜的是我的大哥,他也是人,何以毫不害怕;而且合伙吃我呢?还是历来惯了,不以为非呢?还是丧了良心,明知故犯呢?

我诅咒吃人的人,先从他起头;要劝转吃人的人,也先从他下手。

"劝转",启蒙主义的特点。可以联系小说《药》,看看夏瑜在狱中的表现。

八

其实这种道理,到了现在,他们也该早已懂得,……

忽然来了一个人;年纪不过二十左右,相貌是不很看得清楚,满面笑容,对了我点头,他的笑也不像真笑。我便问他,"吃人的事,对么?"他仍然笑着说,"不是荒年,怎么会吃人。"我立刻就晓得,他也是一伙,喜欢吃人的;便自勇气百倍,偏要问他。

"对么?"

"这等事问他什么。你真会……说笑话。……今天天气很好。"

天气是好,月色也很亮了。可是我要问你,"对么?"

他不以为然了。含含胡胡的答道,"不……"

"不对? 他们何以竟吃?!"

"没有的事……"

"没有的事? 狼子村现吃;还有书上都写着,通红斩新!"

他便变了脸,铁一般青。睁着眼说,"有许有的,这是从来如此……"

"从来如此,便对么?"

"我不同你讲这些道理;总之你不该说,你说便是你错!"

我直跳起来,张开眼,这人便不见了。全身出了一大片汗。他的年纪,比我大哥小得远,居然也是一伙;这一定是他娘老子先教的。还怕已经教给他儿子了;所以连小孩子,也都恶狠狠的看我。

在梦中与代表着一群人的青年的辩论,表现了狂人的探求、战斗和失望,更应合了上文中包括孩子们在内的所有人对"我"的仇视——娘老子教的。由此人可以联想到《药》里的那个"二十多岁的人"以及中国所有的"看客"。

对"从来如此"的彻底反省,表现出反叛意识,和对传统的审视。

思考与练习

思考一下,狂人被吓出一身大汗的原因是什么?

人们都在有意无意地"吃人"或"被吃"。

十一

太阳也不出,门也不开,日日是两顿饭。

我捏起筷子,便想起我大哥;晓得妹子死掉的缘故,也全在他。那时我妹子才五岁,可爱可怜的样子,还在眼前。母亲哭个不住,他却劝母亲不要哭;大约因为自己吃了,哭起来不免有点过意不去。如果还能过意不去,……

妹子是被大哥吃了,母亲知道没有,我可不得而知。

母亲想也知道;不过哭的时候,却并没有说明,大约也以为应当的了。记得我四五岁时,坐在堂前乘凉,大哥说爷娘生病,做儿子的须割下一片肉来,煮熟了请他吃,才算好人;母亲也没有说不行。一片吃得,整个的自然也吃得。但是那天的哭法,现在想起来,实在还教人伤心,这真是奇极的事!

在"孝道"(礼教)的幌子下"吃人"。

十二

不能想了。

四千年来时时吃人的地方,今天才明白,我也在其中混了多年;大哥正管着家务,妹子恰恰死了,他未必不和在饭菜里,暗暗给我们吃。

我未必无意之中,不吃了我妹子的几片肉,现在也轮到我自己,……

有了四千年吃人履历的我,当初虽然不知道,现在明白,难见真的人!

无论对于狂人或作者鲁迅,这又是一个惊人的发现:甚至自己也处于那样一个"食物链"中间。

十三

没有吃过人的孩子,或者还有?

救救孩子……

一九一八年四月

解读与鉴赏

《狂人日记》是鲁迅的第一篇白话小说。发表于1918年5月《新青年》第4卷第5号。作者首次署"鲁迅"这一笔名。后收入《呐喊》。

小说通过一位"迫害狂"患者的日记,"意在暴露家族制度和礼教的弊害"。作者为我们塑造了一位叛逆封建礼教,因此受到迫害而发狂的狂人形象。小说通过狂人的自述、流动的意识,先从赵贵翁等路人吃人,到大哥也要吃人,再到自己也无意中吃过人这样几个层次来对传统文化"吃人"(包括"被吃")的循环食物链本质进行揭露,批判了封建社会"吃人"的历史。同时也暗示了狂人最终战斗和反抗的失败,进一步强调了启蒙的意义。

思考与练习

这里的第一人称"我"指谁?

小说的真正的结尾其实并不在这里。这只是"病中"狂人的故事的结尾。这里的希望和开端的失望,构成了相互的抵消。恰恰表明了作者的创作动机和主题。

联系到当代小说的创作中,我们不妨读点残雪和余华的小说,鲁迅关于"吃人"的主题,依然在继续着,鲁迅的血脉依然在流淌着。

在此以前,还创作有文言短篇小说《怀旧》。

《狂人日记》具有划时代的意义。

小说借鉴了俄国作家果戈理同名小说的日记体结构和病态心理描写的表现方法，运用现实主义和象征主义的创作方法来表现主题、塑造形象。《狂人日记》奠定了现代小说的基础，成为中国新文学的奠基之作。

本篇小说中，我们不仅要关注作者对吃人问题的"发现"，还要注意本文在结构上的反讽性。

这种反讽性表现为作品开端部分的"识"作为全文的真正结尾，表明了狂人此时病愈——也就是已经清醒，也就是回到"大众"的队伍中了，"到某地候补"去了。这个结尾意味着狂人的叛逆和反抗的失败和倒退，意味着日记里所有的反对者正拍手夹道欢迎着这样的人回归到传统的队伍中。这与日记的结尾处"救救孩子"的希望的呐喊构成了一种消解。

联想到鲁迅在《呐喊·自序》中谈到的钱玄同来规劝鲁迅从绍兴会馆里走出，寄托于醒转来的人们起来打破"铁屋子"，和鲁迅答应"听将令"，并"不免呐喊几声，聊以慰藉那在寂寞里奔驰的猛士，使他们不惮于前驱"的"对希望的承诺"，鲁迅这篇小说乃至于他整个人文精神的起点和创作姿态实际上是"绝望"的。但绝望并没有使鲁迅走向虚无，相反他更加坚忍不拔地战斗，表现出鲁迅式的坚强和伟大来。

鲁迅是中国现代文学创作和现代现实主义风格的基石。表现在首先，鲁迅小说具有启蒙主义的特点。所谓"揭出病苦，引起疗救的注意"。第二、鲁迅的小说敢于直面惨淡的人生，具有清醒的现实主义精神。可以说，鲁迅的小说深刻地反映了一个时代，它的忧愤深广的情绪是时代情绪的表现。鲁迅小说在冷静的客观描写中充满了强烈的爱憎，形成了寓热于冷的艺术风格。

鲁迅小说成就主要体现在四个方面：第一，题材的变革。鲁迅创造了中国现代文学史上的第一批典型人物。把现代中国社会中有重要作用的农民和知识分子引进文学领域，在题材上有重大开拓。从传统小说的帝王将相、才子佳人、神仙鬼怪，到鲁迅笔下的普通人、平凡事。第二，独特的艺术想象和构思。不再是传统小说简单的说教，而是从普通平凡的人事中发现和体

参考阅读

1. 《狂人日记》实为拙作，……后以偶阅《通鉴》，乃悟中国人尚是食人民族，因成此篇。此种发现，关系亦甚大，而知者尚寥寥也。

——鲁迅《致许寿裳（1918年8月20日）》

2. "狂人"之为"狂"人，正在于他与世界的关系的对立和不协调，如果这种对立和不协调（用另一词表达则是"觉醒"）不过是幻影，那么狂人便不再是狂人，而是吃人世界的普通一员——"罪"的历史性引导狂人走出狂人的世界，重新进入"健康人"的世界，……从而导出了真正的"绝望"主题："觉醒者"的幻灭。

——汪晖《反抗绝望·鲁迅及其文学世界》

3. 在《狂人日记》中并用两种创作方法：实写人物，用的是现实主义；虚写寓意，用的是象征主义。作品的思想性主要是通过象征主义方法来体现……现实主义方法构成小说的骨架和血肉，象征主义方法构成小说的灵魂。

——严家炎《论鲁迅的复调小说》

悟到人性、人生等带哲理性、超越性的命题。第三，鲁迅非常重视对人物心灵的揭示，用多种方法来塑造人物形象。传统小说大多比较讲究情节性和传奇性，不善于刻画人物心理，而鲁迅则在刻画国人的灵魂，深掘精神上和心理上的病苦方面有所突破。第四，格局和语言的创新。在格局上，基本上不再采用传统的格式，而热衷于各种体式的创造，根据每篇作品的不同内容，几乎一篇一种新形式，其结构方式和叙述角度都与传统小说有了很大区别，更多地吸收了西方小说的优点。在语言上也成功地完成了中国小说从文言向白话的过渡。因此，鲁迅被称为是现代小说民族形式的最为重要的创造者。

鲁迅以清醒而严酷的现实主义，直面人生，揭示病苦，刻画灵魂，这和传统文学粉饰人生的做法，划清了界限。

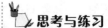

思考与练习

根据上面严家炎的论述，思考一下为什么作者要在作品中插入象征主义手法？请举例分析一下作品中是如何将两种创作方法结合的？进而再着重分析一下狂人的形象。

 知识积累

1. 新文化运动是20世纪初中国进步知识分子在意识形态领域内进行的一场彻底的批判封建传统思想的文化运动。对孔孟之道、封建礼教等旧的道德观念进行批判，要求科学民主，要求个性和民族的解放。新文化运动的主要口号是"拥护德先生（民主）"、"拥护赛先生（科学）"、"打倒孔家店"。它的主要内容是反对旧道德，提倡新道德；反对旧文学，提倡新文学。新文化运动由思想革命和文学革命两方面组成。

1917年1月，《新青年》发表胡适的《文学改良刍议》；2月，又发表了陈独秀的《文学革命论》。这两篇文章的发表，标志着文学革命的开始。就总体而言，文学革命的核心内容就是反对文言文，提倡白话文；反对旧文学，提倡新文学。

2. 现代小说的阅读，尤其对经典作品的阅读，要注意回到历史现场，注意作者创作的历史背景和时代语境，这样才能体会到作品中的许多"曲笔"以及作者的创作心态。

3. 鲁迅一共写过三本小说集，即《呐喊》、《彷徨》和《故事新编》，只有前两本是描写现实生活的。

1923年出版的《呐喊》收入了1918年至1922年

1915年陈独秀创办《新青年》，标志新文化运动开始。

新文化运动和文学革命的兴起，标志着中国文学的历史发展出现了巨大的转折，新文化和传统文化在这里出现了"断裂"。文学以全新的内涵和形式揭开了新的一页。

思考与练习

尝试用"回到语境"的方式去解读一篇经典小说。

的小说共 14 篇：包括《狂人日记》、《孔乙己》、《药》（五四前写）以及《明天》、《一件小事》、《风波》、《故乡》、《头发的故事》、《阿 Q 正传》、《端午节》、《白光》、《鸭的喜剧》、《兔和猫》、《社戏》。

《彷徨》出版于 1926 年，将 1924 年至 1925 年间所作的小说 11 篇收入。包括《祝福》、《在酒楼上》、《幸福的家庭》、《肥皂》、《长明灯》、《示众》、《高老夫子》、《孤独者》、《伤逝》、《弟兄》、《离婚》。

4. 鲁迅在小说形式上为现代小说的文体革新提供了经验。在体裁上，除常见的小说叙事体裁外，还有日记体（如《狂人日记》）、传记体（如《阿 Q 正传》）、戏剧体（如《起死》）等。在结构上，既有描写一个人物事迹为主的单线结构（如《祝福》），又有明线和暗线交错的双线结构（如《药》）。在叙事方式上，既有注重抒情的第一人称叙事（如《伤逝》），又有侧重客观描述的第三人称叙事（如《阿 Q 正传》）。这种多样艺术形式的创造，突破了传统小说呆板的"说故事"的模式，赋予现代小说新的文体意义，加大了小说对于生活的表现力。

5. 小说是以刻画人物形象为中心，通过完整的故事情节和具体的环境描写和生活场景描写，来广泛反映社会生活的叙事性文学样式。人物、情节、环境是小说的三要素。小说注重对人物性格和命运进行展示，也注重对深层心理和内心世界的描写来塑造形象。

6. 叙事角度是现代小说创作的重要技巧，这又是由叙述人承担的角色和叙述方式来决定的。一般小说叙事有三种叙述角度："叙述者大于人物"，作品中只有作者一个人的声音来体现作者的意识，它可以由全知全觉的第三人称写作来承担，这种叙事角度承袭了传统小说的结构方式，故事性强；"叙述者等于人物"，叙述者只是借助于某个人物的感觉和意识，从他的视觉、听觉和感受的角度去传达一切，通常可以由第一人称方式叙事来增添作品的真实感和情感性；采用这种叙述角度，便于将抒情、议论和叙事结合起来，情节推进和场面转换比较自由；"叙述者小于人物"，叙述者比人物知道的要少，他无法解释和说明人物任何隐蔽的和不隐蔽的一切，对人物的内心毫不知情，因此能给读者较大的想象空间。

思考与练习

这些小说你读过几篇？最好能抽时间都去读一下。

结合鲁迅的其他小说，尝试分析一下鲁迅小说设置人物环境的构成要素是什么？

思考与练习

结合鲁迅的《示众》、《孔乙己》、《药》、《阿 Q 正传》等小说，谈谈鲁迅笔下的人物形象，以及表现出的"看"与"被看"、"吃"与"被吃"的关系，写一篇读书笔记。

6. 边 城(节选)

沈从文

沈从文(1902—1988),湖南凤凰县人,苗族。原名沈岳焕,曾用笔名休芸芸、上官碧等。1917年小学毕业后入伍,辗转于湘川黔边境和沅水流域,广泛了解社会生活,积累了宝贵的生活经验和创作素材。1922年,只身来到北京,开始文学生涯。1924年,开始发表作品。1926年出版第一部小说集《鸭子》。20世纪30年代发表《边城》和散文集《湘行散记》等,产生了较大影响。建国后从事文物研究,出版《中国古代服饰研究》等著作。有《沈从文文集》12卷,书信集《从文家书》等。

一

由四川过湖南去,靠东有一条官路。这官路将近湘西边境,到了一个地方名为"茶峒"的小山城时,有一小溪,溪边有座白色小塔,塔下住了一户单独的人家。这人家只一个老人,一个女孩子,一只黄狗。

小溪流下去,绕山岨流,约三里便汇入茶峒的大河。人若过溪越小山走去,只一里路就到了茶峒城边。溪流如弓背,山路如弓弦,故远近有了小小差异。小溪宽约廿丈,河床为大片石头作成。静静的河水即或深到一篙不能落底,却依然清澈透明,河中游鱼来去皆可以计数。小溪既为川湘来往孔道,限于财力不能搭桥,就安排了一只方头渡船。这渡船一次连人带马,约可以载二十位搭客过河,人数多时必反复来去。渡船头竖了一根小小竹竿,挂着一个可以活动的铁环,溪岸两端水面牵了一段竹缆,有人过渡时,把铁环挂在竹缆上,船上人就引手攀缘那条缆索,慢慢的牵船过对岸去。船将拢岸了,管理这渡船的,一面口中嚷着"慢点慢点",自己霍的跃上了岸,拉着铁环,于是人货牛马全上了岸,翻过小山不见了。渡头为公家所有,故过渡人

学习目标与建议

1. 了解沈从文的生平和创作情况。
2. 结合作品掌握作者的思想成就和文学风格。

《边城》全文原分11次发表于1934年1月1日—21日,3月12日—4月23日《国闻周报》第11卷1~4期,第10~16期。署名沈从文。1934年10月由上海生活书店初版。1943年9月开明书店出版改订本。

《边城》共21节,本文选自第1节。

视线由路而山城而小溪而白塔而人家,如同电影镜头的运动,这是写景的妙笔,也定下全文溪流一般从容舒缓的节奏。

一切以静为主,动亦写静。

不必出钱。有人心中不安,抓了一把钱掷到船板上时,管渡船的必为一一拾起,依然塞到那人手心里去,俨然吵嘴时的认真神气:"我有了口量,三斗米,七百钱,够了。谁要这个!"

但是,凡事求个心安理得,出气力不受酬谁好意思,不管如何还是有人把钱的。管船人却情不过,也为了心安起见,便把这些钱托人到茶峒去买茶叶和草烟,将茶峒出产的上等草烟,一扎一扎挂在自己腰带边,过渡的谁需要这东西必慷慨奉赠。有时从神气上估计那远路人对于身边草烟引起了相当的注意时,这弄船的便把一小束草烟扎到那人包袱上去,一面说,"大哥,不吸这个吗,这好的,这妙的,看样子不成材,巴掌大叶子,味道蛮好,送人也合式!"茶叶则在六月里放进大缸里去,用开水泡好,给过路人解渴。

> 淳朴的人性、风俗之美。

管理这渡船的,就是住在塔下的那个老人。活了七十年,从二十岁起便守在这小溪边,五十年来不知把船来去渡了若干人。年纪虽那么老了,骨头硬硬的。本来应当休息了,但天不许他休息,他仿佛便不能够同这一分生活离开。他从不思索自己的职务对于本人的意义,只是静静的很忠实的在那里活下去。代替了天,使他在日头升起时,感到生活的力量,当日头落下时,又不至于思量与日头同时死去的,是那个伴在他身旁的女孩子。他唯一的伙伴是一只渡船与一只黄狗,唯一的亲人便只那个女孩子。

> 这时才正式介绍人物。

女孩子的母亲,老船夫的独生女,十五年前同一个茶峒屯防军人唱歌相熟后,很秘密的背着那忠厚爸爸发生了暧昧关系。有了小孩子后,这屯戍军士便想约了她一同向下游逃去。但从逃走的行为上看来,一个违悖了军人的责任,一个却必得离开孤独的父亲。经过一番考虑后,军人见她无远走勇气,自己也不便毁去作军人的名誉,就心想一同去生既无法聚首,一同去死应当无人可以阻拦,首先服了毒。女的却关心腹中的一块肉,不忍心,拿不出主张。事情业已为作渡船夫的父亲知道,父亲却不加上一个有分量的字眼儿,只作为并不听到过这事情一样,仍然把日子很平静的过下去。女儿一面怀了羞惭一面却怀了怜悯,依旧守在父亲身

> 自然地引出翠翠。
>
> 翠翠父母的故事是小说中的一条隐形的线索。
>
> 这一动人的爱情悲剧包含着民间纯真的爱情观念。

边。待到腹中小孩生下后,却到溪边故意吃了许多冷水死去了。在一种近乎奇迹中这遗孤居然已长大成人,一转眼间便十五岁了。为了住处两山多竹篁,翠色逼人而来,老船夫随便给这个可怜的孤雏,拾取了一个近身的名字,叫作"翠翠"。

翠翠在风日里长养着,把皮肤变得黑黑的,触目为青山绿水,一对眸子清明如水晶。自然既长养她且教育她,为人天真活泼,处处俨然如一只小兽物。人又那么乖,如山头黄麂一样,从不想到残忍事情,从不发愁,从不动气。平时在渡船上遇陌生人对她有所注意时,便把光光的眼睛瞅着那陌生人,作成随时可举步逃入深山的神气,但明白了面前的人无机心后,就又从从容容的在水边玩耍了。

> 突出表现翠翠的"自然性",作者用以对照现实"文明"。

老船夫不论晴雨,必守在船头。有人过渡时,便略弯着腰,两手缘引了竹缆,把船横渡过小溪。有时疲倦了,躺在临溪大石上睡着了,人在隔岸招手喊过渡,翠翠不让祖父起身,就跳下船去,很敏捷的替祖父把路人渡过溪,一切皆溜刷在行,从不误事。有时又和祖父黄狗一同在船上,过渡时和祖父一同动手,船将近岸边,祖父正向客人招呼:"慢点,慢点"时,那只黄狗便口衔绳子,最先一跃而上,且俨然懂得如何方为尽职似的,把船绳紧衔着拖船拢岸。

> 溜刷:利落。
> 这黄狗也通着人性,表现出人性、自然融合一体的境界。

风日清和的天气,无人过渡,镇日长闲,祖父同翠翠便坐在门前大岩石上晒太阳。或把一段木头从高处向水中抛去,嗾使身边黄狗自岩石高处跃下,把木头衔回来。或翠翠与黄狗皆张着耳朵,听祖父说些城中多年以前的战争故事。或祖父同翠翠两人,各把小竹作成的竖笛,逗在嘴边吹着迎亲送女的曲子。过渡人来了,老船夫放下了竹管,独自跟到船边去,横溪渡人,在岩上的一个,见船开动时,于是锐声喊着:

"爷爷,爷爷,你听我吹,你唱!"

爷爷到溪中央便很快乐的唱起来,哑哑的声音同竹管声,振荡在寂静空气里,溪中仿佛也热闹了些。实则歌声的来复,反而使一切更加寂静。

> 来复:往复。
> 自然过渡到下一节写茶峒山城的生活,引出其他人物和将要发生的故事。

有时过渡的是从川东过茶峒的小牛,是羊群,是新娘子的花轿,翠翠必争看作渡船夫,站在船头,懒懒的攀引缆索,让船缓缓的过去。牛、羊、花轿上岸后,翠翠必跟着走,送队伍上山,站到小山头,目送这些东西走去很远了,方回转船上,把船牵靠近家的岸边。且独自低低的学小羊叫着,学母牛叫着,或采一把野花缚在头上,独自装扮新娘子。

茶峒山城只隔渡头一里路,买油买盐时,逢年过节祖父得喝一杯酒时,祖父不上城,黄狗就伴同翠翠入城里去备办节货。到了买杂货的铺子里,有大把的粉条,大缸的白糖,有炮仗,有红蜡烛,莫不给翠翠很深的印象,回到祖父身边,总把这些东西说个半天。那里河边还有许多上行船,百十船夫忙着起卸百货。这种船只比起渡船来全大得多,有趣味得多,翠翠也不容易忘记。

解读与鉴赏

《边城》是沈从文最负盛名的代表作。

小说在古朴而又绚丽的风俗画卷中,铺陈了一个美丽而又凄凉的爱情故事,创造出一支理想化的田园牧歌。这部小说充分体现了沈从文小说创作的特色:

(一)古朴的湘西风情和理想的人生形式的结合。在作者笔下的边城,是一个极度净化、理想化的世界。作家通过民情和民俗的描写,表现了边城世界中的人性美和人情美。老船夫的厚道、豪爽,翠翠的天真善良,温柔恬静,都作为美好道德品性的象征。作品从不同方面展现了理想人生形式的内涵,为湘西民族和整个中华民族的文化精神注入美德。

(二)白描的手法刻画人物。《边城》的人物塑造受中国传统艺术写意传神笔法的影响,作者不是精雕细刻地描写人物,也不在复杂的社会关系中再现人物性格,而是以白描的手法、通过语言、动作和情态加以点染。如对渡船老人的刻画,他的善良、厚道,不是浓墨重彩的描摹,而是选择在日常生活中的细节加以表现。作品中其他人物也是这样,几句言谈、几个动作就使人物神采毕现。

(三)注重意境美的营造。沈从文将风俗、人情以及纯化的自然景物三者结合,从而营造出优美恬静的

**参考阅读**

我要表现的本是一种"人生的形式"、一种"优美,健康、自然,而又不悖乎人性的人生形式。"我主意不在领导读者去桃源旅行,却想借重桃源上行七百里路酉水流域一个小城小市中几个愚夫俗子,被一件普通人事牵连在一处时,各人应有的一分哀乐,为人类"爱"字作一度恰如其分的说明。

——《从文小说习作选集·代序》

思考与练习

1. 细读一下作品,列举哪些细节是表现老船夫和翠翠人情美的?

2. 反复阅读小说,充分体会沈从文小说的思想艺术特点。

3. 请自己课后阅读小说全文。并尝试写一则《翠翠的故事》。

意境来。从节选的文字中,作者对汇入茶峒的那条小溪的描写,笔触细致,溪的形状、走势,溪水的深度以及溪中的游鱼写得十分传神,使得自然环境成为人性的外化。

(四)沈从文的小说语言格调古朴,少夸饰,单纯而又厚实,例如《边城》中描写翠翠:"翠翠在风日里长养着,把皮肤变得黑黑的,触目为青山绿水,一对眸子清明如水晶。自然既长养她且教育她,为人天真活泼,处处俨然如一只小兽物。人又那么乖,如山头黄麂一样,从不想到残忍事情,从不发愁,从不动气。……"文字古朴清新,简洁自然,非常富有表现力。

知 识 积 累

1. 小说以川湘边境的小山城茶峒及附近乡村为背景,描写了一个撑渡船的老人和他的外孙女翠翠的生活,以及翠翠与当地船总的两个儿子之间曲折的爱情故事。

在小说中,边城茶峒,绿水青山,人性质朴。白塔下生活着两个相依为命的摆渡人。外公性格淳朴忠厚,外孙女翠翠美丽善良。一次,在端午节赛龙舟的盛会上,翠翠与外公失散,邂逅了当地船总的小儿子傩送,两人从此萌发了朦胧的情感。而傩送的哥哥天保也爱上了翠翠,此时,傩送也被王团总看上,准备以碾坊为陪嫁把女儿嫁给傩送。在这样的情况下,傩送不要碾坊要渡船,与哥哥天保相约唱歌让翠翠选择。天保自知唱歌不是弟弟的对手,也为了成全弟弟,遂外出闯滩,不幸遇难。傩送因哥哥的死悲痛不已,他无心留恋儿女之情也驾舟出走了。翠翠的外公为了孙女的幸福去找顺顺,但顺顺以为大儿子之死与祖父有关,对祖父很冷淡,祖父心中郁闷,在一个暴风雨之夜溘然长逝。孤独的翠翠守着渡船深情地等待着心里爱着的那个年轻人。

2. 沈从文是一位多产作家,20世纪30年代是沈从文创作的高潮期,他一生中的30多个集子大都出于这个时期。1934年创作的中篇小说《边城》、1938年创作的长篇小说《长河》(第一卷)及其他许多优秀短篇,标志着沈从文小说创作的成熟。

3. 当左翼文艺创作侧重于社会分析,充满着阶级批判时,沈从文则侧重于道德批判,用"乡下人"的眼光看"现代文明"背后的道德沦丧和人际关系中表现出的自私倾向。他的创作侧重人性表现,讴歌古朴美好的人性,目的是对抗现代文明和都市的堕落。

4. 沈从文的小说题材可以分为两类:一类是写乡村、"湘西世界"。那是未被现代文明浸润扭曲的人生形式。作品展现了浪漫的、野性的原始生命形态,洋溢着真挚、热烈、活泼的生命活力;第二类是写城市与知识阶级的。在这类小说中,他正是用"乡下人"的眼光这面镜子映照出了上流社会的道德沦丧,鞭挞了衣冠社会人性的堕落和扭曲。在沈从文笔下,"乡下人"的现实人生和都市人生构成了鲜明的对照,作者在欣赏湘西山民淳朴善良的同时,也揭露了远离"边城"的都市人的道德堕落和人性的沦丧。

沈从文是中国现代文学史上的经典作家,以其独特的风格为京派小说的发展作出了重要贡献。

> 他自称自己是"乡下人"。
>
> 《绅士的太太》揭露了两个所谓的绅士家庭内部绅士淑女们的种种丑行;《八骏图》则以讽刺之笔刻画出八位教授的性变态。这些教授受现代文明的压抑,生命活力退化,性意识严重扭曲,表面上道貌岸然,内心深处则污秽不堪。

7. 回　　答

北　岛

北岛,原名赵振开,笔名有"艾珊"、"石默"等,当代朦胧诗最重要的代表人物。原籍浙江湖州,1949年生于北京。他做过建筑工人、《人民文学》编辑,后赴美国定居。在20世纪70年代初开始写作,写过《波动》、《幸福大街十三号》等中、短篇小说。1978年12月23日,与芒克等人共同创办的民间文学刊物《今天》。80年代初,发表了《回答》、《宣告》、《一切》、《结局或开始》、《雨夜》、《迷途》、《红帆船》等一系列影响较大的诗作。曾出版《北岛·顾城诗选》(瑞士出版)、《太阳城札记》、《在天涯》、《零度下的风景》、《北岛诗选》等诗集。

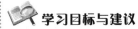 学习目标与建议

1. 了解北岛创作概貌并掌握其思想成就和文学风格。

2. 结合北岛诗歌分析朦胧诗派的创作特点。

> 警句开篇,对现实社会进行控诉。为全诗奠定了悲愤的基调。

卑鄙是卑鄙者的通行证,

高尚是高尚者的墓志铭。
看吧,在那镀金的天空中,
飘满了死者弯曲的倒影。

冰川期过去了,
为什么到处都是冰凌?
好望角发现了,
为什么死海里千帆相竞?

我来到这个世界上,
只带了纸、绳索和身影,
为了在审判之前,
宣读那些被判决的声音:

告诉你吧,世界,
我——不——相——信——!
纵使你脚下有一千名挑战者,
那就把我算做第一千零一名。

我不相信天是蓝的;
我不相信雷的回声;
我不相信梦是假的;
我不相信死无报应。

如果海洋注定要决堤,
就让所有的苦水注入我心中;
如果陆地注定要上升,
就让人类重新选择生存的峰顶。

新的转机和闪闪的星斗,
正在缀满没有遮拦的天空,
那是五千年的象形文字,
那是未来人们凝视的眼睛。

"镀金的天空"暗指虚伪的世界。

"冰凌"、"死海"、"好望角"等意象象征现实生活的困境和艰难。

"只"表明了诗人意图和决心;"纸"表明诗人要用诗歌来判决,"绳索"暗示要用绳索处决那些卑鄙者。"身影"暗示诗人准备用自己的生命来殉自己的理想。

"我不相信"是主体对荒谬客体的彻底否定。

用"我"换取人类新的"生存峰顶",朦胧诗的英雄主义姿态。

对"星斗"的想象,比喻贴切,给诗带来一种历史感和开拓美好未来的使命感。

解读与鉴赏

《回答》最初写于1973年,原题为《告诉你吧,世界》。诗人于1976年的天安门事件中进行修改,1979

年发表在《诗刊》上。这是北岛公开发表的第一首诗,是其重要代表作,既标志着以《今天》为核心的朦胧诗由地下转到地上,有着特殊的历史意义;更标志着作为北岛一代先觉者对旧的现实的质疑和否定,对"新的转机"的期待和呼唤,是从迷惘到觉醒的一代青年对现实的严肃"回答"。

全诗回答的对象是十年动乱所带来的社会现实问题。诗的开头对那现实、那充满悖谬的十年岁月进行了形象描写。诗的开头诗人质问,冰川纪已经过去了,何以到处都是冰凌?新航道已经发现了,何以千万艘船只还在死水一潭的死海中盘桓、相竞,进而诗人从质疑到否定,"看吧,在那镀金的天空中,飘满了死者弯曲的倒影。"诗人回答的就是对现实的彻底否定,于是,诗人只带了纸、绳索和身影,他来对这世界进行最终的判决。诗人发出的"我不相信!"充分体现了对社会、现实的不信任和反抗的姿态,反映了当时社会青年一代从迷惘到觉醒,从思索到反抗的精神状态。

同时诗歌中体现出鲁迅式的绝望态度和悲剧英雄的情怀,因此作品以冷峻而尖锐的视角,以独特的个人感知方式,表现出对世界的怀疑、否定和批判,也表现出那一代人特有的英雄主义姿态,蕴含了深刻的思想哲理。

《回答》全诗跳跃着诗人澎湃的心情,思想尖锐深刻,技巧复杂多变,意象丰富准确,并彰显了诗人独特的"冷抒情"的技巧。

一是大量运用了比喻和象征等修辞手法。在不便于直接表达的社会环境中,诗人采用比较隐晦、曲折的方法进行创作,大量运用暗示、通感、瞬间感受、蒙太奇等现代主义的表现技巧,尽量扩大象征的空间和内涵,同时新颖的意象组合也构成陌生化的效果。诗中出现的"冰凌"、"死海"、"好望角"等意象象征当时现实生活中存在的种种困境和艰难,体现出了诗人心中对现实世界的怀疑和否定。这就使全诗的思想倾向带有显著的朦胧诗特征。

二是简洁、犀利又有一定晦涩的、粗线条的语言充斥着深沉的理性思辨。如诗中四个"我不相信"组成的

参考阅读

1. 北岛是朦胧诗的首席人物。20世纪80年代初他的一些作品被广泛争议。对其诗歌的细读和阐释,每每使敏感的社会问题一触即发。北岛的诗以其冷峻的怀疑主义和不妥协的批判精神,深刻的悲剧风格与荒诞感的扭结,精深的措辞和独立的要点,既使思想上比较开明的知识分子,又使庸众和权力主义者震惊。

——陈超《打开诗的漂流瓶》

2. "我没有觉得有什么断裂,语言经验上是一致的。如果说变化,可能现在的诗往里走,更想探索自己内心的历程。"

——唐晓渡《热爱自由与幸福——北岛答记者问》

思考与练习

尝试运用象征的手法,创作一首诗歌背诵全诗。

思考与练习

自选舒婷、顾城等其他朦胧派的代表作品阅读,试比较其与北岛创作风格的异同。

排句,语句简单,语意坚定,气势磅礴,显示了在充满了压抑感的生活氛围下,叛逆者对病态的社会现实毫不妥协的抗争意志和现代主义的反叛立场。

知识积累

1. 北岛诗歌风格:北岛的诗具有强悍的阳刚之美,呈现出深沉雄浑的艺术风格。冷峻、深沉和清醒是他诗歌的背景和底色,孤独、怀疑和拒绝是他重要写作主题。对伤痕的揭示,对人性的关注是他诗歌的主要取材角度。他的诗歌在主题上往往综合了批判现实主义和现代主义、存在主义的倾向,善于发现和批判人的社会存在的荒谬感和悲剧感,并进行着悲剧英雄的抗争。

2. 朦胧派诗歌:又称新诗潮诗歌。出现在上世纪70年代末80年代初,因其在艺术形式上多用总体象征的手法,具有不透明性和多义性,所以被称作"朦胧诗"。代表人物主要有北岛、舒婷、顾城、江河、杨炼等。

对伤痕的揭示,是"朦胧诗"精神内涵的第一层面;深刻的反思与探求意识,以及浓厚的英雄主义色彩,成为"朦胧诗"精神意象的第二个层面。"朦胧诗"精神意象的第三个层面,是在人道主义基础上建立起来的对"人"的特别关注。这又可以分为对"人"的命题的直接表现和对爱情颂扬两个主题。

"朦胧诗"对人的确立和强调,导致了诗人艺术主张的个性化特点,以表现心理情绪和感受的真实,代替实景实事的再现,以审美为基点的多元趋势的价值观,代替单一的社会功利判断。每个诗人都写融化在自己心中的"诗的世界",标志着诗歌艺术向自身的回归。而"意象"的出现,给"朦胧诗"带来了形式上的生命。出于对当时黑暗现实的高压以及"流行诗歌"的不满等种种原因,诗人大都采用诗歌意象及意象组合来结构作品,既避免过于贴近生活而流于写实,又回避当时公式、概念化的创作。以意象的朦胧代替了形象的确定性,以隐喻、象征及瞬间感受作为组织意象的心理基础,在技法上采用时空切割、多层建构的意象组合来代替明白晓畅的直述。由蒙太奇式的连接、感受角度的

思考与练习

1. 诗人对疯狂时代的怀疑、反抗,是从个体存在出发的。试结合作品分析诗中的"我",是怎样的一个人?

2. 结合作品,分析作者的文学创作风格并谈谈你对"冷抒情"方式的认识。

改变,多重意识的交替来构成节奏上的跳跃、形象组合的密度,将客体具象转化为心灵意象,构成诗歌的运动感。

"朦胧诗"在文艺思想与艺术的认识上,表现出对传统现实主义的不满以至否定,将过去注重外在客观现象的表现,移向主观精神世界的表现,便成为现代主义文艺思想的逻辑起点,并以此来摆脱文艺反映论的陈旧观念、对抗公式化、概念化直至"三突出"的阴谋文艺观念,这是他们对社会历史规律的自我意识过程,也是对传统现实主义主流话语与权威话语的第一次公开对抗的过程。所以,"朦胧诗"所表现出的从浪漫主义向现代主义的转换,不仅是主题的深化与蜕变,也是作者创作姿态的新变化。

3. 朦胧诗的鉴赏艺术:(1)捕捉诗的观念省略和诗的主题暗示,深思朦胧诗作品的主题具隐约性和多义性;(2)注重以象征手法为中心的艺术创作方法;(3)注重意象化手法和意象层面的立体组合;(4)注重跳跃性情绪节奏和自由化的内在结构与韵律。

4.《今天》:是1978年12月23日由北岛和芒克等诗人在北京创办的民间文学刊物。北岛任主编。《今天》于1980年底终刊,共出9期,同时还编有《今天》文学丛书和《今天》文学研究资料等。《今天》主要发表诗、小说、散文以及少量评论和外国翻译文学作品。以《今天》创刊号为标志,朦胧诗人们从分散走向集合,由孤立的状态而发展壮大为相对完整的诗歌艺术流派。

项目二 文学形象分析

8. 雷 雨（节选）

曹 禺

曹禺(1910—1996)，原名万家宝，祖籍湖北潜江县，出生于天津。1922年进入南开中学，1925年参加南开新剧团，先后演出过《玩偶之家》、《国民公敌》等剧，也曾改编并参加演出了《财狂》、《争强》等剧，舞台实践又给他的戏剧创作增添了丰富的经验。1928年，曹禺升入南开大学政治系，1930年转入清华大学西洋文学系。期间他通读了英文版《易卜生全集》，还学习了大量的西欧古典戏剧与现代剧作。1933年，曹禺完成了处女作《雷雨》，发表在1934年《文学季刊》上，1935年公演后受到热烈欢迎。1936年又创作了《日出》，由此奠定了在中国话剧史上的地位。之后，他还创作了话剧《原野》和《北京人》、《明朗的天》、《胆剑篇》、《王昭君》等。建国后，曹禺历任北京人艺院长、作协书记处书记、中央戏剧学院名誉院长、中国戏剧家协会主席等。

喝 药

开幕时舞台全黑，隔十秒钟，渐明。

景——大致和序幕相同，但是全屋的气象是比较华丽的。这是十年前一个夏天的上午，在周宅的客厅里。

壁龛的帷幔还是深掩着，里面放着艳丽的盆花。中间的门开着，隔一层铁纱门，从纱门望出去，花园的树木绿荫地，并且听见蝉在叫。右边的衣服柜，铺上一张黄桌布，上面放着许多小巧的摆饰，最显明的是一

学习目标与建议

1. 了解曹禺的生平和创作情况并掌握其创作的思想成就和文学风格。

2. 结合全剧，掌握周朴园、蘩漪的人物形象特征。

3. 掌握剧中时间处理的特点。

4. 了解戏剧鉴赏的基本方法。

1935年4月，由中国留日学生"中华话剧同好会"首次在东京公演。

《雷雨》、《日出》的出现，标志着中国现代话剧文学的成熟。

本段为第一幕节选。标题为编者所加。

张旧相片,很不调和地和这些精致东西放在一起。柜前面狭长的矮几,放着华贵的烟具同一些零碎物件。右边炉上有一个钟形花盆,墙上,挂一幅油画。炉前有两把圈椅,背朝着墙。中间靠左的玻璃柜放满了古玩,前面的小矮桌有绿花的椅垫,左角的长沙发不旧,上面放着三四个缎制的厚垫子。沙发前的矮几排置烟具等物,台中两个小沙发同圆桌都很华丽,圆桌上放着吕宋烟盒和扇子。

所有的帷幕都是崭新的,一切都是兴旺的气象,屋里家具非常洁净,有金属的地方都放着光彩。

屋中很闷,郁热逼人,空气低压着。外面没有阳光,天空灰暗,是将要落暴雨的神气。

……

四　我不清楚。——(想找一个新题目)太太,您吃药吧。

繁　谁说我要吃药?

四　老爷吩咐的。

繁　我并没有请医生,那里来的药?

四　老爷说您犯的是肝郁,今天早上想起从前您吃的老方子,就叫抓一付,说太太一醒,就跟您煎上。

繁　煎好了没有?

四　煎好,凉在这儿好半天啦。

〔四凤端过药碗来。〕

四　您喝吧。

繁(喝一口)苦得很。谁煎的?

四　我。

繁　太不好喝,倒了它吧!

四　倒了它?

繁　嗯?好,(想起朴园严厉的面目)要不,你先把它放在那儿。不,(厌恶)你还是倒了它。

四　(犹豫)嗯。

繁　这些年喝这种苦药,我大概是喝够了。

四　(拿着药碗)您忍一忍喝了吧。还是苦药能够治病。

繁　(心里忽然恨起她来)谁要你劝我?倒掉!

作品在舞台上表现出来的时间是从上午一直延续到半夜2点多钟,但实际情节时间的跨度比较长。这里的"十年前"是第一幕的剧本时间。前面的"序幕"的时间是"今天"。而后面的剧情中还涉及"三十年前"。

注意客厅的布置,中西结合的装置,显示主人的身份、性格和命运。

"雷雨"一直贯穿在作品始终。这里写将要落暴雨,构成了戏剧情境的紧张,推动剧情的发展。

"四"是四凤的简称。

"繁"是繁漪的简称。

思考与练习

你如何看待这里周朴园主动给繁漪看病吃药?

一语双关,不仅说药,还说内心的苦痛。

（自己觉得失了身份）这次老爷回来，我听见老妈子说瘦了。

四　嗯，瘦多了，也黑多了。听说矿上正在罢工，老爷很着急的。

繁　老爷很不高兴么？

四　老爷是那样。除了会客，念念经，打打坐，在家里一句话也不说。

繁　没有跟少爷们说话么？

四　见了大少爷只点一点头，没说话，倒是问了二少爷学堂的事。——对了，二少爷今天早上还问了您的病呢。

繁　我现在不怎样愿意说话，你告诉他我很好就是了。——回头叫账房拿四十块钱给二少爷，说这是给他买书的钱。

四　二少爷总想见见您。

繁　那就叫他到楼上来见我。——（站起来，踱了两步）哦，这老房子永远是这样闷气，家具都发了霉，人们也是鬼里鬼气的！

四　（想想）太太，今天我想跟您告假。

繁　是你母亲从济南回来么？——嗯，你父亲说过来着。

……

〔门大开，周朴园进，他约莫有五六十岁，鬓发已经斑白，带着椭圆形的金边眼镜，一对沉鸷的眼在底下闪烁着。像一切起家立业的人物，他的威严在儿孙面前格外显得峻厉。他穿的衣服，还是二十年前的新装，一件圆花的官纱大褂，底下是白纺绸的衬衫，长衫的领扣松散着，露着颈上的肉。他的衣服很舒服地贴在身上，整洁，没有一些尘垢。他有些胖，背微微地伛偻，面色苍白，腮肉松弛地垂下来，眼眶略微下陷，眸子闪闪地放光彩，时常也倦怠地闭着眼皮。他的脸带着多年的世故和劳碌，一种冷峭的目光和偶然在嘴角逼出的冷笑，看着他平日的专横，自信和倔强。年轻时一切的冒失、狂妄已经转为脸上的皱纹深深遮盖着，再也寻不着一点痕迹，只要他的半白的头发还保持昔日的风采，很润泽地梳到后面。在阳光底下，他的脸呈着银白色，一

暗示全剧另一戏剧矛盾：资本家（周朴园）与矿工（鲁大海）。

注意现在的周朴园念经、打坐行为背后的心理动机。

第一幕中侍萍没有出现，但几乎所有的人都在提及她，她已经成为一种隐性的戏剧力量。

曹禺戏剧中的人物小传非常精彩，常常简单勾勒画出人的灵魂。

般人说这就是贵人的特征。所以他才有这样大的矿产。他的下颔的胡须已经灰白,常用一只象牙的小梳梳理。他的大指套着一个扳指。]

[他现在精神很饱满,沉重地走出来。]

....

朴　(四凤端茶,放朴面前。)四凤,——(向冲)你先等一等。(向四凤)叫你跟太太煎的药呢？　　"朴"是周朴园的简称。"冲"是周冲的简称。

四　煎好了。　　本节选部分的中心矛盾,周朴园与蘩漪围绕"吃药"问题而展开戏剧冲突。

朴　为什么不拿来？

四　(看蘩漪,不说话)。

蘩　(觉出四周的征兆有些恶相)她刚才跟我倒来了,我没有喝。

朴　为什么？(停,向四凤)药呢？

蘩　(快说)倒了。我叫四凤倒了。

朴　(慢)倒了？哦？(更慢)倒了！——(向四凤)药还有么？　　注意语言节奏,"慢"中带着由"惊"到"怒"的心理过程。

四　药罐里还有一点。

朴　(低而缓地)倒了来。

蘩　(反抗地)我不愿意喝这种苦东西。　　周朴园开始发怒。

朴　(向四凤,高声)倒了来。　　蘩漪开始反抗。

[四凤走到左面倒药。]

冲　爸,妈不愿意,你何必这样强迫呢？

朴　你同你妈都不知道自己的病在哪儿。(向蘩漪低声)你喝了,就会完全好的。(见四凤犹豫,指药)送到太太那里去。　　周朴园的第一"逼"。

蘩　(顺忍地)好,先放在这儿。

朴　(不高兴地)不。你最好现在喝了它吧。

蘩　(忽然)四凤,你把它拿走。

朴　(忽然严厉地)喝了药,不要任性,当着这么大的孩子。　　第二"逼"。

蘩　(声颤)我不想喝。

朴　冲儿,你把药端到母亲面前去。　　第三"逼"。

冲　(反抗地)爸！

朴　(怒视)去！

[冲只好把药端到蘩漪面前。]　　第四"逼"。

朴　说,请母亲喝。

冲　（拿着药碗，手发颤，回头，高声）爸，您不要这样。

朴　（高声地）我要你说。

萍　（低头，至冲前，低声）听父亲的话吧，父亲的脾气你是知道的。

将周冲穿插在内，增加周朴园与蘩漪冲突的层次，也使冲突不至于单调。

冲　（无法，含着泪，向着母亲）您喝吧，为我喝一点吧，要不然，父亲的气是不会消的。

蘩　（恳求地）哦，留着我晚上喝不成么？

朴　（冷峻地）蘩漪，当了母亲的人，处处应当替子女着想，就是自己不保重身体，也应当替孩子做个服从的榜样。

第五"逼"。

蘩　（四面看一看，望望朴园又望望萍。拿起药，落下眼泪，忽而又放下）哦！不！我喝不下！

第六"逼"。

朴　萍儿，劝你母亲喝下去。

萍　爸！我——

此时周萍与蘩漪的内心矛盾是十分强烈的。

朴　去，走到母亲面前！跪下，劝你的母亲。

〔萍走至蘩漪面前。〕

第七"逼"，到达场面的高潮。

萍　（求恕地）哦，爸爸！

朴　（高声）跪下！（萍望着蘩漪和冲；蘩漪泪痕满面，冲全身发抖）叫你跪下！（萍正向下跪）

蘩　（望着萍，不等萍跪下，急促地）我喝，我现在喝！（拿碗，喝了两口，气得眼泪又涌出来，她望一望朴园的峻厉的眼和苦恼着的萍，咽下愤恨，一气喝下！）哦……（哭着，由右边饭厅跑下。）

〔半晌。〕

……

解读与鉴赏

1. 《雷雨》故事梗概

20世纪20年代一个夏天，气候闷热，暴雨即将来临。周公馆的客厅里使女四凤在滤药，她的父亲鲁贵正向女儿要钱，并告诉了她关于大少爷周萍和继母蘩漪有乱伦关系。

周萍是周朴园30年前生的孩子，当时周朴园与仆人梅妈的女儿梅侍萍相爱，生了两个儿子，因周家老太

思考与练习

阅读全剧，并观赏电影或电视剧《雷雨》，分析周朴园、鲁侍萍、蘩漪、周萍的性格特征。

爷不同意这门亲事,所以在侍萍生下第二个孩子大海第三天,大年夜的晚上被赶出家门,抱着孩子投河自尽。

繁漪是周朴园的第二个太太,爱上周萍。而周萍后来与四凤相爱,所以繁漪让四凤的母亲鲁妈来,要让她把四凤带走,重新得到周萍。

鲁妈就是当年投河自尽的梅侍萍,当年她并没有死,被人救了。现在济南一所学校里当老妈子。周朴园认出了侍萍,在此之前,他很怀念侍萍,家里的一切都按照侍萍在时的布置,可当活着的侍萍站在他面前时,他却厉声说:"你来干什么?""是谁指使你来的?"并用钱来收买,侍萍撕碎了支票。

这时罢工代表鲁大海闯了进来,他就是侍萍和周朴园的第二个儿子。周朴园拿出复工合同,原来他已收买了另外几个罢工代表,而准备开除鲁大海。鲁大海非常愤怒地揭露他血腥的发家史。

> 在包修哈尔滨江桥时,故意让江堤出险,淹死了三千多名工人,发了一笔绝子绝孙的昧心财。

晚上,周萍来到鲁家,从窗子跳进四凤的房间,跟踪而来的繁漪把窗子关死,大海发现了周萍,四凤羞愧而逃。侍萍和鲁大海来到周公馆找四凤要带她回家,四凤不得已向侍萍说出真相,她已经怀了周萍的孩子。繁漪带周冲来阻止周萍带走四凤,周朴园闻声而至,以为侍萍前来认儿子,让周萍跪下认自己的生母。严酷的现实让四凤无法承受,她冲向花园,碰到漏电的电线而死,周冲去救她也触电身亡。周萍开枪自杀了,两个妇人疯了。

2. 节选中的一段是《雷雨》中的精彩片段。"喝药"段主要是写周朴园与繁漪的关系。这段戏以周朴园为中心,刻画了周朴园的形象。

3. 周朴园的形象。注意分析他性格的几个侧面。

周朴园与大海:是作为资本家与工人之间的劳资矛盾。由这条线索引出了周朴园的发家史和残酷压榨工人的罪行。——这是一个双手沾满劳动者鲜血的资本家。

周朴园与繁漪、侍萍:这是作为家庭生活中的矛盾线索。作为主线在舞台上充分展示,交织着道德伦理的矛盾和冲突。他竭力维持家庭的表面平和,要建立

> 包括他对繁漪的态度;他对侍萍的态度;对大海的态度。

符合他个人意志的最圆满、最有秩序的家庭。

　　一方面,他对于侍萍的情感是真实的,是为了情感的补偿而怀念侍萍。当年他的始乱终弃表明了他和封建力量达成了和解;这里面有封建家长制的约束,在周围恶势力环境下的退守和投降,最终使得他牺牲了侍萍的幸福;另一方面,他在背离侍萍后感情生活已经死灭了,因此对蘩漪的态度只是一种问候与义务式的关心;第三是他吃素、禁锢自己,进行残酷的情欲上的自虐;这些都表明周朴园作为一个复杂的个体,既包含了对侍萍的真实的情感,也包含了受到封建传统侵蚀的一面。当然,当他发现侍萍仍然活在人世时,为了保住即将毁于一旦的名誉、地位、体面的强烈的现实感,使得他立即凶相毕露,责问侍萍,或者转而用软化的手段,企图蒙骗侍萍,又想用金钱来堵住侍萍的口,十分鲜明地表现了他的伪善和自私。

　　对蘩漪的态度,集中表现了周朴园专制的一面,这是周朴园作为封建家长强调家庭权威,在家庭中贯彻自己的意志,从逼蘩漪喝药一场戏中,突出表现的就是周朴园要建立自己的绝对权威,要确立一种命令与服从的秩序。从中可以看出,周朴园尽管接受过现代资本主义的教育,但血液中积淀的是封建伦理原则。周朴园受到环境的制约,作为个体难以超越和摆脱历史的负荷,在不合理的社会和专制的环境中,他灵魂深处已经扭曲了的病态人格和受到封建文化渗透的悲剧命运。

　　4. 蘩漪聪明、美丽,有自由追求和爱情(情欲)自主的强烈愿望,他对周萍的追求是在特定环境中对爱情热烈追求的表现,也从客观上表现出对封建专制家庭的反抗。

　　蘩漪的性格中,任性与脆弱、热情与孤独、反抗与屈从交织在一起,同时,作者写了她雷雨式的性格。这种性格使得她在难以抗拒的环境中以"雷雨"般的性格进行困兽之斗,爱变成恨,倔强变成疯狂。为了满足感情上的需要,她可以不择手段地去损害别人,甚至在某种程度上带有疯狂性。这种性格在封建家庭中有极大的破坏性,同时,蘩漪的反抗只是局限于爱情追求过程

思考与练习

　　试分析周朴园和蘩漪形象的基本内涵。

　　周朴园也处在《狂人日记》中所揭示的"吃"与"被吃"的食物循环链中。因此,这个人物就不是一般社会理念和政治学分析中的类型化人物了,而真正成为典型人物。

　　她爱起来像一团火,热烈,恨起来也像一团火,要把人烧毁。

中的自我要求,因而没有对整个家庭、对这造成悲剧命运的婚姻制度的反抗;没有对封建道德进行反抗。

5. 善于运用戏剧技巧,强化悲剧力量,也是这部剧作的特色。在《雷雨》中,戏剧一开场,矛盾和危机就逐渐积聚起来,许多偶然的事件和机缘一一出现:两年多没在家的周朴园回到了公馆,回避继母的"爱"的周家大公子周萍准备离家出走,在外地帮工的鲁侍萍因为女儿四凤在周家帮工,被周家太太召到周公馆来,鲁侍萍与周朴园生的儿子鲁大海又因为周家的矿上闹风潮,找到周家来,形成了山雨欲来风满楼的态势。似乎只要等到某种机缘,将来一次总爆发。这种全剧始终闪示的"隐秘",不仅使人情系魂牵,而且结构紧凑,层层推进。曹禺剧本的戏剧冲突都是相当尖锐的,不断地深化着,最终引向大爆发。悲剧的冲突建立在历史的积累过程中,悲剧的渊源也深刻地呈现在观众眼前。

这部戏剧在结构上也达到了完美的程度。戏剧集中于一天时间,两个舞台背景(周家客厅、鲁家住房),从周朴园家庭内、外各成员间前后30年的错综纠葛深入进去,以亲缘关系连结了冲突各方的人物。

法国古典主义戏剧讲求"三一律",把话剧的情节结构限定在同一场景同一天之中发生的同一事件,形成高度集中紧凑的戏剧结构。

知识积累

1. 戏剧是一个比较宽泛的概念,我们可以从多个角度对其进行分类。从容量上看,可将其分为独幕剧和多幕剧;从形式上看,可将其分为戏曲、话剧、歌剧、舞剧等;从题材内容上看,可分为历史剧、现代剧、情节剧、哲理剧、寓言剧、童话剧等;从作品类型上看,可将其分为悲剧、喜剧、悲喜剧、正剧等。

2. 19世纪末在上海等大城市教会学校中出现的"学生戏"直接引入西方戏剧,采用写实体系,表现现实生活,也成为中国现代话剧在西方戏剧影响下出现的萌芽;20世纪初出现的文明戏开始了中国现代话剧的序曲。1907年春柳社在东京演出《茶花女》,"这是中国完整的话剧的第一次演出","无论从内容、形式或技术上来说,都有相当的成功"(张庚《中国话剧运动史初稿》),拉开了中国话剧的序幕。经过欧阳予倩、田汉、洪深等人的奠基,中国现代话剧基本确立。从"五四"

参考阅读

1. 《雷雨》对我是个诱惑。与《雷雨》俱来的情绪蕴成我对宇宙许多神秘的事物一种不可言喻的憧憬……情感上《雷雨》所象征的对我是一种神秘的吸引、一种抓牢我心灵的魔:《雷雨》所显示的,并不是因果,并不是报应,而是我所觉得的天地间的"残忍"。

——曹禺《〈雷雨〉序》

至20年代的现代话剧,呈现出明显的西方话剧横向移植的倾向,这在现代戏剧的萌芽、成形过程中是十分必要的。但是,单纯的移植无法形成具有中国风格的现代话剧,20世纪30年代以后,曹禺、夏衍等话剧家的崛起才形成了中国话剧的成熟和繁荣。

3. 几个具有代表性的话剧艺术的观点。

18世纪法国启蒙运动时期狄德罗提出的"情境说"。强调"人物性格要根据他们的处境来决定。如果人物的处境愈棘手愈不幸,他们的性格就愈容易决定。人物的处境要有力地激动人心,并使之与人物的性格形成对比,同时使人物的利益互相对立,这样的情境,乃是动作的推动力"。

18世纪法国的伏尔泰提出的"冲突说"。他强调"每一场戏必须表现一次争斗"。另外,黑格尔提出的"目的和人物性格的冲突"、布伦退尔提出的"意志的冲突"、劳逊提出的"社会性冲突"等都涉及了戏剧冲突的内涵,其实它们都是各种生活矛盾的反映。

英国近代戏剧理论家阿契尔提出的"激变说",他强调"一个剧本,在或多或少的程度上总是命运或环境的一次急遽发展的激变,而一个戏剧场面,又是明显地推动着整个根本事件向前发展的那个总的激变内部的一次激变。可以说,戏剧是一种激变的艺术"。

亚里士多德在《诗学》中提出的"动作说",他强调的是"戏剧是借助于人物的动作来表达的"。

4. 鉴赏话剧的几个基本要点。

(1)要了解剧本的创作背景,理解剧本的主旨。(2)在戏剧冲突中理清剧本的情节线索。(3)深刻体味话剧台词尤其是"只可意会不可言传"的潜台词。台词是话剧主要的表现手段,它生动具体地体现出人物的性格、内心世界和外部行动,表现故事情节的内容,推动剧情的发展变化。理解台词要掌握以下几点:①要理解台词中交代的人物关系,理解台词所传达的人物感情的变化和发展,及其将导致的剧情发展;②要分析和体会台词传达出来的人物性格特点,去领悟艺术形象的不同性格魅力;③要领会人物对话的心理依据,并据此想象伴随台词所可能具有的人物动作;④注意领

2. 关于《雷雨》的戏剧冲突,主要存在三种看法:一种认为"周朴园和妇女尤其是劳动妇女"(即周朴园与侍萍)的冲突是主要的戏剧冲突;另一种看法认为繁漪与周朴园的冲突是主要冲突;第三种看法认为繁漪与周萍的冲突是"决定其他矛盾发展,推动总的戏剧情节进展"的首要冲突。

——龙泉明主编《中国现代文学作品导引·第二卷》

 思考与练习

你认为《雷雨》的主要戏剧冲突是什么?

 思考与练习

自主选择一部话剧作品,学会从戏剧冲突、戏剧语言以及戏剧结构角度进行鉴赏。

会在台词背后隐藏的、欲说还休的潜台词,仔细体味说话者的"话中之话","言外之意"才能很好地理解人物的精神世界和心理内核。(4)注意话剧的剧情结构。

9. 金锁记(节选)

张爱玲

张爱玲(1920—1995),原名张瑛,河北丰润人,生于天津,成长于上海。张爱玲的家世显赫,祖父张佩纶是清末名臣,祖母李菊耦是朝廷重臣李鸿章的长女。张爱玲在作品中表现的就是她对人生的切身体验和感悟。代表性的作品有《金锁记》《倾城之恋》《茉莉香片》《沉香屑:第一炉香》《红玫瑰与白玫瑰》等。

三十年前的上海,一个有月亮的晚上……我们也许没赶上看见三十年前的月亮。年轻的人想着三十年前的月亮该是铜钱大的一个红黄的湿晕,像朵云轩信笺上落了一滴泪珠,陈旧而迷糊。老年人回忆中的三十年前的月亮是欢愉的,比眼前的月亮大、圆、白;然而隔着三十年的辛苦路往回看,再好的月色也不免带点凄凉。

月光照到姜公馆新娶的三奶奶的陪嫁丫鬟凤箫的枕边。凤箫睁眼看了一看,只见自己一只青白色的手搁在半旧高丽棉的被面上,心中便道:"是月亮光么?"凤箫打地铺睡在窗户底下。那两年正忙着换朝代,姜公馆避兵到上海来,屋子不够住的,因此这一间下房里横七竖八睡满了底下人。

凤箫恍惚听见大床背后有窸窸窣窣的声音,猜着有人起来解手,翻过身去,果见布帘一掀,一个黑影跐着鞋出来了,约摸是伺候二奶奶的小双,边轻轻叫了一声:"小双姐姐。"小双笑嘻嘻走来,踢了踢地上的褥子道:"吵醒了你了。"她把两手抄在青莲色旧绸夹袄里。下面系着明油绿裤子。凤箫伸手捻了那裤脚,笑道:"现在颜色衣服不大有人穿了,下江人时兴的都是素净

学习目标与建议

1. 了解张爱玲代表性作品。
2. 掌握《金锁记》的写作特点。
3. 分析曹七巧的形象意义。

注意文中对"月"的描写。

的。"小双笑道:"你不知道,我们家哪比得旁人家?我们老太太古板,连奶奶小姐们尚且做不得主呢,何况我们丫头?给什么,穿什么——一个个打扮得庄稼人似的!"她一蹲身坐在地铺上,拣起凤箫脚头一件小袄来,问道:"这是你们小姐出阁,给你们新添的?"凤箫摇头道:"三季衣裳,就只外场上看见的两套是新制的,余下的还不是拿上头人穿剩下的贴补贴补!"小双道:"这次办喜事,偏赶着革命党造反,可委屈了你们小姐!"凤箫叹道:"别提了。就说省俭些罢,总得有个谱子!也不能太看不上眼了。我们那一位,嘴里不言语,心里岂有不气的?"小双道:"也难怪三奶奶不乐意。你们那边的嫁妆,也还凑合着,我们这边的排场,可太凄惨了。就连那一年娶咱们二奶奶,也还比这一趟强些!"凤箫愣了一愣道:"怎么?你们二奶奶……"

  小双脱下了鞋,赤脚从凤箫身上跨过去,走到窗户跟前,笑道:"你也起来看看月亮。"凤箫一骨碌爬起身来,低声问道:"我早就想问你了,你们二奶奶……"小双弯腰拾起那件小袄来替她披上了,道:"仔细招了凉。"凤箫一面扣钮子,一面笑道:"不行,你得告诉我!"小双笑道:"是我说话不留神,闯了祸!"凤箫道:"咱们这都是自家人了,干吗这么见外呀?"小双道:"告诉你,你可别告诉你们小姐去!咱们二奶奶家里是开麻油店的。"凤箫哟了一声道:"开麻油店!打哪儿想起的?像你们大奶奶,也是公侯人家的小姐,我们那一位虽比不上大奶奶,也还不是低三下四的人——"小双道:"这里头自然有个缘故。咱们二爷你也见过了,是个残废。做官人家的女儿谁肯给他?老太太没奈何,打算替二爷置一房姨奶奶,做媒的给找了这曹家的,是七月里生的,就叫七巧。"凤箫道:"哦,是姨奶奶。"小双道:"原是做姨奶奶的,后来老太太想着,既然不打算替二爷另娶了,二房里没个当家的媳妇,也不是事,索性聘了来做正头奶奶,好教她死心塌地服侍二爷。"凤箫把手扶着窗台,沉吟道:"怪道呢!我虽是初来,也瞧料了两三分。"小双道:"龙生龙,凤生凤,这话是有的。你还没听见她的谈吐呢!当着姑娘们,一点忌讳也没有。亏得我们家一向内言不出,外言不入,姑娘们什么都不懂。

用两个姜家丫头的对话侧面说明了曹七巧在姜家是一个主人们厌烦、丫头们鄙视的角色。

饶是不懂,还臊得没处躲!"凤箫噗嗤一笑道:"真的?她这些村话,又是从哪儿听来的?就连我们丫头——"小双抱着胳膊道:"麻油店的活招牌,站惯了柜台,见多识广的,我们拿什么去比人家?"凤箫道:"你是她陪嫁来的么?"小双冷笑说:"她也配!我原是老太太跟前的人,二爷成天的吃药,行动都离不了人,屋里几个丫头不够使,把我拨了过去。怎么着?你冷哪?"凤箫摇摇头。小双道:"瞧你缩着脖子这娇模样儿!"一语未完,凤箫打了个喷嚏,小双忙推她道:"睡罢!睡罢!快焐一焐。"凤箫跪了下来脱袜子,笑道:"又不是冬天,哪儿就至于冻着了?"小双道:"你别瞧这窗户关着,窗户眼儿里吱溜溜的钻风。"

两人各自睡下。凤箫悄悄地问道:"过来了也有四五年了罢?"小双道:"谁?"凤箫道:"还有谁?"小双道:"哦,她,可不是有五年了。"凤箫道:"也生男育女的——倒没闹出什么话柄儿?"小双道:"还说呢!话柄儿就多了!前年老太太领着合家上下到普陀山进香去,她坐月子没去,留着她看家。舅爷脚步儿走得勤了些,就丢了一票东西。"凤箫失惊道:"也没查出个究竟来?"小双道:"问得出什么好的来?大家面子上下不去!那些首饰只不过将来是归大爷二爷三爷的。大爷大奶奶碍着二爷,没好说什么。三爷自己在外头流水似的花钱。欠了公账上不少,也说不响嘴。"

她们俩隔着丈来远交谈。虽是极力地压低了喉咙,依旧有一句半句声音大了些,惊醒了大床上睡着的赵嬷嬷,赵嬷嬷唤道:"小双。"小双不敢答应。赵嬷嬷道:"小双,你再混说,让人家听见了,明儿仔细揭你的皮!"小双还是不做声。赵嬷嬷又道:"你别以为还是从前住的深堂大院哪,由得你疯疯癫癫!这儿可是挤鼻子挤眼睛的,什么事瞒得了人?趁早别讨打!"屋里顿时鸦雀无声。赵嬷嬷害眼,枕头里塞着菊花叶子,据说是使人眼目清凉的。她欠起头来按一按髻上横绾的银簪,略一转侧,菊叶便沙沙作响。赵嬷嬷翻了个身,吱吱格格牵动了全身的骨节,她唉了一声道:"你们懂得什么!"小双与凤箫依旧不敢接嘴。久久没有人开口,也就一个个的朦胧睡去了。

天就快亮了。那扁扁的下弦月，低一点，低一点，大一点，像赤金的脸盆，沉了下去。天是森冷的蟹壳青，天底下黑漆漆的只有些矮楼房，因此一望望得很远。地平线上的晓色，一层绿、一层黄、又一层红，如同切开的西瓜——是太阳要上来了。渐渐马路上有了小车与塌车辘辘推动，马车蹄声得得。卖豆腐花的挑着担子悠悠吆喝着，只听见那漫长的尾声："花……呕！花……呕！"再去远些，就只听见"哦……呕！哦……呕！"

屋子里丫头老妈子也起身了，乱着开房门、打脸水、叠铺盖、挂帐子、梳头。凤箫伺候三奶奶兰仙穿了衣裳，兰仙凑到镜子前面仔细望了一望，从腋下抽出一条水绿洒花湖花纺手帕，擦了擦鼻翅上的粉，背对着床上的三爷道："我先去替老太太请安罢。等你，准得误了事。"正说着大奶奶玳珍来了，站在门槛上笑道："三妹妹，咱们一块儿去。"兰仙忙迎了出去道："我正担心着怕晚了，大嫂原来还没上去。二嫂呢？"玳珍笑道："她还有一会儿耽搁呢。"兰仙道："打发二哥吃药？"玳珍四顾无人，便笑道："吃药还在其次——"她把大拇指抵着嘴唇，中间的三个指头握着拳头，小指头翘着，轻轻的"嘘"了两声。兰仙诧异道："两人都抽这个？"玳珍点头道："你二哥是过了明路的，她这可是瞒着老太太的，叫我们夹在中间为难，处处还得替她遮盖遮盖，其实老太太有什么不知道？有意地装不晓得，照常的派她差使，零零碎碎给她罪受，无非是不肯让她抽个痛快罢了。其实也是的，年纪轻轻的妇道人家，有什么了不得的心事，要抽这个解闷儿？"

玳珍兰仙挽手一同上楼，各人后面跟着贴身丫鬟，来到老太太卧室隔壁的一间小小的起坐间里。老太太的丫头榴喜迎了出来，低声道："还没醒呢。"玳珍抬头望了望挂钟，笑道："今儿老太太也晚了。"榴喜道："前两天说是马路上人声太杂，睡不稳。这现在想是惯了，今儿补足了一觉。"

紫榆百龄小圆桌上铺着红毡条，二小姐姜云泽一边坐着，正拿着小钳子磕核桃呢，忙丢下了站起来相见。玳珍把手搭在云泽肩上，笑道："还是云妹妹孝心，

通过大嫂和三嫂的冷嘲热讽，看出七巧在这个家族上层不受欢迎。

164

老太太昨儿一时高兴,叫做糖核桃,你就记住了。"兰仙玳珍便围着桌子坐下了,帮着剥核桃衣子。云泽手酸了,放下了钳子,兰仙接了过来。玳珍道:"当心你那水葱似的指甲,养得这么长了,断了怪可惜的!"云泽道:"叫人去拿金指甲套子去。"兰仙笑道:"有这些麻烦的,倒不如叫他们拿到厨房里去剥了!"

　　众人低声说笑着,榴喜打起帘子,报道:"二奶奶来了。"兰仙云泽起身让座,那曹七巧且不坐下,一只手撑着门,一只手撑了腰,窄窄的袖口里垂下一条雪青洋绉手帕,身上穿着银红衫子,葱白线香镶滚,雪青闪蓝如意小脚裤子,瘦骨脸儿,朱口细牙,三角眼,小山眉,四下里一看,笑道:"人都齐了。今儿想必我又晚了!怎怪我不迟到——摸着黑梳的头!谁教我的窗户冲着后院子呢?单单就派了那么间房给我,横竖我们那位眼看是活不长的,我们净等着做孤儿寡妇了——不欺负我们,欺负谁?"玳珍淡淡的并不接口,兰仙笑道:"二嫂住惯了北京的屋子,怪不得嫌这儿憋闷得慌。"云泽道:"大哥当初找房子的时候,原该找个宽敞些的,不过上海像这样的,只怕也算敞亮的了。"兰仙道:"可不是!家里人实在多,挤是挤了点——"七巧挽起袖口,把手帕子掖在翡翠镯子里,瞟了兰仙一眼,笑道:"三妹妹原来也嫌人太多了。连我们都嫌人多,像你们没满月的自然更嫌人多了!"兰仙听了这话,还没有怎么,玳珍先红了脸,道:"玩是玩,笑是笑,也得有个分寸,三妹妹新来乍到的,你让她想着咱们是什么样的人家?"七巧扯起手绢子的一角遮住了嘴唇道:"知道你们都是清门净户的小姐,你倒跟我换一换试试,只怕你一晚上也过不惯。"玳珍啐道:"不跟你说了,越说你越上头上脸的。"七巧索性上前拉住玳珍的袖子道:"我可以赌得咒——这三年里头我可以赌得咒!你敢赌么?你敢赌么?"玳珍也撑不住噗嗤一笑,咕哝了一句道:"怎么你孩子也有了两个?"七巧道:"真的,连我也不知道这孩子是怎么生出来的!越想越不明白!"玳珍摇手道:"够了,够了,少说两句罢。就算你拿三妹妹当自己人,没什么背讳,现放着云妹妹在这儿呢,待会儿老太太跟前一告诉,管叫你吃不了兜着走!"

注意此处的人物肖像描写。

七巧明白,一不留心,别人就会用嘲笑的、不信任的眼光打量她、看待她。因此,她说话处处留神设防,进而攻击别人。

她对丈夫不满,自然对孩子也不太亲近。

云泽早远远地走开了,背着手站在阳台上,撮尖了嘴逗芙蓉鸟。姜家住的虽然是早期的最新式洋房,堆花红砖大柱支着巍峨的拱门,楼上的阳台却是木板铺的地。黄杨木阑干里面,放着一溜大簸箩子,晾着笋干。敝旧的太阳弥漫在空气里像金的灰尘,微微呛人的金灰,揉进眼睛里去,昏昏的。街上小贩遥遥摇着拨浪鼓,那懵懂的"不楞登……不楞登"里面有着无数老去的孩子们的回忆。包车叮叮地跑过,偶尔也有一辆汽车叭叭叫两声。

七巧自己也知道这屋子里的人都瞧不起她,因此和新来的人分外亲热些,倚在兰仙的椅背上问长问短,携着兰仙的手左看右看,夸赞了一回她的指甲,又道:"我去年小拇指上养的比这个足足还长半寸呢,掐花给弄断了。"兰仙早看穿了七巧的为人和她在姜家的地位,微笑尽管微笑着,也不大答理她。七巧自觉无趣,踅到阳台上来,拾起云泽的辫梢来抖了一抖,搭讪着笑道:"呦!小姐的头发怎么这样稀朗朗的?去年还是乌油油的一头好头发,该掉了不少罢?"云泽闪过身去护着辫子,笑道:"我掉两根头发,也要你管!"七巧只顾端详她,叫道:"大嫂你来看看,云妹妹的确瘦多了,小姐莫不是有了心事了?"云泽啪的一声打掉了她的手,恨道:"你今儿个真的发了疯了!平日还不够讨人嫌的?"七巧把两手筒在袖子里,笑嘻嘻地道:"小姐脾气好大!"

玳珍探出头来道:"云妹妹,老太太起来了。"众人连忙扯扯衣襟,摸摸鬓脚,打帘子进隔壁房里去,请了安,伺候老太太吃早饭。婆子们端着托盘从起坐间里穿了过去,里面的丫头接过碗碟,婆子们依旧退到外间来守候着。里面静悄悄的,难得有人说句把话,只听见银筷子头上的细银链窸窣颤动。老太太信佛,饭后照例要做两个时辰的功课,众人退了出来,云泽背地里向玳珍道:"二嫂不忙着过瘾去,还挨在里面做什么?"玳珍道:"想是有两句私房话要说。"云泽不由得笑了起来道:"她的话,老太太哪里听得进?"玳珍冷笑道:"那倒也说不定。老年人心思总是活动的,成天在耳边聒絮着,十句里头相信一两句,也未可知。"

> 表现了七巧的心理扭曲,把自己的乐趣建立在"虐人"的基础之上。

兰仙坐着磕核桃，玳珍和云泽便顺着脚走到阳台上来，虽不是存心偷听正房里的谈话，老太太上了年纪，有点聋，喉咙特别高些，有意无意之间不免有好些话吹到阳台上的人的耳朵里来。云泽把脸气得雪白，先是握紧了拳头，又把两只手使劲一洒，便向走廊的另一头跑去。跑了两步，又站住了，身子向前伛偻着，捧着脸呜呜哭了起来。玳珍赶上去扶着劝道："妹妹快别这么着！快别这么着！犯不着跟她这样的人计较！谁拿她的话当桩事！"云泽甩开了她，一径往自己屋里奔去。玳珍回到起坐间里来，一拍手道："这可闯出祸来了！"兰仙忙道："怎么了？"玳珍道："你二嫂去告诉了老太太，说女大不中留，让老太太写信给彭家，叫他们早早把云妹妹娶过去罢。你瞧，这算什么话！"兰仙也怔了一怔道："女家说出这种话来，可不是自己打脸么？"玳珍道："姜家没面子，还是一时的事，云妹妹将来嫁了过去，叫人家怎么瞧得起她？她这一辈子还要做人呢！"兰仙道："老太太是明白人，不见得跟那一位一样的见识。"玳珍道："老太太起先自然是不爱听，说咱们家的孩子，决不会生这样的心。她就说：'哟！您不知道现在的女孩子跟您从前做女孩子时候的女孩子，哪儿能够打比呀？时世变了，人也变了，要不怎么天下大乱呢？'你知道，年岁大的人就爱听这一套，说得老太太也有点疑疑惑惑起来。"兰仙叹道："好端端怎么想起来的，造这样的谣言！"玳珍两肘支在桌子上，伸着小指剔眉毛，沉吟了一会，嗤地一笑道："她自己以为她是特别的体贴云妹妹呢！要她这样体贴我，我可受不了！"兰仙拉了她一把道："你听——不能是云妹妹罢？"后房似乎有人在那里大放悲声，蹬得铜床柱子一片响。嘈嘈杂杂还有人在那里解劝，只是劝不住。玳珍站起身来道："我去看看。别瞧这位小姐好性儿，逼急了她，也不是好惹的。"

玳珍出去了，那姜三爷姜季泽却一路打着呵欠进来了。季泽是个结实小伙子，偏于胖的一方面，脑后拖一根三脱油松大辫，生得天圆地方，鲜红的腮颊，往下坠着一点，青湿眉毛，水汪汪的黑眼睛里永远透着三分

季泽的外貌、言行举止都表现出了姜家三少爷是个风流、懒散的纨绔子弟。

不耐烦,穿一件竹根青窄袖长袍,酱紫芝麻地一字襟珠扣小坎肩,问兰仙道:"谁在里头喊喊喳喳跟老太太说话?"兰仙道:"二嫂。"季泽抿着嘴摇摇头。兰仙笑道:"你也怕了她?"季泽一声儿不言语,拖过一把椅子,将椅背抵着桌面,把袍子高高的一撩,骑着椅子坐了下来,下巴搁在椅背上,手里只管把核桃仁一个一个拈来吃。兰仙睨了他一眼道:"人家剥了这一晌午,是专诚孝敬你的么?"正说着,七巧掀着帘子出来了,一眼看见了季泽,身不由主的就走了过来,绕到兰仙椅子背后,两手兜在兰仙脖子上,把脸凑了下去,笑道:"这么一个人才出众的新娘子! 三弟你还没谢谢我哪! 要不是我催着他们早早替你办了这件事,这一耽搁,等打完了仗,指不定要十年八年呢! 可不把你急坏了!"兰仙生平最大的憾事便是出阁的日子正赶着非常时期,潦草成了家,诸事都欠齐全,因此一听见这不入耳的话,她那小长瓜子脸便往下一沉。季泽望了兰仙一眼,微笑道:"二嫂,自古好心没好报,谁都不承你的情!"七巧道:"不承情也罢! 我也惯了。我进了你姜家的门,别的不说,单只守着你二哥这些年,衣不解带的服侍他,也就是个有功无过的人——谁见我的情来? 谁有半点好处到我头上?"季泽笑道:"你一开口就是满肚子的牢骚!"七巧长长地吁了一口气,只管拨弄兰仙衣襟上扣着的金三事儿和钥匙。半晌,忽道:"总算你这一个来月没出去胡闹过。真亏了新娘子留住了你。旁人跪下地来求你也留你不住!"季泽笑道:"是吗? 嫂子并没有留过我,怎见得留不住?"一面笑,一面向兰仙使了个眼色。七巧笑得直不起腰道:"三妹妹,你也不管管他! 这么个猴儿崽子,我眼看他长大的,他倒占起我的便宜来了!"

她嘴里说笑着,心里发烦,一双手也不肯闲着,把兰仙揣着捏着,搔着打着。恨不得把她挤得走了样才好。兰仙纵然有涵养,也忍不住要恼了,一性急,磕核桃使差了劲,把那二寸多长的指甲齐根折断。七巧哟了一声道:"快拿剪刀来修一修。我记得这屋里有一把小剪子的。"便唤:"小双! 榴喜! 来人哪!"兰仙立起身来道:"二嫂不用费事,我上我屋里铰去。"便抽身出去。七巧就在兰仙的椅子上坐下了,一手托着腮,抬高了眉

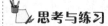

思考与练习

1. 请课后看完整部小说,说说七巧是怎样的一个人。

2. 请说说本文所赋予的社会意义。

参考阅读

最完满之作,颇有《猎人日记》中某些故事的风味,至少也该列为我们文坛最美的收获之一。

——傅雷

中国从古以来最伟大的中篇小说。

——夏志清

一般所说"时代的纪念碑"那样的作品,我是写不出来的,也不打算尝试,因为现在似乎还没有这样集中的客观题材。我甚至只是写些男女间的小事情,我的作品里没有战争,也没有革命。我以为人在恋爱的时候,是比在战争或革命的时候更素朴,也更放肆的。

——张爱玲

这一系列富于挑逗性动作的背后,我们看到了被压抑多年的七巧,对有健康生命力躯体的渴望。

毛,斜瞅着季泽道:"她跟我生了气么?"季泽笑道:"她干吗生你的气?"七巧道:"我正要问呀——我难道说错了话不成?留你在家倒不好?她倒愿意你上外头逛去?"季泽笑道:"这一家子从大哥大嫂起,齐了心管教我,无非是怕我花了公账上的钱罢了。"七巧道:"阿弥陀佛,我保不定别人不安着这个心,我可不那么想。你就是闹了亏空,押了房子卖了田,我若皱一皱眉头,我也不是你二嫂了。谁叫咱们是骨肉至亲呢?我不过是要你当心你的身子。"季泽嗤的一笑道:"我当心我的身子,要你操心?"七巧颤声道:"一个人,身子第一要紧。你瞧你二哥弄的那样儿,还成个人吗?还能拿他当个人看?"季泽正色道:"二哥比不得我,他一下地就是那样儿,并不是自己作贱。他是个可怜的人,一切全仗二嫂照护他了。"七巧直挺挺地站了起来,两手扶着桌子,垂着眼皮,脸庞的下半部抖得像嘴里含着滚烫的蜡烛油似的,用尖细的声音逼出两句话道:"你去挨着你二哥坐坐!你去挨着你二哥坐坐!"她试着在季泽身边坐下,只搭着他的椅子的一角,她将手贴在他腿上,道:"你碰过他的肉没有?是软的、重的,就像人的脚有时发了麻,摸上去那感觉⋯⋯"季泽脸上也变了色,然而他仍旧轻佻地笑了一声,俯下腰,伸手去捏她的脚道:"倒要瞧瞧你的脚现在麻不麻!"七巧道:"天哪,你没挨着他的肉,你不知道没病的身子是多好的⋯⋯多好的⋯⋯"她顺着椅子溜下去,蹲在地上,脸枕着袖子,听不见她哭,只看见发髻上插的风凉针,针头上的一粒钻石的光,闪闪掣动着。发髻的心子里扎着一小截粉红丝线,反映在金刚钻微红的光焰里。她的背影一挫一挫,俯伏了下去。她不像在哭,简直像在翻肠搅胃地呕吐。

解读与鉴赏

本文选自张爱玲的中篇《金锁记》,本部作品写于1943年,收录于1944年8月出版的小说集《传奇》,这部小说集同时还收录了《倾城之恋》、《沉香屑:第一炉香》、《茉莉香片》、《花凋》、《封锁》等10部小说。《金锁记》是张爱玲最重要的代表作之一。

小说的主人公曹七巧是一个麻油店人家出身的下

参考阅读

最初她被黄金锁住了爱情,结果却锁住了自己。爱情磨折了她一世和一家。她战败了,她是弱者。但因为是弱者,她就没有被同情的资格了么?弱者做了情欲的俘虏,代情欲做了刽子手,我们便有理由恨她么?作者不这么想。

——傅雷《论张爱玲》

悲壮是一种完成,而苍凉则是一种启示。

——张爱玲《自己的文章》

层女子,她的大哥为了攀附权贵,把她嫁入没落大族姜家,曾经可爱快乐的七巧一下子进入到了死气沉沉、勾心斗角的封建家庭,并且她的丈夫是个自小就卧病在床的废人,满足不了一个女人正常需要的精神之爱和肉体之爱。同时,七巧每天面临着家族中人的冷嘲热讽,下人的鄙视,她的心灵深处渐渐发生着异变,取而代之的是以畸形的发泄手段来转移、排解自己的痛苦。在财欲与情欲的压迫下,她的性格终于被扭曲,行为变得乖戾,不但破坏儿子的婚姻,致使儿媳被折磨而死,还拆散女儿的爱情。

《金锁记》是一篇很有思想和社会价值且在艺术上颇有特色的作品。

首先,张爱玲的小说语言极具魅力。在小说中,人物的心理感受、戏剧性的对话语言以及性格化的语言是其人物语言的三个方面。《金锁记》一开始就用两个姜家丫头的对话侧面说明了曹七巧在姜家是一个主人们厌烦、丫头们嫌弃的角色。作为《金锁记》中的主要人物,以"虐人"来平衡自身被虐的不幸,以他人的痛苦来抚慰自身的痛苦,通过自虐、"虐人"而获得畸形的快乐,达到她变态的心理平衡的目的。比如七巧一出场就给二小姐云泽做媒,气得二小姐大哭。

其次,在小说的写作技巧上,采用了中西合璧的创作风格。《金锁记》吸收了传统小说的叙事方式,许多地方可以看出《红楼梦》的影子,如开头,通过两个下人的床头闲话道出二奶奶的出身,接着再借大奶奶、三奶奶的背后冷言闲语,交代了七巧在家里的地位。同时,张爱玲在塑造人物时又运用了西方精神分析的方法,运用联觉、知觉、超感觉等表现手法,生动展现人物的心理状态。

思考与练习

分组讨论:曹七巧是如何一步一步被黄金枷锁锁住?她的性格是如何一步步被扭曲的?

10. 萧峰之死(节选)(自读篇目)

金 庸

金庸(1924—),原名查良镛,浙江海宁人。武侠小说作家,中国作家协会名誉副主席,1948年移居香港,是香港《明报》创办人。创作有"飞雪连天射白鹿,笑书神侠倚碧鸳"及《越女剑》等15部武侠小说。

萧峰走下岭来,来到山侧,猛然间看到一块大岩,心中一凛:"当年玄慈方丈、汪帮主等率领中原豪杰,伏击我爹爹,杀死了我母亲和不少契丹武士,便是在此。"一侧头,只见一片山壁上斧凿的印痕宛然可见,正是玄慈将萧远山所留字迹削去之处。

萧峰缓缓回头,见到石壁旁一株花树,耳中似乎听到了阿朱当年躲在身后的声音:"乔大爷,你再打下去,这座山峰也要给你击倒了。"

他一呆,阿朱情致殷殷的几句话,清清楚楚的在他脑海中响起:"我在这里已等了你五日五夜,我只怕你不能来。你……你果然来了,谢谢老天爷保佑,你终于安然无恙。"

萧峰热泪盈眶,走到树旁,伸手摩挲树干,见那树比之当日与阿朱相会时已高了不少。一时间伤心欲绝,浑忘了身外之事。

忽听得一个尖锐的声音叫道:"姐夫,快退!快退!"阿紫奔近身来,拉住萧峰衣袖。

萧峰一抬头,远远望出去,只见东面、北面、南面三方,辽军长矛的矛头犹如树林般刺向天空,竟然已经合围。萧峰点了点头,道:"好,咱们退入雁门关再说。"

这时群豪都已聚在雁门关前。萧峰和阿紫并骑来到关口,关门却兀自紧闭。关门上一名宋军军官站在城头,朗声说道:"奉镇守雁门关指挥使张将军将令:尔等既是中原百姓,原可入关,但不知是否勾结辽军的奸细,因此各人抛下军器,待我军一一搜检。身上如不藏军器者,张将军开恩,放尔等进关。"

此言一出,群豪登时大哗。有的说:"我等千里奔驰,奋力抵抗辽兵,怎可怀疑我等是奸细?"有的道:"我们携带军器,是为了相助将军抗辽。倘若失去了趁手兵器,如何和辽军打仗?"更有性子粗暴之人叫骂起来:"他妈的,不放我们进关么?大伙儿攻进去!"

玄渡急忙制止,向那军官道:"相烦禀报张将军知

节选自金庸《天龙八部》第五十回《教单于折箭六军辟易奋英雄怒》。

"飞雪连天射白鹿,笑书神侠倚碧鸳"指:

飞——《飞狐外传》

雪——《雪山飞狐》

连——《连城诀》

天——《天龙八部》

射——《射雕英雄传》。金庸"射雕三部曲"之第一部曲,也是其成名作;被金庸小说的读者称为"侠文化的歌颂"。

白——《白马啸西风》。附在《雪山飞狐》之后的短篇小说。

鹿——《鹿鼎记》。金庸封笔之作。

笑——《笑傲江湖》

书——《书剑恩仇录》。第一部小说。

神——《神雕侠侣》,金庸"射雕三部曲"之第二部曲,被金庸小说读者称为"情的赞美"。

侠——《侠客行》

倚——《倚天屠龙记》,金庸"射雕三部曲"之第三部曲。

碧——《碧血剑》

鸳——《鸳鸯刀》附在《雪山飞狐》之后的短篇小说。

道：我们都是忠义为国的大宋百姓。敌军转眼即至，再要搜检什么，耽误了时刻，那时再开关，便危险了。"

那军官已听到人丛中的叫骂之声，又见许多人穿着奇形怪状的衣饰，不类中土人士，说道："老和尚，你说你们都是中土良民，我瞧有许多不是中国人吧？好！我就网开一面，大宋良民可以进关，不是大宋子民，可不得进关。"

群豪面面相觑，无不愤怒。段誉的部属是大理国臣民，虚竹的部属更是各族人氏都有，或西域、或西夏、或吐蕃、或高丽，倘若只有大宋臣民方得进关，那么大理国、灵鹫宫两路人马，大部分都不能进去了。

玄渡说道："将军明鉴：我们这里有许多同伴，有的是大理人，有的是西夏人，都跟我们联手，和辽兵为敌，都是朋友，何分是宋人不宋人？"这次段誉率部北上，严守秘密，决不泄漏是一国之主的身份，以防宋朝大臣起心加害，或掳之作为人质，兼之大理与辽国相隔虽远，却也不愿公然与之对敌，是以玄渡并不提及关下有大理国极重要的人物。

那军官怫然道："雁门关乃大宋北门锁钥，是何等要紧的所在？辽兵大队人马转眼就即攻到，我若随便开关，给辽兵乘机冲了进来，这天大的祸事，有谁能够担当？"

吴长风再也忍耐不住，大声喝道："你少啰唆几句，早些开了关，岂不是什么事也没有了？"那军官怒道："你这老叫花，本官面前，哪有你说话的余地？"他右手一扬，城垛上登时出现了千余名弓箭手，弯弓搭箭，对准了城下。那军官喝快快退开，若再在这里妖言惑众，扰乱军心，我可要放箭了。玄渡长叹一声，不知如何是好。

雁门关两侧双峰夹峙，高耸入云，这关所以名为"雁门"，意思说鸿雁南飞之时，也须从双峰之间通过，以喻地势之险。群豪中虽不乏轻功高强之士，尽可翻山越岭逃走，但其余人众难逾天险，不免要被辽军聚歼于关下了。

只见辽军限于山势，东西两路渐渐收缩，都从正面压境而来。但除了马蹄声、铁甲声、大风吹旗声外，却无半点人声喧哗,的确是军纪严整的精锐之师。一队队辽军逼关为阵,驰到弩箭将及之处,便即退住。一眼望去,东西北三方旌旗招展,实不知有多少人马。

萧峰朗声道:"众位请各在原地稍候,不可移动,待在下与辽帝分说。"不等段誉、阿紫等劝止,已单骑纵马而出。他双手高举过顶,示意手中并无兵刃弓箭,大声叫道:"大辽国皇帝陛下,萧峰有几句话跟你说,请你出来。"说这几句话时,鼓足了内力,声音远远传了出去。辽军十余万将士没一个不听得清清楚楚,不由得人人变色。

过得半晌,猛听得辽军阵中鼓角声大作,千军万马如波浪般向两侧分开,八面金黄色大旗迎风招展,八名骑士执著驰出阵来。八面黄旗之后,一队队长矛手、刀斧手、弓箭手、盾牌手疾奔而前,分列两旁,接着是十名锦袍铁甲的大将簇拥着耶律洪基出阵。

辽军大呼:"万岁,万岁,万万岁!"声震四野,山谷鸣响。

关上宋军见到敌人如此军威,无不凛然。

耶律洪基右手宝刀高高举起,辽军立时肃静,除了偶有战马嘶鸣之外,更无半点声息。耶律洪基放下宝刀,大声笑道:"萧大王,你说要引辽军入关,怎么城门还不大开?"

此言一出,关上通译便传给镇守雁门关指挥使张将军听了。关上宋军立时大噪,指着萧峰指手画脚的大骂。

萧峰知道耶律洪基这话是行使反间计,要使宋兵不敢开关放自己入内,心中微微一酸,当即跳下马来,走上几步,说道:"陛下,萧峰有负厚恩,重劳御驾亲临,死罪,死罪。"

刚说了这几句话,突然两个人影从旁掠过,当真如闪电一般,猛向耶律洪基欺了过去,正是虚竹和段誉。他二人眼见情势不对,知道今日之事,唯有擒住辽帝作为要挟,才能保持大伙周全,一打手势,便分从左右抢去。

耶律洪基出阵之时,原已防到萧峰重施当年在阵上擒杀楚王父子的故伎,早有戒备。亲军指挥使一声吆喝,三百名盾牌手立时聚拢,三百面盾牌犹如一堵城墙,挡在辽帝面前。长矛手、刀斧手又密密层层的排在盾牌之前。

这时虚竹既得天山童姥的真传,又尽窥灵鹫宫石壁上武学的秘奥,武功之高,实已到了随心所欲、无往而不利的地步;而段誉在得到鸠摩智的毕生修为后,内力之强,亦是震古烁今,他那"凌波微步"施展开来,辽军将士如何阻拦得住?

段誉东一晃、西一斜,便如游鱼一般,从长矛手、刀斧手相距不逾一尺的缝隙之中硬生生的挤将过去。众辽兵挺长矛攒刺,非但伤不到段誉,反因相互挤得太近,兵刃多半招呼在自己人身上。

虚竹双手连伸,抓住辽兵的胸口背心,不住掷出阵来,一面向耶律洪基靠近。两员大将纵马冲上,双枪齐至,向虚竹胸腹刺来。虚竹忽然跃起,双足分落二交枪头。两员辽将齐声大喝,拌动枪杆,要将虚竹身子震落。虚竹乘着双枪抖动之势,飞身跃起,半空中便向洪基头顶扑落。

一如游鱼之滑,一如飞鸟之捷,两人双双攻到,耶律洪基大惊,提起宝刀,疾向身在半空的虚竹砍去。

虚竹左手手掌一探,已搭住他宝刀刀背,乘势滑落,手掌翻处,抓住了他右腕。便在此时,段誉也从人丛中钻将出来,抓住了耶律洪基左肩。两人齐声喝道:"走罢!"将耶律洪基魁伟的身子从马背上提落,转身急奔。

四下里辽将辽兵眼见皇帝落入敌手,大惊狂呼,一时都没了主意。几十名亲兵奋不顾身地扑上来想救皇帝,都被虚竹、段誉飞足踢开。

二人擒住辽帝,心中大喜,突见萧峰飞身赶来,齐声叫道:"大哥!"哪知萧峰双掌骤发,呼呼两声,分袭二人。二人都是大吃一惊,眼见掌力袭来,犹如排山倒海般,只得举掌挡驾,砰砰两声,四掌相撞,掌风激荡,萧峰向前一冲,已乘势将耶律洪基拉了过去。

这时辽军和中土群豪分从南北涌上,一边想抢回皇帝,一边要作萧峰、虚竹、段誉三人的接应。

萧峰大声叫道:"谁都别动,我自有话向大辽皇帝

174

说。"辽军和群豪顿时停了脚步,双手都怕伤到自己人,只远远呐喊,不敢冲杀上前,更不敢放箭。

虚竹和段誉也退开三分,分站耶律洪基身后,防他逃回阵中,并阻契丹高手前来相救。

这时耶律洪基脸上已无半点血色,心想:"这萧峰的性子甚是刚烈,我将他囚于狮笼之中,折辱得他好生厉害。此刻既落在他手中,他定要尽情报复,再也不肯饶我性命了。"却听萧峰道:"陛下,这两位是我的结义兄弟,不会伤害你,你可放心。"耶律洪基哼了一声,回头向虚竹看了一眼,又向段誉看了一眼。

萧峰道:"我这个二弟虚竹子,乃灵鹫宫主人,三弟是大理段公子。臣也曾向陛下说起过。"耶律洪基点了点头,说道:"果然了得。"

萧峰道:"我们立时便放陛下回阵,只是想求陛下赏赐。"

耶律洪基几乎不相信自己的耳朵,心想:"天下哪有这样的便宜事?啊,是了,萧峰已然回心转意,求我封他三人为官。"顿时满面笑容,说道:"你们有何求恳,我自是无有不允。"他本来语音发颤,这两句话中却又有了皇帝的尊严。

萧峰道:"陛下已是我两个兄弟的俘虏,照咱们契丹人的规矩,陛下须得以彩物自赎才是。"耶律洪基眉头微皱,问道:"要什么?"萧峰道:"微臣斗胆代两个兄弟开口,只是要陛下金口一诺。"洪基哈哈一笑,说道:"普天之下,我当真拿不出的物事却也不多,你尽管狮子大开口便了。"

萧峰道:"是要陛下答允立即退兵,终陛下一生,不许辽军一兵一卒越过宋辽疆界。"

段誉一听,顿时大喜,心想:"辽军不逾宋辽边界,便不能插翅来犯我大理了。"忙道:"正是,你答应了这句话,我们立即放你回去。"转念一想:"擒到辽帝,二哥出力比我更多,却不知他有何求?"向虚竹道:"二哥,你要契丹皇帝什么东西赎身?"虚竹摇了摇头,道:"我也只要这一句话。"

耶律洪基脸色甚是阴森,沉声道:"你们胆敢胁迫于我?我若不允呢?"

萧峰朗声道:"那么臣便和陛下同归于尽,玉石俱焚。咱二人当年结义,也曾有过但愿同年同月同日死的誓言。"

耶律洪基一凛,寻思:"这萧峰是个天不怕、地不怕的亡命之徒,向来说话一是一,二是二,我若不答允,只怕要真的出手向我冒犯。死于这莽夫之手,那可大大的不值得。"当下哈哈一笑,朗声道:"以我耶律洪基一命,换得宋辽两国数十年平安。好兄弟,你可把我的性命瞧得挺重哪!"

萧峰道:"陛下乃大辽之主。普天之下,岂有比陛下更贵重的?"

耶律洪基又是一笑,道:"如此说来,当年女真人向我要黄金三十车、白银三百车、骏马三千匹,眼界忒也浅了?"萧峰略一躬身,不再答话。

耶律洪基回过头来,只见手下将士最近的也在百步之外,无论如何不能救自己脱险,权衡轻重,世上更无比性命更贵重的事物,当即从箭壶中抽出一枝雕翎狼牙箭,双手一弯,啪的一声,折为两段,投在地下,说道:"答允你了。"

萧峰躬身道:"多谢陛下。"

耶律洪基转过头来,举步欲行,却见虚竹和段誉四目炯炯的望着自己,并无让路之意,回头再向萧峰瞧去,见他也默不作声,顿时会意,知他三人是怕自己食言,当即拔出宝刀,高举过顶,大声说道:"大辽三军听令。"

辽军中鼓声擂起,一通鼓罢,立时止歇。

耶律洪基说道:"大军北归,南征之举作罢。"他顿了一顿,又道:"于我一生之中,不许我大辽国一兵一卒,侵犯大宋边界。"说罢,宝刀一落,辽军中又擂起鼓来。

萧峰躬身道:"恭送陛下回阵。"

虚竹和段誉往两旁一站,绕到萧峰身后。

耶律洪基又惊又喜,又是羞惭,虽急欲身离险地,却不愿在萧峰和辽军之前示弱,当下强自镇静,缓步走回阵去。

辽军中数十名亲兵飞骑驰出,抢来迎接。耶律洪基初时脚步尚缓，但禁不住越走越快，只觉双腿无力，几欲跌倒，双手发颤，额头汗水更是涔涔而下。待得侍卫驰到身前，滚鞍下马而将坐骑牵到他身前，耶律洪基已是全身发软，左脚踏入脚镫，却翻不上鞍去。两名侍卫扶住他后腰，用力一托，耶律洪基这才上马。

众辽兵见皇帝无恙归来，大声欢呼："万岁，万岁，万万岁！"

这时雁门关上的宋军、关下的群豪听到辽帝下令退兵，并说终他一生不许辽军一兵一卒犯界，也是欢声雷动。众人均知契丹人虽然凶残好杀，但向来极是守信，与大宋之间有何交往，极少背约食言，何况辽帝在两军阵前亲口颁令，倘若日后反悔，大辽举国上下都要瞧他不起，他这皇帝之位都怕坐不安稳。

耶律洪基脸色阴郁，心想我这次为萧峰这厮所胁，许下如此重大诺言，方得脱身而归，实是丢尽了颜面，大损大辽国威。可是从辽军将士欢呼万岁之声中听来，众军拥戴之情却又似乎出自至诚。他眼光从众士卒脸上缓缓掠过，只见一个个容光焕发，欣悦之情见于颜色。

众士卒想到即刻便可班师，回家与父母妻儿团聚，既无万里征战之苦，又无葬身异域之险，自是大喜过望。契丹人虽然骁勇善战，但兵凶战危，谁都难保一定不死，今日得能免去这场战祸，除了少数在征战中升官发财的悍将之外，尽皆欢喜。

耶律洪基心中一凛："原来我这些士卒也不想去攻打南朝，我若挥军南征，也却未必便能一战而克。"转念又想："那些女真蛮子大是可恶，留在契丹背后，实是心腹大患。我派兵去将这些蛮子扫荡了再说。"当即举起宝刀，高声说道："北院大王传令下去，后队变前队，班师南京！"

军中皮鼓号角响起，传下御旨，但听得欢呼之声，从近处越传越远。

耶律洪基回过头来，只见萧峰仍是一动不动的站在当地。耶律洪基冷笑一声，朗声道："萧大王，你为大宋立下如此大功，高官厚禄，指日可待。"

萧峰大声道："陛下，萧峰是契丹人，今日威迫陛下,成为契丹的大罪人,此后有何面目立于天地之间?"拾起地下的两截断箭,内功运处,双臂一回,噗的一声,插入了自己的心口。

耶律洪基"啊"的一声惊叫,纵马上前几步,但随即又勒马停步。

虚竹和段誉只吓得魂飞魄散,双双抢近,齐叫:"大哥,大哥!"却见两截断箭插正了心脏,萧峰双目紧闭,已然气绝。

虚竹忙撕开他胸口的衣衫,欲待施救,但箭中心脏,再难挽救,只见他胸口肌肤上刺着一个青郁郁的狼头,张口露齿,神情极是狰狞。虚竹和段誉放声大哭,拜倒在地。

丐帮中群丐一齐拥上来,团团拜伏。吴长风捶胸叫道:"乔帮主,你虽是契丹人,却比我们这些不成器的汉人英雄万倍!"

中原群豪一个个围拢,许多人低声议论:"乔帮主果真是契丹人吗?那么他为什么反而来帮助大宋?看来契丹人中也有英雄豪杰。"

"他自幼在咱们汉人中间长大,学到了汉人大仁大义。"

"两国罢兵,他成了排解难纷的大功臣,却用不着自寻短见啊。"

"他虽于大宋有功,在辽国却成了叛国助敌的卖国贼。他这是畏罪自杀。"

"什么畏不畏的?乔帮主这样的大英雄,天下还有什么事要畏惧?"

耶律洪基见萧峰自尽,心下一片茫然,寻思:"他到底于我大辽是有功还是有过?他苦苦劝我不可伐宋,到底是为了宋人还是为了契丹?他和我结义为兄弟,始终对我忠心耿耿,今日自尽于雁门关前,自然决不是贪图南朝的功名富贵,那……那却又为了什么?"他摇了摇头,微微苦笑,拉转马头,从辽军阵中穿了过去。

蹄声响处,辽军千乘万骑又向北行。众将士不住回头,望向地下萧峰的尸体。

只听得鸣声哇哇,一群鸿雁越过众军的头顶,从雁门关飞了过去。

辽军渐去渐远，蹄声隐隐，又化作了山后的闷雷。

虚竹、段誉等一干人站在萧峰的遗体之旁，有的放声号哭，有的默默垂泪。

忽听得一个少女的声音尖声叫道："走开，走开！大家都走开。你们害死了我姐夫，在这里假惺惺地洒几点眼泪，又有什么用？"她一面说，一面伸手猛力推开众人，正是阿紫。虚竹等自不和她一般见识，被她一推，都让了开去。

阿紫凝视着萧峰的尸体，怔怔地瞧了半晌，柔声说道："姐夫，这些都是坏人，你别理睬他们，只有阿紫，才真正的待你好。"说着俯身下去，将萧峰的尸体抱了起来。萧峰身子长大，上半身被她抱着，两脚仍是垂在地下。阿紫又道："姐夫，你现下才真的乖了，我抱着你，你也不推开我。是啊，要这样才好。"

虚竹和段誉对望了一眼，均想："她伤心过度，有些神智失常了。"段誉垂泪道："小妹，萧大哥慷慨就义，人死不能复生，你……你……"走上几步，想去抱萧峰的尸体。

阿紫厉声道："你别来抢我姐夫，他是我的，谁也不能动他。"

段誉回过头来，向木婉清使了个眼色。木婉清会意，走到阿紫身畔，轻轻说道："小妹子，萧大哥逝世，咱们商量怎地给他安葬……"

突然阿紫尖声大叫，木婉清吓了一跳，退开两步，阿紫叫道："走开，走开！你再走近一步，我一剑先杀了你。"

木婉清皱了眉头，向段誉摇了摇头。

忽听得关门左侧的群山中有人长声叫道："阿紫，阿紫，我听到你声音了，你在哪里？你在哪里？"叫声甚是凄厉，许多人认得是做过丐帮帮主、化名为庄聚贤的游坦之。

各人转过头向叫声来处望去，只见游坦之双手各持一根竹杖，左杖探路，右杖搭在一个中年汉子的肩头上，从山坳里转了出来。那中年汉子却是留守灵鹫宫的乌老大。但见他脸容憔悴，衣衫褴褛，一副无可奈何的神情，虚竹等顿时明白，游坦之是逼着他领路来寻阿

179

紫,一路之上,想必乌老大吃了不少苦头。

阿紫怒道:"你来干什么?我不要见你,我不要见你。"

游坦之喜道:"啊,你果然在这里,我听见你声音了,终于找到你了!"右杖上运劲一推,乌老大不由主地向前飞奔。两人来得好快,顷刻之间,便已到了阿紫身边。

虚竹和段誉等正在无法可施之际,见游坦之到来,心想此人甘愿以双目送给阿紫,和她渊源极深,或可劝得她明白,当下又退开了几步,不欲打扰他二人说话。

游坦之道:"阿紫姑娘,你很好吗?没人欺侮姑娘吧?"一张丑脸之上,现出了又是喜悦、又是关切的神色。

阿紫道:"有人欺侮我了,你怎么办?"游坦之忙道:"是谁得罪了姑娘?姑娘快跟我说,我去跟他拼命。"阿紫冷笑一声,指着身边众人,说道:"他们个个都欺侮了我,你一古脑儿将他们杀了吧!"

游坦之道:"是。"问乌老大道:"老乌,是些什么人得罪了姑娘?"乌老大道:"人多得很,你杀不了的。"游坦之道:"杀不了也要杀,谁教他们得罪了阿紫姑娘。"

阿紫怒道:"我现下和姐夫在一起,此后永远不会分离了。你给我走得远远的,我再也不要见你。"

游坦之伤心欲绝,道:"你……你再也不要见我……"

阿紫高声道:"啊,是了,我的眼睛是你给我的。姐夫说我欠了你的恩情,要我好好待你。我可偏不喜欢。"蓦地里右手伸出,往自己眼中一插,竟然将两颗眼珠子挖了出来,用力向游坦之掷去,叫道:"还你!还你!从今以后,我再也不欠你什么了。免得我姐夫老是逼我,要我跟你在一起。"

游坦之虽不能视物,但听到身周众人齐声惊呼,声音中带着惶惧,也知是发生了惨祸奇变,嘶声叫道:"阿紫姑娘,阿紫姑娘!"

阿紫抱着萧峰的尸身,柔声叫道:"姐夫,咱们再也不欠别人什么了。以前我用毒针射你,便是要你永远和我在一起,今日总算如了我的心愿。"说着抱着萧峰,迈步便行。

群豪见她眼眶中鲜血流出,掠过她雪白的脸庞,人人心下惊怖,见她走来,便都让开了几步。只见她笔直向前走去,渐渐走近山边的深谷。众人都叫了起来:"停步,停步!前面是深谷!"

段誉飞步追来,叫道:"小妹,你……"

但阿紫向前直奔,突然间足下踏一个空,竟向万丈深谷中摔了下去。

段誉伸手抓时,嗤的一声,只抓到她衣袖的一角,突然身旁风声劲急,有人抢过,段誉向左一让,只见游坦之也向谷中摔落。段誉叫声:"啊哟!"向谷中望去,但见云封雾锁,不知下面究竟有多深。

群豪站在山谷边上,尽皆唏嘘叹息。武功较差者见到山谷旁尖石嶙峋,有如锐刀利剑,无不心惊,玄渡等年长之人,知道当年玄慈、汪帮主等在雁门关外伏击契丹武士的故事,知道萧峰之母的尸身便葬在这深谷之中。

忽听关上鼓声响起,那传令的军官大声说道:"奉镇守雁门关都指挥张将军将令:尔等既非辽国奸细,特准尔等入关,唯须安分守己,毋得喧哗,是为切切。"

关下群豪破口大骂:"咱们宁死也不进你这狗官把守的关口!""若不是狗官昏愦,萧大侠也不致送了性命!""大家进关去,杀了狗官!"众人戟指关头,拍手顿足地叫骂。

虚竹、段誉等跪下向谷口拜了几拜,翻山越岭而去。

那镇守雁门关指挥使见群豪声势汹汹,急忙改传号令,又不许众人进关,待见群豪骂了一阵,渐渐散去,上山绕道南归,这才宽心。当即修下捷表,快马送到汴梁,说道亲率部下将士,血战数日,力敌辽军十余万,幸陛下洪福齐天,朝中大臣指示机宜,众将士用命,格毙辽国大将南院大王萧峰,杀伤辽军数千,辽主耶律洪基不遑而退。

宋帝赵煦得表大喜,传旨关边,犒赏三军,指挥使以下,各各加官进爵。赵煦自觉英明武勇,远迈太祖太宗,连日赐宴朝臣,宫中与后妃欢庆。歌功颂德之声,洋洋盈耳,庆祝大捷之表,源源而来。

项目三　单元学习成果汇报

1. 分小组按照中国文学"子史风骚—汉赋—唐诗—宋词—元曲—明清小说—现代文学—新时期文学"等发展脉络，搜集各模块教学内容中相关图片、视频、音频材料，进行资料的查询、分析。推选代表介绍小组活动和讨论情况。记录下小组成员查阅的参考文献、所登录的网站，同时记录个人的感受。

2. 就近期阅读的作品或作品中人物形象写一篇鉴赏文章,不少于600字。

3. 你掌握了哪些信息搜集的方法?

4. 扩展阅读,选读下列一部著作,并记录下你的阅读体会:李泽厚《美的历程》;曹雪芹《红楼梦》;罗贯中《三国演义》;鲁迅《呐喊》;《彷徨》;余华《活着》;《许三观卖血记》;莫言《红高粱家族》;《透明的红萝卜》;金庸《天龙八部》等。

模块四　我的大学·文化之旅

项目一　文化人格追寻

1. 论语（二则）

孔子（公元前551—前479），名丘，字仲尼。鲁国陬邑（今山东曲阜东南）人。春秋末期思想家、政治家、教育家，儒家学派的创始人。先世为宋国贵族。孔子幼年丧父，少年时家境衰落。成年后做过"委吏"（掌管粮仓）和"乘田"（管理牛羊畜牧）等小官。50岁时由鲁国中都宰升任司寇（主管司法），摄行相事，不久罢官。他长期从事教育活动，晚年率领弟子周游列国，宣传其政治主张，但都未被采纳。68岁回到鲁国，继续办学，整理并传授古籍。《论语》是记录孔子及其弟子言行的书，是一部儒家学派的经典著作。

子贡曰[1]："如有博施于民而能济众[2]，何如？可谓仁乎？"子曰："何事于仁[3]！必也圣乎[4]！尧、舜其犹病诸[5]！夫仁者[6]，己欲立而立人[7]，己欲达而达人[8]。能近取譬[9]，可谓仁之方也已[10]。"（《论语·雍也》）

【注释】[1]子贡：孔子学生，姓端木，名赐，字子贡。[2]施：给予（恩惠、钱物）。济：帮助。[3]事：止，仅。[4]也：句中语气词，表示语气的强调。[5]其：或许，可能。表示估计语气的副词。犹：尚且，还。病：难，为难。诸：兼词，"之乎"的合音。之，指代"博施于民而济众"。此句意谓：尧、舜或许还难以做到这样呢。[6]夫(fú)：句首助词，表示将发议论。[7]立：生存，存在。立人：使别人立。[8]达：显贵，发达。[9]能近取譬：能就近拿自己作比方。[10]方：方法。也已：句末语气词连用，加

学习目标与建议

1. 诵读《论语》，了解语录体散文的特点。

2. 理解儒家与孔子的仁学思想。

3. 认识孔子语录的现代意义。

4. 了解儒家文化在中国传统文化中的地位。

思考与练习

孔子提出的"仁"的最高标准是什么？在现代社会还有没有实际意义？

参考阅读

邦有道（国家政治清明），贫且贱焉，耻也；邦无道，富且贵焉，耻也。

——《论语·泰伯》

强确定语气。

 解读与鉴赏

《论语》中记载孔子的弟子问仁的篇章很多,孔子的答复各不相同。在本章中,孔子明确地说,能做到"博施于民而能济众",岂但是仁,已是圣了。孔子把"博施"、"济众"看做是仁的最高标准。孔子还提出了行仁道的基本方法,即是"能近取譬",从近处着手,推己及人。

子贡问政,子曰:"足食、足兵[1],民信之矣。"子贡曰:"必不得已而去[2],于斯三者何先[3]?"曰:"去兵。"子贡曰:"必不得已而去,于斯二者何先?"曰:"去食。自古皆有死,民无信不立[4]。"(《论语·颜渊》)

【注释】[1]兵:兵器,这里指军事力量。[2]去:去除。[3]于:在……中。斯:这。此句意为:在这三点中先去掉什么。[4]民无信不立:没有人民的信任国家就没法建立和存在。

 解读与鉴赏

孔子认为治理国家最重要的是要抓住三件大事:保证足够的粮食,保证强大的军事力量,得到人民的信任。在这三者中,人民的信任这一点更为重要。孔子这样的重视民心,在当时的历史条件下,是相当进步的。"政者,正也","民无信不立",这些儒家的政治格言,对后世进步的、开明的政治家,产生过十分重要的影响。

 知 识 积 累

一、儒家与孔子学说的核心"仁"

儒家的创始人是孔子,其代表人物还有孟子和荀子等。儒家的经典有《论语》、《孟子》、《大学》、《中庸》、《荀子》等。孔子学说的核心是"仁"。孔子解释说"仁者,爱人也","仁者,爱人",即将"孝悌"推而广之,乃至于所有的人,这是仁学核心。孔子试图通过血缘纽带建立一套普适于整个社会的普遍必然的伦理秩序,这

 **参 考 阅 读**

孔子思想体系的核心是德治主义,他执著地倡导德化社会与德化人生。德化社会的最高标准是"礼",德化社会的最高价值是"仁"。

——陈德述《孔子思想的当代价值》

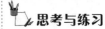 **思考与练习**

把这则语录翻译为现代汉语。

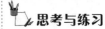 **思考与练习**

写一篇《〈论语·民无信不立章〉读书笔记》。

孔子的观点,在当时虽然不被列国诸侯接受,但在后世漫长的封建社会中,因其有利于维护统治者的既得利益,巩固封建统治秩序,遂被封建统治阶级加以改造利用,并成为封建社会的统治思想,孔子也被尊崇为"圣人"。

是仁学的出发点。他以"礼"释"仁","礼"泛指奴隶制贵族等级制度的社会规范和道德规范。"克己复礼"就是用"礼"来规范约束自己,做到"君君,臣臣,父父,子子"。"夫仁者,己欲立而立人,己欲达而达人"(《论语·雍也》),"己所不欲,勿施于人"(《论语·颜渊》),这是仁学的实施方法。仁学追求的最高目标是"君子人格",以颜回的"一箪食,一瓢饮,在陋巷"却"不改其乐"的生活为最高典范。孔子一直都在寻找一种健全的理想人格,孔子提倡的人格品质是"温而能厉,威而能猛,恭而能安"(《论语·述而》)。

参考阅读

课外阅读儒家经典,你认为,儒家"一种健全的理想人格"是怎样的?

二、《论语》的内容、特色

1.《论语》是记述儒家学派创始人孔子言行的一部语录体著作,由孔子弟子及再传弟子根据孔子平时的谈论、答问于战国初年纂辑而成,属于一部语录体的思想、学术著作。其内容广泛,涉及哲学、政治、教育、文艺等许多方面,是研究孔子思想学说的直接而可信的一部古书,也是儒家学派的一部经典著作。

2.《论语》共492章,分为20篇,约15 000字。每篇若干章,篇名取自每篇第一章中的二三字,如《学而》、《述而》、《公冶长》等。后人选用《论语》时,也常常用此法拟章名。如《侍坐》、《季氏将伐颛臾》等。

思考与练习

儒家的创始人是孔子,代表人物还有哪几个?儒家经典有哪几部?试举例说明。

3.《论语》篇幅简短,语言质朴精练。《论语》中记录孔子及其弟子等人的举止仪态,说话时的感情、口吻和音容笑貌,很能够显出人物的性情、感情和性格。特别是吸收和灵活运用了大量当时的口语虚词,使说话人的语气、性格,得以逼真地表现出来。语言洗练,含蕴丰富,风格明快。《论语》的不少语句,常为后人引用,逐步发展为格言和成语,至今仍有很强的生命力。

4.《论语》作为语录体散文,其特点是:其一,继承了史官文献中的记言体文,即载录前代史官或"君子"的言论。其二,对同一个问题,孔子经常有不同的回答,《论语》的评论方式总是趋向一种相对的真理。其三,只是记录孔子的片言只语,或与学生之间的简短对话,尚不能成为独立文章。其四,总的来说,《论语》文辞简约,意蕴深厚隽永。

思考与练习

自学《论语》,尝试摘录精彩的语录,体会其内涵。

三、四书五经

四书五经是集中体现儒家思想的主要经典著作的总称。"四书"指的是《论语》《孟子》《大学》《中庸》四部儒家经典;"五经"指的是《诗经》《尚书》《礼记》《周易》《春秋》五部儒家经典。四书五经是中国传统文化的重要组成部分,也是儒家思想的精华所在。今天,儒家思想在社会秩序、道德规范、人际交流、教育文化等方面,仍有不可估量的影响。

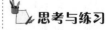

思考与练习

广泛收集资料,了解儒家文化在中国传统文化中的地位。

2. 应帝王(节选)

庄 子

庄子(约公元前369—前286),姓庄,名周,战国中期宋国蒙(今河南商丘)人,哲学家、散文家,道家代表人物。庄子出身贫寒,曾借粟度日,一度担任过蒙地的漆园吏。不久即辞职隐居南华山,从事著述。

《庄子》,亦称《南华经》,道家经典之一,庄子及其后学所著。《汉书·艺文志》著录《庄子》52篇,现仅存33篇。其中内篇7篇,一般认定为庄子著。《外篇》、《杂篇》26篇,一般认为掺杂有庄子门人和后来道家的作品。《庄子》是一部哲学著作,也是一部文学著作。

肩吾见狂接舆[1]。狂接舆曰:"日中始何以语女[2]?"肩吾曰:"告我:君人者以己出经式义度[3],人孰敢不听而化诸[4]!"狂接舆曰:"是欺德也[5];其于治天下也,犹涉海凿河而使蚊负山也[6]。夫圣人之治也[7],治外乎[8]?正而后行[9],确乎能其事者而已矣[10]。且鸟高飞以避矰弋之害[11],鼷鼠深穴乎神丘之下以避熏凿之患[12],而曾二虫之无知?"

【注释】[1]肩吾:人名。接舆:楚国隐士陆通的字。[2]日中始:人名,肩吾的老师。[3]君人者:统治臣民的人。义:通"仪"。经式义度:均指法度。[4]孰:谁。化:教化。[5]欺德:虚伪不实的道德。[6]涉海、凿河、使蚊负山:指三者都是不可能做到的。[7]治:治理。[8]治外:统治别人,治理别人。[9]

学习目标与建议

1. 了解庄子的人格思想,领会庄子散文深含的哲理。

2. 了解《庄子》的体裁特点,学习用寓言和比喻缘事说理的方法。

3. 认识庄子散文的现代意义。

4. 能够比较儒家与道家追求的理想人格。

郭象注该篇题目曰:"夫无心而任乎自化者,应为帝王也。"

欺德:德是天赋所得,亦即自得之性。过多的人为设计,将扭曲人的天性。

鸟与鼠依其本能,会努力求生;人除了求生之外,还需要保全本性。

正:正己,自正。行:推行,行教化。[10]确:确定。[11]增弋(zēng yì):带有丝绳射鸟的短箭。[12]鼷鼠:小鼠。深穴:打深洞。神丘:社坛。熏:烟熏。凿:挖掘,凿穿。

天根游于殷阳[1],至蓼水之上[2],适遭无名人而问焉[3],曰:"请问为天下[4]。"无名人曰:"去!汝鄙人也,何问之不豫也[5]!予方将与造物者为人[6],厌,则又乘夫莽眇之鸟[7],以出六极之外[8],而游无何有之乡,以处圹埌之野[9]。汝又何帠以治天下感予之心为[10]?"又复问,无名人曰:"汝游心于淡[11],合气于漠[12],顺物自然而无容私焉[13],而天下治矣。"

【注释】[1]天根:假设的人名。殷阳:殷山的阳面。[2]蓼(liǎo)水:河名。[3]适:恰巧。遭:碰到。无名人:假设人物,喻指圣人、至人、神人、真人。[4]为:治理。[5]不豫:不快。[6]予:我。方将:正要。为人:交游,为偶。[7]莽眇之鸟:可大可小的鸟,指道。[8]六极:天地四方。[9]圹埌(kuàng làng):辽阔矿荡。[10]汝:你。帠(yì):通"寱",梦话,指治理天下之事。感:摇撼:动摇。[11]游心于淡:心虚无事。[12]合气于漠:气静不扰。[13]顺物自然:顺从万物的规律。

有为与无为之间的对照。顺应自然的规律而不夹杂主观成见,而天下也就大治了。

回答了如何治理天下。

南海之帝为倏[1],北海之帝为忽[2],中央之帝为浑沌[3]。倏与忽时相与遇于浑沌之地,浑沌待之甚善。倏与忽谋报浑沌之德曰:"人皆有七窍以视听食息[4],此独无有,尝试凿之。"日凿一窍,七日而浑沌死。

【注释】[1]倏(shū):同"儵",虚设的神名。[2]忽,虚设的神名。[3]浑沌:虚设的神名。[4]七窍,耳目口鼻七个孔穴。视:看。食:吃喝。

"倏"与"忽",是描写行动迅速的字,代表积极有为。

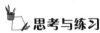

将这段文字翻译为现代汉语。

解读与鉴赏

《应帝王》是《庄子》内七篇的最后一篇,较好地体现了庄子的社会政治观点。主要由两个部分构成:"啮缺问于王倪"、"肩吾见狂接舆"和"天根游于殷阳"三段为一部分,说明治理社会有为不如无为,批判了有为的法治政治,宣扬了顺应自然的无为政治。由"阳子居见老聃","郑有神巫曰季咸"、"无为名尸"和"南海之帝为倏"四小段组成一部分,主要说明有为之害和无为之好。《应帝王》中庄子思想是对老子思想的继承与

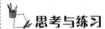

建议同学们从不同角度,谈谈对这则寓言的理解。

发展。

节选文中,庄子善于运用寓言和比喻,将枯燥、抽象的哲学问题变成生动的故事和具体的物象。以一个个短小奇特的故事向我们揭示深刻的哲理,告诉世人何为"帝王之道"。他认为,帝王应行之道便是"无为之道",他要先端正自己,然后再行动。帝王与臣民的关系应是平等的,只有顺应自然才是应行之道,这样社会才有创造力。

知 识 积 累

一、庄子人格思想

庄子是继老子之后道家学派的主要代表人物,后世并称"老庄"。他生活在战国中期社会大变革的时代,对新的社会现实极为不满,而又无可奈何,因而表现出一种"绝圣弃知"、"无为而治"的思想。他思想中的一个主要方面是片面夸大一切事物的相对性,把它看成是由于人们的主观偏见所造成,提出了"彼亦一是非,此亦一是非"的相对主义观点,以此来否定客观事物的差别,否定客观真理。他认为人们只有顺应自然的发展变化,才能"无所往而不可"。因而他主张"无为",放弃生活中的一切斗争。由此,在政治上,他对当时社会变革极端不满,并从这种不满出发,对统治阶级的种种残暴、黑暗和虚伪行径进行揭露和鞭挞。他从绝望的愤激情绪出发,主张取消一切社会制度,使社会倒退到最原始的社会中去,从而陷入了虚无主义的泥坑。庄子主张顺应自然,提倡无为而无不为的思想,既有其合理因素,也有其消极成分,阅读庄子的文章必须认真地加以鉴别。

二、儒家与道家追求的理想人格

理想人格,即人的内心世界中价值追求的深入体现,是人们崇奉、取法的思想精神。中国传统文化所关注的人生问题的核心,就是理想人格问题。儒家以"仁"为最高的道德标准,认为最完美的道德品质是"里仁为美";儒家理想人格是充分伦理化的,不仅包括克己复礼、爱人、孝悌、忠恕,而且包括了敬、忠、智、勇、恭等德目;理想人格的实现是一个努力学习、思索和实行

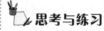

思考与练习

"只有顺应自然才是应行之道",对此请谈谈你的看法。

参考阅读

1. 庄子的政治哲学重在自由而不在平等。

——萧公权《中国政治思想史》

2. 庄子的人生理想是追求绝对的精神自由和对现实社会的彻底超脱。他从齐物我、齐生死的观念出发,幻想出一个不受任何条件限制而绝对自由的精神境界,臆造出"至人无己,神人无功,圣人无名"的理想人格典型。

——郭预衡《中国古代文学史》

"仁"的过程。道家的理想人格是自然化的,认为仁、义、礼等是后世人为的产物,是违反人性的;应该向内追求,努力恢复,保持和发挥自己内在的自然本性;要求人们放弃向外的追求和学习,"为道日损",才能"天下为贵"。儒和道提出的两种人格,是对中华民族影响最大的理想人格。

三、《庄子》的艺术特色

庄子的散文已脱离语录体,文章大都构思精巧,想象丰富,文笔恣肆,辞藻瑰丽,并多用寓言形式,善作连类比喻,富有浪漫主义色彩。

《庄子》的艺术风格与庄子的世界观、思想感情的特点分不开。庄子对现实极为不满,但他不是为了唤起人们对现实斗争的反抗,而是否定一切,并且还企图引导人们在黑暗的现实中生存和"自适",其结果自然只能是生存于主观幻想中。因此,庄子的思想、庄子的世界观,就决定了他的散文必然是一种超现实的、纯然以想象为基调的艺术风格。

庄子的散文从否定现实的立场出发,描写自己的追求,编织自己的幻想。其散文中几乎没有真实历史人物或事件的记录,以及对现实的具体、切实的描绘,而多是虚妄的故事,想象的情景,幻想的言辞,这是构成庄子散文风格的一个基本特点。

《庄子》中还有一些直接发议论的篇章往往融叙事、说理、抒情于一体,文辞富丽,气势贯通,具有很强的感染力。庄子散文的艺术风格对后世影响很大,文学史上的不少重要作家都从他的散文中得到启发。

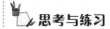
思考与练习

建议课外搜集资料,进一步比较道家与儒家的理想人格思想。

思考与练习

自学《庄子》有关篇目,尝试摘录精彩语句,体会其内涵。

思考与练习

庄子散文有什么特点?请举例说明。

3. 智者乐水,仁者乐山

刘 向

刘向(约公元前77—前6),沛县(今属江苏徐州)人。原名刘更生,字子政,西汉经学家、目录学家、文学家。汉皇族楚元王刘交四世孙。宣帝时,为谏大夫。

元帝时,任宗正。以反对宦官弘恭、石显下狱,旋得释。后又以反对恭、显下狱,免为庶人。成帝即位后,得进用,任光禄大夫,改名为"向",官至中垒校尉。曾奉命领校秘书,所撰《别录》,为我国最早的图书目录学著作。治《春秋穀梁传》。著《九叹》等辞赋33篇,大多亡佚。今存《新序》、《说苑》、《列女传》等书。

"夫智者何以乐水也?"曰:"泉源溃溃,不释昼夜,其似力者;循理而行,不遗小间,其似持平者;动而之下,其似有礼者;赴千仞之壑而不疑,其似勇者;障防而清,其似知命者;不清以人,鲜洁而出,其似善化者;众人取平,品类以正,万物得之则生,失之则死,其似有德者;淑淑渊渊,深不可测,其似圣者。通润天地之间,国家以成,是知之所以乐水也。诗云:'思乐泮水,薄采其茆[1],鲁侯戾止,在泮饮酒。'乐水之谓也。"

"夫仁者何以乐山也?"曰:"夫山龙㚇磊嶵[2],万民之所观仰。草木生焉,众木立焉,飞禽萃焉,走兽休焉,宝藏殖焉,奇夫息焉,育群物而不倦焉,四方并取而不限焉。出云风,通气于天地之间,国家以宁,是仁者所以乐山也。诗曰:'太山岩岩,鲁侯是瞻。'乐山之谓矣。"

【注释】[1]茆(miǎo):莼菜。[2]龙㚇(lóng zōng):高耸貌。磊嶵(zuǐ):高峻貌。

解读与鉴赏

山与水是一组对偶的概念,其中包含着对立统一的诸多因素:它们一动一静,一柔一刚,一变一恒。山与水影响着人类的生存,启迪着人类的心智,陶冶着人们的性情。仁者在山的稳定、博大和丰富中积蓄和锤炼自己的仁爱之心;智者则涉水而行,望水而思,以碧波清流洗濯自己的理智和机敏,这是山水可以陶冶人的情操的根本原因。

知识积累

一、中国传统文化中"仁"和"智"的关系

在中国传统的文化中,"仁"是思想核心,"智"是认

 学习目标与建议

1. 诵读《智者乐水,仁者乐山》,理解"智者"和"仁者"各自的特点。

2. 能够解析山及水的自然形态特点及比附的人格精神思想。

孔子在《论语·雍也》中提出了"智者乐水,仁者乐山。智者动,仁者静。智者乐,仁者寿"的观点,赋予山水以人格精神和道德比附的含义,对后世产生了深远的影响。

《诗经·小雅·车辖》中也有"高山仰止,景行行止"之句,以高山比喻道德高尚。

 思考与练习

将此文翻译成现代汉语。

相对于水的柔、动、善变,山则是刚、静、恒定的。

思考与练习

俗话说:山水能塑造人的性格。请结合生活实际,谈谈你的感受。

知手段。"仁"是高于"智"的。儒家思想在古代中国一直占主导地位，而儒家思想中的核心主张就是"仁"。孔子以"仁"为至德。《论语》中一共有20篇，讲仁109次，几乎言必称"仁"。"仁"是高于一切的，"仁"当然也高于"智"。"仁"不是人人都具有的，但人人都可能有"智"。"智"是通向"仁"的必要条件和手段。只有具有了"智"，才有可能诱导人们知仁、知礼、知义。

——阎丽杰《农耕文化与渔业文化的对话——评"智者乐水，仁者乐山"的文化间性》。

二、为什么智者乐水，仁者乐山

智者为什么乐水呢？是因为水川流不息，具有一种动的特点，而智者恰好是在处事应对方面十分敏捷和机警，也具有动的特点。所以，这种川流不息、生生不已、后浪推前浪的动的特点正好是智者人格性情的写照。他们不断地扬弃过去的旧我，不断地思考新的问题，不断地追问宇宙之心和世界之灵，追问世界的本体，所以智者与水的"动"形成一种异质同构，具有内在的拟人化的人格一致性。同样，仁者之所以乐山，是因为仁者不忧，仁者是宽厚稳健、充满爱心的人，具有一种博大的胸怀，深沉的眼光，和一种平静安详、波澜不惊的静的特点。那么，生长万物、负载生灵的大山，恰好具有这种宽厚博大、岿然不动、滋养万物的"静"的特点。可以说，中国哲人从人的伦理道德观点和心性价值的角度去看自然现象，就可以把自然之物看成是人的某种精神品质的表征和象征；反过来，具有某方面心性的人，也可以在外在事物上找到自己心灵的内在对应。

——乔志航《境界》，百花文艺出版社，1990版。

参考阅读

1. 晋人向外表现了自然，向内发现了自己的深情，山水虚灵化了，也情致化了。

——宗白华《美学散步》

2. "智者达于事理而周流无滞，有似于水，故乐水。仁者安于义理而厚重不迁，有似于山，故乐山。"

——朱熹《四书集注》

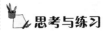
思考与练习

"智者"和"仁者"各有什么特点？谈谈你对"智者乐水，仁者乐山"的理解。

思考与练习

调查不同地区人的性格和他们事业的成功经验，以"性格和事业"为主题，开展一次辩论。

4. 哀郢

屈 原

屈原(约公元前340—约公元前278),名平,字原,战国中期楚国人,是我国文学史上第一个伟大的浪漫主义诗人。他生活在楚怀王、顷襄王时代,是楚王同姓贵族。屈原学识渊博,善于辞令,曾任左徒、三闾大夫等职。政治上他对内主张举贤授能,改革政治,变法图强;对外主张联齐抗秦。但这些革新政治的主张却遭到楚国昏庸的贵族集团的反对。楚怀王时,屈原被谗流放到汉北一带,顷襄王时再度流放江南一带。屈原的一些主要作品作于两次放逐期间。顷襄王二十二年(前277),秦军打进楚国。在秦兵攻破郢都,楚国覆亡的前夕,屈原因痛心国势危殆,政治理想无法实现,愤而自沉于汨罗江,以身殉国。

屈原现存的作品有《离骚》、《天问》、《九歌》(包括《东皇太一》、《云中君》、《湘君》、《湘夫人》、《大司命》、《少司命》、《东君》、《河伯》、《山鬼》、《国殇》、《礼魂》等11篇)、《九章》(包括《惜诵》、《涉江》、《哀郢》、《抽思》、《怀沙》、《思美人》、《惜往日》、《橘颂》、《悲回风》等9篇)。

学习目标与建议

1. 了解屈原的生平和屈原伟大的人格。

2. 诵读《哀郢》,体会诗人的思想感情。

3. 学习运用对比、比喻等修辞手法表现主题的方法。

哀念郢都(今湖北江陵)。此诗作于屈原迁逐江南九年以后,时当顷襄王十三四年。

明人汪瑗《楚辞集解》提出《哀郢》作于楚顷襄王二十一年(公元前278),其主旨为哀悼郢都被秦将白起攻陷,郭沫若、游国恩等学者均从此说。

思考与练习

在写离开郢都的情景时,运用了什么手法?

皇天之不纯命兮[1],何百姓之震愆[2]?
民离散而相失兮,方仲春而东迁[3]。
去故乡而就远兮[4],遵江夏以流亡[5]。
出国门而轸怀兮[6],甲之朝吾以行[7]。
发郢都而去闾兮[8],怊荒忽其焉极[9]。
楫齐扬以容与兮[10],哀见君而不再得[11]。
望长楸而太息兮[12],涕淫淫其若霰[13]。
过夏首而西浮兮[14],顾龙门而不见[15]。
心蝉媛而伤怀兮[16],眇不知其所蹠[17]。
顺风波以从流兮[18],焉洋洋而为客[19]。
凌阳侯之氾滥兮[20],忽翱翔之焉薄[21]!

心絓结而不解兮[22],思蹇产而不释[23]。
将运舟而下浮兮[24],上洞庭而下江[25],
去终古之所居兮[26],今逍遥而来东[27]。

【注释】[1]皇天:指上天。不纯命:言天命反复无常。纯,常。[2]震:震动,震惊。愆(qiān):过失,罪过。震愆:震惊、遭罪。[3]方:正当。仲春:夏历二月。东迁:往东迁徙,指逃难。[4]去:离开。故乡:指郢都。就:趋,往。[5]遵:循,顺着。江夏:指长江和夏水。夏水是古水名,在今湖北省境内,是长江的分流。[6]国门:国都之门。轸(zhěn)怀:悲痛地怀念。[7]甲:古时是以干支纪日的,甲指干支纪日的起字是甲的那一天。鼂(zhāo):同"朝",早晨。[8]闾(lú):本指里巷之门,代指里巷,里巷是居民区。[9]怊(chāo):惆怅。荒忽:心绪茫然。一说指行程遥远。焉极:何极,何处是尽头。一说,极,至也。或曰:前路茫茫,不知何往。[10]楫(jí):船桨。齐扬:一同举起。容与:舒缓的样子。[11]哀:悲伤。君:指楚王。[12]楸(qiū):树名,落叶乔木。长楸:高大的楸树。太息:叹息。[13]涕:泪。淫淫:泪流满面。霰(xiàn):雪粒。[14]过:经过。夏首:地名,在今湖北省沙市附近,夏水的起点,长江在此分出夏水。西浮:船向西漂行。[15]顾:回顾,回头看。龙门:郢都的东门。[16]婵媛(chán yuán):心绪牵引,绵绵不绝。[17]眇:同"渺",犹辽远。蹠(zhí):践踏,指落脚之处。[18]顺风波:顺风随波。从流:从流而下。[19]焉:兼词,于是,于此。洋洋:飘飘不定。客:漂泊者。[20]凌:乘。阳侯:传说中的大波之神,这里指波涛。氾滥:大水横流涨溢。[21]翱翔:飞翔的样子,这里比喻漂流的样子。焉:何。薄:止。[22]絓(guà):牵挂。结:郁结。解:解开。[23]蹇产:结屈纠缠。释:解开,消除。[24]运舟:行舟。下浮:向下游漂行。[25]上洞庭:指入洞庭湖。下江:下入长江。[26]去:离开。终古之所居:祖先世世代代居住的地方,指郢都。[27]逍遥:无拘无束,自由自在的样子。这里指漂泊。

以上为第一段。头四句总写迁都带来的苦难,中间十二句写离开郢都时的痛苦心情,末尾十二句写离开夏首之后迷惘的思绪。

羌灵魂之欲归兮[1],何须臾之忘反[2]!
背夏浦而西思兮[3],哀故都之日远[4]。
登大坟而远望兮[5],聊以舒吾忧心[6]。
哀州土之平乐兮[7],悲江介之遗风[8]。
当陵阳之焉至兮[9],淼南渡之焉如[10]!
曾不知夏之为丘兮[11],孰两东门之可芜[12]!
心不怡之长久兮[13],忧与愁其相接。
惟郢路之辽远兮[14],江与夏之不可涉[15]。
忽若去不信兮[16],至今九年而不复[17]。

此为第二段。头八句写思念郢都盼望返回郢都的迫切心情。后十二句写前途渺茫,难以返回的愁闷情绪。

惨郁郁而不通兮[18],蹇侘傺而含戚[19]。

外承欢之汋约兮[20],谌荏弱而难持[21]。
忠湛湛而愿进兮[22],妒被离而鄣之[23]。
尧舜之抗行兮[24],瞭杳杳而薄天[25]。
众谗人之嫉妒兮,被以不慈之伪名[26]。
憎愠惀之修美兮[27],好夫人之忼慨[28]。
众踥蹀而日进兮[29],美超远而逾迈[30]。

乱曰[31]:曼余目以流观兮[32],冀一反之何时[33]!
鸟飞反故乡兮,狐死必首丘[34]。
信非吾罪而弃逐兮,何日夜而忘之[35]!

此为第三段。前八句写小人嫉妒贤能,后四句写忠心爱国的人日益被疏远。

此六句为全篇结语。急切盼望回故都,但是却遭到弃逐。

思考与练习

结尾六句用了什么修辞手法?表达了诗人什么样的情感?

【注释】[1]羌(qiāng):发语词,楚方言,有乃之意。[2]须臾:时间很短暂,犹言顷刻。反:同"返"。[3]背:背对着,指离开。夏浦:地名,指夏口(在今湖北武汉)。西思:思念西方,指思念西面的郢都。[4]故都:指郢都。[5]坟:指水边高地。一说指水边高堤。[6]聊:姑且。舒:舒展。[7]州土:这里指楚国州邑乡土。平乐:和平快乐。或言土地平阔,人民安乐。[8]江介:长江两岸。遗风:古代遗留下来的风气。这两句的意思是:看到国土辽阔,人民安乐和自古遗留下的淳朴民风,止不住悲伤感叹。[9]当:值。陵阳:地名,在今安徽青阳县。一说陵阳在今安徽安庆南。焉至:至何处。一说,陵阳指大的波涛。这里指波涛不知从何处而来。[10]淼(miǎo):大水茫茫的样子。焉如:何往。[11]曾不知:怎不知。夏:同"厦",大屋,这里当指楚都之宫殿。[12]孰:谁。一作何。两东门:郢都东向有二门。[13]怡:乐。[14]惟:发语词。郢路:通向郢都之路。辽远:遥远。[15]江:长江。夏:夏水。涉:渡水。[16]忽:指时间过得快。信:相信。一说不信是不被信任,下句的不复是不复被信任。[17]复:指返回郢都。根据此句"九年"的计算,屈原在顷襄王时被流放是在顷襄王十三年(公元前286),至白起破郢的顷襄王二十一年(公元前278)首尾正是九年。[18]郁郁:郁积的样子。不通:指心情不通畅。[19]蹇:发语词,楚方言。侘傺(chà chì):怅然独立,形容失意者的茫然无所适从。戚:同"慼",忧伤。[20]外:表面。承欢:指承君主之欢。[21]谌:诚,实在。荏弱:软弱。持:同"恃"。难持,即难依靠。[22]湛湛:厚重的样子。进:进用。[23]被:同"披"。被离,犹披离,纷乱的样子。鄣:同"障",阻碍,遮蔽。[24]尧舜:传说中上古的两位圣明的君主。抗行:高尚伟大的行为。[25]杳杳:遥远。薄:

近。这两句的意思是:尧舜行为高尚,目光远大,几乎可接近上天。[26]被:覆盖,这里犹言加在身上。不慈之伪名:不慈爱的虚假的恶名。不慈:不爱儿子。尧、舜传位于贤人,不传儿子,又传说尧曾杀长子考监明,所以战国时有人说他们不慈。《庄子·盗跖》篇曰:"尧不慈,舜不孝。"又曰:"尧杀长子,舜流母弟。"[27]憎:憎恶。愠怋(wěn lǔn):忠厚诚朴。修美:高洁美好。[28]好(hào):爱好,喜欢。夫(fú)人:彼人,那些人。忼慨:同慷慨,这里指装腔作势地发表激昂慷慨之言辞。[29]蹀躞(qiè dié):小步行走貌。[30]美:美人,指贤人。超远:远。逾迈:犹愈迈,越发远行。[31]乱:乐章最末叫乱,后来借用作为辞赋最后总结全篇内容的收尾。[32]曼:眼光放远。流观:四处观望。[33]冀:希望。一反:即一返,返回一次。[34]必:必定。首丘:头向着所居住生长的山丘。[35]之:指故乡郢都。

解读与鉴赏

楚国国都被秦军攻陷,这对挚爱楚国的屈原来说无疑是一个沉重的打击。面对楚君出逃,楚国人民流离失所,诗人心如刀绞,百感交集,愤然写下此诗。《哀郢》回忆了当年离郢时的怆楚景象和远迁沅湘途中的痛切心境,激烈抨击了朝政的昏乱和君王的倒行逆施,表达了不能回返郢都的无限哀慨。

全诗紧扣一个"哀"字,运用重叠往返、反复唱叹的句式,通过对流放途中一幕幕细节的具体描述,来展开情感的抒发,诗篇从描述百姓妻离子散逃难开始,写到自己杂在难民中"出国门"而乘舟南下。一路上一步三回头,诗人对郢都的哀恋,对人民的同情,对楚国前途的忧虑,以及对昏君与群小误国的愤慨,个人身遭流放的痛苦,这一切真情实感紧紧地交织成一个整体。恰切的比喻,鲜明的对比突出了诗人的爱国精神。此诗虽然没有《离骚》那种绚烂多彩、神奇变幻的大起大落之境,却同样激发出摄人心魄的力量。

 思考与练习

诵读《哀郢》,体会诗人的思想感情。

知识积累

一、楚辞的名称和形成

1. 楚辞的名称。楚辞,是公元前 4 世纪,即战国后期,继《诗经》古朴的四言诗体以后,产生在我国南部楚国地方的一种新诗体。"楚辞",按其名称本义来说,是指楚地歌辞的意思,是一种具有浓厚地方色彩的新诗体,文学史特指屈原开创的用楚调来纪楚地风土人情的新诗体。宋代学者黄伯思在《校定楚辞序》中说:"盖屈、宋诸骚,皆书楚语,作楚声,纪楚地,名楚物,故可谓之'楚辞'。"鲁迅《汉文学史纲要》中说:"以原楚产,故称'楚辞'。"楚辞又称为"骚"或"骚体"。

2. 楚辞的形成。楚辞的产生,归功于屈原的创造。但屈原的创造是有所继承和借鉴的。其一,楚辞的产生与楚地的民间文学——所谓的"楚声"和"楚歌"有直接的关系。楚辞的不整齐的句式以及几乎每隔一句就用语助词"兮"字的特点,说明它与南方民间歌辞有密切的关系。其二,对"楚辞"体的形成影响最大的是楚地的民间"巫歌"。楚地民间巫歌的祭神内容以及歌、舞、乐结合在一起表演形式对楚辞有直接的影响。其三,楚辞体的产生,也受到北方诗歌的代表《诗经》的影响,如《橘颂》、《天问》的基本形式就是采用《诗经》的四言句式。其四,楚辞也受到当时散文的影响。当时散文汪洋恣肆的气势,自由灵活的句式,辞彩华美的词句,对"楚辞"体形成和发展,也有重要的启发和影响。

屈原在学习楚国民歌的基础上,创造、发展了"书楚语、作楚声、纪楚地、名楚物,故可谓之'楚辞'"的这一新的诗歌形式,开创了我国诗歌发展的新时代。

二、屈原作品的思想内容

屈原的作品,充满了对楚国黑暗腐败的政治现象的抨击和愤懑,表现了他高尚的人格情操、对理想的积极追求和百折不挠的斗争精神,抒写了他热爱祖国的炽烈情怀。

《离骚》是屈原的代表作,也是我国最早的一篇宏伟壮丽的政治抒情诗。全诗373句,2490字,倾吐了诗人赤诚的爱国信念和报国无门的极端苦闷心情。全诗分两部分,前一部分诗人回顾了自己殚精竭虑、一心为国的苦斗历程;后一部分描写诗人被放逐后对出路的探索,进一步表白自己坚持真理,忠于祖国的心迹和至死不渝的爱国热情。

参考阅读

1. 余读《离骚》、《天问》、《招魂》、《哀郢》,悲其志。适长沙,观屈原所自沉渊,未尝不垂涕,想见其为人。

——司马迁《史记·屈原列传》

2. 屈原之词,诚博远矣。自终没以来,名儒博达之士著造词赋,莫不拟则其仪表,祖式其模范,取其要妙,窃其华藻,所谓金相玉质,百世无匹,名垂罔极,永不刊灭者矣。

——王逸《楚辞章句叙》

3. 然而《诗经》是经,也是伟大的文学作品;屈原宋玉,在文学史上还是重要作家。为什么呢?——就因为它究竟有文采。

——鲁迅《且介亭杂文二集·从帮忙到扯淡》

《离骚》塑造了一个纯洁高大的抒情主人公形象。通过《离骚》，诗人屈原本身就成为我国文学史上一个伟大的艺术家形象。不朽的爱国诗人的典型，对于后世产生了无限的感召力。《离骚》打破了《诗经》的四言句式，把诗句加长，结构扩大，既增加了内容容量，又增强了表现力。《离骚》采用大量方言口语入诗，特别是"兮"字的运用，增强了诗的咏叹的抒情气氛，增加了诗句的节奏性和音乐美。

《九歌》是组诗，共十一篇，是屈原根据楚国民间流行的祭神巫歌，经过艺术加工再创作的诗篇。组诗中所写的各种神鬼都具有鲜明的形象，描绘的环境、气氛都切合不同对象的身份，同时也织进了屈原个人的丰富想象和他对于生活的体验。色彩瑰丽，真挚感人。

《九章》共九篇，非一时一地之作，大都是在政治上失意、被放逐期间写的。除早年所写的《橘颂》是借物咏志外，都是悲愤沉郁、政治性很强的抒情诗。

屈原的作品反映了他崇高的理想，进步的政治主张。尤其值得珍视的，是表现了他热爱祖国、坚持理想的"虽九死其犹未悔"的坚贞不屈的思想品质。他以身殉国是个悲剧，他的诗篇就是其一生悲剧的记录。

三、屈原在文学史上的地位和影响

屈原的作品采用了大量的神话传说，具有比喻美丽、想象奇幻、情感奔放、文辞华丽、格式自由、韵律铿锵、地方色彩浓郁的特色，成为我国文学史上积极浪漫主义的光辉起点，对我国文学有极为深远的影响。

1. 屈原创造了全新的诗歌样式——"骚体"。屈原是我国文学史上第一个伟大的诗人，他的出现，创造了我国诗歌史上一个全新的时代——诗歌从集体歌唱到个人独立创作的时代。屈原还创造了全新的诗歌样式。他的《离骚》和其他一些著名的诗篇，展示了我国文学史上第一个丰满的具有鲜明个性的抒情形象。

2. 屈原的爱国思想对后代的重要影响。作为一个伟大的爱国者，他在政治斗争中坚持理想，宁死不屈的精神，使后世作家和广大读者从他那里获得鼓舞和力量。他的爱国诗篇滋育了一代又一代的进步作家。

> **思考与练习**
>
> 屈原为什么会受到世界人民的尊敬？谈谈你对屈原的了解和认识。

> **思考与练习**
>
> 将《哀郢》与《离骚》对照，说说在情感的抒发为艺术表达方面有什么相同及不同之处？

> **思考与练习**
>
> 课外阅读楚辞，了解中国古代巫文化和楚文化等相关民俗知识。

贾谊、司马迁、李白、杜甫等无不从屈原的人格和作品中汲取力量。后世诗人、作家在遇到民族压迫时,写出许多爱国诗文。有些人,在黑暗的政治时代,坚持理想,坚持斗争,崇尚节操,甚至献出生命,这无不是屈原精神的继承和发扬。即使在现代,屈原的精神也还在鼓励和鞭策着进步作家的为人和为文。此外,屈原的精神还影响了中国的民俗,几千年来人们在端午节划龙舟、包粽子正是为了纪念屈原。

3. 屈原在艺术上的影响。其一,他以积极浪漫主义的创作方法,开辟了我国文学的另一影响深远的传统,丰富了我国文学艺术的表现力。其二,在艺术表现手法上,发展了《诗经》的比、兴手法。使比、兴不是单纯的比喻或触物起兴,开辟了"寄情于物"、"托物以讽"的表现手法。后世的比、兴,更多的是受屈原的影响。还有,屈原创造的楚辞体直接影响了赋体的成长,它的句式为新的五、七言诗的产生铺平了道路。

5. 饮　酒(其五)

陶渊明

陶渊明(公元365—427),字元亮,晚年更名潜。因曾作《五柳先生传》以自况,有"五柳先生"之称。浔阳柴桑(今江西九江)人。其曾祖陶侃是晋大司马,祖父、父亲曾做过太守。陶渊明时,家道中落,生计艰难。陶渊明先后任江州祭酒,建威参军,彭泽县令等职。陶渊明厌恶官场黑暗,不能改变本性以适应世俗,最终在公元405年,弃官归田。此后二十多年的时间内,在道家随顺自然和儒家的安贫乐道思想支配下,陶渊明一直坚持躬耕生活。卒后,友人颜延之等仰慕其高风亮节,私谥"靖节",世称"靖节先生"。

陶渊明是我国文学史上最早大量创作田园诗的诗人,他开创的田园诗,直接影响了唐代田园诗派的产生。他那平淡自然的艺术风格,也一直为后代诗人所景仰和学习。所著辞赋诗文有《陶渊明集》八卷流传

 **学习目标与建议**

1. 了解陶渊明的生平及人格思想。

2. 掌握陶渊明《饮酒》诗的思想内容及艺术特色。

3. 课外阅读陶渊明的田园诗,谈谈对陶渊明"平淡自然"风格的认识。

于世。

　　结庐在人境[1]，而无车马喧。
　　问君何能尔[2]？心远地自偏。
　　采菊东篱下，悠然见南山[3]。
　　山气日夕佳[4]，飞鸟相与还。
　　此中有真意[5]，欲辨已忘言[6]。

【注释】[1]结庐：构筑屋子。人境：人间，人类居住的地方。[2]君：作者自谓。尔：如此，这样。这句和下句设为问答之辞，说明心远离尘世，虽处喧嚣之境也如同居住在偏僻之地。[3]悠然：自得的样子。南山：指庐山。见（xiàn）：同"现"，出现。[4]日夕：傍晚。相与：相交，结伴。这两句是说傍晚山色秀丽，飞鸟结伴而还。[5]此中：即此时此地的情和境，也即隐居生活。真意：人生真谛，即"迷途知返"。[6]欲辨已忘言：想要辨识却不知怎样表达。辨：辨识。

解读与鉴赏

　　《饮酒》诗共有20首，本篇是陶渊明弃官归田后写的一组诗其中的第五首，历来最为人称道。诗篇通过描述归隐后宁静闲适的田园生活，反映了诗人的恬淡情怀和高洁志趣，表达了对生命、生活真谛的彻悟。

　　全诗融写景、抒情、哲理于一体，把诗人淡泊的心境与清新的环境浑然无间地结合在一起，情与景融，心与境合。语言极其自然、亲切、率真，意境幽远，韵味醇厚，达到了"豪华落尽见真淳"的最高境界。

知识积累

一、陶渊明的人格思想

　　现代心理学家则认为，所谓人格，就是个体的内在行为上的倾向性，它表现一个人在不断变化中的全体和综合，是具有动力一致性和连续性的持久的自我，是人在社会化过程中所形成的给予人特色的身心组织。作为人的性格、气质、能力等特征的总和，人格是人的行为的内在根据。从陶渊明的行迹和诗文来看，他有

　　清代方东树说："借酒为题耳，非咏酒也。"
　　　　——《昭昧詹言》

　　"心远"二字乃是支撑全篇的支柱，起着承上启下的作用。

　　"见"字，表现归田后悠然自适之情韵。

思考与练习

　　试分析"采菊东篱下，悠然见南山"诗句的意境美。

思考与练习

　　"真意"二字的潜在意思是什么？

思考与练习

　　本诗反映了诗人怎样的人生态度和生活情趣？我们对此应如何评价？

参考阅读

　　1. 南齐著名学者沈约著《宋书》将陶渊明列入《隐逸传》中，后来《晋书》、《南史》以及萧统的《陶渊明传》都本于此。沈约将陶氏收入《隐逸传》中，也是将渊明视为不事王侯的高尚之士，表彰的是他的德行。

大济苍生的宏愿,积极用世之志。他对现实社会的不合理现象也会发出"金刚怒目"式的愤怒,这从其《杂诗》和《咏贫士》诸篇中可以看得很清楚。然而,生逢乱世,无法实现他的理想,转而"击壤以自欢"(《感士不遇赋》)。他厌恶世俗,不肯"为五斗米折腰向乡里小儿"。他不慕荣利,热爱自然。《归园田居》中说"少无适俗韵,性本爱丘山",他喜欢自然真实的景物:"少学琴书,偶爱闲静,开卷有得,便欣然忘食。见树木交荫,时鸟变声,亦复欢然有喜。"(《与子俨等书》)陶渊明后期将老庄精神转化为自己的生存方式,思想达到了一种忘怀得失、与自然完全融为一体的新境界。可以说,他的归隐无半点虚假,一生是在对"真"的不懈追求中度过的。他或隐或仕都不失其真。他不同于标榜清高的士人,以古代安贫守贱的贤者荣启期、原宪、黔娄、袁安等人为榜样,摒除苟得之念,不以好爵为荣,不以厚馈为酬,坚守节操,表现出守志不阿的高洁品格。陶渊明不是一个沽名钓誉的隐士,他是一个襟怀纯洁、修养深厚的"得道者",他的人格的魅力也正在此。

刘熙载的《艺概》在评价屈原和庄子时有过这样的比较:

有路可走,卒归于无路可走,屈子是也;

无路可走,卒归于有路可走,庄子是也。

屈原、庄子二人持道态度和方式不同。前者奉行救世主义,是将自救意识归于救世意识,后者奉行自救主义,是将救世意识归于自救意识。就陶渊明而言,其持道之坚似屈原,但在精神困境中拓开生路又与庄周相似。他性刚行洁,但不因与世多忤而蹈死轻生;他愤世嫉俗,但又不像庄子泯善恶,遂逍遥。他以投身自然田耕为生存方式,换来人格冲突的缓解,消解了生死烦恼。

二、陶渊明的田园诗

陶渊明现存诗120多首,从内容上分,大致可以分成田园诗和咏怀诗两大类。陶渊明的田园诗开创了文人诗创作的新领域。真切地写出躬耕之甘苦,陶渊明是中国文学史上第一人。首先,他描绘富有生气的乡

2. 宋征士陶潜,其源出于应璩,又协以左思风力,文体省净,殆无长语。笃意真古,辞典婉惬。每观其文,想其人德。世叹其质直,至如"欢言酌春酒"、"日暮天无云",风华清靡,岂直为田家语耶?古今隐逸诗人之宗。

——钟嵘《诗品》卷二

3. 鲁迅说:"他的态度是随便饮酒、乞食,高兴的时候就谈论和做文章,无尤无怨。"

——《魏晋风度及文章与药及酒之关系》

4. 李泽厚说:"陶潜采取的是一种政治性的退避。但只有他才真正做到了这种退避。在怀疑论和无神论的世界观基础上,宁愿归耕田园,蔑视功名利禄。……所以只有他,算是在田园生活中找到了人生的快乐和心灵的慰安。"

——《美的历程》

村田园生活画面,表现自己悠然自得的心境。如描写田园景物的恬美、田园生活的简朴,草屋茅舍、榆柳桃李、远村炊烟、鸡鸣狗吠等,无不化为美妙的诗歌。陶渊明不同于一般的隐士,他亲自参加了劳动,因此他的田园诗具有劳动生活气息,有自己真实的感受。着重于写躬耕的生活体验,这是他田园诗最有特点的部分,也是最为可贵的部分。农事诗在《诗经》中已有产生,但那是农夫们一边劳动一边唱的歌,至于士大夫亲身参加农耕,把劳动看做自己安身立命之本,并用诗写出农耕体验的,陶渊明是第一位。

陶渊明的田园诗创造出独特的艺术境界,首先表现为情、景、事、理交相辉映,构成完美的意境。如《饮酒》其五,使读者在山岚斜晖、归鸟返飞景象中领悟到人生的真谛。陶渊明描写景物并不追求物象的形似,叙事也不追求情节的曲折,而是透过人人可见之物,普普通通之事,表达高于世人之情,写出人所未必能够悟出之理。陶诗中的"理",是在生活中亲自体验到的,是用朴素的语言阐释其对人生的感悟。其次是平淡中见警策,朴素中见绮丽。陶诗所描写的对象,往往是最平常的事物,然而在平淡中可见深厚的意蕴。如《归园田居》中村舍、鸡犬、豆苗、桑麻、穷巷、荆扉春色怡人,安详宁静,实在是黑暗官场的对照。宋代诗人苏轼说是"质而实绮,癯而实腴",十分精辟。再次,语言平淡自然,不加雕饰。他很少用华丽的辞藻、夸张的手法,纯取白描,粗粗几笔,便勾勒出景物的神韵,从真情中流出的言语的质朴无华。

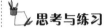思考与练习

1. 试分析陶渊明的人格及诗歌创作风格的复杂性。

2. 如何看待陶渊明人生选择方式?试分析陶渊明辞官归隐的历史意义和现代意义。

6. 念奴娇·昆仑

毛泽东

毛泽东(1893—1976),字润之,湖南湘潭人,伟大的马克思主义者,无产阶级革命家,中国共产党、中国人民解放军和中华人民共和国的主要缔造者。

学习目标与建议

1. 了解毛泽东的生平及思想。

1976年9月9日在北京病逝。著有《毛泽东选集》、《毛泽东文集》、《毛泽东诗词集》等。毛泽东不仅是中国人民的伟大领袖，也是一位杰出的诗人。他的诗词充满革命豪情，同时具有很高的艺术性，被广泛传颂，誉满海内外，影响深远。

横空出世[1]，莽昆仑[2]，阅尽人间春色[3]。
飞起玉龙三百万[4]，搅得周天寒彻。
夏日消融，江河横溢，人或为鱼鳖[5]。
千秋功罪[6]，谁人曾与评说？

而今我谓昆仑，不要这高，不要这多雪。
安得倚天抽宝剑[7]，把汝裁为三截？
一截遗[8]欧，一截赠美，一截还东国[9]。
太平世界，环球同此凉热[10]。

【注释】[1]横空出世：横空，横在空中；出世，超出人世。形容山的高大和险峻。[2]莽：高大状。《小尔雅》：莽，大也。后世引申有鲁莽、莽撞、猛健诸义。[3]阅尽人间春色：阅尽，看足、看尽、看遍。人间春色，不仅指大地春光，而且指人世衰盛。[4]玉龙：白色的龙。三百万，是形容其多。这里是说终年积雪的昆仑山脉蜿蜒不绝，好像无数的白龙正在空中飞舞。[5]人或为鱼鳖：江河横溢，洪水成灾，人也许为鱼鳖所食。《左传·昭公元年》："微（没有）禹，吾其鱼乎！"[6]千秋：千年。功罪：几千年来昆仑山给长江黄河输送的水源给人民带来了许多好处，孕育了中华民族的文化，这是功；造成洪水泛滥，因而给人民带来灾祸，这是罪。在这里，罪是实写，功是虚写。[7]倚天抽宝剑：传楚宋玉作《大言赋》："方地为车，圆天为盖。长剑耿介，倚天之外。"倚天，形容宝剑极长和带剑的人极高大。[8]遗（wèi）：送，赠给。[9]还东国：首次发表时原作"留中国"，1963年版《毛主席诗词》改为"还东国"。[10]环球：一作寰球，整个地球。

解读与鉴赏

这首词通过对昆仑山功罪的评论和拔剑裁山的奇特想象，充分表现了无产阶级革命家改造自然、造福人类、实现共产主义的崇高理想和抱负。上阕着

2. 诵读《昆仑》，理解作者的思想感情，掌握其在抒情方面的特点。
3. 分析毛泽东诗词的艺术风格。

开头三句从空间与时间两个维度写出了昆仑的高耸广袤和历尽人间沧桑的历史。

思考与练习

"阅尽人间春色"的"春色"指的是什么？

思考与练习

"千秋功罪，谁人曾与评说"中，其"功"其"罪"指什么？诗人为何提出"谁人曾与评说"这个问题？

思考与练习

下阕采用了什么手法？抒发了作者什么样的思想感情？

思考与练习

作者运用了哪些写作手法？对表达主题有何作用？

重写昆仑。作者把自然的昆仑与人类的历史盛衰联系起来，赋予了昆仑极其丰富的历史文化意蕴。下阕写作者的奇想。运用象征手法，把昆仑山作为人类历史文化的象征，而"我"则是无产阶级的自觉代表，表达了中国共产党人的世界观和革命理想，即要消灭帝国主义，彻底改造人类社会，实现共产主义的世界大同。

全词气魄宏伟，笔力雄健，风格豪放，把革命浪漫主义和革命现实主义创作方法结合起来，表达了宏伟的革命情怀和巨人般的非凡气概。

   知识积累

一、写作背景

"昆仑"，即昆仑山，是我国最大的山脉，也是亚洲最大的山脉之一。西起帕米尔高原东部，横贯新疆、西藏间，伸延至青海境内，全长约 2 500 千米，平均海拔 5 500—6 000 米，多雪峰，其南支向东延伸后与岷山相接，因而红军长征时所经过的岷山，也可以看做是昆仑山的一个支脉。面对国民党军队的重重"围剿"和阻击，毛泽东带领着中国工农红军克服了种种艰难险阻，经过了二万五千里长征。1935年9月红军长征队伍进入岷山，毛泽东曾登山远望昆仑群峰，10月，根据亲身经历，写下这首以反对帝国主义为主题的词篇。

二、一位世界性的伟大诗人

毛泽东诗词是中国现当代文学史上重要的一页。这些诗词记录着毛泽东从少年到青年以至晚年与中国革命历史紧紧相连的心路历程，具有深刻厚重的思想内涵和磅礴崇高的气势。诗词既是毛泽东一生内心世界的反映，同时也是对中国革命历史的真实描写。作为诗人，他具有一般诗人所不具备的素质。

他是政治家诗人。他影响中国历史发展半个世纪，其诗词与这中间发生的重大事件相联系，因而具有了史诗的品格。政治家在于善开新局面，毛诗词数量不多，但境界多变化，其原因盖出于此。

他是军事家诗人。他骑在马背上边指挥战争边哼诗，长征时躺在担架上推敲诗句，是李白、杜甫、苏东坡

作者自注："昆仑：主题思想是反对帝国主义，不是别的。改一句：一截留中国，改为一截还东国。忘记了日本人是不对的。这样，英、美、日都涉及了。别的解释不合实际。"

参考阅读

1. 毛泽东一生都在研读古籍、通今博古。经他亲自阅读、圈画和批注过的诗词曲赋就达1590首，涉及429位诗人。

——张贻玖《毛泽东和诗》

2. 1958年，毛泽东在成都会议上提出："中国诗的出路，第一条是民歌，第二条是古典，在这个基础上产生出新诗来。形式是民族的，内容应该是现实主义和浪漫主义的对立统一。"

——陈德述，苏文聪主编《毛泽东诗词与新体诗歌》

难有的创作经历。就此而论,他是独一无二的诗人。

他是哲学家诗人。李泽厚说:"毛的哲学思想充满了个性,而这个性以充分的形式表现在他的诗词创作中。"他的诗词是那样耐人反复研读,诗篇不多,名句却不少,秘密就在这里。

三、继承传统文化又开拓创新

由中共中央文献研究室编辑出版的《毛泽东诗词集》收入毛泽东诗词67首,67首诗词中,词作就占34首。创作中他偏于豪放,不废婉约。词中有"引无数英雄竞折腰"的显示博大胸襟和动态之美的《沁园春·雪》;有大气磅礴、想象雄奇的《念奴娇·昆仑》;有情深难舍的凄美绝唱《虞美人·枕上》、《贺新郎·别友》;有哲理深蕴的《卜算子·咏梅》;有以小见大、韵味无穷的《忆秦娥·娄山关》。他以大胆创新的精神,采用旧体诗词的体裁和形式,言志抒情,出神入化。把他"诗贵意境高尚,尤贵意境之动态"的诗学主张贯穿于诗词的字里行间,创作出内容新、思想新、语言新的经典诗篇。

——赵玉华《学习毛泽东诗词的时代精神——毛泽东诗词继承创新之路探析》,大庆社会科学,2010年第6期。

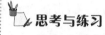

思考与练习

结合这首词,分析毛泽东诗词在抒情方面的特点。

思考与练习

课外阅读毛泽东有关诗词,概括其艺术风格。

7. 无梦楼随笔(五则)

张中晓

张中晓,(1930—1966?)别名孔桦或甘河,浙江绍兴人,中国当代学者,文艺思想家。读书时受到鲁迅、胡风等人影响。1955年5月因"胡风反革命集团"冤案牵连被捕入狱。1956年保外就医,回到浙江绍兴家中养病,病中拼命读书写作,在生命的最后十年,他写下大量的札记,1996年由路莘整理选编为《无梦楼随笔》。

学习目标与建议

1. 了解作者张中晓生平及创作思想。

2. 理解《无梦楼随笔》的思想内涵及情感表达。

3. 尝试记录大学生活,写几则随笔。

（一）

中国人不接受一种彻底的思想方式，不习惯一种彻底的生活方式，而安于空浮、马虎、四平八稳、得过且过、自我欺骗、折中妥协的方式下过活。这种生活方式的理想化和理论（思想）形式，就是中庸。

中庸并不是和谐。不是智慧的和谐，而是平庸的折中，和一种自然性的并列。这种和谐的基础，是自然性，而不是精神自由。

《无梦楼随笔·无梦楼文史杂抄·六五》

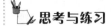

思考与练习

什么是中庸？请谈谈你对中庸的看法？

（二）

保存自我的存在（生存）不是使我们的心灵完全孤立，不是做一个与世无涉的隐士，而是在利己和利人的大海中游泅。假如有两个本性完全相同的个人联合在一起，则他们将构成一个个体，比较各人单独孤立，必是加倍的强而有力。所以人与人团结，最为必要。当然，这团结是建立在自我保持的基础上的，凡是从事这类团结的人，他们都公正、忠诚而高尚。

《无梦楼随笔·无梦楼文史杂抄·七九》

思考与练习

如何理解"所以人与人团结，最为必要。当然，这团结是建立在自我保持的基础上的"？

（三）

在清醒的人看来，梦总是可笑的。但也有人说，对现实保持清醒，本身就是苦难。但是，人生的清醒却是一种理智、智慧和哲理的目光，一个人要有这种目光，他必须超越现实的纷乱和生活的情欲，在永恒、冷静的心境中观照万物的悲欢喜乐。但必须区别清醒与虚无主义。

《无梦楼随笔·无梦楼文史杂抄·九五》

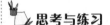

思考与练习

你如何看待"梦"与"清醒"？

（四）

多芬曾说过："孤独，孤独，孤独……"

罗曼·罗兰也说过："力量，在孤独中默默生长，成熟……"完全不错。但是，同样完全不错的，在孤独中，人的内心生长着兽性，在孤独中，人失掉了爱、温暖和友情；在孤独中，人经历着向兽的演变……

孤独是人生向神和兽的十字路口，是天国与地狱的分界线。人在这里经历着最严酷的锤炼，上升或堕落，升华与毁灭。这里有千百种蛊惑与恐怖，无数软弱者沉没了，只有坚强者才能泅过孤独的大海。孤独属

此段文字并没有直接写他当时的境遇，但却能让人看出他是有感而发的，表达了他在艰难境遇中坚定的信念。

于智慧者,哲人在孤独中沉思了人类的力量和软弱,但无知的庸人在孤独中只是一副死相和挣扎。

《无梦楼随笔·拾荒集·五十》

（五）

人的尊严在于他完全依赖他的勤劳、行为和理智为满足他的需要。获得技术的双手和受过训练的头脑是使他生活独立的必要条件,后者包括思想清楚、准确估量事实和判断可靠的训练。

《无梦楼随笔·狭路集·二二》

 解读与鉴赏

《无梦楼随笔》记录了张中晓在生命的最后十年关于哲学、政治、历史和人生的思考轨迹。作为一个独立的知识分子,张中晓思考问题无一不以个人本位的维度为出发点,体现了他对个人价值和自由的高度重视。在极度困苦中,他坚持了知识分子的文化传统中最为可贵的一面,那就是,在逆境中也坚持对人类正义与良知的担当。面对人类现实的苦难和不和谐,张中晓始终在探寻答案,在不屈不挠地和命运抗争。

《无梦楼随笔》在写法上,旁征博引,行文逻辑缜密而不失活泼,结构自由而不失谨严。

 知 识 积 累

一、《无梦楼随笔》持续人生

《无梦楼随笔》不同于中晓以前的作品,一个明显的标志是,这部书连结着作者自己置身的环境,以及特殊曲折的文学道路。中晓对历史、民族文化、民族个性、人生精神等等所作的理性反思,不是为了发表,或"藏诸名山,传诸后人",他是为了弄明白纠缠于自己灵魂和情愫中诸多不解的问号。当时他贫困交加,还陷入乡居没有互相启发、互相辩难的对话者的孤独中,于是前人的著作,古人的著作,成了他的谈话对象,辩难对象。囿于条件,他只能得到什么书就读什么书,但他的思辨在异常杂乱的笔记中格外异常的清晰,《随笔》处处闪烁着人生智慧的火花,恰似满天闪烁而亮度不

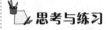 **思考与练习**

什么是"尊严"？建议同学们以"尊严"为主题进行一次讨论。

《无梦楼随笔》是一个有良知的知识分子在一种特殊的环境下孤独与虚无的自我表达。

 参 考 阅 读

1. 饥饿、贫困、病魔、苦难像空气一样无时无刻地包围着张中晓,但是"对一个有着强烈精神关怀的知识分子来说,最恐惧的莫过于内心的那种孤独感,那种无所依傍、无所依托、慢慢吞噬着灵魂的孤独感"。

——许纪霖《思想史上的又一位富有者》

2. 张中晓的笔记中不乏对哲学、文学、社会、人生等方面的问题所阐发的精深见解,也偶尔有对自己当时处境的描述和世态、失望甚至绝望、挣扎的情绪的表露。

——路莘《张中晓和他的〈无梦楼随笔〉》

等的星斗,以零散无序的表现而蕴涵其深广丰实的内容。"中晓在1966年或1967年亡故,他的生命却清醒而生动地活跃在他的将为人们读到的笔记中,持续他的人生。"

——耿庸《却说张中晓》

二、随笔

散文的一种。随手笔录,不拘一格的文字。中国宋代以来,凡杂记见闻,也用此名。"五四"以来,随笔十分流行,形式多样,短小活泼。优秀的随笔或讲述文化知识,或发表学术观点,或评析世态人情,启人心智,引人深思。以借事抒情、夹叙夹议,意味隽永为其特色。

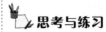

思考与练习

课外阅读《无梦楼随笔》,深入体会作者的思想感情。

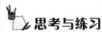

思考与练习

尝试记录大学生活中所见所思,写几则随笔。

8. 受 戒(节选)

汪曾祺

汪曾祺(1920—1997),当代著名作家,江苏高邮人。1939年考入西南联大中国文学系,1940年开始写小说,得到沈从文的指导。1943年毕业,先后在昆明、上海执教于中学,出版小说集《邂逅集》。1946年起在《文学杂志》、《文艺复兴》和《文艺春秋》上发表《戴车匠》、《复仇》、《绿猫》、《鸡鸭名家》等短篇小说,引起文坛注目。1950年后在北京文联、中国民间文学研究会工作。1958年被划成右派,下放到张家口的农业研究所。他著有小说集《邂逅集》、《羊舍的夜晚》、《汪曾祺短篇小说选》、《晚饭花集》、《寂寞与温暖》、《茱萸集》,散文集《蒲桥集》、《塔上随笔》,文学评论集《晚翠文谈》以及《汪曾祺自选集》等。他的小说《受戒》和《大淖记事》都曾获奖,一些作品还被翻译到国外。他还曾创作和改编了京剧《范进中举》、《王昭君》及现代京剧《沙家浜》等。

学习目标与建议

1. 了解有关于作者汪曾祺的文学常识。

2. 理解小说的内容,体会小说的人性美。

3. 掌握汪曾祺小说散文化特征。

4. 以《受戒》为例,分析汪曾祺小说中传统生活与文化性格的塑造。

明海出家已经四年了。

他是十三岁来的。

这个地方的地名有点怪,叫庵赵庄。赵,是因为庄

以简短语句开头,语言自然直白。

上大都姓赵。叫做庄,可是人家住得很分散,这里两三家,那里两三家。一出门,远远可以看到,走起来得走一会,因为没有大路,都是弯弯曲曲的田埂。庵,是因为有一个庵。庵叫菩提庵,可是大家叫讹了,叫成荸荠庵。连庵里的和尚也这样叫。"宝刹何处?"——"荸荠庵。"庵本来是住尼姑的。"和尚庙"、"尼姑庵"嘛。可是荸荠庵住的是和尚。也许因为荸荠庵不大,大者为庙,小者为庵。

> 庵本叫菩提庵,但叫成荸荠庵,这讹称具有怎样的隐喻义?
>
> 看似荒谬的事实说明这里的和尚对于名分、形式是看轻的。

明海在家叫小明子。他是从小就确定要出家的。他的家乡不叫"出家",叫"当和尚"。他的家乡出和尚。就像有的地方出劁猪的,有的地方出织席子的,有的地方出箍桶的,有的地方出弹棉花的,有的地方出画匠,有的地方出婊子,他的家乡出和尚。人家弟兄多,就派一个出去当和尚。当和尚也要通过关系,也有帮。这地方的和尚有的走得很远。有到杭州灵隐寺的、上海静安寺的、镇江金山寺的、扬州天宁寺的。一般的就在本县的寺庙。明海家田少,老大、老二、老三,就足够种的了。他是老四。他七岁那年,他当和尚的舅舅回家,他爹、他娘就和舅舅商议,决定叫他当和尚。他当时在旁边,觉得这实在是在情在理,没有理由反对。当和尚有很多好处。一是可以吃现成饭。哪个庙里都是管饭的。二是可以攒钱。只要学会了放瑜伽焰口,拜梁皇忏,可以按例分到辛苦钱。积攒起来,将来还俗娶亲也可以;不想还俗,买几亩田也可以。当和尚也不容易,一要面如朗月,二要声如钟磬,三要聪明记性好。他舅舅给他相了相面,叫他前走几步,后走几步,又叫他喊了一声赶牛打场的号子:"格当——",说是"明子准能当个好和尚,我包了!"要当和尚,得下点本,——念几年书。哪有不认字的和尚呢! 于是明子就开蒙入学,读了《三字经》、《百家姓》、《四言杂字》、《幼学琼林》、《上论、下论》、《上孟、下孟》,每天还写一张仿。村里都夸他字写得好,很黑。

> 叙述当地"当和尚"的习俗。

舅舅按照约定的日期又回了家,带了一件他自己穿的和尚领的短衫,叫明子娘改小一点,给明子穿上。明子穿了这件和尚短衫,下身还是在家穿的紫花裤子,赤脚穿了一双新布鞋,跟他爹、他娘磕了一个头,就随舅舅走了。

他上学时起了个学名,叫明海。舅舅说,不用改了。于是"明海"就从学名变成了法名。

过了一个湖。好大一个湖!穿过一个县城。县城真热闹:官盐店,税务局,肉铺里挂着成边的猪,一个驴子在磨芝麻,满街都是小磨香油的香味,布店,卖茉莉粉、梳头油的什么斋,卖绒花的,卖丝线的,打把式卖膏药的,吹糖人的,耍蛇的,……他什么都想看看。舅舅一劲地推他:"快走!快走!"

到了一个河边,有一只船在等着他们。船上有一个五十来岁的瘦长瘦长的大伯,船头蹲着一个跟明子差不多大的女孩子,在剥一个莲蓬吃。明子和舅舅坐到舱里,船就开了。明子听见有人跟他说话,是那个女孩子。

"是你要到荸荠庵当和尚吗?"

明子点点头。

"当和尚要烧戒疤呕!你不怕?"

明子不知道怎么回答,就含含糊糊地摇了摇头。

"你叫什么?"

"明海。"

"在家的时候?"

"叫明子。"

"明子!我叫小英子!我们是邻居。我家挨着荸荠庵。——给你!"

> 热情、大胆、主动的小英子。

小英子把吃剩的半个莲蓬扔给明海,小明子就剥开莲蓬壳,一颗一颗吃起来。

大伯一桨一桨地划着,只听见船桨拨水的声音:"哗——许!哗——许!"

……

荸荠庵的地势很好,在一片高地上。这一带就数这片地势高,当初建庵的人很会选地方。门前是一条河。门外是一片很大的打谷场。三面都是高大的柳树。山门里是一个穿堂。迎门供着弥勒佛。不知是哪一位名士撰写了一副对联:

大肚能容容天下难容之事

开颜一笑笑世间可笑之人

弥勒佛背后,是韦驮。过穿堂,是一个不小的天井,种着两棵白果树。天井两边各有三间厢房。走过天井,便是大殿,供着三世佛。佛像连龛才四尺来高。大殿东边是方丈,西边是库房。大殿东侧,有一个小小的六角门,白门绿字,刻着一副对联:

一花一世界
三藐三菩提

进门有一个狭长的天井,几块假山石,几盆花,有三间小房。

小和尚的日子清闲得很。一早起来,开山门,扫地。庵里的地铺的都是箩底方砖,好扫得很,给弥勒佛、韦驮烧一炷香,正殿的三世佛面前也烧一炷香、磕三个头、念三声"南无阿弥陀佛",敲三声磬。这庵里的和尚不兴做什么早课、晚课,明子这三声磬就全都代替了。然后,挑水,喂猪。然后,等当家和尚,即明子的舅舅起来,教他念经。

荸荠庵里的生活方式。

教念经也跟教书一样,师父面前一本经,徒弟面前一本经,师父唱一句,徒弟跟着唱一句。是唱哎。舅舅一边唱,一边还用手在桌上拍板。一板一眼,拍得很响,就跟教唱戏一样。是跟教唱戏一样,完全一样哎。连用的名词都一样。舅舅说,念经:一要板眼准,二要合工尺。说:当一个好和尚,得有条好嗓子。说:民国二十年闹大水,运河倒了堤,最后在清水潭合龙,因为大水淹死的人很多,放了一台大焰口,十三大师——十三个正座和尚,各大庙的方丈都来了,下面的和尚上百。谁当这个首座?推来推去,还是石桥——善因寺的方丈!他往上一坐,就跟地藏王菩萨一样,这就不用说了;那一声"开香赞",围看的上千人立时鸦雀无声。说:嗓子要练,夏练三伏,冬练三九,要练丹田气!说:要吃得苦中苦,方为人上人!说:和尚里也有状元、榜眼、探花!要用心,不要贪玩!舅舅这一番大法要说得明海和尚实在是五体投地,于是就一板一眼地跟着舅舅唱起来:

"炉香乍爇——"
"炉香乍爇——"
"法界蒙薰——"

"法界蒙薰——"

"诸佛现金身……"

"诸佛现金身……"

……

等明海学完了早经,——他晚上临睡前还要学一段,叫做晚经,——荸荠庵的师父们就都陆续起床了。

这庵里人口简单,一共六个人。连明海在内,五个和尚。

……

这个庵里无所谓清规,连这两个字也没人提起。

仁山吃水烟,连出门做法事也带着他的水烟袋。

他们经常打牌。这是个打牌的好地方。把大殿上吃饭的方桌往门口一搭,斜放着,就是牌桌。桌子一放好,仁山就从他的方丈里把筹码拿出来,哗啦一声倒在桌上。斗纸牌的时候多,搓麻将的时候少。牌客除了师兄弟三人,常来的是一个收鸭毛的,一个打兔子兼偷鸡的,都是正经人。收鸭毛的担一副竹筐,串乡串镇,拉长了沙哑的声音喊叫:"鸭毛卖钱——!"

偷鸡的有一件家什——铜蜻蜓。看准了一只老母鸡,把铜蜻蜓一丢,鸡婆子上去就是一口。这一啄,铜蜻蜓的硬簧绷开,鸡嘴撑住了,叫不出来了。正在这鸡十分纳闷的时候,上去一把薅住。

明子曾经跟这位正经人要过铜蜻蜓看看。他拿到小英子家门前试了一试,果然!小英的娘知道了,骂明子:"要死了!儿子!你怎么到我家来玩铜蜻蜓了!"小英子跑过来:

"给我!给我!"

她也试了试,真灵,一个黑母鸡一下子就把嘴撑住,傻了眼了!

下雨阴天,这二位就光临荸荠庵,消磨一天。

有时没有外客,就把老师叔也拉出来,打牌的结局,大都是当家和尚气得鼓鼓的:"×妈妈的!又输了!下回不来了!"

他们吃肉不瞒人。年下也杀猪。杀猪就在大殿上。一切都和在家人一样,开水、木桶、尖刀。捆猪的时候,猪也是没命地叫。跟在家人不同的,是多一道仪

和尚一切都和常人一样,他们率性随意地过着日复一日、年复一年的祥乐时光。

和尚也杀猪吃肉。

式,要给即将升天的猪念一道"往生咒",并且总是老师叔念,神情很庄重:

"……一切胎生、卵生、息生,来从虚空来,还归虚空去,往生再世,皆当欢喜。南无阿弥陀佛!"

三师父仁渡一刀子下去,鲜红的猪血就带着很多沫子喷出来。

……

明子老往小英子家里跑。

小英子的家像一个小岛,三面都是河,西面有一条小路通到荸荠庵。独门独户,岛上只有这一家。岛上有六棵大桑树,夏天都结大桑椹,三棵结白的,三棵结紫的;一个菜园子,瓜豆蔬菜,四时不缺。院墙下半截是砖砌的,上半截是泥夯的。大门是桐油油过的,贴着一副万年红的春联:

向阳门第春常在
积善人家庆有余

门里是一个很宽的院子。院子里一边是牛屋、碓棚;一边是猪圈、鸡窠,还有个关鸭子的栅栏。露天地放着一具石磨。正北面是住房,也是砖基土筑,上面盖的一半是瓦,一半是草。房子翻修了才三年,木料还露着白茬。正中是堂屋,家神菩萨的画像上贴的金还没有发黑。两边是卧房。隔扇窗上各嵌了一块一尺见方的玻璃,明亮亮的,——这在乡下是不多见的。房檐下一边种着一棵石榴树,一边种着一棵栀子花,都齐房檐高了。夏天开了花,一红一白,好看得很。栀子花香得冲鼻子。顺风的时候,在荸荠庵都闻得见。

> 英子一家及其生活。

这家人口不多,他家当然是姓赵。一共四口人:赵大伯、赵大妈,两个女儿,大英子、小英子。老两口没得儿子。因为这些年人不得病,牛不生灾,也没有大旱大水闹蝗虫,日子过得很兴旺。他们家自己有田,本来够吃的了,又租种了庵上的十亩田。自己的田里,一亩种了荸荠,——这一半是小英子的主意,她爱吃荸荠,一亩种了茨菇。家里喂了一大群鸡鸭,单是鸡蛋鸭毛就够一年的油盐了。赵大伯是个能干人。他是一个"全把式",不但田里场上样样精通,还会罩鱼、洗磨、凿碓、修水车、修船、砌墙、烧砖、箍桶、劈篾、绞麻绳。他不咳

> 从对小英子一家的描述,不难窥见庵赵庄芸芸众生之生活的一斑。这是一个幸福的俗界。

214

嗽,不腰疼,结结实实,像一棵榆树。人很和气,一天不声不响。赵大伯是一棵摇钱树,赵大娘就是个聚宝盆。大娘精神得出奇。五十岁了,两个眼睛还是清亮亮的。不论什么时候,头都是梳得滑溜溜的,身上衣服都是格挣挣的。像老头子一样,她一天不闲着。煮猪食,喂猪,腌咸菜,——她腌的咸萝卜干非常好吃,舂粉子,磨小豆腐,编蓑衣,织芦筐。她还会剪花样子。这里嫁闺女,陪嫁妆,磁坛子、锡罐子,都要用梅红纸剪出吉祥花样,贴在上面,讨个吉利,也才好看:"丹凤朝阳"呀、"白头到老"呀、"子孙万代"呀、"福寿绵长"呀。二三十里的人家都来请她:"大娘,好日子是十六,你哪天去呀?"——"十五,我一大清早就来!"

"一定呀!"——"一定!一定!"

两个女儿,长得跟她娘像一个模子里拓出来的。眼睛长得尤其像,白眼珠鸭蛋青,黑眼珠棋子黑,定神时如清水,闪动时像星星。浑身上下,头是头,脚是脚。头发滑溜溜的,衣服格挣挣的。——这里的风俗,十五六岁的姑娘就都梳上头了。这两个丫头,这一头的好头发!通红的发根,雪白的簪子!娘女三个去赶集,一集的人都朝她们望。

姐妹俩长得很像,性格不同。大姑娘很文静,话很少,像父亲。小英子比她娘还会说,一天咭咭呱呱地不停。大姐说:

"你一天到晚咭咭呱呱——"

"像个喜鹊!"

"你自己说的!——吵得人心乱!"

"心乱?"

"心乱!"

"你心乱怪我呀!"

二姑娘话里有话。大英子已经有了人家。小人她偷偷地看过,人很敦厚,也不难看,家道也殷实,她满意。已经下过小定,日子还没有定下来。她这二年,很少出房门,整天赶她的嫁妆。大裁大剪,她都会。挑花绣花,不如娘。她可又嫌娘出的样子太老了。她到城里看过新娘子,说人家现在绣的都是活花活草。这可把娘难住了。最后是喜鹊忽然一拍屁股:"我给你保举

215

一个人!"

这人是谁?是明子。明子念"上孟下孟"的时候,不知怎么得了半套《芥子园》,他喜欢得很。到了荸荠庵,他还常翻出来看,有时还把旧账簿子翻过来,照着描。小英子说:

"他会画!画得跟活的一样!"

小英子把明海请到家里来,给他磨墨铺纸,小和尚画了几张,大英子喜欢得了不得:

"就是这样!就是这样!这就可以乱孱!"——所谓"乱孱"是绣花的一种针法:绣了第一层,第二层的针脚插进第一层的针缝,这样颜色就可由深到淡,不露痕迹,不像娘那一代绣的花是平针,深浅之间,界限分明,一道一道的。小英子就像个书童,又像个参谋:

"画一朵石榴花!"

"画一朵栀子花!"

她把花掐来,明海就照着画。

到后来,凤仙花、石竹子、水蓼、淡竹叶、天竺果子、蜡梅花,他都能画。

大娘看着也喜欢,搂住明海的和尚头:"你真聪明!你给我当一个干儿子吧!"

小英子捺住他的肩膀,说:"快叫!快叫!"

小明子跪在地下磕了一个头,从此就叫小英子的娘做干娘。

大英子绣的三双鞋,三十里方圆都传遍了。很多姑娘都走路坐船来看。看完了,就说:"啧啧啧,真好看!这哪是绣的,这是一朵鲜花!"她们就拿了纸来央大娘求了小和尚来画。有求画帐檐的,有求画门帘飘带的,有求画鞋头花的。每回明子来画花,小英子就给他做点好吃的,煮两个鸡蛋,蒸一碗芋头,煎几个藕团子。

因为照顾姐姐赶嫁妆,田里的零碎生活小英子就全包了。她的帮手,是明子。

这地方的忙活是栽秧、车高田水、薅头遍草,再就是割稻子、打场子。这几荐重活,自己一家是忙不过来的。这地方兴换工。排好了日期,几家顾一家,轮流转。不收工钱,但是吃好的。一天吃六顿,两头见肉,

> 明海与英子一家的关系。

顿顿有酒。干活时,敲着锣鼓,唱着歌,热闹得很。其余的时候,各顾各,不显得紧张。

薅三遍草的时候,秧已经很高了,低下头看不见人。一听见非常脆亮的嗓子在一片浓绿里唱:

栀子哎开花哎六瓣头哎……

姐家哎门前哎一道桥哎……

明海就知道小英子在哪里,三步两步就赶到,赶到就低头薅起草来,傍晚牵牛"打汪",是明子的事。——水牛怕蚊子。这里的习惯,牛卸了轭,饮了水,就牵到一口和好泥水的"汪"里,由它自己打滚扑腾,弄得全身都是泥浆,这样蚊子就咬不通了。低田上水,只要一挂十四轧的水车,两个人车半天就够了。明子和小英子就伏在车杠上,不紧不慢地踩着车轴上的拐子,轻轻地唱着明海向三师父学来的各处山歌。打场的时候,明子能替赵大伯一会,让他回家吃饭。——赵家自己没有场,每年都在荸荠庵外面的场上打谷子。他一扬鞭子,喊起了打场号子:

"格当——"

这打场号子有音无字,可是九转十三弯,比什么山歌号子都好听。赵大娘在家,听见明子的号子,就侧起耳朵:

"这孩子这条嗓子!"

连大英子也停下针线:"真好听!"

小英子非常骄傲地说:"一十三省数第一!"

晚上,他们一起看场。——荸荠庵收来的租稻也晒在场上。他们并肩坐在一个石碌子上,听青蛙打鼓,听寒蛇唱歌,——这个地方以为蝼蛄叫是蚯蚓叫,而且叫蚯蚓叫"寒蛇",听纺纱婆子不停地纺纱,"——",看萤火虫飞来飞去,看天上的流星。

"呀!我忘了在裤带上打一个结!"小英子说。

这里的人相信,在流星掉下来的时候在裤带上打一个结,心里想什么好事,就能如愿。

……

抠荸荠,这是小英最爱干的生活。秋天过去了,地净场光,荸荠的叶子枯了,——荸荠的笔直的小葱一样的圆叶子里是一格一格的,用手一捋,哗哗地响,小英

洋溢着青春的爱情。

子最爱捋着玩,——荸荠藏在烂泥里。赤了脚,在凉浸浸滑滑溜溜的泥里踩着,——哎,一个硬疙瘩!伸手下去,一个红紫红紫的荸荠。她自己爱干这生活,还拉了明子一起去。她老是故意用自己的光脚去踩明子的脚。

她挎着一篮子荸荠回去了,在柔软的田埂上留了一串脚印。明海看着她的脚印,傻了。五个小小的趾头,脚掌平平的,脚跟细细的,脚弓部分缺了一块。明海身上有一种从来没有过的感觉,他觉得心里痒痒的。这一串美丽的脚印把小和尚的心搞乱了。

明海的心弦被拨动。细腻、传神的描写。

……

明子常搭赵家的船进城,给庵里买香烛,买油盐。闲时是赵大伯划船,忙时是小英子去,划船的是明子。

从庵赵庄到县城,当中要经过一片很大的芦花荡子。芦苇长得密密的,当中一条水路,四边不见人。划到这里,明子总是无端端地觉得心里很紧张,他就使劲地划桨。

小英子喊起来:

"明子!明子!你怎么啦?你发疯啦?为什么划得这么快?"……

明海到善因寺去受戒。

"你真的要去烧戒疤呀?"

"真的。"

"好好的头皮上烧十二个洞,那不疼死啦?"

"咬咬牙。舅舅说这是当和尚的一大关,总要过的。""不受戒不行吗?"

"不受戒的是野和尚。"

"受了戒有啥好处?"

"受了戒就可以到处云游,逢寺挂褡。"

"什么叫'挂褡'?"

"就是在庙里住。有斋就吃。"

"不把钱?"

"不把钱。有法事,还得先尽外来的师父。"

"怪不得都说'远来的和尚会念经'。就凭头上这几个戒疤?"

"还要有一份戒牒。"

“闹半天，受戒就是领一张和尚的合格文凭呀！”

“就是！”

“我划船送你去。”

“好。”

小英子早早就把船划到荸荠庵门前。不知是什么道理，她兴奋得很。她充满了好奇心，想去看看善因寺这座大庙，看看受戒是个啥样子。

善因寺是全县第一大庙，在东门外，面临一条水很深的护城河，三面都是大树，寺在树林子里，远处只能隐隐约约看到一点金碧辉煌的屋顶，不知道有多大。树上到处挂着“谨防恶犬”的牌子。这寺里的狗出名的厉害。平常不大有人进去。放戒期间，任人游看，恶狗都锁起来了。

好大一座庙！庙门的门槛比小英子的肐膝都高。迎门矗着两块大牌，一边一块，一块写着斗大两个大字：“放戒”，一块是：“禁止喧哗”。这庙里果然是气象庄严，到了这里谁也不敢大声咳嗽。明海自去报名办事，小英子就到处看看。好家伙，这哼哈二将、四大天王，有三丈多高，都是簇新的，才装修了不久。天井有二亩地大，铺着青石，种着苍松翠柏。“大雄宝殿”，这才真是个“大殿”！一进去，凉嗖嗖的。到处都是金光耀眼。释迦牟尼佛坐在一个莲花座上，单是莲座，就比小英子还高。抬起头来也看不全他的脸，只看到一个微微闭着的嘴唇和胖敦敦的下巴。两边的两根大红蜡烛，一搂多粗。佛像前的大供桌上供着鲜花、绒花、绢花，还有珊瑚树，玉如意、整根的大象牙。香炉里烧着檀香。小英子出了庙，闻着自己的衣服都是香的。挂了好些幡。这些幡不知是什么缎子的，那么厚重，绣的花真细。这么大一口磬，里头能装五担水！这么大一个木鱼，有一头牛大，漆得通红的。她又去转了转罗汉堂，爬到千佛楼上看了看。真有一千个小佛！她还跟着一些人去看了看藏经楼。藏经楼没有什么看头，都是经书！妈吔！逛了这么一圈，腿都酸了。小英子想起还要给家里打油，替姐姐配丝线，给娘买鞋面布，给自己买两个坠围裙飘带的银蝴蝶，给爹买旱烟，就出庙了。

等把事情办齐,晌午了。她又到庙里看了看,和尚正在吃粥。好大一个"膳堂",坐得下八百个和尚。吃粥也有这样多讲究:正面法座上摆着两个锡胆瓶,里面插着红绒花,后面盘膝坐着一个穿了大红满金绣袈裟的和尚,手里拿了戒尺。这戒尺是要打人的。哪个和尚吃粥吃出了声音,他下来就是一戒尺。不过他并不真的打人,只是做个样子。真稀奇,那么多的和尚吃粥,竟然不出一点声音!他看见明子也坐在里面,想跟他打个招呼又不好打。想了想,管他禁止不禁止喧哗,就大声喊了一句:"我走啦!"她看见明子目不斜视地微微点了点头,就不管很多人都朝自己看,大摇大摆地走了。

尽管有禁令,有规约,但它们是宽松的,是可能被打破的。

第四天一大清早小英子就去看明子。她知道明子受戒是第三天半夜,——烧戒疤是不许人看的。她知道要请老剃头师傅剃头,要剃得横摸顺摸都摸不出头发茬子,要不然一烧,就会"走"了戒,烧成了一片。她知道是用枣泥子先点在头皮上,然后用香头子点着。她知道烧了戒疤就喝一碗蘑菇汤,让它"发",还不能躺下,要不停地走动,叫做"散戒"。这些都是明子告诉她的。明子是听舅舅说的。

她一看,和尚真在那里"散戒",在城墙根底下的荒地里。

一个一个,穿了新海青,光光的头皮上都有十二个黑点子。——这黑疤掉了,才会露出白白的、圆圆的"戒疤"。和尚都笑嘻嘻的,好像很高兴。她一眼就看见了明子。隔着一条护城河,就喊他:

"明子!"

"小英子!"

"你受了戒啦?"

"受了。"

"疼吗?"

"疼。"

"现在还疼吗?"

"现在疼过去了。"

"你哪天回去?"

"后天。"

"上午？下午？"

"下午。"

"我来接你！"

"好！"

……

小英子把明海接上船。

小英子这天穿了一件细白夏布上衣，下边是黑洋纱的裤子，赤脚穿了一双龙须草的细草鞋，头上一边插着一朵栀子花，一边插着一朵石榴花。她看见明子穿了新海青，里面露出短褂子的白领子，就说："把你那外面的一件脱了，你不热呀！"

他们一人一把桨。小英子在中舱，明子扳艄，在船尾。

她一路问了明子很多话，好像一年没有看见了。

她问，烧戒疤的时候，有人哭吗？喊吗？

明子说，没有人哭，只是不住地念佛。有个山东和尚骂人："俺日你奶奶！俺不烧了！"

她问善因寺的方丈石桥是相貌和声音都很出众吗？"是的。"

"说他的方丈比小姐的绣房还讲究？"

"讲究。什么东西都是绣花的。"

"他屋里很香？"

"很香。他烧的是伽楠香，贵得很。"

"听说他会做诗，会画画，会写字？"

"会。庙里走廊两头的砖额上，都刻着他写的大字。""他是有个小老婆吗？"

"有一个。"

"才十九岁？"

"听说。"

"好看吗？"

"都说好看。"

"你没看见？"

"我怎么会看见？我关在庙里。"

明子告诉她，善因寺一个老和尚告诉他，寺里有意选他当沙弥尾，不过还没有定，要等主事的和尚商议。

"什么叫'沙弥尾'？"

"放一堂戒,要选出一个沙弥头,一个沙弥尾。沙弥头要老成,要会念很多经。沙弥尾要年轻,聪明,相貌好。""当了沙弥尾跟别的和尚有什么不同?"

"沙弥头,沙弥尾,将来都能当方丈。现在的方丈退居了,就当。石桥原来就是沙弥尾。"

"你当沙弥尾吗?"

"还不一定哪。"

"你当方丈,管善因寺? 管这么大一个庙?!"

"还早呐!"

划了一气,小英子说:"你不要当方丈!"

"好,不当。"

"你也不要当沙弥尾!"

"好,不当。"

又划了一气,看见那一片芦花荡子了。

小英子忽然把桨放下,走到船尾,趴在明子的耳朵旁边,小声地说:

"我给你当老婆,你要不要?"

明子眼睛鼓得大大的。

"你说话呀!"

明子说:"嗯。"

"什么叫'嗯'呀! 要不要,要不要?"

明子大声地说:"要!"

"你喊什么!"

明子小小声说:"要——!"

"快点划!"

英子跳到中舱,两只桨飞快地划起来,划进了芦花荡。芦花才吐新穗。紫灰色的芦穗,发着银光,软软的,滑溜溜的,像一串丝线。有的地方结了蒲棒,通红的,像一枝一枝小蜡烛。青浮萍,紫浮萍。长脚蚊子,水蜘蛛。野菱角开着四瓣的小白花。惊起一只青桩(一种水鸟),擦着芦穗,扑鲁鲁飞远了。

……

一九八〇年八月十二日,写四十三年前的一个梦

明子和小英子之间纯真的爱,构成了整篇小说最动人的篇章。

思考与练习

有人认为,"芦花荡"描写是作家匠心独运之处,谈谈你的看法。

解读与鉴赏

《受戒》最初发表于1980年10月的《北京文学》，为汪曾祺小说代表作。作家以当地的和尚生活为题材，以诙谐而富有情趣的笔触，描绘了小小的"荸荠庵"内形形色色的和尚和庵外居民的风土人情。通过一个世俗化的佛门故事，描写了普通人的人生欢乐，表达了对淳朴的民间日常生活的肯定与赞美，同时也含蓄地表现出对清规戒律的否定和批判。

与人们习惯的小说不一样，《受戒》淡化了情节和人物性格心理，将散文笔调和诗歌的意境营造手法引入小说创作。小说开头刚一提到出家的明海，马上就笔锋一转，大谈当地与和尚有关的风俗，后来又讲起明海与小英子的爱情，不断地插入，直到小说最后才点题"受戒"。受沈从文的影响，他不是在描写现实，而是在抒写理想。《受戒》中，庵不像庵，寺不像寺，既无清规，也无戒律，和尚可以杀猪吃肉，也可以娶妻找情人，男女主人公天真纯朴，没有受到世俗的污染，他们内心充满诗意，作家以纯朴自然的语言描绘了一幅南方水乡生活的诗意化图景，意境恬淡、空灵、和谐。

 知识积累

一、汪曾祺创作背景

汪曾祺，世称中国最后一个士大夫，他以散文化的笔调抒写小说，写尽了家乡见闻和风俗人情，极富地方特色。汪曾祺生于江苏高邮一个亦农亦医的世家，从小接受了良好的教育。父亲是个乐天派，多才多艺，闲来还领着一帮孩子疯玩作乐，作者的《多年父子成兄弟》记载的这段往事。他是沈从文嫡传弟子，因此他的作品也明显地带有沈氏的风范。

二、汪曾祺小说散文化特征

汪曾祺小说重"文气"，淡结构，讲究流转自如，不落人工雕迹。他受中国古代笔记小说、桐城派散文和传统绘画艺术的影响，善于从生活场景中选取某些碎片加以连缀，不追求情节跌宕。

 参考阅读

1. 汪曾祺曾写道："有评论家说我的作品受了两千多年前的老庄思想的影响，可能有一点……我受影响较深的，还是儒家。我觉得孔子是个很有人情味的人，并且是个诗人。超功利的率性自然的思想是生活境界的美的极致。我觉得儒家是爱人的。因此我自诩为'中国式的人道主义者'。"

——汪曾祺《自报家门》

2. 汪曾祺的小说更深远的意义还是连接了被中断的抒情小说传统，并给后来的作者以深远的影响。

——温儒敏，赵祖谟《中国现当代文学专题研究》

3. 汪曾祺的小说创作，以其浑朴自然的风格，给人以耳目一新的印象。他师承沈从文先生以乡俗写人性的艺术探求，在原始和谐的自然描绘中，洗去诡奇混茫的气氛，在小人物平凡的命运里，抒写生活内在的诗意，塑造出积淀着传统文化的性格。

——季红真《传统的生活与文化铸造的性格》

具体说来,小说散文化的特征主要表现三个方面:第一,汪曾祺的小说情节因素很弱,较少逻辑的、因果关系,也较少矛盾冲突所带来的戏剧性。第二,那些描写市井风情的小说,结构松散,不断地有插入成分,天文地理、风俗人情、掌故传说等。第三,从小说内容来看,汪曾祺写人写事,目的其实是写生活,而主要不是塑造典型人物形象。他的作品往往用舒缓平和的笔调深情地回顾往昔,并含蓄自然地流露出对生活的爱和思考。他极力回避矛盾的激化和对立,强调个体的内心均衡。

思考与练习

以《受戒》为例,分析小说散文化在作品中是如何体现的。

三、造境

造境,追求和谐与"气氛即人"是汪曾祺的美学主张。他认为在短篇小说中只要写出了气氛,即使不写故事,没有情节,不直接写人物性格、心理,也可以在字里行间浸透人物,因为气氛即人物。小说把人物描写放到这个总体"气氛"中进行有机构造,把淳朴的民风民俗,作家的真情实感和在特定的地域文化中孕育成的人性美融合为一,从而创造出一种诗化的抒情艺术境界,也塑造出积淀着传统文化的性格。

思考与练习

分析汪曾祺小说中传统生活与文化性格的塑造。

 **单元学习成果汇报**

1. 中国文化考察。选读一部作品,思考其表达的中国文化现象与文化人格现象。

2. 扩展阅读,选读下列一部作品,并记录下你的阅读体会:冯骥才《神鞭》;高晓声《陈奂生出国》;王蒙《活动变人形》等。

3. 观摩电影《刮痧》,并记录下你的观影感受。

模块五 我的大学·文章之法

项目一 主题的提炼和表达

1. 长恨歌

白居易

白居易(公元772—846)字乐天,号香山居士,下邽(今陕西渭南)人。德宗贞元十六年(公元800)中进士。宪宗元和三年(公元808)任左拾遗,因强鲠敢言而遭权贵排挤。元和十年(公元815),宰相武元衡遇刺身亡,白居易上书请捕刺客,以越职言事的罪名贬为江州(今江西九江)司马。之后先后出任苏、杭等州刺史,官至太子宾客、太子少傅。白居易是继杜甫之后的又一位伟大的现实主义诗人。他与元稹倡导"新乐府运动",主张"文章合为时而著,歌诗合为事而作"。白居易所作的《新乐府》50首揭露社会黑暗,反映民生疾苦,影响深远。其感伤诗言浅意深,富有情味。著有《白氏长庆集》71卷,今存诗2 800余首。

学习目标与建议

1. 了解白居易的生平、思想及创作。

2. 诵读《长恨歌》,掌握其主旨及艺术特色。

3. 掌握叙事与抒情相结合的写作手法。

汉皇重色思倾国[1],御宇多年求不得[2]。
杨家有女初长成[3],养在深闺人未识。
天生丽质难自弃,一朝选在君王侧。
回眸一笑百媚生,六宫粉黛无颜色[4]。
春寒赐浴华清池[5],温泉水滑洗凝脂[6]。
侍儿扶起娇无力,始是新承恩泽时[7]。
云鬓花颜金步摇[8],芙蓉帐暖度春宵。
春宵苦短日高起,从此君王不早朝。
承欢侍宴无闲暇,春从春游夜专夜[9]。

开头一句统摄全篇。此处突出重色。"倾国"有双重含义。

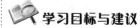**思考与练习**

诗中"杨家有女初长成"以下四句,为何回避杨玉环初为李瑁妃以及当女道士的史实?

后宫佳丽三千人,三千宠爱在一身。
金屋妆成娇侍夜,玉楼宴罢醉和春。
姊妹弟兄皆列土[10],可怜光彩生门户。
遂令天下父母心,不重生男重生女。
骊宫高处入青云,仙乐风飘处处闻。
缓歌曼舞凝丝竹,尽日君王看不足。
渔阳鼙鼓动地来[11],惊破霓裳羽衣曲[12]。
九重城阙烟尘生[13],千乘万骑西南行。
翠华摇摇行复止,西出都门百余里[14]。
六军不发无奈何[15],宛转蛾眉马前死。
花钿委地无人收,翠翘金雀玉搔头[16]。
君王掩面救不得,回看血泪相和流。
黄埃散漫风萧索,云栈萦纡登剑阁[17]。
峨眉山下少人行,旌旗无光日色薄。
蜀江水碧蜀山青,圣主朝朝暮暮情。
行宫见月伤心色,夜雨闻铃肠断声。
天旋地转回龙驭[18],到此踌躇不能去。
马嵬坡下泥土中[19],不见玉颜空死处[20]。
君臣相顾尽沾衣,东望都门信马归[21]。
归来池苑皆依旧,太液芙蓉未央柳[22]。
芙蓉如面柳如眉,对此如何不泪垂。
春风桃李花开日,秋雨梧桐叶落时。
西宫南内多秋草[23],落叶满阶红不扫。
梨园弟子白发新,椒房阿监青娥老[24]。
夕殿萤飞思悄然,孤灯挑尽未成眠。
迟迟钟鼓初长夜,耿耿星河欲曙天。
鸳鸯瓦冷霜华重[25],翡翠衾寒谁与共。
悠悠生死别经年,魂魄不曾来入梦。
临邛道士鸿都客[26],能以精诚致魂魄。
为感君王辗转思,遂教方士殷勤觅[27]。
排空驭气奔如电[28],升天入地求之遍。
上穷碧落下黄泉,两处茫茫皆不见。
忽闻海上有仙山,山在虚无缥缈间。
楼阁玲珑五云起,其中绰约多仙子。
中有一人字太真[29],雪肤花貌参差是。
金阙西厢叩玉扃[30],转教小玉报双成[31]。

"回眸一笑"八句极写杨贵妃的"色"及以"色"邀宠。

完全沉溺于酒色歌舞之中。

从开头至"惊破霓裳羽衣曲"句写出"长恨"的内因,交代悲剧故事的基础。

"九重城阙"十句写李、杨在安史之乱和马嵬兵变中结束了荒淫生活,生离死别。

据史书记载,"六军不发"的原因,主要是要杀酿成安史之乱、导致潼关失陷的祸首杨国忠。但真正祸首是李隆基。

思考与练习

从"黄埃散漫"句到"魂魄不曾"句抒写各种场合唐玄宗对杨贵妃的思念,对故事情节的发展有何作用?

"临邛道士"句到篇末,于幻想的神仙境界中刻画了杨玉环的形象,运用了浪漫主义的手法,表达了死者对生者的无限相思。

"忽闻"句别开境界,情节回环曲折,把主人公心理表现得淋漓尽致。

闻道汉家天子使,九华帐里梦魂惊[32]。
揽衣推枕起徘徊,珠箔银屏迤逦开。
云髻半偏新睡觉,花冠不整下堂来。
风吹仙袂飘飘举,犹似霓裳羽衣舞。
玉容寂寞泪阑干[33],梨花一枝春带雨。
含情凝睇谢君王,一别音容两渺茫。
昭阳殿里恩爱绝[34],蓬莱宫中日月长[35]。
回头下望人寰处[36],不见长安见尘雾。
唯将旧物表深情,钿合金钗寄将去[37]。
钗留一股合一扇[38],钗擘黄金合分钿[39]。
但教心似金钿坚,天上人间会相见。
临别殷勤重寄词,词中有誓两心知。
七月七日长生殿[40],夜半无人私语时。
在天愿作比翼鸟,在地愿为连理枝。
天长地久有时尽,此恨绵绵无绝期。

"唯将"至"连理枝"句着意渲染刻骨铭心的相思,生死不渝的爱情。

结尾两句用抒情兼议论揭示了题意,为点睛之笔。

【注释】[1]汉皇:汉武帝刘彻,借指唐玄宗李隆基。倾国:喻指貌美的女子。《汉书·外戚传》载李延年歌:"北方有佳人,绝世而独立。一顾倾人城,再顾倾人国。宁知倾城与倾国,佳人难再得。"[2]御宇:统治天下,指在位。[3]杨家有女:指杨玉环。她在天宝四年(公元745)被唐玄宗册封为贵妃。[4]六宫:古代后妃们所住的地方。黛:青色。[5]华清池:温泉浴池名,在今陕西临潼骊山上。[6]凝脂:指细腻洁白的皮肤。[7]新承恩泽:开始得到皇帝的宠爱。[8]步摇:一种插在发髻上的首饰,所缀珠玉走动时摇动。[9]夜专夜:每夜都是专宠。[10]列土:本意为分封土地,此处指得到封官进爵。[11]渔阳:郡名,在今天津蓟县一带,这里借指安禄山叛军起兵之处。鼙鼓:古代军中所用的一种小鼓。[12]霓裳羽衣曲:舞曲名。相传此曲来自西域,曾经过玄宗改编。[13]九重城阙:指京城长安。[14]都门:指延秋门,是长安禁苑的西门。[15]六军:古代天子六军,这里指朝廷的军队。[16]翠翘、金雀、玉搔头:玉簪。[17]云栈:高入云端的栈道。萦纡:盘绕曲折。剑阁:一名剑门关,故址在今四川剑阁县北。[18]天旋日转:比喻政局转变。回龙驭:指玄宗的车驾返回长安。[19]马嵬坡:在今陕西兴平县西。[20]空死处:空见死处。空:白白地。[21]信马归:无心鞭马,听凭马前行。[22]太液、未央:原为汉代所造的池名、宫名,这里借指唐代宫掖中的池苑。[23]西宫:指太极宫。南内:指兴庆宫,玄宗返京后先居于此,后迁居太极宫。[24]椒房:后妃住的宫殿,用花椒和泥涂壁。阿监:宫中侍从女官名。

青娥:古代女子用青黛画的眉,这里借指女子的容貌。[25]鸳鸯瓦:一俯一仰相互成对的瓦。[26]临邛(qióng):古县名,唐邛州治即今四川邛崃县。鸿都:原为东汉都城洛阳的宫门名,这里借指长安。[27]方士:古称炼丹、求仙的人,这里指临邛道士。[28]排空驭气:腾空驾云。[29]太真:杨贵妃为道士时,曾以此为道号。[30]金阙:黄金制成的宫城城楼,指仙山上的宫殿。扃(jiōng):门扇。[31]小玉:传说为吴王夫差的小女,此处借指仙境中杨贵妃的侍女。双成:即董双成,传说中西王母的侍女,此处也借指仙境中杨贵妃的侍女。[32]九华帐:彩饰繁丽的帐子。[33]阑干:指眼泪纵横的样子。[34]昭阳殿:汉成帝皇后赵飞燕所居之宫殿名。这里借指杨贵妃生前所居处。[35]蓬莱宫:泛指仙宫。蓬莱是神话中海外仙山之一。[36]人寰处:人间世界。[37]钿合:镶金花的首饰盒子。[38]合一扇:把钿盒分成盒盖、盒底两扇,自留其一。[39]钗擘黄金:即黄金钗剖分为二。合分钿:即钿盒分成两半。合:通"盒"。[40]长生殿:唐代华清宫中殿名。

解读与鉴赏

《长恨歌》写于唐宪宗元和元年,其时白居易与友人陈鸿、王质夫同游仙寺,谈起"天宝遗事"。应王质夫提议,白居易写了《长恨歌》,陈鸿写了传奇小说《长恨歌传》。

这首诗主题有很大争议。主要有三种看法。一是爱情说,即认为这首诗主题是歌颂李杨二人的爱情。从作者写诗的动机,到此诗给人的感受都以同情为主。二是政治说,即认为此诗是揭露和批判李杨荒淫。诗开头以"汉皇重色思倾国"领起全篇,玄宗被杨妃所迷,"从此君王不早朝。"诗的后半部写玄宗执迷不悟,派方士觅魂。前半部是生迷惑,后半部是死迷惑。三是双重主题说,即认为此诗前半部分是揭露而后半部分是同情与赞美。诗的前后有变化,写杨妃生前之事是讽刺;写杨妃死后之事是对李杨爱情悲剧寄予了很多的同情色彩。

作为一首千古绝唱的叙事诗,《长恨歌》在艺术上取得很高成就。首先,情节由人物性格而发展。诗开头揭示唐玄宗主要性格特征是"重色",然后从各个侧面进行刻画,情节也向前发展。安史之乱、马嵬兵变、

思考与练习

从"临邛道士"句到篇末对表现"长恨"的主旨有何作用?对刻画杨贵妃的形象又有何作用?

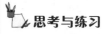

《长恨歌》对李、杨二人的爱情悲剧抱什么态度?诗的前半部分与后半部分所流露出的作者感情是否矛盾?

思考与练习

为什么题名"长恨"?"恨"什么?

参考阅读

1. "《长恨歌》讥明皇之迷于色而不悟也,以女宠几于丧国,应知从前之谬戾矣。"

——沈德潜《唐诗别裁》

2. "此刺以男女不常,阴阳失伦。意险而奇,其文平而易,所谓言之者无罪,闻之者足以自戒哉!"

——黄滔《答陈磻隐论诗书》

逃至蜀中,是"重色"的结果;从入蜀到回京的思念妃子是"重色"的表现。其次,使用想象和虚构手法,浓烈的抒情贯穿于叙事的全过程。诗的开篇写玄宗好色废政,杨妃恃宠而骄,终至引发安史之乱。但自玄宗逃蜀、杨妃身亡始,叙事变为抒情,诗歌极力铺写玄宗的种种寂寞哀伤,作品笼罩着浓郁的悲剧气氛。再次,语言流畅优美,具有强烈的形象性和音乐性。

《长恨歌》影响深远。元代白朴根据它写了《梧桐雨》;清代洪昇写了《长生殿》。

思考与练习

对《长恨歌》的主题思想,历来有不同认识,你认为哪一种说法比较公允?理由是什么?

知 识 积 累

一、新乐府运动

新乐府运动,是由唐代诗人白居易、元稹等所倡导的诗歌革新运动。"新乐府"一名,是白居易相对汉乐府而提出的,其含义是以自创的新乐府题目咏写时事。白居易继承前人精神,明确提出新乐府的理论,同时采用乐府歌行体。这类诗特点是:一是自创新题,根据内容需要自创新题。二是咏写时事,要求作者反映社会现实。三是突破音乐限制,不以入乐与否为衡量诗歌的标准。白居易所作的《新乐府》50首,反映民生疾苦、揭露弊政和权贵丑恶,成为新乐府运动中优秀作品。此外,元稹的《田家词》《织妇词》、张籍的《野老歌》等成为新乐府运动中的优秀作品。新乐府运动影响深远,晚唐皮日休、聂夷中、杜荀鹤、宋代王禹偁、梅尧臣等人都有所继承。

二、白居易诗歌创作理论

白居易诗今存3 000余首。他自己编为讽喻、闲适、感伤、杂律四类,前二类体现他的兼济、独善之道,最受重视。而他的诗歌主张,也主要是就讽喻诗的创作而发。白居易重写实、尚通俗,他认为,诗歌必须既写得真实可信,又浅显易懂。他反对离开内容单纯地追求"宫律高"、"文字奇",更反对齐梁以来"嘲风月、弄花草"的艳丽诗风;他指出诗在六经中最感动人,是由于它"根情、苗言、华声、实义",主张"唯歌生民病,愿得天子知",希望诗歌发挥政治上的美刺作用;指出作诗的标准是"质而径"、"直而

3. 自拾遗来凡所适、所感关于美刺兴者;又自武德迄元和,因事立题,题为新乐府者。

——白居易《与元九书》

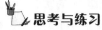

思考与练习

谈谈你对新乐府运动的理解。

切"、"核而实"、"顺而肆",即他要求诗歌创作应该补察时政,认为"文章合为时而著,歌诗合为事而作",主张诗歌应该"为君、为臣、为民、为物、为事而作,不为文而作"。

三、关于歌、行、引

歌、行、引本是古代歌曲的三种形式,后成为古代诗歌的一种体裁。三者的名称虽不同,但并无严格区别。其音节、格律一般比较自由,形式采用五言、七言杂言的古体,富于变化,便于长篇叙事或抒情。

四、叙事与抒情的结合

叙事诗离不开特定的故事情节。如果说故事情节构成叙事的骨架或脉络,那么,它的血肉、它的精髓却是情,这种情在叙事情势中所潜伏、渗透并泄露出来的内在的音乐与心灵的颤动。白居易的感伤诗是感于一时一事而作。他说:"有事物牵于外,情理动于内,随感遇而形于叹咏者。"(《与元九书》)他的代表作《琵琶行》《长恨歌》都是抒情成分很浓的叙事诗,诗人在叙述故事和人物塑造上,将叙事、写景和抒情和谐地结合在一起,形成诗歌抒情上回环往复的特点。诗人时而把人物的思想感情注入景物,用景物的折光来烘托人物的心境;时而抓住人物周围富有特征性的景物、事物,通过人物对它们的感受来表现内心的感情,层层渲染,恰如其分地表达了人物蕴藏在内心深处的难达之情。

> 白乐天每作诗,会一老妪解之,问曰:解否?妪曰解,则录之;不解,则易之。故唐末之诗近于鄙俚。
>
> ——释惠洪《冷斋夜话》
>
> 篇无定句,句无定字,系于意,不系于文。句首标其目,卒章显其志。诗三百之义也。其辞质而径,欲见之者传易喻也。其体顺而肆,可以播于乐章歌曲也。总而言之,为君、为民、为物、为事而作,不为文而作也。
>
> ——白居易《新乐府序》

思考与练习

分析《长恨歌》叙事与抒情相结合的写作特点。

2. 吃瓜子(节选)

丰子恺

丰子恺(1898—1975),浙江崇德(今嘉兴桐乡市)人,原名润,号子觊,后改为子恺。散文家、画家、文学家、美术与音乐教育家。师从弘一法师(李叔同),以中西融合画法创作漫画及散文而著名。著有《音乐入门》、《缘缘堂随笔》、《丰子恺书法》等。他的散文内容涉及平常生活、儿童憨态、亲友琐事、世间万相等多种

学习目标与建议

1. 了解有关于作者丰子恺的散文创作情况。
2. 能够以《吃瓜子》为例,分析其散文的特点。

题材,语言朴素,风格独特,信笔抒写,自成一格。

从前听人说:中国人人人具有三种博士的资格:拿筷子博士、吹煤头纸博士、吃瓜子博士。

拿筷子,吹煤头纸,吃瓜子,的确是中国人独得的技术。

……

但我以为这三种技术中最进步最发达的,要算吃瓜子。近来瓜子大王的畅销,便是其老大的证据。据关心此事的人说,瓜子大王一类的装纸袋的瓜子,最近市上流行的有许多牌子。最初是某大药房"用科学方法创制"的,后来有什么好吃来公司、顶好吃公司等品种陆续产出。到现在差不多无论哪个穷乡僻处的糖食摊上,都有纸袋装的瓜子陈列而倾销着了。现代中国人的精通吃瓜子术,由此盖可想见。我对于此道,一向非常短拙,说出来有伤于中国人的体面,但对自家人不妨谈谈。我从来不曾自动地找求或买瓜子来吃。但到人家作客,受人劝诱时;或者在酒席上、杭州的茶楼上,看见桌上现成放着瓜子盆时,也便拿起来咬。我必须注意选择,选那较大、较厚,而形状平整的瓜子,放进口里,用臼齿"格"地一咬;再吐出来,用手指去剥。幸而咬得恰好,两瓣瓜子壳各向两旁扩张而破裂,瓜仁没有咬碎,剥起来就较为省力。若用力不得其法,两瓣瓜子壳和瓜仁叠在一起而折断了,吐出来的时候我就担忧。那瓜子已纵断为两半,两半瓣的瓜仁紧紧地装塞在两半瓣的瓜子壳中,好像日本版的洋装书,套在很紧的厚纸函中,不容易取它出来。这种洋装书的取出法,现在都已从日本人那里学得,不要把指头塞进厚纸函中去力挖,只要使函口向下,两手扶着函,上下振动数次,洋装书自会脱壳而出。然而半瓣瓜子的形状太小了,不能应用这个方法,我只得用指爪细细地剥取。有时因为练习弹琴,两手的指爪都剪平,和尚头一般的手指对它简直毫无办法。我只得乘人不见把它抛弃了。在痛感困难的时候,我本拟不再吃瓜子了。但抛弃了之后,觉得口中有一种非甜非咸的香味,会引逗我再吃。我便不由地伸起手来,另选一粒,再送交臼齿去咬。不幸

3. 建议同学们课外阅读林语堂和鲁迅作品,进一步了解国民性批判主题。

开篇先从拿筷子、吹煤头纸技能入笔,烘托铺垫。

语言亦庄亦谐、幽默风趣。

而这瓜子太燥，我的用力又太猛，"格"地一响，玉石不分，咬成了无数的碎块，事体就更糟了。我只得把粘着唾液的碎块尽行吐出在手心里，用心挑选，剔去壳的碎块，然后用舌尖舐食瓜仁的碎块。然而这挑选颇不容易，因为壳的碎块的一面也是白色的，与瓜仁无异，我误认为全是瓜仁而舐进口中去嚼，其味虽非嚼蜡，却等于嚼砂。壳的碎片紧紧地嵌进牙齿缝里，找不到牙签就无法取出。碰到这种钉子的时候，我就下个决心，从此戒绝瓜子。戒绝之法，大抵是喝一口茶来漱一漱口，点起一支香烟，或者把瓜子盆推开些，把身体换个方向坐了，以示不再对它发生关系。然而过了几分钟，与别人谈了几句话，不知不觉之间，会跟了别人而伸手向盆中摸瓜子来咬。等到自己觉察破戒的时候，往往是已经咬过好几粒了。这样，吃了非戒不可，戒了非吃不可；吃而复戒，戒而复吃，我为它受尽苦痛。这使我现在想起了瓜子觉得害怕。

　　但我看别人，精通此技的很多。我以为中国人的三种博士才能中，咬瓜子的才能最可叹佩。常见闲散的少爷们，一只手指间夹着一支香烟，一只手握着一把瓜子，且吸且咬，且咬且吃，且吃且谈，且谈且笑。从容自由，真是"交关写意！"他们不须拣选瓜子，也不须用手指去剥。一粒瓜子塞进了口里，只消"格"地一咬，"呸"地一吐，早已把所有的壳吐出，而在那里嚼食瓜子的肉了。那嘴巴真像一具精巧灵敏的机器，不绝地塞进瓜子去，不绝地"格"，"呸"，"格"，"呸"，……全不费力，可以永无罢休。女人们、小姐们的咬瓜子，态度尤加来得美妙：她们用兰花似的手指摘住瓜子的圆端，把瓜子垂直地塞在门牙中间，而用门牙去咬它的尖端。"的，的"两响，两瓣壳的尖头便向左右绽裂。然后那手敏捷地转个方向，同时头也帮着了微微地一侧，使瓜子水平地放在门牙口，用上下两门牙把两瓣壳分别拨开，咬住了瓜子肉的尖端而抽它出来吃。这吃法不但"的，的"的声音清脆可听，那手和头的转侧的姿势窈窕得很，有些儿妩媚动人，连丢去的瓜子壳也模样姣好，有如朵朵兰花。由此看来，咬瓜子是中国少爷们的专长，而尤其是中国小姐、太太们的拿手戏。

> 几个动词流畅的叠加，把闲散的少爷小姐们吃瓜子的"天才"以及剥瓜子的"巧技"描摹得栩栩如生。

在酒席上、茶楼上，我看见过无数咬瓜子的圣手。近来瓜子大王畅销，我国的小孩子们也都学会了咬瓜子的绝技。我的技术，在国内不如小孩子们远甚，只能在外国人面前占胜。记得从前我在赴横滨的轮船中，与一个日本人同舱。偶检行箧，发现亲友所赠的一罐瓜子。旅途寂寥，我就打开来和日本人共吃。这是他平生没有吃过的东西，他觉得非常珍奇。在这时候，我便老实不客气地装出内行的模样，把吃法教导他，并且示范地吃给他看。托祖国的福，这示范没有失败。但看那日本人的练习，真是可怜得很！他如法将瓜子塞进口中，"格"地一咬，然而咬时不得其法，将唾液把瓜子的外壳全部浸湿，拿在手里剥的时候，滑来滑去，无从下手，终于滑落在地上，无处寻找了。他空咽一口唾液，再选一粒来咬。这回他剥时非常小心，把咬碎了的瓜子陈列在舱中的食桌上，俯伏了头，细细地剥，好像修理钟表的样子。约莫一二分钟之后，好容易剥得了些瓜仁的碎片，郑重地塞进口里去吃。我问他滋味如何，他点点头连称 umai, umai！（好吃，好吃！）我不禁笑了出来。我看他那阔大的嘴里放进一些瓜仁的碎屑，犹如沧海中投以一粟，亏他辨出 umai 的滋味来。但我的笑不仅为这点滑稽，本由于骄矜自夸的心理。我想，这毕竟是中国人独得的技术，像我这样对于此道最拙劣的人，也能在外国人面前占胜，何况国内无数精通此道的少爷、小姐们呢？

发明吃瓜子的人，真是一个了不起的天才！这是一种最有效的"消闲"法。要"消磨岁月"，除了抽鸦片以外，没有比吃瓜子更好的方法了。其所以最有效者，为了它具备三个条件：一、吃不厌；二、吃不饱；三、要剥壳。

俗语形容瓜子吃不厌，叫做"勿完勿歇"。为了它有一种非甜非咸的香味，能引逗人不断地要吃。想再吃一粒不吃了，但是嚼完吞下之后，口中余香不绝，不由你不再伸手向盆中或纸包里去摸。我们吃东西，凡一味甜的，或一味咸的，往往易于吃厌。只有非甜非咸的，可以久吃不厌。瓜子的百吃不厌，便是为此。有一位老于应酬的朋友告诉我一段吃瓜子的趣话：说他已养成了见瓜子就吃的习惯。有一次同了朋友到戏馆里看戏,坐定之后,看见茶壶的旁边放着一包打开的瓜子,便随手向包里掏取几粒,一面咬着,一面看戏。咬完了再取,取了再咬。如是数次,发见邻席的不相识的观剧者也来掏取,方才想起了这包瓜子的所有权。低声问他的朋友:"这包瓜子是你买来的么?"那朋友说"不",他才知道刚才是擅吃了人家的东西,便向邻座的人道歉。邻座的人很漂亮,付之一笑,索性正式地把瓜子请客了。由此可知瓜子这样东西,对中国人有非常的吸引力,不管三七二十一,见了瓜子就吃。

俗语形容瓜子吃不饱,叫做"吃三日三夜,长个屎尖头。"因为这东西分量微小,无论如何也吃不饱,连吃三日三夜,也不过多排泄一粒屎尖头。为消闲计,这是很重要的一个条件。倘分量大了,一吃就饱,时间就无法消磨。这与赈饥的粮食目的完全相反。赈饥的粮食求其吃得饱,消闲的粮食求其吃不饱。最好只尝滋味而不吞物质。最好越吃越饿,像罗马亡国之前所流行的"吐剂"一样,则开筵大嚼,醉饱之后,咬一下瓜子可以再来开筵大嚼,一直把时间消磨下去。

要剥壳也是消闲食品的一个必要条件。倘没有壳,吃起来太便当,容易饱,时间就不能多多消磨了。一定要剥,而且剥的技术要有声有色,使它不像一种苦工,而像一种游戏,方才适合于有闲阶级的生活,可让他们愉快地把时间消磨下去。

具足以上三个利于消磨时间的条件的,在世间一切食物之中,想来想去,只有瓜子。所以我说发明吃瓜子的人是了不起的天才。而能尽量地享用瓜子的中国人,在消闲一道上,真是了不起的积极的实行家!试看糖食店、南货店里的瓜子的畅销,试看茶楼、酒店、家庭中满地的瓜子壳,便可想见中国人在"格,呸"、"的,的"的声音中消磨去的时间,每年统计起来为数一定可惊。将来此道发展起来,恐怕是全中国也可消灭在"格,呸"、"的,的"的声音中呢。

我本来见瓜子害怕,写到这里,觉得更加害怕了。

1934 年 4 月 20 日

吃瓜子三个利于消磨时间的条件。

 思考与练习

如何理解"觉得更加害怕了"一句?

解读与鉴赏

画家与作家的双重身份,使丰子恺多一份将常人以为不足为道的琐事、凡物细致摹来的眼力,整篇散文恍如绝妙的连格漫画,其笔下的"吃瓜子"可谓仪态万千,各具特色,将"我"、"少爷小姐们"、"日本人(外国人)"的各异形态描绘得惟妙惟肖。

在对各类人物吃瓜子的动作、神情细致传神描摹中,丰子恺更以寥寥数语将吃瓜子休闲之道与中国特色挂钩,暗喻中国民族落后之根源。这些以大把时间培养起的吃瓜子的娴熟技艺,除了打发无聊外,对现实并无一点用处。只会在"格、呸"中消磨时间的中国人,终会把整个中国都葬送了。可以说,《吃瓜子》是一幅绝妙的世态讽刺图。从吃瓜子这一平常人消磨时间的小事里,丰子恺看出了中国人慵懒、无聊、不思进取的一面,更看出让他"害怕"的中国的前途来。

现代文学作品中,国民性批判的主题是其中核心。在暴风骤雨式地批判之一路外,丰子恺等又开出温和却不失犀利,直白却不乏深刻的一路风格。

知 识 积 累

一、丰子恺散文创作

《缘缘堂随笔》1931年由开明书店出版,收散文随笔20篇,这是丰子恺的第一个散文集。以后又陆续出了《随笔二十篇》(1934)、《车厢社会》(1935)、《缘缘堂再笔》(1937)、《率真集》(1946)。人们习惯用"缘缘堂随笔"来统称他全部的散文随笔。美学大师朱光潜在《丰子恺先生的人品和画品》一文中,用"清"与"和"两个字来概括丰子恺的人生,认为他"从顶至踵是个艺术家,他的胸襟、他的言动笑貌全都是艺术的"。日本学者吉川幸次郎称他为"现代中国最像艺术家的艺术家"。丰子恺被视为现代的陶渊明、王维,并非没有道理。对于当时充满灾难和斗争的现实社会,他采取的基本是一种隐士式的不满、讽刺态度,作品常流露出清幽玄远的风韵和对某种唯美的、古典的艺术趣味的

参 考 阅 读

1. 日本汉学家、京都大学教授吉川幸次郎在他选译的13篇《缘缘堂随笔》中称赞作者丰子恺"是现代中国最像艺术家的艺术家",并说"我所喜欢的,乃是他的像艺术家的真率对于万物的丰富的爱,和他的气品,气骨。如果在现代要找寻陶渊明、王维那样的人物,那么,就是他了罢。"

——王峰《丰子恺和他的散文》

追求。

二、"白描"笔法

"白描"本是中国画技法之一,用在文学领域则主要是指用朴素简练的文字描摹形象,不重词藻修饰与渲染烘托。丰子恺在绘画中肯定"自然即美"的原则,他"竭力主张'忠实写生'的画法,以为绘画以忠实摹写自然为第一要义",并且说"自然中含有无穷的美,唯能忠实于自然摹写者,方能发见其美"。与此相类似的是,丰子恺的散文也一如他的绘画艺术,寥寥数笔就勾勒出一惟妙惟肖的形象,这就形成了其散文特有的清新朴素的风格。

三、中国的国民性

我们姑先就这三个弱点:忍耐性,散漫性及老猾性,研究一下,并考其来源。我相信这些都是一种特殊文化及特殊环境的结果,不是上天生就华人,就是这样忍辱含垢,这样不能团结,这样老猾奸诈。这有一方法可以证明,就是人人在他自己的经历,可以体会出来。本来人家说屁话,我就反对;现在人家说屁话,我点头称善曰:"是啊,不错不错。"由此度量日宏而福泽日深。由他人看来,说是我的修养工夫进步。不但在我如此,其实人人如此。到了中年的人,若肯诚实反省,都有这样修养的进步。二十岁青年都是热心国事,三十岁的人都是"国事管他娘"。我们要问,何以中国社会使人发生忍耐,莫谈国事,及八面玲珑的态度呢?我想含忍是由家庭制度而来,散漫放逸是由于人权没有保障,而老猾敷衍是由于道家思想。自然各病不只一源,而且其中各有互相关系;但为讲解得清楚便利,可以这样暂时分个源流。

……

所以要中国人民变散漫为团结,化消极为积极,必先改此明哲保身的态度,而要改明哲保身的态度,非几句空言所能济事,必改造使人不得不明哲保身的社会环境,就是给中国人民以公道法律的保障,使人人在法律范围之内,可以各开其口,各做其事,各展其才,各行其志。不但扫雪,并且管霜。换句话说,要中国人不像一盘散沙,根本要着,在给予宪法人权之保障。但是今

2. 赵景深评价他的散文语言:"他只是平易地去写,自然就有一种美,文字的干净流利和漂亮,怕只有朱自清可以和他媲美。"

——赵景深《丰子恺和他的小品文》

思考与练习

课外阅读丰子恺散文,分析其特点。

思考与练习

尝试用白描手法,刻画你身边的同学。

思考与练习

对于中国的"国民性"问题,林语堂和鲁迅各有独到的探索拷问的着眼点和切入点。课外阅读林语堂和鲁迅文,通过对比分析,谈谈你如何看待中国的国民性。

日能注意到这一点道理,真正参悟这人权保障与我们处世态度互相关系的人,真寥如晨星了。

——林语堂《中国的国民性》

3. 断 章

卞之琳

卞之琳(1910—2000),曾用笔名季陵,生于江苏海门汤门镇,祖籍江苏溧水。诗人、文学评论家、翻译家。曾就读于北京大学英文系,抗战期间在各地任教,曾是徐志摩的学生。因与何其芳、李广田合出诗集《汉园集》而被称为"汉园三诗人"。他在现代诗坛上作出了重要贡献,被公认为新文化运动中重要的诗歌流派新月派的代表诗人。著有诗集《汉园集》、《三秋草》、《鱼目集》、《十年诗草》等。另有诗论、诗评与译著多部。《断章》是他不朽的代表作。卞之琳受英国浪漫派与法国象征派的影响,且善于从中国古典诗词中汲取营养,形成了自己独特的风格。

　　你站在桥上看风景,
　　看风景的人在楼上看你。

　　明月装饰了你的窗子,
　　你装饰了别人的梦。

解读与鉴赏

《断章》写于1935年10月,原为诗人一首长诗中的片断。后将其独立成章,因此标题名之为《断章》。

《断章》的主旨曾引起歧义的理解。李健吾等认为,这首诗重在"装饰"二字,暗示人生不过是互相装饰,其中蕴含着无可奈何的悲哀情怀。诗人自己解释说:"这是抒情诗,当然说是情诗也可以,但绝不是自己对什么人表示思慕之情,而是以超然面对珍惜的感情,写一刹那的意境。我当时爱想世间人物、事物的息息

学习目标与建议

1. 了解关于作者卞之琳的文学常识。

2. 诵读《断章》,理解诗歌主旨,学习诗歌虚实含蓄法。

3. 掌握卞之琳诗歌的艺术风格。

人可以看风景,也可能成为风景中的一部分而被别人观赏。

同时同样的一个"你",既可以是主宰世界的行为主体,也可能成为被观看的对象、客体。

相关、相互依存、相互作用。"看来，诗的言外之旨是不能从字面上一两句话完全捕捉到的。它的深层内涵往往隐藏在意象和文字的背后。如作者说明的那样，表达形而上层面上"相对"的哲学观念，是这首《断章》的主旨。这首诗短短四行，通过诗人对"风景"的刹那感悟，涉及了"相对性"的哲理命题。全诗恰似两组镜头。"你站在桥上看风景"，"看风景的人在楼上看你"这组镜头摄取的都是生活中常见的景象，第一个镜头中"你"是看风景的主体，到第二个镜头里，桥上的"你"就是楼上人眼中的风景，成为看的客体了，主客体位置不着痕迹的转换，暗示了宇宙中事物普遍存在的一种相对性。"明月装饰了你的窗子"和"你装饰了别人的梦"这两个镜头是对前一组镜头显示的哲学上的相对性的强化。

在艺术上，这首诗所表现的主要是抽象而又复杂的观念与意绪，但是诗人并没有直接的说理与抒情，而是通过客观形象和意象的呈现，将诗意间接地加以表现。诗作不但继承了中国诗歌注重意境的传统，又呈现出西方诗歌的着重暗示性特点，使得诗歌含蓄深沉，别具一格。

知识积累

一、卞之琳诗歌代表作

卞之琳是20世纪30年代出现于中国诗坛的杰出的现代派诗人。他上承新月诗派，以其对中西诗艺精华的成功融会和富于哲理意蕴的创作，确立了在中国新诗史上不可替代的独特地位。在诗艺上追求"化古化欧"，从古今中外的诗歌中汲取营养，形成了委婉清秀、新鲜雅致的独特风格。

《距离的组织》所演绎的有时空的相对关系、微观世界与宏观世界的关系等复杂关系，但是字里行间渗透的是古典品质的文人意绪。全篇意想远出，机理深远，是诗人的代表作之一。

《无题四》是一首委婉的爱情诗。诗人渴慕"你"的爱情，但是无由表达，故作奇想"要研究交通史"，以便能够像"泥""泉""奢侈品"那样与"你"相亲近。

思考与练习

谈谈你对本诗主旨的理解。

参考阅读

1. 假如可以拿古代诗史来做譬的话，或许可以说是相当于李贺或李商隐的地位。……卞之琳在1935年所写的几首很著名的诗，是新诗在形式、技巧上发生显著变化的显著标志。

——蓝棣之《地图在动·序》

《雨同我》以淡淡的只言片语道出对友人的思念，"想在天井盛一只玻璃杯/明早看天下雨今夜落几寸"，敏感细腻的意绪充满全篇。

二、诗歌虚实含蓄法

虚实含蓄法，就是作者不实写，仅仅在虚处着笔，让读者从虚的意象腾飞想象，去感受和捕捉诗中含隐的实的事物。诗中的"味外、韵外、象外、景外"的旨趣，都不宜由诗人直接表达出来，而需要诗人充分运用语言的启发性和暗示性，唤起读者的联想，让他们自己去体味那字句之外隽永深长的情思和理趣，以收到言尽意不尽的艺术效果。

三、诗无达诂

"诗无达诂"语出于董仲舒的《春秋繁露》。"达诂"的意思是确切的训诂或解释。诗无达诂，意即诗没有确定的解释。诗无达诂，原为古代诗论的一种释诗观念，后发展为对诗歌及文艺的一种鉴赏观念。有些诗，特别是一些象征诗，境界有亦真亦幻、亦此亦彼的性质，其中有连作者自己也说不清的微妙心绪，如白居易所说："兴发于此，而义归于彼。"（《与元九书》）所以，论诗赏诗要不拘于形象的表面意义，更不应只从字面上做文章。对有些诗，只要不是穿凿附会，完全允许"仁者见仁，智者见智，""作者之用心未必然，而读者之用心何必不然"（清·谭献《复堂词话》），如《断章》有"悲哀感"与"相对论"之说，是两个不同的切入角度，前者指向写作主体的心理情绪，后者则指向一种哲学观念。我们或许一时不能看清作品的意旨，但并不妨碍我们得到美的感受和心灵的陶冶。从审美的角度看，由于作者的情感经验、审美趣味等的不同，对同一首诗，常常因鉴赏者的不同而会有不同的解释。有些诗并不一定要求"达诂"，而是要求感受和意会。我们要承认文学艺术的鉴赏中存在着审美差异性，当然，我们也不能因此否认审美鉴赏的共性或客观标准的存在。

2. 卞之琳贡献了一种"情境的美学"，这种"情境"是传统的"意境"与西方诗歌的小说化、戏剧化技巧相融会的结果，读者从他的诗中捕捉到的，是日常生活的场景和情境，但一经卞之琳点化，便蕴涵了丰富深长的回味和耐人咀嚼的人生哲理。

——程光炜等《中国现代文学史》

3. 卞之琳接触到后期象征派的影响是明显的，同样明显的是，卞之琳接触到了许多现代哲学命题，却无意深究，他所表现的是一些智慧的闪光，是哲理的趣味。也正是在这一点上，他的诗可以视为对早期白话诗，以至更遥远的宋诗对"理趣"的追求的一个隔代回应与发展。

——钱理群《中国现代文学三十年》

思考与练习

课外阅读卞之琳诗，分析其诗歌的独特风格。

思考与练习

尝试用虚实含蓄法创作一首小诗。

项目二 情节的组成和结构

4. 神话二则

远古时代的神话故事是人类最早散文形式的口头创作。这些口头创作以神为中心,叙述着神灵怪异的故事。由于历史的久远和统治阶段的轻视,远古时代的神话没有得到很好的保存。在《山海经》、《庄子》、《楚辞》、《淮南子》、《列子》中还存有一些。《山海经》较为集中地记载了海内外山川神祇异物,保存神话最多。

盘古开天辟地

天地浑沌如鸡子,盘古生其中。万八千岁,天地开辟,阳清为天,阴浊为地。盘古在其中,一日九变,神于天,圣于地。天日高一丈,地日厚一丈,盘古日长一丈。如此万八千岁,天数极高,地数极深,盘古极长。后乃有三皇。(《艺文类聚》引《三五历纪》)

昔盘古氏之死也,头为四岳,目为日月,脂膏为江海,毛发为草木。(《述异记》)

 解读与鉴赏

本篇前一段选自《艺文类聚》引《三五历纪》,后一段选自《述异记》,写天地的形成。传说最早的天地本是合在一起的,宇宙是一团混沌。在这片混沌中沉睡着一个人,他就是盘古。直到有一天盘古忽然醒来,他觉得自己所在的空间是那么的压抑,于是拿起身旁的斧头对着周围的空间一气乱挥,也不知道挥了多久,终于把天和地给明确地划分出来了。但是天与地分开没多久就又开始慢慢合拢,盘古就用自己的身体来支撑

学习目标与建议

1. 了解中国文学中有关人类起源,包括民族由来的描述。

2. 了解神话的特点。

3. 了解远古人类想象的盘古开天辟地、创造宇宙的过程。

4. 了解女娲英雄女神形象。

两处记载合为一篇完整的故事。

 思考与练习

把这则神话故事扩写成500字左右的小故事。

着天与地,就这样支撑了很久很久,天与地的位置终于被固定住了,但是伟大的盘古却因疲劳过度,累死了。他死后身体开始变化,骨骼变成了山脉和丘陵,肉身变成了平原和盆地,血和汗水变成了江海,毛发变成了森林、草原。

远古神话是中国文学的原型,同西方创世纪神话相比,具有独特的艺术风格。

我国有许多雄伟奇丽的神话传说,为后世作家提供了丰富的文学题材,并以其浪漫主义精神和奔放新奇的想象,给后世作家以启发。

女娲补天[1]

往古之时,四极废[2],九州裂[3];天不兼覆,地不周载[4]。火爁焱而不灭[5],水浩洋而不息。猛禽食颛民[6],鸷鸟攫老弱[7]。于是女娲炼五色石以补苍天,断鳌足以立四极[8],杀黑龙以济冀州[9],积芦灰以止淫水[10]。苍天补,四极正;淫水涸[11],冀州平;狡虫死[12],颛民生。

天不能全面地覆盖大地,地也不能周全地容载万物。

【注释】[1]女娲:女神名。传说她是人头蛇身,在开天辟地的时候捏黄土作人,创造了人类。[2]四极:天的四边。上古的人认为在天的四边都有支撑着天的柱子。废:坏。指柱子折断,天塌下来。[3]裂:崩裂。[4]"天不"两句:天不能全面地覆盖大地,地不能周全地容载万物。[5]爁焱(lǎn yàn):大火延烧的样子。[6]颛(zhuān):善良。颛民:善良的人民。[7]鸷鸟:猛禽。攫(jué):用爪抓取。[8]鳌:大龟。[9]冀州:古代九州之一,此指黄河流域古代中原地带。[10]淫水:泛滥的洪水。[11]涸(hé):干枯。[12]狡虫:凶猛的害虫。

思考与练习

"火爁焱而不灭"一句写大火蔓延给人类带来了灾难,这火是怎样扑灭的?请你充分发挥想象力,女娲是采用什么方法将这场火扑灭的,并将其写成500字左右的小故事。

参考阅读

女娲抟土作人

俗说天地开辟,未有人民。女娲抟黄土作人,剧务,力不暇供,乃引绳絙泥中,举以为人。故富贵贤知者,黄土人也;贫贱凡庸者,引絙人也。

——《风俗通》

解读与鉴赏

本篇选自《淮南子·览冥训》。写女娲改造自然,拯救人类的故事。女娲在与自然灾害作斗争中,表现出改造天地的雄伟气魄和高度的智慧,成为人民歌颂的英雄。

《女娲补天》是一个十分奇伟的神话故事,反映了远古人类与大自然的一次大斗争。故事描写了女娲上补苍天、下治洪水、兽害,热情地拯救人类的英雄事迹。女娲不仅是一位曾经拯救过人类的女神,而且还是一位造人的女神,是人类的始祖。

女娲补天的故事大概是接续女娲造人以后的一个情节。这个故事的发生,大约是因远古时代可能有过一次大的自然灾变。其时，天崩地陷，水火成灾。猛兽从山林中外逃，到处食人，险恶的环境几乎到了使人类无法生存的地步。

人类遇到了一场无法抗拒的浩劫，在这种情势下，幻想有一位英雄来拯救自己。女娲是人类的母亲，是一位伟大的女神，她富于智慧、勇敢、慈祥，承担了炼石补天、杀猛兽、治洪水、消灾除害的艰巨任务，最后终于把人类从濒临灭亡的境地拯救出来，创造了人类得以继续生存的条件。

补天的故事写得十分美丽，想象力丰富，气魄也宏大。面对十分恶劣的生存条件，表现出了原始人不屈而乐观的精神。在英雄女娲的身上，概括了人类对自己征服自然的力量的信心。

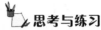

描述天地开辟，世界和万物形成的情景。

知识积累

一、神话的起源

在原始时代，除了原始劳动歌谣以外，还存在着另一类文学作品，那就是流传在远古人们口头上的一些关于天神、怪异的故事，这就是"原始神话"或"古代神话"。神话反映了远古时代的人们对自然现象和社会生活的原始理解，表现了人们征服自然的斗争和对理想的追求。

由于当时生产力水平非常低，人们不可能科学地解释宇宙的起源、各种自然现象起因，因而产生了许多幼稚的想象和主观的幻想，把自然力神话了。人们在劳动生产过程中，依照生活中的英雄人物的形象，创造出许多幻想的神的故事，成为远古人类对自然作斗争的艺术概括。马克思在《政治经济学批判·导言》中曾对神话和神话的性质做过这样的说明："任何神话都是用想象和借助想象以征服自然力，支配自然力，把自然力加以形象化。"神话"就是已经通过人民的幻想用一种不自觉的艺术方式加工过的自然和社会形式本身"。

二、神话故事的内容

产生于原始时代的神话故事，按其内容，大致可以分为三种类型：

思考与练习

试结合自己已有的文学知识，举一二例说明神话产生的原因。

《山海经》是我国现存最古的地理书，约产生于春秋、战国之间，主要记述古代传说中的地理。全书18卷，记述海内外山川、道里、部族、物产等，较多涉及异物、神奇灵怪，保存了不少我国古代的神话资料。

1. 关于自然神的故事。原始时代由于生产力水平很低,人们不可能科学地解释自然现象,把一切自然物看成像人一样,有意志、性格和感情,这样就形成了各种自然神的观念。于是日神、月神、雷公、电母等以及其他各种自然神和他们的故事就产生了。自然神的产生是原始人对自然现象和自然界秘密的某种探索的虚妄结果,也是他们对自然现象产生的原因的解释。自然神的产生正是原始人对"自然力加以形象化"的结果。如水神共工、火神祝融、旱神女魃、风神飞廉、雨师屏翳等。

2. 关于英雄神的故事。英雄神的产生同样也是原始人对现实的虚妄反映。那时,人们受到强大自然力的严重威胁,经常遭受到各种自然灾害,但又往往没有力量去克服和战胜它,于是人们幻想出具有超人能力的英雄去征服自然和战胜自然,创造出各种英雄神和他们的故事。这些英雄神故事,有些表达了远古人类企图征服自然、支配自然的强烈愿望;有些是人类自己某些劳动经验和智慧的概括和总结;还有一些反映了远古时代社会斗争的内容。如《后羿射日》、《女娲补天》、《鲧禹治水》、《黄帝擒蚩尤》、《刑天舞干戚》等。

3. 关于异人异物的故事。例如我国古代神话中有所谓羽民国、讙头国和长臂国,这些国中的人有奇异的形状和神奇的本领,这是原始人对于减轻劳动强度,提高劳动生产率,克服某些自然障碍的向往而产生出来的故事。异人异物的故事表现了原始人对于突破自然障碍、谋求生存条件的渴望。

三、神话在文学史上的地位和影响

神话把自然力加以形象化,进行了不自觉的艺术加工,形象地表现了远古人类征服自然的理想和信念。神话创作的基础是现实生活,创作方法则是浪漫主义的,所以具有丰富多彩的想象,奇妙的情节和感人的艺术力量。正如马克思所说,它表现了"人类童年时代的天真",具有"永久的魅力"。

1. 神话是远古时代人类社会意识的最初记录,也是人类历史文明的第一页。它对于我们认识人类童年

参考阅读

在野蛮时期的低级阶段,人的较高的特性就开始发展起来……想象力,这个十分强烈的促进人类发展的伟大天赋,这时候已经开始创造出了还不是用文字来记载的神话、传奇和传说的文学,并且给予了人类以强大的影响。

——《马克思恩格斯论艺术》第二卷

《淮南子》是西汉淮南王刘安及其门客集体撰写的一部著作,全书21卷。《淮南子》的思想接近道家,在阐明哲理时,旁涉奇物异类、鬼神灵怪,所以保存了一部分神话材料,曲折地反映了远古人民的生活和思想。

参考阅读

"希腊神话不只是希腊艺术的武库,而是它的土壤。"

希腊神话在某种意义上说是人类艺术"不可企及的规范"。

——马克思《政治经济学批判·导言》

时期的状况,研究人类社会发展史都是不可缺少的材料,有着极其重要的价值。留存下来的我国古代的一些著名神话都具有极其高贵的理想和吸引人的魅力,给人以强烈的美感,并给人以启发和鼓舞。

2. 我国远古神话具有很高的艺术价值,对后代文学艺术的影响十分巨大。其一,我国远古神话多具有积极浪漫主义精神。它是我国浪漫主义文学的最初源头,对我国后世积极浪漫主义传统的形成和发展,起了重要的作用。其二,中国古代神话在我国美学史上也作出了重大贡献,特别是在表现悲剧美和崇高美方面,对后世艺术起了示范和奠基的作用。其三,神话中的英雄主义、乐观主义,强烈要求改变现实、追求美好生活的愿望,积极影响着后世作家进步世界观的形成。神话中的那些神奇奔放的幻想,生动曲折的故事情节,新奇夸张的艺术手法,都对后世作家的艺术想象力,提高他们的艺术构思起着积极影响。如屈原、陶渊明、李白、李贺、苏轼等的诗歌创作,都从神话中汲取了丰富的营养。后代的许多小说、戏曲不仅接受了神话浪漫主义精神,而且还吸取了其中的一些素材。直到现代,神话对于文学创作仍有借鉴作用。

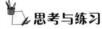 思考与练习

根据我国远古神话中有关生命起源的记述,自己搜集西方神话中相关主题的传说,比较中西文化的差异。

5. 子 夜(节选)

茅 盾

茅盾(1896—1981),原名沈德鸿,字雁冰,出生于浙江乌镇。"茅盾"是他1928年发表长篇小说《蚀》时开始使用的笔名。1921年1月,参与发起成立文学研究会,接编并革新《小说月报》,使之成为新文学的第一个纯文艺刊物和重要的阵地。1927年秋至1928年6月,茅盾完成了《蚀》三部曲(《幻灭》、《动摇》、《追求》),1932年前后到抗日战争爆发,茅盾的创作达到了高潮,先后创作了长篇小说《子夜》、短篇小说《林家铺子》和"农村三部曲"(《春蚕》、《秋收》、《残冬》)等,表现出

学习目标与建议

1. 了解茅盾的生平和创作情况及其创作的思想成就和文学风格。

2. 结合茅盾小说创作,掌握社会分析小说的特点。

3. 掌握小说第一章在全文结构上的作用。

长于展示错综复杂的社会生活的艺术才能,也确立了在中国现代文学史上的地位。新中国成立后,茅盾担任第一任文化部长。1981年3月27日,茅盾在北京逝世,中国作家协会用其捐献的25万元稿费,设立了"茅盾文学奖"。

第一章

　　太阳刚刚下了地平线。软风一阵一阵地吹上人面,怪痒痒的。苏州河的浊水幻成了金绿色,轻轻地,悄悄地,向西流去。黄浦的夕潮不知怎的已经涨上了,现在沿这苏州河两岸的各色船只都浮得高高地,舱面比码头还高了约莫半尺。风吹来外滩公园里的音乐,却只有那炒豆似的铜鼓声最分明,也最叫人兴奋。暮霭挟着薄雾笼罩了外白渡桥的高耸的钢架,电车驶过时,这钢架下横空架挂的电车线时时爆发出几朵碧绿的火花。从桥上向东望,可以看见浦东的洋栈像巨大的怪兽,蹲在暝色中,闪着千百只小眼睛似的灯火。向西望,叫人猛一惊的,是高高地装在一所洋房顶上而且异常庞大的霓虹电管广告,射出火一样的赤光和青磷似的绿焰:Light,Heat,Power!

　　这时候——这天堂般五月的傍晚,有三辆一九三〇年式的雪铁笼汽车像闪电一般驶过了外白渡桥,向西转弯,一直沿北苏州路去了。

　　过了北河南路口的上海总商会以西的一段,俗名唤作"铁马路",是行驶内河的小火轮的汇集处。那三辆汽车到这里就减低了速率。第一辆车的汽车夫轻声地对坐在他旁边的穿一身黑拷绸衣裤的彪形大汉说:

　　"老关!是戴生昌罢?"

　　"可不是!怎么你倒忘了?您准是给那只烂污货迷昏了啦!"

　　老关也是轻声说,露出一口好像连铁梗都咬得断似的大牙齿。他是保镖的。此时汽车戛然而止,老关忙即跳下车去,摸摸腰间的勃朗宁,又向四下里瞥了一眼,就过去开了车门,威风凛凛地站在旁边。车厢里先探出一个头来,紫酱色的一张方脸,浓眉毛,圆眼睛,脸上有许多小疱。看见迎面那所小洋房的大门上正有

4. 了解《子夜》的主要内容、特点和艺术成就,了解吴荪甫的形象。

思考与练习

请利用课余时间阅读《子夜》全文。

这一章在结构上成为全书的序幕。

暮色中三十年代的上海。

环境描写是小说开端的传统方式,这里的环境描写反复描写上海黄昏时空气中都弥漫着甜腻味道的都市气息。

吴荪甫出场,注意人物的肖像描写。

"戴生昌轮船局"六个大字,这人也就跳下车来,一直走进去。老关紧跟在后面。

"云飞轮船快到了么?"

紫酱脸的人傲然问,声音宏亮而清晰。他大概有四十岁了,身材魁梧,举止威严,一望而知是颐指气使惯了的"大亨"。他的话还没完,坐在那里的轮船局办事员霍地一齐站了起来,内中有一个瘦长子堆起满脸的笑容抢上一步,恭恭敬敬回答:

"快了,快了!三老爷,请坐一会儿罢。——倒茶来。"

瘦长子一面说,一面就拉过一把椅子来放在三老爷的背后。三老爷脸上的肌肉一动,似乎是微笑,对那个瘦长子瞥了一眼,就望着门外。这时三老爷的车子已经开过去了,第二辆汽车补了缺,从车厢里下来一男一女,也进来了。男的是五短身材,微胖,满面和气的一张白脸。女的却高得多,也是方脸,和三老爷有几分相像,但颇白嫩光泽。两个都是四十开外的年纪了,但女的因为装饰入时,看来至多不过三十左右。男的先开口:

"荪甫,就在这里等候么?"

紫酱色脸的荪甫还没回答,轮船局的那个瘦长子早又赔笑说:

"不错,不错,姑老爷。已经听得拉过回声。我派了人在那里看着,专等船靠了码头,就进来报告。顶多再等五分钟,五分钟!"　　　　　　　　直接加入议论式的外

……　　　　　　　　　　　　　　　　　　貌描写。

云飞轮船果然泊在一条大拖船——所谓"公司船"的外边。那只大藤椅已经放在云飞船头,两个精壮的脚夫站在旁边。码头上冷静静地,没有什么闲杂人;轮船局里的两三个职员正在那里高声吆喝,轰走那些围近来的黄包车夫和小贩。荪甫他们三位走上了那"公司船"的甲板时,吴老太爷已经由云飞的茶房扶出来坐上藤椅子了。福生赶快跳过去,做手势,命令那两个脚　　吴老太爷出场。
夫抬起吴老太爷,慢慢地走到"公司船"上。于是儿子,女儿,女婿,都上前相见。虽然路上辛苦,老太爷的脸色并不难看,两圈红晕停在他的额角。可是他不作声,

看看儿子,女儿,女婿,只点了一下头,便把眼睛闭上了。

这时候,和老太爷同来的四小姐蕙芳和七少爷阿萱也挤上那"公司船"。

"爸爸在路上好么?"

杜姑太太——吴二小姐,拉住了四小姐,轻声问。

"没有什么。只是老说头眩。"

"赶快上汽车罢!福生,你去招呼一八八九号的新车子先开来。"

荪甫不耐烦似的说。让两位小姐围在老太爷旁边,荪甫和竹斋,阿萱就先走到码头上。一八八九号的车子开到了,藤椅子也上了岸,吴老太爷也被扶进汽车里坐定了,二小姐——杜姑太太跟着便坐在老太爷旁边。本来还是闭着眼睛的吴老太爷被二小姐身上的香气一刺激,便睁开眼来看一下,颤着声音慢慢地说:

"芙芳,是你么?要蕙芳来!蕙芳!还有阿萱!"

荪甫在后面的车子里听得了,略皱一下眉头,但也不说什么。老太爷的脾气古怪而且执拗,荪甫和竹斋都知道。于是四小姐蕙芳和七少爷阿萱都进了老太爷的车子。二小姐芙芳舍不得离开父亲,便也挤在那里。一位小姐把老太爷夹在中间。马达声音响了,一八八九号汽车开路,已经动了,忽然吴老太爷又锐声叫了起来:

"《太上感应篇》!"

这是裂帛似的一声怪叫。在这一声叫喊中,吴老太爷的残余生命力似乎又复旺炽了;他的老眼闪闪地放光,额角上的淡红色转为深朱,虽然他的嘴唇簌簌地抖着。

一八八九号的汽车夫立刻把车煞住,惊惶地回过脸来。荪甫和竹斋的车子也跟着停止。大家都怔住了。四小姐却明白老太爷要的是什么。她看见福生站在近旁,就唤他道:

"福生,赶快到云飞的大餐间里拿那部《太上感应篇》来!是黄绫子的书套!"

吴老太爷自从骑马跌伤了腿,终至成为半肢疯以来,就虔奉《太上感应篇》,二十余年如一日;除了每年

吴老太爷上岸后的第一件要紧事情。

印赠而外,又曾恭楷手抄一部,是他坐卧不离的。

一会儿,福生捧着黄绫子书套的《感应篇》来了。吴老太爷接过来恭恭敬敬摆在膝头,就闭了眼睛,干瘪的嘴唇上浮出一丝放心了的微笑。

"开车!"

二小姐轻声喝,松了一口气,一仰脸把后颈靠在弹簧背垫上,也忍不住微笑。这时候,汽车愈走愈快,沿着北苏州路向东走,到了外白渡桥转弯朝南,那三辆车便像一阵狂风,每分钟半英里,一九三○年式的新纪录。

坐在这样近代交通的利器上,驱驰于三百万人口的东方大都市上海的大街,而却捧了《太上感应篇》,心里专念着文昌帝君的"万恶淫为首,百善孝为先"的告诫,这矛盾是很显然的了。而尤其使这矛盾尖锐化的,是吴老太爷的真正虔奉《太上感应篇》,完全不同于上海的借善骗钱的"善棍"。可是三十年前,吴老太爷却还是顶呱呱的"维新党"。祖若父两代侍郎,皇家的恩泽不可谓不厚,然而吴老太爷那时却是满腔子的"革命"思想。普遍于那时候的父与子的冲突,少年的吴老太爷也是一个主角。如果不是二十五年前习武骑马跌伤了腿,又不幸而渐渐成为半身不遂的毛病,更不幸而接着又赋悼亡,那么现在吴老太爷也许不至于整天捧着《太上感应篇》罢?然而自从伤腿以后,吴老太爷的英年浩气就好像是整个儿跌丢了;二十五年来,他就不曾跨出他的书斋半步!二十五年来,除了《太上感应篇》,他就不曾看过任何书报!二十五年来,他不曾经验过书斋以外的人生!第二代的"父与子的冲突"又在他自己和荪甫中间不可挽救地发生。而且如果说上一代的侍郎可算得又怪僻,又执拗,那么,吴老太爷正亦不弱于乃翁;书斋便是他的堡寨,《太上感应篇》便是他的护身法宝,他坚决地拒绝了和儿子妥协,亦既有十年之久了!

虽然此时他已经坐在一九三○年式的汽车里,然而并不是他对儿子妥协。他早就说过,与其目击儿子那样的"离经叛道"的生活,倒不如死了好!他绝对不愿意到上海。荪甫向来也不坚持要老太爷来,此番因

> 补叙吴老太爷由"维新"而保守的变化。父与子的冲突是文化的冲突,而且在中国总是由来已久的。

> 吴老太爷到上海的原因,也是作品暗含的另一条线索。

为土匪实在太嚣张,而且邻省的共产党红军也有燎原之势,让老太爷高卧家园,委实是不妥当。这也是儿子的孝心。吴老太爷根本就不相信什么土匪,什么红军,能够伤害他这虔奉文昌帝君的积善老子!但是坐卧都要人扶持,半步也不能动的他,有什么办法?他只好让他们从他的"堡寨"里抬出来,上了云飞轮船,终于又上了这"子不语"的怪物——汽车。正像二十五年前是这该诅咒的半身不遂使他不能到底做成"维新党",使他不得不对老侍郎的"父"屈服,现在仍是这该诅咒的半身不遂使他又不能"积善"到底,使他不得不对新式企业家的"子"妥协了!他就是那么样始终演着悲剧!

但毕竟尚有《太上感应篇》这护身法宝在他手上,而况四小姐蕙芳,七少爷阿萱一对金童玉女,也在他身旁,似乎虽入"魔窟",亦未必竟堕"德行",所以吴老太爷闭目养了一会神以后,渐渐泰然怡然睁开眼睛来了。

汽车发疯似的向前飞跑。吴老太爷向前看。天哪!几百个亮着灯光的窗洞像几百只怪眼睛,高耸碧霄的摩天建筑,排山倒海般地扑到吴老太爷眼前,忽地又没了;光秃秃的平地拔立的路灯杆,无穷无尽地,一杆接一杆地,向吴老太爷脸前打来,忽地又没有了;长蛇阵似的一串黑怪物,头上都有一对大眼睛放射出叫人目眩的强光,啵——啵——地吼着,闪电似的冲将过来,准对着吴老太爷坐的小箱子,冲将过来!近了!近了!吴老太爷闭了眼睛,全身都抖了。他觉得他的头颅仿佛是在颈脖子上旋转;他眼前是红的,黄的,绿的,黑的,发光的,立方体的,圆锥形的,——混杂的一团,在那里跳,在那里转;他耳朵里灌满了轰,轰,轰!轧,轧,轧!啵,啵,啵!猛烈嘈杂的声浪会叫人心跳出腔子似的。

不知经过了多少时候,吴老太爷悠然转过一口气来,有说话的声音在他耳边动荡:

"四妹,上海也不太平呀!上月是公共汽车罢工,这月是电车了!上月底共产党在北京路闹事,捉了几百,当场打死了一个。共产党有枪呢!听三弟说,各工厂的工人也都不稳。随时可以闹事。时时想暴动。三弟的厂里,三弟公馆的围墙上,都写满了共产党的标语

主观心理描写。

这也是吴老太爷眼中的现代生活、都市上海,由此来显示一种不协调。

由对话交代社会背景1。

……"

"难道巡捕不捉么?"

"怎么不捉!可是捉不完。啊哟!真不知道哪里来的这许多不要性命的人!——可是,四妹,你这一身衣服实在看了叫人笑。这还是十年前的装束!明天赶快换一身罢!"

是二小姐芙芳和四小姐蕙芳的对话。吴老太爷猛睁开了眼睛,只见左右前后都是像他自己所坐的那种小箱子——汽车。都是静静地一动也不动。横在前面不远,却像开了一道河似的,从南到北,又从北到南,匆忙地杂乱地交流着各色各样的车子;而夹在车子中间,又有各色各样的男人女人,都像有鬼赶在屁股后似的跌跌撞撞地快跑。不知从什么高处射来的一道红光,又正落在吴老太爷身上。

这里正是南京路同河南路的交叉点,所谓"抛球场"。东西行的车辆此时正在那里静候指挥交通的红绿灯的命令。

"二姐,我还没见过三嫂子呢。我这一身乡气,会惹她笑痛了肚子罢。"

蕙芳轻声说,偷眼看一下父亲,又看看左右前后安坐在汽车里的时髦女人。芙芳笑了一声,拿出手帕来抹一下嘴唇。一股浓香直扑进吴老太爷的鼻子,痒痒地似乎怪难受。

"真怪呢!四妹。我去年到乡下去过,也没看见像你这一身老式的衣裙。"

"可不是。乡下女人的装束也是时髦得很呢,但是父亲不许我——"

像一枝尖针刺入吴老太爷迷惘的神经,他心跳了。他的眼光本能地瞥到二小姐芙芳的身上。他第一次意识地看清楚了二小姐的装束;虽则尚在五月,却因今天骤然闷热,二小姐已经完全是夏装;淡蓝色的薄纱紧裹着她的壮健的身体,一对丰满的乳房很显明地突出来,袖口缩在臂弯以上,露出雪白的半只臂膊。一种说不出的厌恶,突然塞满了吴老太爷的心胸,他赶快转过脸去,不提防扑进他视野的,又是一位半裸体似的只穿着亮纱坎肩,连肌肤都看得分明的时装少妇,高坐在一辆黄包车上,翘起了赤裸裸的一只白腿,简直好像没有穿裤子。"万恶淫为首!"这句话像鼓槌一般打得吴老太爷全身发抖。然而还不止此。吴老太爷眼珠一转,又瞥见了他的宝贝阿萱却正张大了嘴巴,出神地贪看那位半裸体的妖艳少妇呢!老太爷的心卜地一下狂跳,就像爆裂了似的再也不动,喉间是火辣辣地,好像塞进了一大把的辣椒。

此时指挥交通的灯光换了绿色,吴老太爷的车子便又向前进。冲开了各色各样车辆的海,冲开了红红绿绿的耀着肉光的男人女人的海,向前进!机械的骚音,汽车的臭屁,和女人身上的香气,霓虹电管的赤光,——一切梦魇似的都市的精怪,毫无怜悯地压到吴老太爷朽弱的心灵上,直到他只有目眩,只有耳鸣,只有头晕!直到他的刺激过度的神经像要爆裂似的发痛,直到他的狂跳不歇的心脏不能再跳动!

呼卢呼卢的声音从吴老太爷的喉间发出来,但是都市的骚音太大了,二小姐,四小姐和阿萱都没有听到。老太爷的脸色也变了,但是在不断的红绿灯光的映射中,谁也不能辨别谁的脸色有什么异样。

汽车是旋风般向前进。已经穿过了西藏路,在平坦的静安寺路上开足了速率。路旁隐在绿荫中射出一点灯光的小洋房连排似的扑过来,一眨眼就过去了。五月夜的凉风吹在车窗上,猎猎地响。四小姐蕙芳像是摆脱了什么重压似的松一口气,对阿萱说:

"七弟,这可长住在上海了,究竟上海有什么好玩,我只觉得乱哄哄地叫人头痛。"

"住惯了就好了。近来是乡下土匪太多,大家都搬到上海来。四妹,你看这一路的新房子,都是这两年内新盖起来的。随你盖多少新房子,总有那么多的人来住。"

2. 由对话交代社会背景

二小姐接着说,打开她的红色皮包,取出一个粉扑,对着皮包上装就的小镜子便开始化起妆来。

"其实乡下也还太平。谣言还没有上海那么多。七弟,是么?"

"太平?不见得罢!两星期前开来了一连兵,刚到关帝庙里驻扎好了,就向商会里要五十个年青的女人——补洗衣服；商会说没有，那些八太爷就自己出来动手拉。我们隔壁开水果店的陈家嫂不是被他们拉了去么？我们家的陆妈也是好几天不敢出大门……"

"真作孽！我们在上海一点不知道。我们只听说共产党要掳女人去共。"

"我在镇上就不曾见过半个共军。就是那一连兵，叫人头痛！"

"吓，七弟，你真糊涂！等到你也看见，那还了得！竹斋说，现在的共产党真厉害，九流三教里，到处全有。防不胜防。直到像雷一样打到你眼前，你才觉到。"

这么说着，二小姐就轻轻吁一声。四小姐也觉毛骨悚然。只有不很懂事的阿萱依然张大了嘴胡胡地笑。他听得二小姐把共产党说成了神出鬼没似的，便觉得非常有趣；"会像雷一样的打到你眼前来么？莫不是有了妖术罢！"他在肚子里自问自答。这位七少爷今年虽已十九岁，虽然长的极漂亮，却因为一向就做吴老太爷的"金童"，很有几分傻。

此时车上的喇叭突然呜呜地叫了两声，车子向左转，驶入一条静荡荡的浓阴夹道的横马路，灯光从树叶的密层中洒下来，斑斑驳驳地落在二小姐她们身上。车子也走得慢了。二小姐赶快把化妆皮包收拾好，转脸看着老太爷轻声说：

"爸爸，快到了。"

"爸爸睡着了！"

"七弟，你喊得那么响！二姐，爸爸闭了眼睛养神的时候，谁也不敢惊动他！"

但是汽车上的喇叭又是呜呜地连叫三声，最后一声拖了个长尾巴。这是暗号。前面一所大洋房的两扇乌油大铁门霍地荡开，汽车就轻轻地驶进门去。阿萱猛的从座位上站起来，看见苏甫和竹斋的汽车也衔接着进来，又看见铁门两旁站着四五个当差，其中有武装的巡捕。接着，砰——的一声，铁门就关上了。此时汽车在花园里的柏油路上走，发出细微的丝丝的声音。黑森森的树木夹在柏油路两旁，三三两两的电灯在树阴间闪烁。蓦地车又转弯，眼前一片雪亮，耀的人眼花，五开间三层楼的一座大洋房在前面了，从屋子里散射出来的无线电音乐在空中回翔,咕——的一声,汽车停下。

有一个清脆的声音在汽车旁边叫:

"太太!老太爷和老爷他们都来了!"

从眩晕的突击中方始清醒过来的吴老太爷吃惊似的睁开了眼睛。但是紧抓住了这位老太爷的觉醒意识的第一刹那却不是别的,而是刚才停车在"抛球场"时七少爷阿萱贪婪地看着那位半裸体似的妖艳少妇的那种邪魔的眼光,以及四小姐蕙芳说的那一句"乡下女人装束也时髦得很呢,但是父亲不许我——"的声浪。

刚一到上海这"魔窟",吴老太爷的"金童玉女"就变了!

无线电音乐停止了,一阵女人的笑声从那五开间洋房里送出来,接着是高跟皮鞋错落地阁阁地响,两三个人形跳着过来,内中有一位粉红色衣服,长身玉立的少妇,袅着细腰抢到吴老太爷的汽车边,一手拉开了车门,娇声笑着说:

"爸爸,辛苦了!二姐,这是四妹和七弟么?"

同时就有一股异常浓郁使人窒息的甜香,扑头压住了吴老太爷。而在这香雾中,吴老太爷看见一团蓬蓬松松的头发乱纷纷地披在白中带青的圆脸上,一对发光的滴溜溜转动的黑眼睛,下面是红得可怕的两片嘻开的嘴唇。蓦地这披发头扭了一扭,又响出银铃似的声音:

"荪甫!你们先进去。我和二姐扶老太爷!四妹,你先下来!"

吴老太爷集中全身最后的生命力摇一下头。可是谁也没有理他。四小姐擦着那披发头下去了,二小姐挽住老太爷的左臂,阿萱也从旁帮一手,老太爷身不由主的便到了披发头的旁边了,就有一条滑腻的臂膊箍住了老太爷的腰部,又是一串艳笑,又是兜头扑面的香气。吴老太爷的心只是发抖,《太上感应篇》紧紧地抱在怀里。有这样的意思在他的快要炸裂的脑神经里通过:"这简直是夜叉,是鬼!"

超乎一切以上的憎恨和忿怒忽然给予吴老太爷以长久未有的力气。仗着二小姐和吴少奶奶的半扶半

256

抱,他很轻松地上了五级的石阶,走进那间灯火辉煌的大客厅了。满客厅的人!迎面上前的是荪甫和竹斋。忽然又飞跑来两个青年女郎,都是披着满头长发,围住了吴老太爷叫唤问好。她们嘈杂地说着笑着,簇拥着老太爷到一张高背沙发椅里坐下。

　　吴老太爷只是瞪出了眼睛看。憎恨,忿怒,以及过度刺激,烧得他的脸色变为青中带紫。他看见满客厅是五颜六色的电灯在那里旋转,旋转,而且愈转愈快。近他身旁有一个怪东西,是浑圆的一片金光,嘀嘀地响着,徐徐向左右移动,吹出了叫人气噎的猛风,像是什么金脸的妖怪在那里摇头作法。而这金光也愈摇愈大,塞满了全客厅,弥漫了全空间了!一切红的绿的电灯,一切长方形,椭圆形,多角形的家具,一切男的女的人们,都在这金光中跳着转着。粉红色的吴少奶奶,苹果绿色的一位女郎,淡黄色的又一女郎,都在那里疯狂地跳,跳!她们身上的轻绡掩不住全身肌肉的轮廓,高耸的乳峰,嫩红的乳头,腋下的细毛!无数的高耸的乳峰,颤动着,颤动着的乳峰,在满屋子里飞舞了!而夹在这乳峰的舞阵中间的,是荪甫的多疱的方脸,以及满是邪魔的阿萱的眼光。突然吴老太爷又看见这一切颤动着飞舞着的乳房像乱箭一般射到他胸前,堆积起来,堆积起来,重压着,重压着,压在他胸脯上,压在那部摆在他膝头的《太上感应篇》上,于是他又听得狂荡的艳笑,房屋摇摇欲倒。

　　"邪魔呀!"吴老太爷似乎这么喊,眼里迸出金花。他觉得有千万斤压在他胸口,觉得脑袋里有什么东西爆裂了,碎断了;猛的拔地长出两个人来,粉红色的吴少奶奶和苹果绿色的女郎,都嘻开了血色的嘴唇像要来咬。吴老太爷脑壳里梆的一响,两眼一翻,就什么都不知道了。

　　"表叔!认得我么?素素,我是张素素呀!"

　　站在吴老太爷面前的穿苹果绿色Grafton轻绡的女郎兀自笑嘻嘻地说,可是在她旁边捧着一杯茶的吴少奶奶蓦地惊叫了一声,茶杯掉在地下。满客厅的人都一跳!死样沉寂的一刹那!接着是暴雷般的脚步声;都拥到吴老太爷的身边来了。十几张嘴同时在问

主观心理感受。

257

在叫。吴老太爷脸色像纸一般白,嘴唇上满布着白沫,头颅歪垂着。黄绫套子的《太上感应篇》啪的一声落在地下。

"爸爸,爸爸!怎么了?醒醒罢,醒醒罢!"

二小姐捧住了吴老太爷的头,颤抖着声音叫,竹斋伸长了脖子,挨在二小姐肩下,满脸的惊惶。抓住了老太爷左手的荪甫却是一脸怒容,厉声斥骂那些围近来的当差和女仆:

"滚开!还不快去拿冰袋来么?快,快!"

冰袋!冰袋!老太爷发痧了!——一迭声传出去。当差们满屋子乱跑。略站得远些的淡黄色衣服的女郎拉住了张素素低声问:

"素!你看见老太爷是怎么一来就发晕了呢?"

张素素瞪大了眼睛,说不出话来,她的丰满的胸脯像波浪似的一起一伏。那边吴少奶奶却气喘喘地断断续续地在说:

"我捧了茶来,——看见,看见,爸爸——头一歪,眼睛闭了,嘴里出白沫——白沫!脸色也就完全变了。发痧,发痧……是痰火么?爸爸向来有这毛病么?"

二小姐一手掐住老太爷的人中,一面急口地追问那呆呆地站着躺眼泪的四小姐:

"四妹,四妹!爸爸发过这种病么?发过罢!你说,你说哟!"

"要是痰火上,转过一口气来,就不要紧了。只要转一口气,一口气!"

竹斋看着荪甫说,慌慌张张地把他那个随身携带的鼻烟壶递过去。荪甫一手接了鼻烟壶,也不回答竹斋,只是横起了怒目前前后后看,一面喝道:"挤得那么紧!单是这股子人气也要把老太爷熏坏了!——怎么冰袋还不来!佩瑶,这里暂时不用你帮忙;你去亲自打电话请丁医生!——王妈!催冰袋去!"于是他又对二小姐摆手:"二姐,不要慌张!爸爸胸口还是热的呢!在这沙发椅上不是办法,我们先抬爸爸到那架长沙发榻上去罢。"这么说着,也不等二小姐的回答,荪甫就把老太爷抱起来,众人都来帮一手。

刚刚把老太爷放在一张蓝绒垫子的长而且阔的沙

吴老太爷之死。

发榻上,打电话去请医生的吴少奶奶也回来了。据她说:十分钟内,丁医生就可以到;而在他未到以前,切莫惊扰病人,应该让病人躺在安静的房间里。

……

解读与鉴赏

1. 《子夜》是新文学史上率先对中国资产阶级和具有现代经济形态的生产方式及社会背景进行描写的作品。

2. 《子夜》共19章。第1章写吴老太爷进城,揭开全书的序幕,第2—3章,通过吴老太爷的丧事,引出全书几乎所有的主要人物,同时也为"三大火线"埋下伏笔。第4章写双桥镇农民暴动,与上海工人运动形成互补。第5—8章写吴荪甫三面出击,全线告捷。第9—12章写吴荪甫与赵伯韬的斗法,第13—16章写吴荪甫因工人运动而陷入困境,第17—19章写吴荪甫的最后挣扎。

3. 本文节选第一章是一个具有象征性的序幕。写吴老太爷从双桥镇到上海,立刻脑溢血死亡。这成为一个象征:封建阶级的速朽,同时也提出了一个问题:封建僵尸迅速地风化了,那么当前中国是一个怎样的社会呢?

第一章是整个作品的序幕。在全书的矛盾冲突展开之前,巧妙地安排了一个戏剧性的序幕——吴老太爷的死。这个人物本身与小说所要表现的内容并没有什么直接的关系,但他的出现却对以后矛盾冲突的展开起着重要的作用。这种作用,主要表现在两个方面。第一,点明时代的特点。作者通过吴老太爷的出走,侧面地反映了20世纪30年代农村革命风暴的到来;通过吴老太爷的暴卒,象征着腐朽的封建势力——尘封的"古老僵尸"进入现代的大都会就"风化"了。吴老太爷是封建地主阶级的代表,他的死是封建制度必然崩溃的象征。这一章还对小说主人公吴荪甫的生活环境、外貌、性格等作了初步揭示,已初步显示了社会剖析小说,这一现代小说模式的一般特点。这个序幕在全文的结构中起到了十分关键的作用,作者可以借助

思考与练习

请复述一下吴老太爷之死。

《子夜》出版被看做是中国文坛上的一件大事,有人甚至称这一年为"子夜年"。

"三大火线"是指吴荪甫与赵伯韬在公债市场上的斗法,以及吴荪甫与裕华丝厂工人和双桥镇农民的斗争。三条线索相互交织,构成全篇。此外,军阀混战与红军发展也是两条潜在的线索,以侧写和暗示的方式与故事主体联系在一起。

作者通过小说所要回答的是社会学意义上的问题。

为吴老太爷吊唁而使当时方方面面各色人等均集中到吴公馆的客厅里,很自然地展现当时的社会历史面貌。

4. 选文部分十分注重心理描写与典型环境中典型人物的塑造。小说首先营造了上海都市的典型环境,吴老太爷初到十里洋场所看到的街上高耸碧霄的摩天建筑、平地拔立道路两旁整齐排列的路灯,长蛇阵般奔驰不息的汽车;他二女儿芙芳和街上少妇紧身的半裸体式的夏装、裸露的臂膊、白腿……而这种都市感觉,又是通过吴老太爷的眼光写出来的,并与他的心理活动或惊异或气愤,或无法忍受,或心中漫骂同步写出,作者使用了矫健有力的动词变不能动的东西为动的东西,如建筑物会扑,电杆会打,吼声会冲。精细的语言,往往同作者善于使用形容性的词语有关。例如亮着灯光的窗洞,高耸碧天的摩天建筑,光秃秃的平地拔立的路灯杆,长蛇似的一串黑怪物,叫人目眩的强光。丰富生动的形容词语,细致地传达了吴老太爷对上海市景格格不入的感受。从而形成环境描写与人物心理描写的渗透融会,进行典型环境中典型人物的塑造。

5. 雄健的语言,一般来说,句子比较短;精细的语言,通常句子较长。作者采用了长短句并用的手法,巧妙地把雄健与精细的语言特点统一起来。为了表现吴老太爷的紧张心情,根据内容的需要,作者有时造出近似呼喊的短语的句子,例如"吴老太爷向前看,天哪!几百个亮着……","近了!近了!吴老太爷闭了眼睛,全身都抖了。"有时造出长句,例如"高耸碧霄的摩天建筑……忽地又没有了","光秃秃的平地拔立的路灯杆……忽地又没有了"。汽车吼着,"闪电拟的冲将过来,准对着吴老太爷坐的小箱子冲将过来!近了!近了!吴老太爷闭了眼睛,全身都抖了。"强光,不同颜色的物,无法扼止的"冲"击,精细的描写传达了吴老太爷眼中的上海都市景观与他格格不入的感受;有节奏的、雄健的动感的景物强烈刺激着吴老爷的感官,猛烈嘈杂声浪,叫他的心跳出腔子,他的脑袋爆裂了。雄健精细而富于表现力的语言,达到了它为塑造人物形象服务的使命。

都市感觉。

思考与练习

模仿小说中的典型环境描写和人物心理刻画,尝试自己也写一段相关的文字。

知识积累

一、茅盾的小说创作

茅盾1927年8月根据自己参加革命的经过写成小说《幻灭》,这是他的第一篇小说,并第一次使用"茅盾"的笔名。之后又完成了另两篇小说《动摇》和《追求》。1930年,将这三篇带有连续性的小说结集为《蚀》出版单行本,故《蚀》又称"《蚀》三部曲",被看作是茅盾的第一部长篇小说。

这部作品以"矛盾"的基调贯穿始终,正暗含着作者在大革命失败后的彷徨苦闷心情。

1929年,茅盾在日本创作了长篇小说《虹》。1933年前后,茅盾的小说创作进入了爆发期。1931年开始创作长篇小说《子夜》,1933年由开明书店出版,并陆续创作和发表了他最有代表性的短篇小说《林家铺子》和"农村三部曲"(《春蚕》、《秋收》、《残冬》)。

这也是正代表着茅盾创作在题材上的"史诗性"特色:"大规模地描写中国社会"。

1937年开始创作《第一阶段的故事》;1941年发表有散文《风景谈》、《白杨礼赞》和小说《腐蚀》等。在1943—1944年间创作发表了长篇小说《霜叶红于二月花》、中篇小说《走上岗位》等。1945年发表剧本《清明前后》(唯一的剧本)。1948年年底去解放区,并在香港发表小说《锻炼》。

二、"社会剖析小说"的特点

茅盾的小说具有"大事记"和"编年史"的特点,反映了20世纪20年代到40年代中国社会发展变化的历史进程和整体面貌;小说体现出"社会剖析小说"的特点;

所谓"社会剖析小说",有三个明显的特点,就是第一,作品中人物形象的阶级性比较鲜明;第二,情节的冲突和发展往往由当时各种社会矛盾所决定,与更为广阔的社会背景相联系;第三,具有鲜明的理性色彩。注重剖析社会,因而采用社会科学的方式来观察分析社会。

思考与练习

结合社会分析小说的特点,分析茅盾小说的得失。

三、《子夜》的结构

《子夜》采用的是多线索多层次的立体交叉结构,从横向来看,围绕着吴荪甫的悲剧,伸展出四条线索:一是以吴荪甫为代表的益中信托公司为基地的民族工业资本家集团和以赵伯韬为代表的买办金融资本家集团之间的矛盾冲突;二是吴荪甫与农村的关系;通过吴荪甫"双桥王国"理想的破灭,表现了他与农村经济之间的联系以及他与正在深入的农村革命之间的矛盾。三是吴荪甫与工人运动的矛盾;其中也交织了共产党人内部坚持真理的玛金和推行冒险主义的克佐甫之间的矛盾。四是家庭关系;从一个更为生活气息的侧面展现了吴荪甫性格的复杂性。从纵向来看,小说的情节随着吴荪甫悲剧的发展,多层次地广阔地纵向展开,从冲突的开端,经过曲折的发展,向高潮推进。因此,显示出开放性和复杂性的特点。同时,他又是以吴荪甫振兴民族实业的产生、实施到迅速破产为中心,因而作品又呈现出整体性和单纯性的特点。

四、虚实浓淡相间写法

《子夜》真实地反映了20世纪30年代中国社会生活的面貌,揭示了时代的特征和发展的趋势。在具体写作时,作者注意情节安排上的远近结合(城市/农村"双景")、虚实结合、疏密结合,吴荪甫的"三大火线"(工厂、双桥、金融)为重点,并注意对这三条线索采用不同的处理方法。即与赵伯韬的斗法是先虚后实;与工人斗争是一实到底;与农民斗争是以虚为主。三条线索浓淡相间地起伏前进,相互映照、相互补充,使得作品呈现出丰富的色彩和起伏的波澜。

五、吴荪甫形象

吴荪甫是在当时民族资本家中既有广泛性又有个性的典型形象。

吴荪甫作为一个新式企业家,他熟悉现代资本主义企业管理,又有雄厚的资金,有发展民族工商业的野心和冒死硬干的胆力,加上他机敏过人的洞察力和灵活多变的竞争手腕,因此在当时表现出了"20世纪机械工业时代的英雄骑士和王子"的风采。性格表现出刚强和机智。

作为一个民族资本家,他狂热地想发展民族工业,但生不逢时,当吴荪甫振兴实业的计划从实施开始,他就和帝国主义、买办阶级越来越尖锐地冲突着。再是神通广大的吴荪甫,也无力回天。最终以破产的悲剧而告终。因此吴荪甫的悲剧也就带上了

参考阅读

1. 这样一部小说,当然提出了许多问题,但我所要回答的,只是一个问题,即是回答了托派:中国并没有走向资本主义发展的道路,中国在帝国主义的压迫下,是更加殖民地化了。

——茅盾《子夜是怎样写成的》

2. 构成《子夜》与"五四"小说的第一个区别、也即《子夜》范式的第一个特点是小说呈现出的政治意识形态的明晰性、系统性,从小说的功能方面说,它大大强化了文学的意识形态的论辩性。中国小说的政治意识形态性和党派性的传统是从《子夜》开始得到确立的。

在叙事方式上,《子夜》力图消解作者的个人性和主观性,从而使得小说的叙事呈现出客观的、非情感的特征。这构成了《子夜》在叙事上与"五四"小说传统的另一个重要分野。

悲壮的意味。

另一方面,吴荪甫身上同样也存在着资本家的反动性一面,在同工、农的矛盾中,暴露出他反对人民反对革命的反动性,性格中的凶残和阴险充分地暴露了出来;在家庭生活中,同样也暴露了他作为一个新型企业家虽然受过现代资产阶级的教育,但身上顽强地保留着封建家长制的思想和作风,性格中的专横和暴虐呈现了出来。在面临破产失败前表现出的疯狂和软弱,又体现了民族资本家的软弱性和两面性。

与小说的政治意识形态的系统性、明晰性和叙事过程的非个人化和非情感化相关的,是《子夜》与"五四"小说传统的又一重要差别:反映现实的"整体性"、"时事性"和"共时性"。

——汪晖《关于〈子夜〉的几个问题》

项目三 社会调查与社会实践

6. 调查报告的写作

一、调查报告的含义和用途

调查报告,指根据一定的目的,针对某一情况、某一事件、某一问题及经验进行深入细致的调查研究,然后用科学的方法进行分析而写成的向人们反映情况、揭露问题、揭示事物发展规律、提供经验教训或改进建议的应用文书。调查研究是报告的基础和前提,报告是调查研究的反映和结果。在调查报告写作之前,必须做好系统周密的调查和客观深入的研究。

调查报告对人们的社会实践有着重要的指导作用,具体表现为:

(一)可以大量反映情况,广泛交流信息,可以对多层面的问题进行深入的理论研究和探讨。

(二)可以用来推广新生事物和先进典型,研究事物发展规律,为领导决策提供依据,便于领导指导工作。

(三)所揭示的问题和弊端,起着针砭时弊、纠正不正之风的监督作用。

二、调查报告的特点

(一)反映问题的客观性。调查报告是调查研究成果的反映,这种反映是用事实说话,客观、公正地反映先进与落后、成功与失败、经验与教训、成绩与缺点,并用可靠的事例和精确的数据加以证实和说明。可以说"真实性是调查报告的生命"。

(二)解决问题的针对性。调查报告一般都是针对现实生活中的问题或工作中需要解决的矛盾,有目

学习目标与建议

1. 了解调查报告的用途、特点和类型。

2. 掌握调查报告的内容结构和写法。

3. 结合教学计划中《社会调查》课程,撰写一篇社会调查报告。

参考阅读

写作调查报告的注意事项:

1. 深入调查,占有资料。写作调查报告前,首先要拟定调查提纲,确定调查目的、对象、要点和方法,安排调查时间、进度,并深入实地,扎扎实实地做调查,充分掌握第一手材料,为写作调查报告做好充分准备。

的地深入实际,调查研究,提出看法和意见,回答人们普遍关心的问题,引起社会的注意和重视,以达到解决问题的目的。

(三)对面上工作的指导性。作者到"点"上调查研究,然后撰写出调查报告,其目的是将那些具有普遍意义的经验教训和规律认识推广到"面"上,以指导面上工作。

三、调查报告的类型

根据调查报告的内容和性质,可将调查报告分为以下四种类型:

(一)经验调查报告。主要以先进经验、优秀典型为调查对象,通过对其进行调查研究,提出若干值得人们思考的规律性认识和可供借鉴的典型经验。写作时要列举成绩、总结经验做法、过程及意义等。

(二)问题调查报告。主要针对实际工作与现实生活中存在的带倾向性的问题展开调查,详细分析问题的种种现象,阐述引起问题的原因,提出问题的危害,探寻解决问题的办法与措施。这种调查报告的主要作用是揭露和批判、分析产生问题的症结所在,为决策部门提供解决问题的思路和办法。

(三)情况调查报告。主要针对一些社会情况,如社会生活中发生的新事物、新问题、新变化、新现象以及新观念所写的调查报告。它所反映的社会情况,涉及面较广,包括社会风气、衣食住行、婚恋、赡养等群众生活各方面的问题。这类调查报告新闻部门比较关注和重视。

(四)咨询类调查报告。是指针对某个事关全局的问题和国情、民情进行调查,通过分析、评述、对比,向领导者和上级机关的决策层提供意见、建议和方案的调查报告。它是决策的前提,谋事的基础。如考察报告、调查综述、调查与思考等类型的调查报告均属此类。

四、调查报告的结构与内容

一般说来,调查报告没有固定的格式,内容和写作目的不同的调查报告有不同的结构形式,常见的由标题、正文和落款三部分组成。

2. 研究材料,提炼观点。研究是从"调查"到"报告"的关键环节,将调查到的事实材料,进行去粗取精、去伪存真、由此及彼、由表及里的加工制作,找出事物内部的联系和规律性,提炼出明确的理论观点。

3. 合理布局,有叙有议。要根据调查报告的内容选择表现手法,是先议论后叙述,还是先叙述后议论,或者夹叙夹议。总之,要用事实说话,要准确地叙述客观事实,引出理性认识,得出正确结论。调查报告中的议论,要在叙述事实的基础上进行,要叙议结合,相辅相成。

4. 实事求是,讲究方法。调查报告要在调查所得的全部材料的分析中总结出能揭示事物规律的结论,不论是成绩或者问题,不论是经验或者教训,不论是对策或者建议,都是实事求是的结果,决不能先入为主。说明观点的方法有:运用对比方法来说明一个观点;用一组材料来说明一个观点;运用统计数字来说明一个观点等。

（一）标题

调查报告的标题通常有三种写法。

1. 文件式标题。直接点明调查对象、调查内容和文种，如《白鹭公园园区绿化美化工作调查》。

2. 问题式标题。针对调查的关键点提出问题以引起注意，如《高职学生的昨天、今天和明天》、《致远乡洪流村是怎样预防禽流感的？》等。

3. 正副式标题。正标题揭示主旨或指明内容，副标题由调查对象和文种组成。如《人性的扭曲——对南山乡家庭暴力的调查》、《靠高质量低成本开拓市场——春兰集团公司调查》等。

（二）正文

正文分导语、主体和结语三个部分。

1. 导语。也称前言、引语。这一部分写法灵活多样，有概括调查对象的基本情况或基本经验的提要式写法；有简单介绍调查目的、时间、对象、背景等，使读者了解调查过程和写作意图的交代式写法；有抓住关键问题以引出下文，让读者循着作者思考的问题实质的设问式写法。写作前言的基本要求是：简明扼要，避免与主体部分重复。

2. 主体。这是调查报告的主干和核心部分，是对前言提出的问题加以分析和解决；或对前言概括的新发现、新经验进行具体的展开和说明。对内容丰富、情况复杂的调查报告，要精心安排文章的结构、层次，有序地表现主题。

3. 结语。调查报告的结束语没有固定模式，从形式上看，多种多样。常用的写法有以下四种：

（1）总结式结尾，重申主要观点，深化主题，加深读者印象。

（2）号召式结尾，展望未来，预示前景。

（3）建议性结尾，提出解决问题的办法和意见。

（4）启发性结尾，读后能给人们以启迪。

（三）落款

落款包括署名和写作日期两个部分。

 参考阅读

调查报告的结构形式：

一是纵式结构，即按照事物发生、发展的先后顺序安排材料，叙述事物，阐明观点，给人一个系统完整的印象。

二是横式结构，即根据内容特点和事物的不同性质归类，并列地从几个方面来组织材料，逐一进行叙述，最后从总的方面集中说明一个中心思想。

三是混合式结构，即将纵式和横式两种结构方式穿插配合使用的方式。调查报告中有的以纵式为主，横式为辅；也有的以横式为主，纵式为辅。

 思考与练习

结合暑期社会实践活动，撰写一篇调查报告。

知识积累

调查报告与总结的区别

一、使用材料范围和行文人称不同。总结的材料范围主要是本单位（或本部门）及个人的情况，写作时以第一人称方式行文；调查报告的材料范围比较广泛，可以反映某一单位某一方面的情况，也可以反映多个单位共同存在的情况，以第三人称方式行文。

二、表述手法不同。总结多采用叙议结合，以议为主的方式，对基本事件与详细过程不必进行面面俱到的表述，但对具体问题的分析结果要有所侧重地进行表述；调查报告采用的个体材料往往较多，侧重点是注重事实的反映，要求寓经验于事实的表述中，主要通过叙述的方式进行表述。

三、写作目的不同。写作总结材料的目的是为了展现成绩，指出问题，归纳出带有指导性的经验、意见，做好今后的工作；写作调查报告的目的是为了提出社会普遍关注的问题，以引起全社会的重视；或者是推广"点"上的经验，启动"面"上的工作；或者是为领导部门决策时提供参考。

【例文】

江城市暂住人口的现状调查与思考

党的"十六大"报告指出："农村富余劳动力向非农业和城镇转移，是工业化和现代化的必然趋势。"农村人口大规模向城市转移，是改革开放后我国由传统农业社会向工业化、现代化社会迈进的必然结果。大批农民进城务工，形成了城市暂住人口这么一个庞大的特殊群体，他们为城市建设作出了贡献，给城市带来了种种影响。对暂住人口这个城市新兴群体如何加强管理和进一步发挥其促进经济发展的作用，值得研究。目前，我市暂住人口约有115万人，占全市总人口数的13.8%，其中暂住半年以上的有98.32万人，暂住半年内的有16.6万人。最近，我们对我市六个城区100户暂住户和250户城市住户收入和生活质量情况进行了抽样调查和比较分析，并提出了解决存在问题的建议。

> 标题采用文件式标题，由调查范围、内容和文种三要素构成。

> 前言写明调查的背景、目的、对象、时间、方法，并概述暂住人口的现状。

一、我市暂住人口现状

（一）年轻、青壮年男性和多子女户较多。我市暂住人口平均年龄为27.91岁，而同期我市城市住户人口平均年龄为39.42岁。暂住人口平均年龄比城市住户人口平均年龄低11.51岁，且40岁以下暂住人口所占比重比城市住户人口高出37个百分点，可见暂住人口相对年轻。

100户暂住户中，36%为多子女户（每户至少有两个子女），说明计划生育政策在暂住户中没有完全落实。

（二）文化程度低，接受教育差。暂住人口中，已就业的，男性占57%，女性占44%；有大专文化程度的占5%，其中男性占78%；有高中文化程度的占14%，其中男性占85%；有初中文化程度的占62%，其中男性占56%；有小学文化程度的占20%，其中女性占59%。可见，已就业的暂住人口文化程度较低，且女性的文化程度远远低于男性。

从事家务劳动的暂住人口全为女性，其中高中文化程度的占16%，初中文化程度的占47%，小学文化程度及文盲占37%。

暂住户子女中，6~15岁受教育的占97%，16~18岁上高中的占40%，20~24岁上大学的占8%。而我市城市住户子女中，6~15岁受教育的占97%，16~18岁上高中的占91%，20~24岁上大学的占53%。两者相比，暂住户子女接受教育相差较大。

（三）就业状况。按已就业暂住人口平均，2000年，每人工作340.30天，每人每周工作6.64天，每人每天工作10.27小时。已就业的暂住人口中，接受过职业培训的只占12%，而且其中83%为自己支付培训费。

已就业的暂住人口中，在私营、个体企业工作的占88.42%，在国有、集体单位和股份制企业工作的占11.58%。从事私营或个体经营的占76.04%，做临时工或短期合同工的占20.79%，做长期合同工的占4.17%；在第三产业工作的占81.25%，在第二产业工作的占18.75%。

主体分列三个小题。一是报告暂住人口的现状，作者调查深入，收集资料具体，分析客观科学。通过一系列的数据、百分比例，从四个方面报告了江城市暂住人口的现状，为下文分析存在的问题打下了基础。

调查深入，材料丰富，数字具体，分析科学，令人信服，引人深思。作者提出的问题能够引起社会的广泛重视，对解决暂住人口这一社会问题起到重要作用。

暂住人口失业后,花一个月以上的时间找到工作的占53%,在一个星期内找到工作的占14.21%,在两个星期内找到工作的占7.10%。在一个月内找到工作的占25.68%,在两个月内找到工作的占15.85%,在半年内找到工作的占18.58%,花半年以上的时间找到工作的占18.58%。

已就业暂住人口中,换过工作单位的占28.27%,其中46.30%是因为收入低,18.52%是因为工作不稳定,11.11%是因为工作条件不好,其余24.07%是为了享受福利、获得社会保障或住房。

(四)收入低,金融资产少。2005年,已就业暂住人口人均月收入937.40元,而我市城市住户有收入人口人均收入为1 927.10元,两者相差989.70元;暂住户平均每户拥有金融资产14 780元,其中银行存款、股票、债券占53.74%,从事家庭经营活动的自有资金占31.37%;而我市城市住户平均每户拥有金融资产73 849元,其中银行存款、股票、债券占73.18%,从事家庭经营活动的自有资金占5.56%。

二、我市暂住人口存在的问题

(一)结构不合理。我市暂住人口的男女性别比为111∶100,特别是其中的20~39岁暂住人口中,性别比为112∶100,远远高于我市城市住户人口的104∶100,形成性别比严重失调。

(二)收入水平与所受教育水平低。通过分析,发现已就业暂住人口的收入水平与他们受教育程度有一定关联。他们的文化程度普遍较低,所受教育不能引起收入水平质的变化,收入的多寡取决于工作勤奋程度。这就是他们工作时间长、劳动强度大的原因所在。这种现状还影响了他们子女接受教育的主动性和积极性,以致他们的子女很少有人接受高等教育。

(三)没有享受与城市住户人口同等的社会福利待遇和劳动报酬。已就业的暂住人口中,由单位提供养老保险的只占2.6%,由单位提供住房的只占8.38%,由单位提供医疗保障和失业保险的为零。2004年,暂住人口的医疗费全由自己支付,而城市住

二是分析暂住人口存在的问题。

由于上一部分材料翔实,分析细致,这一部分提出存在的四个问题就有了针对性。

户人口由自己支付医疗费的仅占1/3,由单位支付医疗费的占3/4,70岁以上的老人由单位支付医疗费的占1/2以上。

已就业暂住人口中,认为与城市职工相比,同工不同酬的占79%,认为工作时间长的占69%,认为提升机会不均等的占85%,认为住房待遇不一样的占92%,认为在其他福利收入、实物收入方面不一样的占88%。他们渴望享有同等国民待遇,迫切希望提高社会地位。

(四)城乡"两栖",漂泊不定。到2005年底为止,暂住人口在城市居住的时间平均为8.41年,其中已就业的平均为9.13年,从事家务劳动的平均为5.75年。2005年,暂住人口在城市居住的时间平均为11.18个月,其中已就业的为11.64个月,从事家务劳动的为10.9个月。但是,暂住户中,继续在农村耕种的占46%,将土地转包他人耕种的占28%。也就是说,还有74%的暂住户在农村保留着土地。由此产生的问题,一是这些暂住户对土地投入极少,对发展农业生产极为不利;二是这些暂住户一旦在城市待不下去,会立即返回农村,造成农村剩余劳动力更加过剩,农民生活更为困难。

三、解决我市暂住人口存在问题的对策

(一)加快户籍制度改革,允许劳动力自由流动。"二元"结构户籍制度造成了人们事实上的不平等,限制了劳动力的自由流动,制约了我市的城市化进程,阻碍了我市经济的发展。我省从2004年1月1日起已把农业、非农业户口改为统称居民户口,我市应加快户籍制度改革,允许劳动力自由流动。

(二)健全社会保障制度,加快城镇化进程。我市城镇人口老龄化日益严重。健全社会保障制度,将已就业的暂住人口纳入城镇社会保障体系,有助于缓解我市城镇养老保险支付的压力。健全社会保障制度,还可吸引更多的农村剩余劳动力来到城镇,加速我市城镇化进程,这对增加农民收入,解决农民贫困问题,提高农业生产效率也有帮助。

(三)调整产业结构,加快发展第三产业。暂住人

三是解决问题的对策。这是本文要达到的目的。由于上文报告的情况具体,分析的问题客观,解决问题的对策就水到渠成了。

这篇调查报告,调查深入细致,调查材料丰富,分析客观科学,主题集中,结构完整,层次分明,语言流畅。

口是农业剩余劳动力向城市转移形成的。农业剩余劳动力向城市转移是长期的。在这个过程中，必须不断优化经济结构和产业结构，只有这样，城乡经济才能协调发展。

产业结构的变迁，通常是由第一、第二、第三产业的排序变为第三、第二、第一产业的排序的，劳动力也是由第一产业顺次向第二、第三产业转移的，这是产业结构和劳动就业结构的必然演变趋势。这次抽样调查资料表明，我市暂住人口主要是在第三产业部门就业，这与产业结构和劳动就业结构的演变趋势相一致。我市第三产业还有很大发展潜力。必须加快第三产业发展，以扩大吸纳就业者的空间。加快发展第三产业，还可促使已就业暂住人口主动接受更多的教育与培训，提高文化程度，掌握更多知识和技能，走出收入水平受文化程度低制约的"怪圈"，大幅度增加收入，从根本上提高生活水平。

农业剩余劳动力大规模向城市转移，是一场历史性变革，它正在改变城市和农村的社会结构。社会学告诉我们，新的阶层出现，往往会推进社会变革，或者对社会构成破坏性的威胁。暂住人口是一个极大的社会力量，不能不予以重视。

撰稿人：秦天明
二〇〇七年二月一日

这篇调查报告为有关部门解决暂住人口中存在的问题，提供了重要的参考依据。

结语是总结性的，同时也呼应了前言提出的问题。文章首尾呼应，结构严谨。

落款包括撰稿人姓名和撰稿时间。

7. 社会实践报告的写作

一、实践报告的含义和用途

实践报告，又称生产实习报告、社会实践报告，是将自己所学知识运用于实践，根据在实践过程中所获得的成果（如体会、感受）而写出的反映客观实际，揭示事物本质和规律的书面报告。社会实践（或生产实习）报告必须是学生在认真实践或实习的基础上，紧密结合专业理论知识的研究后才能顺利完成的。因此，撰

学习目标与建议

1. 了解实践（实习）报告的含义、用途和特点。

2. 掌握实践、实习报告的内容结构和写作要求。

3. 结合教学计划，撰写一篇实践（实习）报告。

写这种应用文书,不仅能提高学生的实践能力,也能锻炼学生的写作能力,使社会实践或生产实习报告的质量更具有真实性、可靠性。

有目的、有计划、有步骤的实践、实习和调查,是写好实践(实习)报告的前提。

二、实践报告的特点

（一）专业性。不同专业的社会实践、生产实习、毕业实习都有各自的特点,学生应根据各专业社会实践、生产实习、毕业实习等课程的教学大纲要求,在教师的指导下,结合所学专业的特点认真开展社会实践、生产实习或毕业实习活动,这是写好实践报告的基础。

（二）实践性。任何社会实践、生产实习、毕业实习都能促使实践者深入地认识客观规律和改造主观世界,从而加速自身的成长和社会化进程,成为社会的有用人才。因此社会实践或生产实习的过程是非常重要的,应该扎扎实实地完成社会实践或生产实习或毕业实习的全过程,不可走过场。

（三）针对性。教学计划中的社会实践、生产实习和毕业实习,都具有一定的针对性,这是社会对专业人才的要求,也是专业培养目标所决定的。针对性是实践报告重要的文体特征。

三、实践的类型

要想写出一篇好的实践报告,首先要了解不同的实践类型。对大学生而言,社会实践大体有以下三种类型。

（一）考察实践。考察实践是在校学生有目的、有计划、有组织地去工厂、农村、部队、商店、景区等地进行的参观访问或专题调查研究,它是当前社会实践的一种主要形式。

（二）教学实践。主要是指在教学计划中安排好的专业实习,包括生产实习、毕业实习等,是每一个在校大学生在学习中途或最后阶段所必须完成的特殊教学形式。其目的是让学生通过实习获得本专业有关的实践知识,提高各种实践能力。

（三）劳动服务实践。大学生的劳动包括在校内的自我服务性劳动和在校外的公益劳动等。这里指的

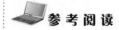

参考阅读

撰写实践报告的注意事项:

1. 要占有充分的材料。有了足够的材料,才能从中选出典型而又生动的事例,才能得出合乎实际的结论。

2. 实践或实习报告的表达方式应以叙述为主,叙议结合。写作实践或实习报告必须要写清实习的进程(步骤),做了哪些工作,怎样做的,结果如何,自己有哪些体会。在表达上必须采用叙述的方法。但任何好的实践(实习)报告,都不可能只叙述事实,而不作分析评判。既然作分析评判,就必须用议论手法,将事实提高到理论的高度。也就是说,需要我们对实践或实习的有关情况加以分析研究,总结经验教训,发现缺点和问题,明确前进方向,把零星的表面的感性认识,上升为全面的、本质的理性认识。实践或实习报告毕竟是就事论理的,规律性的认识是通过大量的事实材料来揭示的,所以应当采用以叙述为主,叙议结合的表达方式。不过在具体写作时,千万不

是组织到工厂、农村、商场等地参加一定时间的生产劳动,培养大学生的劳动观念、动手技能和为人民服务的思想。

四、实践报告的结构和写法

实践报告一般由标题、正文、落款三个部分构成。

（一）标题

1. 公文式标题。如《关于在致远公司经理办公室实习的报告》《关于导游技能实践的报告》《关于开展课外科技活动的实践报告》。

2. 观点式标题。如《市场需求是企业发展的坐标——在物华化工有限公司实习的报告》《现代企业需要复合型秘书人才——在伊利达化妆品有限公司实习的体会》。

（二）正文

正文一般包括前言、主体、结尾三个部分。

1. 前言。这部分要写明实践或实习活动的目的、缘由、要求达到的目标；社会实践或实习活动的背景、过程(粗略步骤)；实践或实习的时间、地点、对象、范围等；社会实践或实习的目的,也就是说,要说明社会实践或实习需要弄清什么问题,阐明什么观点。最后用"现将……报告如下"过渡到主体部分。

2. 主体。这是社会实践或实习报告的核心部分,应着力写好。

(1) 按时间顺序,即社会实践或实习步骤,分阶段地加以叙述,使社会实践或实习报告显示出鲜明的历史逻辑性。

(2) 按实习工作内容的内在联系和逻辑关系来布局,使成绩和经验的概括更富于理论性。

主体部分还应写出在社会实践或实习中发现的问题,并提出解决问题的办法。写存在问题时,要实事求是；写改进意见、措施和方法时,要有针对性,要从措施和办法中看到纠正错误的可行性,给人以希望和力量。

主体部分也可以分列标题写,如"基本情况"、"主要体会"、"几点思考"、"问题和建议"等。

3. 结尾。结尾要写得有力并带有启发性,要总结全文,并与开头相呼应。

能写成"流水账",将实践或实习的经过从头至尾写一遍,也不能从理论到理论,不与实际相结合。

3. 要理论联系实际。实践报告既要科学地反映客观事物,又要运用所学理论,通过画龙点睛的议论来提高人们对客观事物本质的认识。因此,提出概念、揭示含义,其内涵要准确,外延要周密,要用确定的语言。

思考与练习

结合教学实践活动,撰写一篇教学实践报告。

（三）落款

落款包括署名和报告时间两个部分。

【例文】

在锦汉展览馆毕业实践的报告

时间：2011年5月7日至2011年6月6日

地点：锦汉展览馆

目的：加强对社会的了解，培养训练个人认识、观察社会以及分析问题解决问题的能力及专业技能，开阔视野，提高合作沟通能力，发现自身专业及能力方面的不足，明确以后改进的方向。

在毕业前夕，学校有组织、有计划地组织我们商务英语专业的学生到锦汉展览馆实习，虽然只有短短的30天，但我觉得经过这次实习，收获确实很大，感受很深。现将实习情况和体会报告如下：

锦汉展览馆主要业务是举办出口商品交易会。交易会在促进商品出口方面起着重大的作用。交易会作为一个窗口，把我国的商品展现在外国人面前，除了经济上的互动，还有文化、技术、知识各方面的互动，商品均附加有民族文化气息。此次实习，拓宽了我们的视野，扩展了知识面，更有利于我们今后学习各国的文化。不同肤色的人，不同的服饰带着不同的风情，成为交易会的一道风景。

这次实习，我们工作的总体职责是：

1. 按时参加班前、班后小组会，服从主管工作安排，及时汇报情况。

2. 上岗前检查岗位设备、设施是否正常运作，如发现设备有异常，应及时报告主管人员；提前配备好所需物品，做好充分准备。

3. 留意当天的特别事项，总结情况，与交接班人员做好交接班工作，填写好意见登记本，并及时向小组长或主管人员反映。

4. 每个人都应肩负起"八大员"职责：(1)导展员，正确介绍展览会信息。(2)客服员，及时准确地解决客户的问题。(3)消防员，及时消除火灾隐患。(4)保安员，随时肩负起展馆、人员及财物安全的责任。(5)保洁员，展览馆内不符合卫生标准的问题，随时发现随时

标题为公文式标题。由实习地点、性质和文种三要素构成。

前言部分写实习时间、地点、目的。

用"现将实习情况和体会报告如下"句过渡到主体部分。

主体部分写实习的过程、收获和体会。

较详细地报告实习岗位职责。

重点写在办证岗位和验证岗位实习的情况。

写实习中的一些感想和体会。

处理。(6)咨询员,掌握丰富的信息,随时为有需要的客户提供必要的咨询服务。(7)信息员,随时收集会展相关信息。(8)接待员,彬彬有礼,热情接待每一位客人。

  交易会前期,我是在办证岗上班。卖家办证处的工作内容是:熟悉各种类型证件,弄清办理证件所需的资料;查验所需办证资料,请办证人员填写相关表格;熟悉办证系统操作,准确、快捷制证;熟悉发证流程,认真填写领证表格。

  买家办证处的工作内容是:熟悉办理买家证的条件和所需材料;接过登记表和名片,迅速识别国籍;熟悉买家系统的操作;将打印好的证件装上证件套及绳子;对持邀请函和提前办证的买家配上证套等并送上礼品。工作虽然很轻松,但我不喜欢那种Office氛围。我不觉得我能从中学到什么,只是我更明白在我们的实际工作中,个人的专业知识虽然很重要,但团队合作意识更重要。人际关系的处理、沟通、协调以及融合能力、团队精神是特别重要的。我们的主管是一个广州人,她是个对外地人有偏见的人。我常常在想,是什么让她存在偏见的呢?除了语言上的障碍,还会有什么原因呢?但语言上的障碍是可以克服的,如果因为这一点就不能接纳别人,又何以接纳更大范围的各国差异呢?我同意这一说法:"一个好的上司除了在级别上能领导下属,在处事为人、品德方面也应具备领导能力。"所以在用人单位与求职者进行双向选择时,求职者往往会把是否有一个好的上司这一因素考虑进去。

  我后期的工作是在验证岗,验证岗工作内容是:熟悉扫描器的使用权限,掌握正确的快速读取数据的方法;密切留意进入展区的买家,提前做好验证准备;对没有证件硬闯展区的买家进行耐心解释;向离开展区的买家致意;与保安人员劝阻闲杂人员在门前逗留或进入展区。验证岗的带班主管是那种善于给人以平和愉悦心情的人。在验证岗上班,虽然要站着上班,比较辛苦,但只要懂得享受工作还是觉得蛮好的。我是走出办证岗office到验证岗才看到、感受到外面的人和

> 体会较深刻,自信心也增强了。
>
> 介绍后期实习的工作内容。
>
> 与前期实习部门的主管比较,喜欢现在部门的主管。内容真实。

事的。在工作中,整天都是重复着简单的语言、简单的动作。但很多外国人喜欢制造乐子,使得我们原本枯燥的工作顿生乐趣。有时还可以和身边的同事进行交流,工作便在一种愉悦的氛围中进行着。在英语交际方面有时会感到力不从心,这便给我今后的学习提出了要求。听着来自不同国家的人讲着非纯正的英语,杂夹着方言,便让自己学会宽容别人,接纳别人,同时也锻炼自己的听力。许多老外讲英语也不纯正,这对于自己学习口语也多了几分自信。

  我觉得这次实习很有意义,我对交易会的流程有了一个完整的认识。我们在学习后去体验工作,在实习工作后重返学校学习,这有利于理论与实践的结合,更有利于我们获取实际工作经验,为毕业后的工作打下基础。

王爱军
二〇一一年六月十八日

> 结尾总结全文,更加明确学习与实践相结合的重要性,深化了主题。并与开头呼应,使文章结构严谨。
>
> 落款并写明撰写日期。

项目四 单元学习成果汇报

1. 掌握主题的提炼和表达方式;掌握情节的组成与表达方法;情节的创意设置训练;掌握结构的特点和要求;根据所给的素材进行一次主题创意和提炼的训练。并根据材料,尝试进行多种结构训练。

2. 改编"神话",提升想象力和创意能力;创作一篇"武侠"小说或"校园小说"。

3. 结合专业分小组进行社会调查或社会实践的策划与实施,形成调查报告;写出小组调查的策划方案、人员分工、工作情况并进行汇报演说。

4. 观摩电影《拯救大兵瑞恩》或《黄土地》,分析其多元主题。

模块六　告别大学·服务社会

项目一　告别校园

1. 送　别

李叔同

李叔同(1880—1942),谱名文涛,幼名成蹊,学名广侯,字息霜,别号漱筒。祖籍浙江平湖,1880年出生于天津。出家后法名演音,号弘一,晚号晚晴老人。精通绘画、音乐、戏剧、书法、篆刻和诗词,是著名的音乐家、美术教育家、书法家、戏剧活动家。1905年在东京组织春柳社,主演《茶花女》等新剧。1918年,皈依佛门,精研佛理,成为誉满天下的佛界大师。《送别》是他被广为传唱的一首歌词。

　　长亭外,古道边,芳草碧连天。
　　晚风拂柳笛声残,夕阳山外山。

　　天之涯,地之角,知交半零落。
　　一壶浊酒尽余欢,今宵别梦寒。

解读与鉴赏

　　李叔同不但能作曲,能作歌,又能作画、作文、吟诗、填词、写字、治金石、演剧,他对于艺术,差不多全般皆能。

　　《送别》是李叔同依曲填的词。通过描绘世间自然万物凋零,归于寂灭的最终结果,表达对人生苦短如昙花一现的无奈和伤悲,道出大师对生命的感悟:世间无

学习目标与建议

1. 了解作者李叔同的创作情况。
2. 理解作品的思想内容及抒情手法。
3. 能够分析作品的意象与意境。
4. 建议同学们用借景抒情手法创作一首送别词。

"长亭"自古就是送别的代表词。长亭设在城外,用来给送行的人暂时休息和话别的地方,是别离抒怀的象征。"古道"本身就有一种陈旧感,给人一种怀旧的感觉,平添一份苍凉、落寞。

常,物质无常,好景无常,世态无常,聚散无常,隐含了看破红尘的出世思想。

在艺术上,《送别》一词借景抒情,情真意挚,凄美柔婉。歌词造句长短参差,句式富于变化。

知识积累

一、送别诗(词)意象

中国古典诗学的"意象"不是一般的事物表象,而是在饱含着情感的想象中孕育成形的,含蕴着主体情意的象。司空图《二十四诗品》之《缜密》品云:"意象欲出,造化已奇。"《送别》第一段选用了八个具有鲜明特征的意象:"长亭"、"古道"、"芳草"、"晚风"、"弱柳"、"残笛"、"夕阳"、"群山"。"长亭"即古时城外可用以送别的亭子,有"十里一长亭,五里一短亭"的说法;"古道"即道路,但加一"古"字,便有了几分凄荒之感,如"古道西风瘦马,夕阳西下,断肠人在天涯"(马致远《秋思》)等。"长亭"、"古道"这些特定的送别场所,使我们想到文学史上的无数次离别,如"寒蝉凄切,对长亭晚,骤雨初歇"(柳永《雨霖铃》),"远芳侵古道,晴翠接荒城。又送王孙去,萋萋满别情"(白居易《赋得古原草送别》)等。草的生命力顽强,生长普遍,故用"芳草"比附离愁别绪之深是很准确的,如"芳草年年如恨长"(冯延巳《南乡子》),"思随芳草萋萋"(孙光宪《清平乐》)等。"晚风拂柳"暗示惜别,"柳"、"留"谐音,多传达怨别、怀远等情思,如"昔我往矣,杨柳依依。今我来思,雨雪霏霏"(《诗经·采薇》)。"柳"也几乎是古诗词中最常见的送别意象,"长安陌上无穷树,唯有杨柳管别离"(刘禹锡《杨柳枝词》),所以有"折柳送别"的习俗。古人送别不仅折柳,还要吹笛——唐代流行的送别曲子很多,诸如北朝乐府《鼓角横吹曲》中的《折杨柳枝》,唐教坊曲《杨柳枝词》等,"谁家玉笛暗飞声,散入春风满洛城。此夜曲中闻折柳,何人不起故人情"(李白《春夜洛城闻笛》)。"山外山"喻天各一方,"平芜尽处是青山,行人更在青山外"(欧阳修《踏莎行》);关山重重,古道迢迢,"相见时难别亦难"(李商隐《无题》)。而"浮云游子意,落日故人情"(李白《送友人》),友人终像那落日依依离

在亲友失落的同时又隐含着知音难觅的感慨。

一个"浊"字奠定了内心的情感基调,"别梦寒"三字道出对世事沧桑的感慨。

参考阅读

1. 弘一法师由翩翩公子一变而为留学生,又变而为教师,三变而为道人,四变而为和尚。每做一种人,都做得十分像样。好比全能的优伶:起青衣像个青衣,起老生像个老生,起大面又像个大面……都是"认真"的缘故。

——丰子恺《怀李叔同先生》

2. 借景抒情是李叔同编创乐歌的主要手法。……这类歌曲的曲调,大部分选自当时的欧美流行歌调。由于选曲得当,填词隽永秀丽、富于韵味,所以颇受欢迎,有的歌曲甚至传唱数十年而不衰,《送别》即属典型一例。

——孙继南,周柱铨《中国音乐通史简编》

思考与练习

分析《送别》一词的意象。

去。值得一提的是,歌词"夕阳山外山"乃出自龚自珍诗"未济终焉心缥缈,万事都从缺憾好。吟到夕阳山外山,古今谁免余情绕",此处吟来,备感诗中厚重与深沉的中国人文气息,韵味含蓄隽永。

——袁平《论李叔同〈送别〉的审美意象和意境》

二、送别诗(词)

自古多情伤离别。六朝时江淹在《别赋》中说,"别虽一绪,事乃万端"。他举了七种不同的离别的情形,概括说:"是以别方不定,别理千名,有别必怨,有怨必盈。"在古典诗词中,离别中的人总是具有一定社会身份、社会角色的具体的人,离别的行为也总是由某种具体原因所致。中国人极重人际关系、人际交往的心理素质使其重视感情、珍惜友谊,于是在为人送行或与人辞行时,往往要作诗相赠,这就产生了赠别诗。

赠别诗自《诗经》滥觞始,其后历朝历代均有名篇佳作流传于世。这些诗章又往往成为这个诗人所有作品中最能打动人心的咏唱。一般认为,从主动与被动的关系角度看,赠别诗分送别诗与留别诗两种。所谓送别诗,指的是由送行之人以主人的身份为作为客人的离别之人而写的诗,即由送行的主人作诗,写给离别的客人;留别诗,指的是辞行之人主动为送行之人而写的诗。

思考与练习

分析《送别》一词的意境。

思考与练习

在你毕业之际,尝试用借景抒情手法创作一首送别小诗或词。

2. 论工作

纪伯伦

纪伯伦(1883—1931),黎巴嫩著名诗人、散文家,阿拉伯文学史上第一个重要的现代文学流派——旅美派代表作家。和泰戈尔一样是近代东方文学走向世界的先驱,同时,他又是阿拉伯现代小说和艺术散文的主要奠基人,20世纪阿拉伯新文学道路的开拓者之一。处女作为《音乐短章》。出版阿拉伯诗集《泪与笑》《暴风雨》,散文诗集《先知》等。他的作品在阿拉伯世界广为传播,被译成50余种文字。

学习目标与建议

1. 了解作者纪伯伦的相关文学常识。

2. 理解纪伯伦散文诗的内容及情感表达方式。

3. 热爱工作,树立正确的人生观与价值观。

于是一个农夫说,请给我们谈工作。

他回答说:

你工作为的是要与大地和大地的精神一同前进。

因为情逸使你成为一个时代的生客,一个生命大队中的落伍者,这大队是庄严的,高傲而服从的,向着无穷前进的。在你工作的时候,你是一管笛,从你心中吹出时光的微语,变成音乐。

你们谁肯做一根芦管,在万物合唱的时候,你独痴呆无声呢?

你们常听人说,工作是祸殃,劳力(动)是不幸。我却对你们说,你们工作的时候,你们完成了大地深远的梦之一部,他指示你那梦是从何时开头。而在你劳力(动)不息的时候,你确实爱了生命。

在工作里爱了生命,就是通彻了生命最深的秘密。

倘然在你的辛苦里,将有身之苦恼和养身之诅咒,写上你的眉间,则我将回答你,只有你眉间的汗,能洗去这些字句。

你们也听见人说,生命是黑暗的。在你疲劳之中,你附和了那疲劳的人所说的话。

我说生命的确是黑暗的,除非是有了激励;

一切的激励都是盲目的,除非是有了知识;

一切的知识都是徒然的,除非是有了工作;

一切的工作都是空虚的,除非是有了爱。

当你仁爱地工作的时候,你便与自己、与人类、与上帝联系为一。

怎样才是仁爱地工作呢?

从你的心中抽丝织成布帛,仿佛你的爱者要来穿此衣裳。

热情地盖造房屋,仿佛你的爱者要住在其中。

温存地播种,欢乐地刈获,仿佛你的爱者要来吃这产物。

这就是用你自己灵魂的气息,来充满你所制造的一切。

要知道一切受福的古人,都在你上头看视着。

我常听见你们仿佛在梦中说:"那在蜡石上表现出他自己灵魂的形象的人,是比耕地的人高贵多了。"

懒惰会被时代抛弃;
工作令人愉悦。

  思考与练习

认真体会此处排比句的作用。

很难想象一个对工作淡漠的人会全心全意地投入到自己的工作中,取得辉煌的成就;而一个对工作兴致勃勃的人则会更好地发挥想象力和创造力,取得惊人的成绩。

那捉住虹霓,传神地画在布帛上的人,是比织履的人强多了。

我却要说:不在梦中,而在正午极清醒的时候,风对大橡树说话的声音,并不比对纤小的草叶所说的更甜柔。

只有那用他的爱心,把风声变成甜柔的歌曲的人,是伟大的。

工作是眼能看见的爱。

倘若你不是欢乐地却厌恶地工作,那还不如撒下工作,坐在大殿的门边,去乞求那些欢乐地工作的人的周济。

倘若你无精打采地烤着面包,你烤成的面包是苦的,只能救半个人的饥饿。

你若是怨望地压榨着葡萄酒,你的怨望,在酒里滴下了毒液。

倘若你能像天使一般地唱,却不爱唱,那你就把人们能听到白天和黑夜的声音的耳朵都塞住了。

解读与鉴赏

工作的时间占据着人生的相当一部分历程。《论工作》阐述了工作的意义,我们对待工作应采取的态度。当我们充满着热情,以积极的态度对待工作时,我们能够感受到工作对我们的意义和工作给我们带来的愉悦。在努力工作中,才能够享受快乐和体现人生价值。"工作是眼能看见的爱"。也许我们需要些诗性的胸襟与眼光,才能更好地打量我们的工作与生活。选文感情真挚,比喻新颖,充满哲理。

知 识 积 累

一、纪伯伦散文诗创作

纪伯伦是20世纪世界文坛最杰出的诗人之一,他在短暂的一生中留下了大量优美的散文诗作,被西方学者誉为"数百年来东方送给我们的最好礼物"。他的散文诗包含了人生哲学、社会批判、民族与世界、法律与自由、正义与真理、爱与美的真谛等方面的文学主

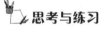

思考与练习

对工作你准备好了么?有人看到工作的辛苦、薪水的微薄以及职业晋升的遥遥无期;有人却看到工作的乐趣、事业的发展、人生的辉煌和成功。那么,你是如何看待工作的?

参考阅读

1. 美国前总统罗斯福曾这样赞誉纪伯伦:"你不仅是东方的风暴,而且给西方带来了鲜花。"
——李唯中等译《纪伯伦散文诗全集·序》

题。《先知》是他的代表作,按他自己的说法,是"思考了一千年"才写成的。作品以智者临别赠言的形式把读者引向生命之巅,令人俯视苍生,在爱与美的洗礼中徜徉人生。例如,他论哀乐:"你的欢乐就是你去了面具的悲哀","悲哀的创痕在你身上刻得越深,你越能容受更多的欢乐(《先知·论哀乐》)"。在《先知·罪与罚》中,他深刻地指出"我们不能把至公与不公、至善与不善分开",罪与非罪像"那好与坏的树根","都在大地沉默的心中纠结在一处"。在谈到美时,他说美可以荡涤人的灵魂使之回到本真自然,美还是"智者哲人登上真理宝座的阶梯"(《泪与笑·在美神的宝座前》)。

二、名人谈工作

1. 快乐是从艰苦中来的。只有经过劳作、经过奋斗得来的快乐,才是真快乐。(谢觉哉)

2. 我知道什么叫劳动,它是世界上一切欢乐和美好事情的泉源。(高尔基)

3. 我需要工作,工作就是我的生活机能。没有工作,我就感觉不出生命。(凡尔纳)

4. 伟大的成绩和辛勤的劳动是成正比例的,有一份劳动就有一分收获,日积月累,从少至多,奇迹就可以创造出来。(鲁迅)

三、视职业劳动为天职

职业劳动是一种高尚的人类行为,是证明我们生存意义的事物。蜜蜂的天职是采花酿蜜,猫的天职是抓捕老鼠,蜘蛛的天职是张网捕虫,人类的天职就是辛勤劳作。人,作为万物的灵长、天地的精英,职业劳动是他与生俱来的职责。马克思·韦伯在考察职业一词时指出:德语中的职业一词是"Beruf",意为"天职",英语中的职业一词是"calling",意为"神召"。在现代西方人的理解中,职业是被冥冥之中的神所召唤、所命令、所安排的任务,完成这个任务,是每个个体天赋的职责和义务。敬业劳作是人类的职责,而虚掷时光和轻贱职业则是一种不可饶恕的罪孽。天职的观念使自己的职业具有了神圣感和使命感,也使自己的生命信仰与自己的工作联系在了一起。只有将自己的职业视为生命的信仰,才是真正掌握了敬业的本质。人来到

2. 高尔基说:"艺术的精神是力求用词句、色彩、声音把您心中所有美好的东西,把人身上所有的最珍贵的东西——高尚的、自豪的、优美的东西,都体现出来。"

——高尔基《文学书简》

思考与练习

课外阅读纪伯伦散文诗,进一步深入理解社会人生的意义。

思考与练习

试着找一些有关工作(劳作)的名家名言,深入体会之。

世上，总是要完成某些使命，而职业便是人的使命之一。只有具备了使命感，人们才会一心牵挂在工作上，出色地完成工作任务。

——左晓光《当代大学生热点问题哲学思考》，河北人民出版社 2008 年版

思考与练习

诵读选文，深入理解，写一篇读后感。

3. 希波克拉底誓言

希波克拉底

希波克拉底（Hippokratesofkos）（约公元前 460—前 377），古希腊著名医学家，欧洲医学奠基人，被西方尊为"医学之父"。提出"体液学说"，他的医学观点对以后西方医学的发展有巨大影响。希波克拉底伟大之处不仅在于他开创性的医学思想与治疗技术，还在于他在行医过程中累积的关于生命的思考。《希波克拉底文集》是现在研究希腊医学最重要的典籍。

我谨向阿波罗神、医神、健康女神、药神及在天诸神起誓，将竭尽才智履行以下誓约。

视业师如同父母，终生与之合作。如有必要，我的钱财将与业师共享。视其子弟如我兄弟。彼等欲学医，即无条件授予。口授箴言给我子及业师之子，诫其恪守医家誓词，不传他人。尽我所能诊治以济世，决不有意误治而伤人。病家有所求亦不用毒药，尤不示人以服毒药或用坐药堕胎。为维护我的生命和技艺圣洁，我决不操刀手术，即使寻常之膀胱结石，亦责令操此业之匠人。凡入病家，均一心为患者，切忌存心误治或害人，无论患者是自由人还是奴隶，尤均不可虐待其身心。我行医处世中之耳闻目睹，凡不宜公开者，永不泄漏，视他人之秘密若神圣。此誓约若能信守不渝，我将负盛名，孚众望。倘违此誓约或此时言不由衷，诸神明鉴，敬祈严惩。

学习目标与建议

1. 大声朗读誓言，体味其中的庄重与虔诚。

2. 根据你所学专业的要求，掌握本行业、本专业的优良的道德传统和具体的道德规范，树立正确的职业道德观。

希波克拉底誓言是 2400 年以前写的，但是产生的影响却非常深远。至今，几乎所有学医学的学生，入学的第一课就要学希波克拉底誓言，而且要求正式宣誓。

医生不是"上帝"，有很多的人体现象，现代科技还未探查清楚。另外，医学是一个庞大的知识体系，无论哪个专家，或哪个权威，他未知的世界远远要大于他熟知的世界。

解读与鉴赏

这是古代西方医生在开业时宣读的一份有关医务道德的誓词。希波克拉底誓言中体现的是强烈的责任感。他要求自己对待每一位病患负责，愿以自身能力及判断力所及，遵守此约。他要求自己不得将危害药品给予他人，并不作该项之指导，虽有人请求亦必不与之。因为他了解自己的能力，对他人的生命负责，故不贸然行事。誓言还体现了他的价值观，医生的天职是救死扶伤，不是在利益的驱动下牟取暴利。这篇誓言即使到了现代社会，仍不失其弥久恒新的启迪力量。

1948年，世界医协大会对这个誓言加以修改，定名为《日内瓦宣言》。后来又通过决议，把它作为国际医务道德规范。作为西方医学之父，希波克拉底的贡献不仅是首先制定了医生必须遵守的道德规范，而且在医学观点和医疗实践方面，都对以后西方医学的发展有巨大影响。

 知识积累

一、培育良好的职业道德

职业道德是指从事一定职业的人们在职业活动中所应遵循的道德规范以及该职业所要求的道德准则、道德情操和道德品质的总和。社会主义职业道德的基本内容包括五个方面：热爱本职，忠于职守；钻研业务，精益求精；为民服务，热情周到；顾全大局，团结互助；正直廉洁，克己奉公。

大学生要自觉认识到自己将来所从事职业意识和择业取向，感受到自己肩负的社会责任和使命，确立正确的职业意识和择业取向，并在将来的职业生活中热爱本职工作，尽职尽责地履行职业义务。

二、敬业乐业

我确信"敬业乐业"四个字，是人类生活的不二法门。

第一要敬业。敬字为古圣贤教人做人最简易、直

 思考与练习

你认为，希波克拉底誓言内容包括哪几项道德标准（规范）？

 思考与练习

中国"药王"孙思邈的《大医精诚》篇足可与该誓言相媲美，可进行对比阅读。

捷的法门,可惜被后来有些人说得太精微,倒变了不适实用了。惟有朱子解得最好。他说:"主一无适便是敬。"用现在的话讲,凡做一件事,便忠于一件事,将全副精力集中到这事上头,一点不旁骛,便是敬。业有什么可敬呢?为什么该敬呢?人类一面为生活而劳动,一面也是为劳动而生活。人类既不是上帝特地制来充当消化面包的机器,自然该各人因自己的地位和才力,认定一件事去做。凡可以名为一件事的,其性质都是可敬。当大总统是一件事,拉黄包车也是一件事。事的名称,从俗人眼里看来,有高下;事的性质,从学理上解剖起来,并没有高下。只要当大总统的人,信得过我可以当大总统才去当,实实在在把总统当作一件正经事来做;拉黄包车的人,信得过我可以拉黄包车才去拉,实实在在把拉车当作一件正经事来做,便是人生合理的生活。这叫做职业的神圣。凡职业没有不是神圣的,所以凡职业没有不是可敬的。惟其如此,所以我们对于各种职业,没有什么分别拣择。总之,人生在世,是要天天劳作的。劳作便是功德,不劳作便是罪恶。至于我该做哪一种劳作呢?全看我的才能何如、境地何如。因自己的才能、境地,做一种劳作做到圆满,便是天地间第一等人。

第二要乐业。"做工好苦呀!"这种叹气的声音,无论何人都会常在口边流露出来。但我要问他:"做工苦,难道不做工就不苦吗?"今日大热天气,我在这里喊破喉咙来讲,诸君扯直耳朵来听,有些人看着我们好苦;翻过来,倘若我们去赌钱、去吃酒,还不是一样淘神、费力?难道又不苦?须知苦乐全在主观的心,不在客观的事。人生从出胎的那一秒钟起到咽气的那一秒钟止,除了睡觉以外,总不能把四肢、五官都搁起不用。只要一用,不是淘神,便是费力,劳苦总是免不掉的。会打算盘的人,只有从劳苦中找出快乐来。我想天下第一等苦人,莫过于无业游民,终日闲游浪荡,不知把自己的身子和心子摆在哪里才好,他们的日子真难过。第二等苦人,便是厌恶自己本业的人,这件事分明不能不做,却满肚子里不愿意做。不愿意做逃得了吗?到底不能。结果还是皱着眉头,哭丧着脸去做。这不是

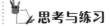

思考与练习

你是怎样理解职业道德的?有人主张,一切服务性行业的首要职业道德应是"非伤害原则"。你认可这种看法吗?怎样才能做到"非伤害"呢?

参考阅读

梁启超于1922年应上海中华职业学校之邀,向该校学生作讲演。作为一位著名的思想家、学者、近代中国的文化巨人,面对即将投身社会的学生,采用讲故事式的极浅近的方式,以最平和的语言,提醒同学们对职业应持有一个正确的态度:"敬业"与"乐业"。

专门自己替自己开玩笑吗？

我老实告诉你一句话，凡职业都是有趣味的，只要你肯继续做下去，趣味自然会发生。为什么呢？第一、因为凡一件职业，总有许多层累、曲折，倘能身入其中，看它变化、进展的状态，最为亲切有味。第二、因为每一职业之成就，离不了奋斗；一步一步地奋斗前去，从刻苦中将快乐的分量加增。第三、职业性质，常常要和同业的人比较骈进，好像赛球一般，因竞胜而得快感。第四、专心做一职业时，把许多游思、妄想杜绝了，省却无限闲烦闷。孔子说："知之者不如好之者，好之者不如乐之者。"人生能从自己职业中领略出趣味，生活才有价值。孔子自述生平，说道："其为人也，发愤忘食，乐以忘忧，不知老之将至云尔。"这种生活，真算得人类理想的生活了。

我生平受用的有两句话：一是"责任心"，二是"趣味"。我自己常常力求这两句话之实现与调和，又常常把这两句话向我的朋友强聒不舍。今天所讲，敬业即是责任心，乐业即是趣味。我深信人类合理的生活应该如此，我望诸君和我一同受用！

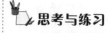**思考与练习**

根据你所学专业的要求，掌握本行业、本专业的优良的道德传统和具体的道德规范。

思考与练习

作者说"凡职业都是有趣味的"。你同意作者的观点吗？你如何看待当今社会上比较普遍的跳槽现象？

4. 赠与今年的大学毕业生(自读篇目)

胡 适

胡适(1891—1962)，原名洪骍，后改名适，字适之，安徽绩溪人。现代著名历史学家、文学家、哲学家。以倡导"五四"文学革命著闻于世。发表新诗集《尝试集》，成为当时新文化运动的著名人物。历任北京大学教授、北京大学校长、"台湾中央研究院"院长等。胡适著述丰富，在文学、哲学、史学、考据学、教育学、伦理学、红学等诸多领域都有深入的研究。著有《中国哲学史大纲》、《胡适文存》、《白话文学史》、《红楼梦考证》等。

学习目标与建议

1. 了解作者胡适的治学领域。

2. 理解作者对大学生毕业后"堕落"的分析。

3. 把握"三个方子"的精神实质，树立正确的择业观、就业观。

这一两个星期里,各地的大学生都有毕业的班次,都有很多的毕业生离开学校去开始他们的成人事业。学生的生活是一种享有特殊优待的生活,不妨幼稚一点,不妨吵吵闹闹,社会都能纵容他们,不肯严格的要他们负行为的责任。现在他们要撑起自己的肩膀来挑他们自己的担子了。在这个国难最紧急的年头,他们的担子真不轻!我们祝他们的成功,同时也不忍不依据我们自己的经验,赠与他们几句送行的赠言——虽未必是救命毫毛,也许做个防身的锦囊罢!

你们毕业之后,可走的路不出这几条:绝少数的人还可以在国内或国外的研究院继续做学术研究;少数的人可以寻着相当的职业;此外还有做官、办党、革命三条路;此外就是在家享福或者失业闲居了。第一条继续求学之路,我们可以不讨论走其余几条路的人,都不能没有堕落的危险。堕落的方式很多,概括起来约有这两大类:

第一是容易抛弃学生时代的求知识的欲望。你们到了实际社会里,往往所用非所学,往往所学全无用处,往往可以完全用不着学问,而一样可以胡乱混饭吃、混官做。在这种环境里,即使向来抱有求知识学问的决心的人,也不免心灰意懒,把求知的欲望渐渐冷淡下去。况且学问是要有相当设备的:书籍、试验室、师友的切磋指导,闲暇的工夫,都不是一个平常要糊口养家的人所能容易办到的。没有做学问的环境,又有谁能怪我们抛弃学问呢?

第二是容易抛弃学生时代的理想的人生的追求。少年人初次与冷酷的社会接触,容易感觉理想与事实相去太远,容易发生悲观和失望。多年怀抱的人生理想,改造的热诚,奋斗的勇气,到此时候,好像全不是那么一回事,渺小的个人在那强烈的社会炉火里,往往经不起长时间的烤炼就熔化了,一点高高的理想不久就会幻灭了。抱着改造社会的梦想而来,往往是弃甲曳兵而走,或者做了恶势力的俘虏。你在那俘虏牢狱里,回想那少年气壮时代的种种理想主义,好像都成了自误误人的迷梦!从此以后,你就甘心放弃理想人生的追求,甘心做现成社会的顺民了。

这几句话是当时社会的现状,也是我们今天存在的实际情况。

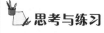

大学生毕业后走上社会,应该注意哪两方面堕落的危险?

要防御这两方面的堕落,一面要保持我们求知识的欲望,一面要保持我们对理想人生的追求,有什么好法子呢？依我个人的观察和经验,有三种防身的药方是值得一试的。

第一个方子只有一句话:"总得时时寻一两个值得研究的问题!"问题是知识学问的老祖宗,古今来一切知识的产生与积聚,都是因为要解答问题,——要解答实用上的困难或理论上的疑难。所谓"为知识而求知识",其实也只是一种好奇心追求某种问题的解答,不过因为那种问题的性质不必是直接应用的,人们就觉得这是"无所为"的求知识了。我们出学校之后,离开了做学问的环境,如果没有一个两个值得解答的疑难问题在脑子里盘旋,就很难继续保持追求学问的热心,可是,如果你有了一个真有趣的问题天天逗你去想它,天天引诱你去解决它,天天对你挑衅笑你无可奈何它,——这时候,你就会同恋爱一个女子发了疯一样,坐也坐不下,睡也睡不安,没工夫也得偷出工夫去陪她,没钱也得省衣节食去巴结她。没有书,你自会变卖家私去买书;没有仪器,你自会典压衣服去置办个仪器;没有师友,你自会不远千里去寻师访谈。你只要能时时有疑难问题来逼你用脑子,你自然会保持发展你对学问的兴趣,即使在最贫乏的智识环境中,你也会慢慢地聚起一个小图书馆来,或者设置起一所小试验室来。所以我说,第一要寻问题。脑子没有问题之日,就是你的智识生活寿终正寝的时候!古人说,"得文王而兴者,凡民也。若夫豪杰之士,虽无文王犹兴。"试想伽利略和牛顿有多少藏书?有多少仪器?他们不过是有问题。有了问题,他们自会造出仪器来解答他们的问题。没有问题的人们,关在图书馆里也不会用书,锁在试验室里也不会有什么发现。

第二个方子也只有一句话:"总得多发展一点非职业的兴趣"。离开学校之后,人家总得寻个吃饭的职业。可是你寻得职业未必就是你所学的,或者未必是你所心喜的,或者是你所学而实在和你性情不相近的。在这种状况之下,工作就往往成了苦工,就不感觉兴趣了。为糊口而做那种非"性之所近而力之所能勉"的工

"吃饭的职业"未必是你所学的,也未必是你所心喜的,或者是和你性情不相近的,这是大学毕业生所苦恼的。

作,就很难保持求知的兴趣和生活的理想主义。最后的救济方法只有多多发展职业以外的正当兴趣与活动。一个人应该有他的职业,又应该有他的非职业的玩意儿。可以叫做业余活动。凡一个人的闲暇来做的事业,都是他的业余活动,往往他的业余活动比他的职业还更重要,因为一个人的前程往往全靠他怎样用他的闲暇时间,他用他的闲暇来打麻将,他就成了赌徒;你用你的闲暇去做社会服务,你也许成个社会改革者;或者你用你的闲暇去研究历史,你也许成个史学家。你的闲暇往往定你的终身。英国十九世纪的两个哲人,密尔顿终身做东印度公司的秘书,然而他的业余工作使他在哲学上、经济学上、政治思想史上都占一个很高的位置;斯宾塞是一个测量工程师,然而他的业余工作使他成为前世纪晚期世界思想界的一个重镇。古来成大学问的人,几乎没有一个不是善用他的闲暇时间的。特别在这个组织不健全的中国社会,职业不容易适合我们性情,我们要想生活不苦痛或不堕落,只有多方发展业余的兴趣,使我们的精神有所寄托,使我们的剩余精力有所施展,有了这种心爱的玩意儿,你就做六个钟头的抹桌子工夫也不会感觉烦闷了,因为你知道,抹了六点钟的桌子之后,你可以回家去做你的化学研究,或画完你的大幅山水,或写你的小说戏曲,或继续你的历史考据,或做你的社会改革事业。你有了这种称心如意的活动,生活就不枯寂了,精神也就不会烦闷了。

　　第三个方子也只有一句话:"你得有一点信心。"我们生当这个不幸的时代,眼中所见,耳中所闻,无非是叫我们悲观失望的,特别是在这个年头毕业的你们,眼见自己的国家民族沉沦到这类田地,眼看世界只是强权的世界,望极天边好像看不见一线的光明,——在这个年头不发狂自杀,已算是万幸了。怎么还能够希望保持一点内心的镇定和理想的信任呢?我要对你们说:这时候正是我们要培养我们的信心的时候!只要我们有信心,我们还有救。古人说:"信心可以移山。"又说:"只要功夫深,生铁磨成绣花针。"你不信吗?当拿破仑的军队征服普鲁士占据柏林的时候,有一位穷

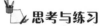**思考与练习**

　　作者送给大学毕业生的三种防身的药方是什么?你认为这些药方现在还是否有效?为什么?

教授叫做菲希特的。天天在讲堂上劝他的国人要有信心，要信仰他们的民族是有世界的特殊使命的，是必定要复兴的。菲希特死的时候（1814），谁也不能预料德意志统一帝国何时可以实现。然而不满五十年，新的统一的德意志帝国居然实现了。

一个国家的强弱盛衰，都不是偶然的，都不能逃出因果的铁律的，我们今日所受的苦痛和耻辱，都只有过去种种恶因种下的恶果。我们要收将来的善果，必须努力种现在的新因。一粒一粒的种，必有满仓满屋的收，这是我们今日应该有的信心。

我们要深信：今日的失败，都由于过去的不努力。

我们要深信：今日的努力，必要有将来的大收成。

佛典里有一句话："福不唐捐。"[1]唐捐就是白白的丢了。我们也应该说，"功不唐捐！"没有一点努力是全白白的丢失了的。在我们看不见想不到的时候，在我们看不见想不到的方向，你瞧！你下的种子早已生根发芽开花结果了！

> 消极、悲观于事无补，于己无益，只有靠自己的努力，你的生存状况才有可能改变。

你不信吗？法国被普鲁士打败之后，割了两省地，赔了五十万万法郎的赔款。这时候有一位刻苦的科学家巴斯德终日埋头在他的化学试验室里做他的化学试验和微菌学研究。他是一个最爱国的人，然而他深信只有科学可以救国。他用一生的精力证明了三个科学问题：(1)每一种发酵作用都是由于一种微菌的发展；(2)每一种传染病都是一种微菌在生物体内的发展；(3)传染病的微菌，在特殊的培养之下可以减轻毒力，使他们从病菌变成防病的药苗。——这三个问题在表面上似乎都和救国大事业没有多大关系。然而从第一个问题的证明，巴斯德定出做醋酿酒的新法，使全国的酒醋业每年减除极大的损失。从第二个问题的证明巴斯德教全国的蚕丝业怎样选种防病，教全国的畜牧农家怎样防止牛羊瘟疫，又教全世界怎样注重消毒以减少外科手术的死亡率。从第三个问题的证明，巴斯德发明了牲畜的脾热瘟的疗治药苗，每年替法国农家减除了二千万法郎的大损失；又发明了疯狗咬毒的治疗法，救济了无数的生命。所以英国的科学家赫胥黎在皇家学会里称颂巴斯德的功绩道："法国给了德国五十万万法郎的赔款,巴斯德先生一个人研究科学的成就足够还清这一笔赔款了。"巴斯德对于科学有绝大的信心,所以他在国家蒙奇辱大难的时候,终不肯抛弃他的显微镜与试验室。他绝不想他有显微镜底下能偿还五十万万法郎的赔款,然而在他看不见想不到的时候,他已收获了科学救国的奇迹了。

朋友们,在你最悲观最失望的时候,那正是你必须鼓起坚强的信心的时候,你要深信:天下没有白费的努力,成功不必在我,而功利必不唐捐。

【注释】[1]福不唐捐:语出自《法华经八·观世音菩萨普门品二五》:"若有众生,恭敬礼拜观世音菩萨,福不唐捐。"唐捐:虚掷,落空。

思考与练习

如何理解此句话含义?

解读与鉴赏

《赠与今年的大学毕业生》是胡适先生1932年6月27日为全国大学应届毕业生写的毕业赠言。对现在每一个在校的或已经毕业的大学生来说,都具有启示作用。文章针对大学毕业生走上社会将会面临的具体问题展开,就如何解决这些问题提出自己的看法。作者指出:青年学生走上社会后,容易出现丧失求知欲望、丧失理想的人生追求两方面的问题。对此,作者提出了解决问题的办法:一是寻求值得研究的问题;二是充分利用闲暇时间发展非职业的兴趣;三是培养坚定的信心。

本文在写作上的特点:一是旁征博引,广泛求证。文中使用了多方面的论据材料,或列举事例,或巧设比喻,或援引名言,大大增强了文章的说服力。二是语言浅显自然、形象生动。如同是朋友间娓娓谈心一样亲切自然,既体现出演讲文体的特点,又显示了作者倡导通俗白话的一贯语言风格。

1. 胡适担任北大校长时,有一次对毕业生演讲,赠给他们"三味药",即"问题丹"、"兴趣散"、"信心汤"。"问题丹",即大学毕业生在踏入社会之际,脑中留下一两个麻烦而有趣的问题,时常鞭策自己继续探索。"问号"是探究问题的标志,问题又是一切学问的来源。"兴趣散",即发展专业以外的兴趣爱好,这样可以使生活更有趣、更快乐、更有意思。"信心汤",即办任何事情都要有信心,这是人生的真谛,也是事物的法则。要记住:努力不会白费!

知识积累

一、胡适择业标准:个人兴趣

专业、学科的选择对于一个人的成长至关重要。那么,应该按照什么标准来择业呢。胡适认为,首先要根据个人自己的兴趣爱好。胡适1910年进入康乃尔大学时,原本是学农学的,后改习文科。当时有一门课叫"果树学",专门研究果树的培育方法。实习时,每个学生大致分得30个或35个苹果,每个学生要根据一本培育学指南上所举的项目,把这30来个苹果加以分类。例如茎的长短、果脐的大小、果上棱角和圆形的特征、果皮的颜色、切开后测出的果肉的韧度和酸甜度、肥瘦的记录等。胡适和一些中国留学生在实验室内,各尽所能按表填果,结果还是错误百出、成绩甚差。"我们中国,实际上也没有这么多种苹果。所以我认为学农实在是违背了我个人的兴趣。勉强去学,对我说来实在是浪费,甚至愚蠢。因此我后来在公开演讲中,便时时告诫青年,劝他们对他们自己的学习前途的选择,千万不要以社会时尚或国家社会之需要为标准。他们应该以他们自己的兴趣和禀赋,作为选科的标准才是正确的。"

胡适还举了近代科学家伽利略的例子,他父亲是一个有名的数学家,叫他不要学这一行,要他学医。上大学后,伽利略却对几何感兴趣,便改学数学,后来创造了新的天文学、物理学,成为一位近代科学的开山大师。胡适认为,择业要有主见:"你如迁就父母、兄长、爱人之所好而去学工程,结果工程界里多了一个饭桶,国家社会失去了一个第一流的诗人、小说家、文学家、戏剧学家,不是可惜了吗?"

二、什么是教育?

大学也是一种学校,但是一种特殊的学校。在大学里不仅要学习知识,而且要从教师的教诲中学习研究事物的态度,培养影响其一生的科学思维方式。大学生要具有自我负责的观念,并带着批判精神从事学习,因而拥有学习的自由;而大学教师则是以传播科学真理为己任,因此他们有教学的自由。

在我看来,全部教育的关键在于选择完美的教育内容和尽可能使学生之"思"不误入歧路,而是导向事物的本源。教育活动关注的是,人的潜力如何最大限度地被调动起来并加以实现以及人的内部灵性与可能性如何充分生成,换言之,教育是人的灵魂的教育,而非理智知识和认识的堆集。通过教育,使具有天资的

2. 胡适在台南成功大学作了以《一个防身药方的三味药》为题的演讲:"学堂里的书,你带不走;仪器,你带不走;先生,他们不能跟你去,但是问题可以跟你走到天边!有了问题,没有书,你自会省吃省穿去买书;没有仪器,你自会卖田卖地去买仪器!没有好先生,你自会去找好师友;没有资料,你自会上天下地去找资料。""所以大学生离开学校后,最困难的问题就是如何继续培养精湛实验室研究的思考态度和技术,以便将这种思考的态度和技术扩展到他日常思想、生活和各种活动上去。"

3. 即使拿了文凭,没有真才实学,还是很难胜任工作。"你应该想想:为什么同样一张文凭,别人拿了有效,你拿了就无效呢?""拿了文凭而找不着工作的人们,应该要自己反省:社会需要的是人才,是本事,是学问,而我自己究竟是不是人才,有没有本领?从前在学校挑最容易的功课,拥护敷衍的教员,打倒严格的教员,旷课、闹考,带夹带,种种躲懒取巧的手段到此全失了作用。"

——白吉庵,刘燕云《胡适教育论著选》

人自己选择决定成为什么样的人以及自己把握安身立命之根。谁要是把自己单纯地局限于学习和认知上，即使他的学习能力非常强，那他的灵魂也是匮乏而不健全的。

——雅斯贝斯《什么是教育》

三、青年在选择职业时的考虑

我们应当认真考虑：我们对所选择的职业是不是真的怀有热情？发自我们内心的声音是不是同意选择这种职业？

我们的热情是不是一种迷误？我们认为是神的召唤的东西是不是一种自我欺骗？不过，如果不对热情的来源本身加以探究，我们又怎么能认清这一切呢？

伟大的东西是闪光的，闪光会激发虚荣心，虚荣心容易使人产生热情或者一种我们觉得是热情的东西；但是，被名利迷住了心窍的人，理性是无法加以约束的，于是他一头栽进那不可抗拒的欲念召唤他去的地方；他的职业已经不再是由他自己选择，而是由偶然机会和假象去决定了。

我们的使命绝不是求得一个最足以炫耀的职业，因为它不是那种可能由我们长期从事，但始终不会使我们感到厌倦、始终不会使我们劲头低落、始终不会使我们的热情冷却的职业，相反，我们很快就会觉得，我们的愿望没有得到满足，我们的理想没有实现，我们就将怨天尤人。

在选择职业时，我们应该遵守的主要指针是人类的幸福和我们自身的完美。不应认为，这两种利益会彼此敌对、互相冲突，一种利益必定消灭另一种利益；相反，人的本性是这样的：人只有为同时代人的完美、为他们的幸福而工作，自己才能达到完美。如果一个人只为自己劳动，他也许能够成为著名的学者、伟大的哲人、卓越的诗人，然而他永远不能成为完美的、真正伟大的人物。

历史把那些为共同目标工作因而自己变得高尚的人称为最伟大的人物；经验赞美那些为大多数人带来幸福的人是最幸福的人；宗教本身也教诲我们，人人敬仰的典范，就曾为人类而牺牲自己——有谁敢否定这

 思考与练习

你认为怎样才能热爱自己的职业？热爱自己的职业和热爱生活是否相关呢？

 思考与练习

如果你大学毕业后，找不到合适的工作，你会怎么办？

 思考与练习

你喜欢什么样的职业？尝试用几个关键词概括出你所心仪的职业的特点。

类教诲呢？

如果我们选择了最能为人类而工作的职业，那么，重担就不能把我们压倒，因为这是为大家作出的牺牲；那时我们所享受的就不是可怜的、有限的、自私的乐趣，我们的幸福将属于千百万人，我们的事业将悄然无声地存在下去，但是它会永远发挥作用，而面对我们的骨灰，高尚的人们将洒下热泪。

——摘自马克思《青年在选择职业时的考虑》，《马克思恩格斯全集》(第1卷)

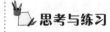

思考与练习

围绕"大学生要珍惜大学学习的机会并努力学习"主题，写一篇演讲稿。

项目二　毕业论文与总结

5. 毕业论文的写作

一、学术论文与毕业论文的含义

学术论文,是对自然科学和社会科学某一专业领域中具有学术价值或亟待解决的问题进行探讨或研究,并提出独特见解的一种议论文。

毕业论文是高等院校即将毕业的学生在教师的指导下,针对本专业领域的某一具体问题,综合运用自己所学专业的基础理论、专门知识和基本技能撰写而成的有一定学术价值的文章。它是高等院校毕业生的一次综合性的独立作业,是大学生从事科学研究的最初尝试,也是学校检验学生掌握知识的程度、分析问题和解决问题基本能力的一份综合答卷。

毕业论文,实际上也属于学术论文。一般来说,本、专科毕业论文大致可以算作学术论文的初级阶段。

二、毕业论文的特点

毕业论文作为学术论文的一种形式,具有学术性、科学性和创新性等学术论文的一般特点。但与正规学术论文相比,毕业论文也有自身的特点。

（一）被指导性。毕业论文作为大学生毕业前的最后一次大作业,离不开教师的帮助和指导。教师在启发引导学生独立完成写作论文的同时,应指导学生如何进行科学研究,如何确定题目,为学生指定相关参考文献和调查线索,审定论文的提纲,解答疑难问题,审阅论文,提出修改意见,等等。

（二）习作性。毕业论文是高等院校教学全过程的重要实践环节,是展示学生所学专业学业专长、研究

学习目标与建议

1. 文科专业的学生要求掌握毕业论文的含义、特点、分类、写作过程、结构和论证方法等知识。会写作毕业论文。

2. 工科专业学生对相关知识作一般了解即可。

参考阅读

毕业论文的类型：

高等学校的毕业论文一般可分为以下几种类型：

1. 理论型毕业论文。指以社会生活中某一问题为研究对象,运用严密的论证方法和典型的事实材料,说明论点正确性的论文。

能力和研究水平的总结性大作业。写作毕业论文的目的是为了培养学生具有综合运用所学知识解决实际问题的能力。它实际上是一种习作性的学术论文。

（三）低层次性。大学生撰写毕业论文由于其本身既缺乏论文写作经验，又缺乏工作实践，科研能力还处在培养、形成之中，要在有限的时间内写出高质量的论文是比较困难的。因此，与学术论文相比，毕业论文在文章的质量方面要求相对低一些。

三、毕业论文的写作过程

写好一篇毕业论文一般都要经过以下几个步骤：选题，确定论点；搜集资料，阅读参考文献；研究、评价、整理材料；撰写提纲；起草；加注；反复修改；定稿。

（一）毕业论文的选题

选题是撰写毕业论文的第一步，也是影响毕业论文成败的具有决定性意义的关键一步，需在导师的指导下确定。所谓选题，就是选择毕业论文的论题，即在写作毕业论文前，选择确定所要研究、论证的问题。选题并非仅仅给文章定个题目和简单地规定个范围，选择毕业论文题目的过程，就是初步进行科学研究的过程。通过选题，可以大体看出作者的研究方向和学术水平。爱因斯坦曾经说过，在科学面前"提出问题往往比解决问题更重要"。提出问题是解决问题的第一步，谁选准了论题，就等于完成了论文写作的一半。大学生的毕业论文可以从以下几个方面进行选题：

1. 从学习强项或兴趣出发选择论题。

2. 从实习或社会实践中所发现的问题中选择论题。

3. 从有必要进行补充或纠正的课题中选择论题。

4. 从生产、生活中发现问题，以及所学学科的现状、发展前沿性问题中选择论题。

（二）材料的收集

选题离不开资料的搜集和整理。搜集资料通常可以通过图书馆、资料室查阅，还可以到网上搜寻。文科学生可以通过问卷调查、访问调查、座谈会调查等方法，工科学生可以通过实地考察或科学实验和科学观察的方法，获得第一手事实资料。

2. 实验型毕业论文。这是理工科常采用的毕业论文形式。指以生产、生活中的某一技术性问题为研究对象，进行合理设想、实验、计算、谋划，从而得出创造性的设计构思和设计成果的论文。

参考阅读

大学毕业生不一定会写小说诗歌，但是一定要会写工作和生活中实用的文章，而且非写得既通顺又扎实不可。

——叶圣陶语

（马克思写作时）从不满足于间接得来的材料，总要找原著寻根究底，不管这样做有多麻烦。即使是为了证实一个不重要的事实，他也要到大英博物馆去一趟。

——拉法格《回忆马克思恩格斯》

有了充分的资料以后,要按真实、新颖、典型的原则,做好阅读、整理、分类和筛选工作。

(三)编制写作提纲

编制写作提纲是论文起草前不可缺少的一项重要工作。通过拟写提纲,实现以下目的:

1. 初步确定论文的标题。
2. 确定论文的中心思想,写出主题句子。
3. 确定论文的总体框架,安排各分论点的次序。
4. 确定大的层次段落,确定每个段落的段旨句。
5. 确定每段选用的材料,标示材料名称、页码、顺序。

拟写提纲一般可以采取标题法或句子法。

(1)标题法。即以标题形式把论文所要阐述的内容概括出来。

(2)句子法。即以句子形式概括各部分内容。一个句子概括一个部分的内容。

(四)撰写论文

写作提纲经过指导教师的同意后,方可开始论文初稿的撰写。

四、毕业论文的结构

毕业论文通常由标题、署名、内容摘要、关键词、正文、注释与参考文献六个部分构成。

(一)标题。标题通常是文章的中心论点。标题应简明、扼要、醒目,或点明论题,或概括论点,或提问设疑。总之,要能反映毕业论文的主要内容或基本论点。

(二)署名。标题下一行写明作者的专业、班级和姓名。

(三)内容摘要。即正文之前对全文内容进行概括性陈述的部分。它要求用精练的语言说明毕业论文的主要论点、论据与论证方法,特别是要指出论文的创新之处。摘要的字数一般为 150 字左右。

(四)关键词。又称主题词。即在论证中起关键作用,反映论文核心内容的名词或名词性词组。一篇毕业论文一般有 3~5 个关键词。

(五)正文。这是毕业论文最重要的组成部分,一般包括绪论、本论和结论三个部分。

1. 绪论。又称前言、引言、引论等。主要说明全文要论述的问题,论述该问题的目的和社会意义等。

2. 本论。即论文的主体部分,是对问题展开分析,对观点加以证明,全面、详尽、集中地表述研究成果的部分。它在层次或段落之前,或使用小标题,或使用数码标示。采用的结构形式通常有以下三种:

(1) 并列式,也称横式结构。即围绕总论点并排列出几个分论点,从不同角度、不同侧面对总论点进行阐释、论证。

(2) 递进式,也称纵式结构。即由浅入深,一层一层地对总论点进行阐释、论证,后一个层次是前一个层次的深化,后一部分是前一部分的发展。

(3) 混合式,也称纵横式或综合式结构,即并列式和递进式同时使用。或者大层次为并列式,而一些层次中又采用递进式结构;或者大层次为递进式,而一些层次中又采用并列式结构;或者并列式和递进式分散用在本论的不同地方。

3. 结论。又叫结尾。一般要以相对独立的段落对本论中的主要观点作出高度概括,表明作者总的看法和意见。结论是对本论的必然延伸。结论应写得简明扼要。

(六)注释与参考文献。注释指在文后列出文章中引文的出处。一般包括作者、篇名(或书名)、出版社(或刊物名)、页码等。参考文献指在毕业论文写作过程中,自己借鉴和使用了哪些作者的哪些作品,这是对正文必要的补充,也是作者产生创见的根据。参考文献一般包括作者姓名、书名(或篇名)、出版社(或刊物名)以及出版时间、版次(或期刊号)。

五、毕业论文的论证方法

毕业论文常用的论证方法有:

(一)例证法。又叫举例法。即运用归纳推理进行论证的一种方法,即用典型的事例作论据来直接证明论点的议论方法。

(二)引证法。又叫引用法。即引用一些权威性的理论、经典作家的言论、党和政府的文件、科学的定

参考阅读

一定要把知识和实践结合起来,……不断学,不断练,才能养成好习惯,才能真正得到本领。
——叶圣陶《认真学习语文》

义、格言、谚语等作论据来证明论点的方法。

（三）比喻法。即用容易理解的浅显具体的事物、道理作比喻，来说明不易理解的深奥抽象的事物或道理的方法。例如"调查就像'十月怀胎'，解决问题就如'一朝分娩'。"

（四）比较法。即通过事物之间的比较来证明论点的方法。有比较才有鉴别，这种方法可以使论点更加鲜明突出，文章更有说服力。

（五）因果法。即通过分析，揭示论点和论据之间的因果关系以证明论点正确的方法。可由因及果，也可由果溯因。

（六）归谬法。即先假定对方的论点是正确的，接着以之为前提，进行合乎逻辑的推理，但只能引出荒谬的结论，从而证明对方论点错误的证明方法。

一篇毕业论文不可能只用一种论证方法，通常是几种论证方法有机地综合在一起运用。

知识积累

选择论题的原则

要能够正确而恰当地选题，首先要明确选题的原则，明确了选题原则，就能比较容易地选定一个既有一定学术价值，又符合自己兴趣，适合个人研究能力，较有成功把握的题目。一般来说，选择毕业论文论题要遵循以下几条原则。

一、注重选题的意义和理论价值

毕业论文的题材十分广泛，社会生活、经济建设、科学文化事业的各个方面、各个领域的问题，都可以成为论文的题目。

首先，注意选题的实用价值，要选择具有现实意义的题目。选择的论题，应是与社会生活密切相关、为千百万人所关心的问题，特别是社会主义现代化建设事业中亟待解决的问题。这类问题反映着一定历史时期和阶段社会生活的重点和热点，是与广大人民群众的利益息息相关的。运用自己所学的理论知识对其进行研究，提出自己的见解，探讨解决问题的方法，这是很

 参考阅读

撰写毕业论文的注意事项：

1. 选题要尽可能小，难易适中。要选择自己感兴趣的论题来写。

2. 要充分占有自己选题范围内的资料。同时要做好材料的分类、鉴别和取舍工作。

3. 编制好写作提纲后，要趁热打铁，集中精力和时间投入写作，初稿尽可能一气呵成。对初稿不要求尽善尽美。

4. 初稿写成后，要马上查查有无材料缺漏，要趁记忆还清晰的时候，马上修改或补充。在修改时，主要斟酌论点新不新，论据是否合乎逻辑，结构是否需要调整，同时对文字和标点符号进行仔细推敲。每一篇定稿的论文，一般都要经过多次反复认真地修改。

5. 对新名词或少见的名词、术语要定义、解释。尤其是作者新创的名词、术语一定要加定义、解释，否则会给读者带来阅读障碍。

有意义的。这不仅能使自己所学的书本知识得到一次实际的运用,而且能提高自己分析问题和解决问题的能力。有现实意义的题目大致有三个来源:一是社会主义现代化建设事业中急待回答的重大理论和实践问题。如建立现代企业制度,抑制通货膨胀,精神文明建设,和谐社会构建,民主法制建设,加强廉政建设等等。二是本地区、本部门、本行业在工作实践中遇到的理论和现实问题。三是作者本人在工作实践中提出来的理论和现实问题。如职工的思想政治工作问题,领导方法和领导艺术问题,职业道德教育问题,等等。

其次,要注意选题的理论价值。我们强调选题的实用价值,并不等于急功近利的实用主义,也绝非提倡选题必须有直接的效益作用。作为毕业论文,无论是形式还是内容都和工作总结、调查报告有着区别。毕业论文由论点、论据、论证三大要素构成,文章要以逻辑思维的方式为展开的依据,在事实的基础上展开严谨的推理过程,得出令人信服的结论。它着重探讨和研究事物发展的客观规律,阐述自己对这些规律的了解与认识,给人以认识上的启迪。因此,选择现实性较强的题目,还要考虑其有无理论和认识上的价值,即有无普遍性的意义,能否进行理论的分析和综合,从个别上升到一般,从具体上升为抽象。

二、重视收集、分析资料,力求有新的创意

毕业论文成功与否、质量高低、价值大小,很大程度上取决于文章是否有新意。所谓新意,即论文中表现自己的新看法、新见解、新观点。有了较新颖的观点(即在某一方面或某一点上能给人以启迪),文章就有了灵魂,有了存在的价值。对文章的新意,可以从以下几个方面着眼:

第一,从观点、题目到材料直至论证方法全是新的。这类论文写好了,价值较高,社会影响也大,但写作难度大。选择这一类题目,作者须对某些问题有相当深入的研究,且有扎实的理论功底和写作经验。对于毕业论文来讲,限于条件,选择这类题目要十分慎重。

第二,以新的材料论证旧的课题,从而提出新的或

参考阅读

学人只喜多读文章,不喜多做文章;不知多读乃藉人之功夫,多做乃切实求己功夫,其益相去远矣。……谚云:"读十篇不如做一篇。"盖常做则机关熟,题虽甚难,为之亦易;不常做,则理路生,题虽甚易,为之则难。

——清·唐彪《文章唯多做始能精熟》

部分新的观点、新的看法。如职工思想政治工作这个题材,是前些年研究的"热点"问题之一,已出了大量的研究成果,可以说是老题材了。可有的人敏锐地抓住了企业实行股份制后,职工思想出现的波动和变化,收集了大量新的第一手材料,写出了《股份制企业职工思想政治工作的特点及方法》一文,读后使人有耳目一新之感。

第三,对已有的观点、材料、研究方法提出质疑,虽然没有提出自己新的看法,但能够启发人们重新思考问题。

以上三个方面并不是对"新意"的全部概括,但只要能做到其中一点,就可以认为文章的选题有了新意。

要发现有新意的题目,首先要善于观察。社会生活就像一个变化无穷的"万花筒",各个领域、各个方面的事物及其矛盾都在不断地运动、变化、发展着,旧的矛盾解决了,新的矛盾又产生。在当前社会主义现代化建设事业中,我们面临新旧体制转换、市场经济的发展、党风和社会风气等许多新情况新问题,不仅原有的理论要再认识、再发展,而且需要创立许多新的理论。我们要善于观察,勤于思索,从大处着眼,小处入手,在事物的运动、发展中寻找适合自己撰写的具有新意的毕业论题。其次,要善于积累和分析资料。过去已经形成的理论,包括教科书上的一些观点,随着实践的发展,研究的深入,还可以进行再认识。这就要求我们平时注意收集资料、积累资料、分析资料。对有关方面的问题要弄清楚别人写过什么东西,有些什么论点,有何争论及分歧的焦点是什么,等等。在深入研究已有成果的基础上,将收集到的材料作一番加工整理的工作,把别人认识的成果作为自己的起点,在前人和他人认识的基础上写出有自己见解的毕业论文。

三、量力而行,选择有能力完成的论题

写作毕业论文是对学生的学识和能力进行综合性考核的实践环节。选题的方向、大小、难易都应与自己的知识积累、分析问题和解决问题的能力及写作经验等相适应。

知识和能力的积累是一个较长的过程,不可能靠

一次毕业论文的写作就来个突飞猛进。所以选题时要量力而行，客观地分析和估计自己的能力。如果理论基础比较好，又有较强的分析概括能力，那就可以选择难度大一些、内容复杂一些的选题，对自己定下的标准高一些，这样有利于锻炼自己，增长才干。如果自己觉得综合分析一个大问题比较吃力，那么题目就应定得小一些，便于集中力量抓住重点，把某一问题说深说透。其次，要充分考虑自己的特长和兴趣。应当看到，大学生的学识水平是有差距的。在选题时，要尽可能选择那些能发挥自己的专长，学有所得、学有所感的选题。同时还要考虑到自己的兴趣和爱好。兴趣浓厚，研究的欲望就强烈，内在的动力和写作情绪就高，成功的可能性也就越大。

要选好毕业论文的论题，量力而行的原则是很重要的。首先，题目的难易要适中。选题既要有知难而进的勇气和信心，又要做到量力而行。许多同学在选择毕业论文论题时，跃跃欲试，想通过论文的写作，将自己几年来的学习所得充分地反映出来，因此着眼于一些学术价值较高、角度较新、内容较奇的选题。这种敢想敢做的精神是值得肯定的，但如果难度过大，超过了自己所能承担的范围，一旦盲目动笔，很可能陷入中途写不下去的被动境地，而且也容易使自己失去写作的自信心。反之，自己具备了一定的能力和条件，却将论文选题选得过于容易，这样也不能反映出自己真实的水平，而且也达不到通过撰写毕业论文锻炼自己、提高自己的目的。

其次，题目的大小要适度。一般来说宜小不宜大，宜窄不宜宽。选题太大把握不住，难以深入细致，容易泛泛而论。因为大题目需要掌握大量的材料，不仅要有局部的，还要有全局性的，不仅要有某一方面的，而且还要有综合性的。而写作毕业论文的时间有限，业余学习的学生还要受到工作、家务等牵累，要在短时间内完成大量的资料收集工作是比较困难的。另外，大学的几年学习，对学生来讲还只是掌握了一些基本理论，而要独立地研究和分析一些大问题，还显得理论准备不足。再加上缺乏写作经验，对大量的材料的处理也往往驾驭不了,容易造成材料堆积或过于散乱,写得一般化。

当然,题目大小的区分也是相对的,并无绝对的、一成不变的界限。大题可以小作,小题也可以大作,这要根据作者的实际情况来加以确定。

【例文】

我国会计准则国际化进程刍议

张红蕾

内容摘要:会计准则的国际化是目前世界各国所共同面临的一个重要课题,会计准则国际化是必然趋势。我国一直保持积极的态度促进我国会计准则的国际化,尽管取得一些成绩,但与国际会计准则仍有不小的差距。因此,我们应不断完善我国市场经济体制,强化会计监督体系,提高会计人员素质,从而推进我国会计准则国际化的进程。

关键词:会计;准则;国际化;进程

当今世界会计准则国际化是大势所趋,是时代潮流。近年来,会计国际化在我国备受关注,在国际上也是一个重要课题。我国会计在国际化的道路上究竟走多远?今后应向什么方向努力?这样的努力预期能带来什么样的效益?这些问题一直是会计准则制定机构以及相关监管机构思考的问题。

一、会计准则国际化是必然趋势

(一)会计准则国际化是协调分配世界经济资源的最佳途径。"经济人"假设是西方主流经济学的核心概念之一,按照这种假设,人是通过深思熟虑地权衡和计算来追求最大利益的人,人们的基本行为方式是在既定的约束与限制下追求自身的福利,当面对能带来不同福利效果的种种方案的选择时,人们更愿意选择那些能够给自己带来较多好处的方案。

其实,国家也是通过深思熟虑的权衡和计算来追求最大利益的组织,如果有可能,每个国家都愿意把世界上的所有资源都聚集到本国之中。但按照资源稀缺性假设,相对于经济人"多多益善"的需要来说,资源的数量较少。于是,资源的配置存在竞争性。这样,寻求

这是一篇财会专业的学术论文,标题揭示论述的内容。

居中署名。

内容摘要概括文章论述的中心内容和论点。

关键词由四个词构成,反映了论文的核心内容。

绪论部分,提出选题的意义。用三个设问句提出全文论述的中心论题。

本论采用并列式即横式结构,围绕论题分三个部分展开分析论述。

本论第一部分论述会计准则国际化是必然趋势。

更多资源使用的经济人在资源稀缺的限制下,就发生了资源如何分配和依靠什么样的机制分配的问题。可以说,会计准则国际化是协调分配世界经济资源的最佳途径。

(二)会计准则国际化是经济全球化和信息技术革命的内在要求。随着国际贸易、国际投资、跨国公司的迅猛发展,国际融资活动的日益频繁,国际资本市场不断发展扩大,国与国之间会计准则的巨大差异日益成为国际资本合理流动、国际企业正确投资的障碍,使得国际筹资成本日益提高。因此,这些会计环境变化方面的新动向,对会计发展方向和会计准则的制定产生着深远影响。

1. 经济日益全球化要求会计准则国际化。世界贸易的飞速发展和全球资本市场的流动及其巨大的交易量和影响力,将世界上任何国家都有意无意地纳入到了世界经济的一体化进程中。而会计作为国际通用的商业语言,在经济全球化过程中自然扮演着越来越重要的角色,市场的各个参与者也对其提出了越来越高的要求,相应的,会计信息质量(尤其是会计信息的透明度和可比性)的高低也就直接影响着市场交易质量的高低,影响着全球资源的有效配置。

2. 信息技术革命为会计和会计准则国际化提供了技术支持。20世纪下半叶掀起的信息技术革命,对会计信息的输入、加工、处理、传递、使用产生了深远影响,尤其是互联网的迅速普及和应用,使得会计信息超越国界,在全球范围内传递和共享已经成为现实。最近,美国在国际会计准则委员会等多方的支持下,开发成功了一种基于互联网的新型财务报告语言——可扩展的企业报告语言,按照这种语言,会计信息使用者不仅可以根据自己的需要加工、处理在网上获得的财务报告信息,而且可以将按照世界各国会计准则编制的财务报告信息转换成按照国际会计准则或者本国会计标准编制的财务报告信息,从而为实现会计成为国际通用商业语言这一目标迈出可喜的一步。因此,可以说,信息技术革命为会计和会计准则的国际化提供了有力的技术支持,而且加速了会计的国际化进程。

3. 国际或区域性组织推动会计准则国际化。随着世界经济的日益全球化,国际或者区域性组织在国际协调中发挥着越来越重要的作用,同样的,它也日益成为推动会计准则国际化的一支重要力量。近年来,世界贸易组织、证监会国际组织、世界银行等纷纷发表声明,希望各国证监会、银行、企业等采用国际会计准则,欧盟则准备建立欧洲统一会计市场,并在 2005 年之前,要求所有在欧盟国家证券市场上上市的企业都必须采用国际会计准则编制合并会计报表,而非本国的会计准则。

毫无疑问,在当今世界上,随着经济的日益全球化和信息技术革命的加速,会计准则的国际化已是大势所趋,潮流所向,是不容回避的客观事实。

二、我国会计准则国际化进程中存在的问题

我国从 1992 年以来一直保持积极的态度促进我国会计准则的国际化,取得了一定成绩,但与国际会计准则仍有不小的差距,且在国际协调过程中仍然存在许多问题,阻碍着我国协调的进程。因而,会计准则的国际化是一项系统工程,是不可能一蹴而就的。

(一)我国市场经济体制不完善,资本市场发育不成熟。现行国际会计准则主要是以发达的市场经济环境为基础制定的,而我国作为经济转型国家市场经济发展的时间还不长,某些领域缺乏规范而且活跃的市场,我国上市公司多为国有企业改制而成,国有资产占控股地位或主导地位,且上市公司还存在治理机构和机制不完善的问题。由于资本市场的发展状况与我国会计准则的发展存在着较大的相关性,我国资本市场存在诸多不完善的情况,在一定程度上制约了我国会计准则的完善程度。

(二)我国的会计监督机制不健全,会计信息严重失真。我国的会计监督包括单位内部会计监督、国际监督和社会监督三位一体的会计监督体系。目前我国企业由于自身或外部因素的促动,没有按照适用于一般商业行为环境下的会计规则、方法来提供会计信息,对会计准则的规定采取各取所需的做法,没有有效执行会计准则,有的甚至公然作假,人为操纵经营业绩,

> 本论第二部分联系我国会计准则的实践分析比较"我国会计准则国际化进程中存在的问题"。

导致会计信息失真,其原因首先由于企业监督机制不健全,企业内部会计监督弱化,难以发挥监管功能。其次,国家监督方面依然存在监督乏力、监管手段缺乏的现象,另外证券监管、财政、税务等部门都有权监管会计信息的真实性和可靠性,但各部门缺乏配合,没形成有效和相互补充的监管机制。最后,社会监督也存在诸多问题,事务所执业人员素质良莠不齐,严重影响执业质量。

(三)会计人员业务水平与职业素质不高,缺乏独立判断能力。会计准则最终是靠会计人员来执行的,会计人员的素质高低,直接影响到会计准则的实施。新中国成立以来,会计工作在一段时期内一度受到轻视,会计人员的教育和培训没能很好开展。改革开放后,政府重视了对会计人员的培训,广大会计人员的水平有所提高,但与发达国家会计从业人员比,我国会计人员素质和职业判断能力仍然偏低,整个会计队伍素质参差不齐,缺乏通晓国际会计管理的高素质人才。

三、加快我国会计准则国际化进程的几点建议

(一)完善我国市场经济体制,培育有效的资本市场。要推动我国会计准则的国际协调,当前首要任务是完善我国的市场经济环境、推动资本市场的发展,为国际协调的顺利进行创造良好环境。一方面加快我国的经济体制改革,转换企业经营机制,把企业推向市场,推动企业实施现代企业制度的建设和法人治理结构的建设。另一方面应尽快培育有效的资本市场体系,通过发展证券市场,分散股权结构,从而尽快建立起有效的资本市场,通过培养理性的投资者群体,促使有效会计信息市场的形成,从而加快会计准则国际化的进程。

(二)强化会计监督体系,提高会计信息质量。在逐步建立完善会计准则的同时,要强化会计监督体系。我们要严格按照《会计法》以及其他有关法规的规定,搞好各项会计监管机制的建设:强化单位内部监督、社会监督和政府监督制度,发挥会计监督三位一体的整体功效;界定清楚财政、审计、证券、金融、税务、会计等监管的职能和范围,合理分工、落实责任、形成合力;做

> 本论第三部分在前两部分论述的基础上提出"加快我国会计准则国际化进程的几点建议"。

到执法必严、违法必究,加大对会计违法行为处罚力度,以真正起到惩戒作用等。

(三)提高会计人员素质,完善会计教育。会计准则是具体会计工作的基本准绳,会计准则的贯彻实施很大程度上依赖于会计人员的自身素质。如果从事会计实务的会计人员业务操作技能的熟练程度高、专业知识丰富扎实,就能很好的理解和使用会计准则,为企业的所有者、主管经营者和债权人提供有用的信息。进行我国会计改革,实现我国会计准则的国际协调,需要与之相适应的会计人才队伍作保证,而我国整个会计人员队伍素质尚不能满足会计改革和进行会计协调的需要,提高会计人员的素质在当前显得尤为重要。

同样,要对会计工作切实起到监督作用,相关监督人员就应该对所要监督的内容有深刻的认识和理解,只有这样才能发现问题,实现真正意义上的监督,从而使会计准则在社会和经济发展中真正发挥其基础性作用。

(四)加快对会计准则的概念框架的研究,为会计准则建设提供理论支撑。国际会计准则和大多数发达国家在制定会计准则时,均有一个概念框架作为参照,以起到指导作用。但我国目前还没有这样一个概念框架,对于采用成文法体系的我国来说,应借鉴国际惯例,参照 IASC 的概念框架,结合我国经济发展的现状,对有关会计要素和其他一些会计概念进行科学界定,建立一个独立框架,并在此基础上,构建中国会计准则体系,从而为我国会计准则国际化奠定良好的基础。

(五)结合我国国情参与国际协调,正确处理国际化与国家化之间的关系。会计准则的国际协调和会计准则的中国特色是矛盾的对立统一体,可以说会计准则发展中的国际化与国家化并存及其之间的相互矛盾运动是不以人们的意志为转移的,其实只是不同利益主权国之间政治经济发展水平互补平衡的一种反映。因此,我们应正确处理好国际化与国家化之间的关系。一方面,会计首先是为本国经济服务的,然后才是协调化的问题,各国在采用 IASC 时均以不与本国会计准则相冲突为前提。如果会计失去了为本国经济服务这个起码的前提,即便是百分之百的国际化,也没有什么实际意义。另一方面,在国际经济互相合作、互利互惠的发展过程中,也不能只注重会计准则的中国特色,而要不断借鉴国外和国际上的先进理论和先进经验,推进我国会计准则国际化,缩小我国会计准则与国际会计准则之间的差距。一味照搬西方或过分强调中国特色,都可能会在有意无意中丢掉会计为我国经济服务这个根本,所以我国会计准则应当是在为我国经济服务这个框架内实现国际协调化。

四、结语

会计是"国际通用的商业语言"。在这个日益开放和全球化的时代,会计准则走向统一是历史的必然。我国将建立起与经济发展水平和资本市场的完善程度相适应的,与国际会计惯例相协调的具有中国特色的会计准则体系。会计信息市场供求双方既是利益关系人,又是矛盾的统一体,他们站在各自的经济利益立场决定取舍,作出选择。因此,要想解决信息供给和需求的矛盾,必须由政府和市场共同作用和协调。在市场面前,企业最安全有效的办法是苦练内功,自觉按市场规则行事,提高公司业绩和市场竞争力,在会计信息市场需求与供给的博弈中提高信息质量和企业信誉。

> 结论部分照应绪论提出的问题,强化了"会计准则国际化是必然趋势"的论点。文章围绕我国会计准则的实践提出问题,分析问题,解决问题,对推进我国会计准则国际化具有一定的参考价值。

参考文献:

[1] 李孟顺.谈中国会计的国际化[J].会计研究,2002(1)

[2] 冯淑萍.中国对于国际会计协调的基本态度与所面临的问题[J].会计研究,2004(11)

[3] 刘玉廷.关于会计中国特色的思考[J].会计研究,2000(8)

[4] 葛家澍,林志军.现代西方会计理论[M].厦门:厦门大学出版社,2002.

[5] 赵保卿.审计案例研究[M].北京:中央广播电视大学出版社,2004.

> 参考文献是对正文必要的补充,格式规范。

工科毕业设计说明书

一、工科毕业设计说明书的含义

工科毕业设计说明书,又叫工科毕业设计报告,是高等院校工科专业学生在毕业前综合运用所学知识对其工程设计进行解释和说明的科技文书。

工科毕业设计说明书,是高等院校工科专业学生毕业前的一个重要的教学实践环节,是一次总结性的毕业大作业,从本质上看,也属于工科毕业生的科技论文。撰写工科毕业设计说明书,主要考核学生是否达到了专业培养目标,是否具备了工程设计的初步能力。

二、工科毕业设计说明书的特点

(一)应用科技性。工科毕业设计说明书是学生综合运用所学习过的科技知识,进行工程设计或解决工程难题的成果,具有明显的应用科技性。

(二)解释说明性。工科毕业设计成果的原理、应用范围、技术参数、工作流程、实验结果等,只有通过文字和必要的图纸进行解释、说明,才能让人了解、认同。对设计成果的解释、说明是工科毕业设计的有机组成部分。

(三)体现设计者的设计能力及综合素质。工科院校毕业生对专业基础理论、专业知识和技能的掌握与运用情况,以及思维能力、创新能力及文字表达水平,在工科毕业设计说明书中将得到一定提升。

三、工科毕业设计说明书的结构

工科毕业设计说明书的结构一般包括标题、署名、前言、主体、结尾、致谢、注释和参考文献七个部分。

(一)标题

标题通常由设计项目加"设计"或"毕业设计说明书"构成。如《回转型蓄热式换热器的设计》、《家宝商业大厦空调系统毕业设计说明书》等。

(二)署名

标题下一行居中写毕业设计学生的专业、班级和姓名。

再下一行居中写指导教师及姓名。

(三)正文

1. 前言(导语)

前言主要涉及四个方面的内容:

(1)本设计项目的性质。一般需要写明毕业设计是专业学习中的一门最重要的课程,是将所学专业理

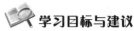 **学习目标与建议**

1. 工科专业学生要掌握毕业设计说明书的含义、特点、结构和写法;明确撰写工科毕业设计书的注意事项;会撰写毕业设计说明书。

2. 文科学生可以免修这部分内容。

参考阅读

一个只会创造不会表达的人,不能算一个真正合格的科学工作者。

——卢嘉锡

我既没有突出的理解力,也没有过人的机智。只是在觉察那些稍纵即逝的事物并对其进行精细观察的能力上,我可能在众人之上。

——达尔文

要完整地反映整个事物,反映事物的本质,反映事物的内部规律性,就必须经过思考作用,将丰富的感觉材料加以去粗取精、去伪存真、由此及彼、由表及里的改造制作工夫……

——毛泽东《实践论》

论和技能运用于实际项目设计的实践。是对自己专业能力的一项实际考核。

（2）本设计项目的目的、效益。即简述本毕业设计解决什么实际问题,具有什么作用。

（3）本设计项目的原理。简述设计项目运用了什么设计原理。

（4）设计过程。简述本设计项目经历的时间,以及遇到什么重大的困难等。也有的毕业设计说明书在前言中写及设计缘由。

前言属概括叙述部分或简要说明部分,不要求展开详细叙述。

2. 主体

主体内容涉及五个方面：

（1）设计原理及设计方案的论证。表述利用什么原理进行工程或产品设计,或者所设计的工程或产品遵循什么样的工作原理。同时,具体的设计方案是怎样的,是否可行。具体表述时,常利用图示和文字解释相结合的方式。

（2）主要技术参数。表述选择了何种技术参数及有关技术参数的计算公式与结果。如大厦空调系统设计就需要表述年均气温、相对湿度、太阳辐射负荷强度等技术参数及其计算数据等。在具体表述时,经常采用公式、表格和文字解释方式。质量标准参数属于技术参数之一。

（3）工作流程及技术性能。工作流程即工作过程。技术性能包括设计的工程和产品的型号、容量、生产率、动力等。这部分内容多用图纸说明、模型展示或实验结果的验证加以说明。图纸是产品制造的蓝图。

（4）适用范围。一般以文字作出说明。若涉及安装等问题时,则需以图文结合的方式说明。

（5）资金预算。即实施本毕业设计项目所需的资金数额。

需要说明的是：对于以上主体五个部分的内容说明,不同专业、不同类型的工科毕业设计报告将有所取舍,或各有侧重,内容结构也不尽相同。有的工科毕业设计报告还采用分章式结构。

参考阅读

许多学子对写作不肯经过浅近的基本训练,以为将来一动笔就会一鸣惊人,那只是妄想,虽天才也未必能做到。

——朱光潜《写作练习》

阅读提示

撰写工科毕业设计说明书的注意事项：

1. 写作重点应放在技术性强的部分或设计的关键部分,切忌平均用力。

2. 注重解释、说明的技巧。充分利用图表说明和图文结合式说明的方法。

3. 工科毕业设计报告应加上封面,装订成册。注意装帧设计的美观和质量。

3. 结尾

结尾通常综述上述设计报告的内容或对有关技术问题作出补充说明。有些前言部分较完备的工科毕业设计报告可不写结尾。

（四）致谢

即对指导和帮助过自己的老师和有关单位及个人表示感谢。

（五）注释和参考文献

1. 注释，指在文后列出毕业设计说明书中引文的出处。一般包括作者、篇名（或书名）、出版社（或刊物名）、页码等。

2. 参考文献，指在毕业设计说明书写作过程中，自己借鉴和使用了哪些作者的哪些作品，这是对正文必要的补充，也是作者产生创见的根据。参考文献一般包括作者姓名、书名（或篇名）、出版社（刊物名）以及出版时间及版次。

【例文】

回转型蓄热式换热器设计说明书

化工机械专业2009级：刘天明

指导教师：王培松

一、概述

回转型蓄热式换热器是7021厂为综合利用能源，从生产实际中提出的课题。以本换热器作该厂加热炉空气预热器，回收400℃烟道气中的余热，预热进入加热炉供燃烧用的空气至350℃以上。经试用，每年可节约天然气80万标准立方米，价值17.6万元。总投资可在两年半内收回。

二、设计原理

回转型蓄热式换热器是用内置蓄热体的转子在低温和高温气体通道中连续旋转，使蓄热体从高温气体通道内吸收高温气体的热量，而在低温气体通道内再把热量放出，传给低温气体，从而达到换热的目的。如图1（略）

三、工作性能和使用范围

本换热器具有热回收率高、结构紧凑、处理气量大

标题由设计项目和文种名构成。

标题下写设计者和指导教师姓名。

"概述"为前言部分，说明设计项目的来源、目的和作用。

第二至第七部分为主体部分。分别对设计原理、工作性能和使用范围、主要设计要求、结构设计主要参数、主要计算公式及本项目所采用的设计形式等内容进行具体的解释和说明。

等优点,可以满足防堵塞、防腐蚀的要求。虽然存在着换热气体间的交错污染,但是对于加热炉空气预热而言,可以允许空气烟气之间有一定的交错污染,而且通过密封结构的完善和改进,可以把交错污染控制在10%以下。

以本换热器作为各种加热炉的空气预热器是可行的、有效的和经济的。

四、主要设计要求(略)

五、结构设计主要参数(略)

六、主要计算公式

由于本换热器的传热原理不同于传统换热设备,采用NTU法,与转子的蓄热能力匹配,并计入修正系数来进行传热计算。由于因素复杂,需要调整的数据多,可用计算机寻求最优化数据。(略去原文所附的七个公式)

七、本换热器采用卧式设计

本设计从实用的角度出发,借鉴吸取了国内同类设备行之有效的结构,如:前后墙板的烟道接头,端板及支承梁的"三合一"结构,转子轴端的密封圈等。此外,针对本换热器操作温度高、温度效率高、流道较长等特点,将有关部件做了如下改进:

1. 改进后的蓄热体类型和几何尺寸对换热器的性能有决定性影响。本设计先对"强化型"、"引进日本型"、"波带型"、"开孔波带型"四种蓄热体进行传热及充填面积的计算,在计算的基础上提出"改进强化型"作为本设计的蓄热体方案。改进后的蓄热体具有热量大、引力小、不易积灰、有较好的防腐防堵性能的特点。

为保证蓄热体各热传板的装填质量,把蓄热板的散装改为框装,在转子外筒上用螺钉固定紧,以防径向、周向移动。这种框式结构构造简单、可靠,便于安装检修。

2. 完善的三向密封结构。密封结构对换热器的交错污染起控制性作用。本设计蓄热体流道长、气体流动阻力势必增加,烟气侧与空气侧的压力差就会增大,而泄漏量与压力差的平方根成正比。有鉴于此,本设计采用完善的三向密封结构,以减少泄漏。

轴向密封(略)。
径向密封(略)。
周向密封(略)。
3. 冷端抽屉门的改进(略)。
4. 设置隔热减阻板(略)。
5. 合并吹灰管与清洗管(略)。
6. 传动系统的改进(略)。

八、结束语

本设计从计算公式、数据选取、结构设计方面都以可靠性为首要原则。本换热器在技术上完全安全可靠。

由于资料收集尚不完整,加上毕业设计时间有限,所以改进设计的效果有待实践验证。

参考文献:
(略)

评语: 这份毕业设计说明书以小标题的方式展开内容,利用图文结合的方式进行解释和说明,重点突出,条理分明,语言准确、简洁,是一篇写得较好的工科毕业生的科技论文。

第八部分为结尾,强调本设计项目所遵循的原则——可靠,重申其安全性。接下来补充说明本设计项目的效果有待于实际验证,表现出严谨的科学态度。

6. 总结的写作

一、总结的含义和用途

总结是单位、部门或个人对过去一段时期的工作、学习或思想进行回顾、检查和分析研究,从中找出经验教训,得出规律性认识,用以指导今后工作和学习的书面材料,是一种应用十分广泛的事务性应用文书。

总结的主要作用是便于人们了解情况,肯定成绩,总结经验,掌握工作规律,发现问题,明确改进工作的途径。总结还用来与其他单位交流情况和经验,彼此促进,共同提高;用总结向上级汇报工作,让领导及时掌握情况,从而对下级进行教育指导。总结还能发现先进典型,鼓舞士气,充分调动人们的工作积极性。

二、总结的特点

(一)真实性。总结在回顾过去的工作、学习时要

学习目标与建议

1. 了解总结的含义、特点。

2. 掌握总结的内容结构和写法。

3. 撰写一篇学习(或开展某项活动的)总结。

用事实说话,从本单位(或个人)自身的实践活动中选取材料,并从这些材料中提炼观点,得出结论。不可移花接木、张冠李戴,也不允许任意虚构、主观臆造。

(二)目的性。总结的根本目的就在于指导今后的实践,肯定成绩是为了增强信心;总结经验是作为后事之师;找出教训是为了避免重蹈覆辙。

(三)理论性。总结工作不是记流水账,不能停留在事实的表层作一般的陈述,而要以辩证唯物主义和历史唯物主义为指针,认真地评价工作或学习中的得失,对大量的事实材料进行科学分析,就事论理,揭示出客观事物带规律性的结论。

三、总结的结构和写法

总结常见的格式由标题、正文、落款三个部分组成。

(一)标题

标题即总结的名称。总结的标题有以下几种构成方式:

1. 陈述式标题。由单位名称、时限、事由和文种构成。如《边疆城市职业学院 2007 年招生工作总结》。

2. 论断式标题。由正、副两个标题组成,正标题概括总结的内容或基本观点,副标题标明单位名称、内容范围、时限和文种。如《还是生一个好——西塘乡 2007 年计划生育工作总结》。

3. 概括式标题。根据总结的内容概括出题目,类似一般文章标题的写法。如《丰富校园文化,营造良好的学习氛围》。

(二)正文

正文通常包括前言、主体、结尾三个部分。

1. 前言。概括基本情况,包括交代总结所涉及的时间、地点、对象和背景;概述基本经验、点明主旨;引用数据扼要说明主要成绩和问题。前言以简练的语言,让读者对全文有个大体印象。

2. 主体。这是总结的核心部分,包括如下内容:

(1)简要概述总结事件的过程。要求语言简洁,突出重点。

(2)主要成绩和收获。这部分内容在不同的总结

参考阅读

总结的类型:

总结从内容上分,有生产总结、工作总结、学习总结、思想总结等;从时间上分,有阶段总结、季度总结、学期总结、年度总结;从范围上分,有全面总结、专题总结、单位总结、部门总结、个人总结;从功能上分,有汇报性总结、经验性总结等。

写总结应注意的问题:

1. 明确目的和指导思想。总结的目的是将感性认识上升为理性认识,并以理性认识指导今后的工作和学习。比如,总结的目的是对上还是对下,是对内还是对外,是侧重于检查工作,还是侧重于介绍经验,要根据不同的目的来选择适当的撰写方法。

2. 坚持实事求是的思想路线。就是从实际出发,有一说一,有二说二,老老实实,认真负责。写总结要防止几种情况:一种是因领导让写,不得不写,写几行敷衍过去,这不是严肃的态度;二是把写总结当作吹嘘自己、捞取好处的机会,在总结里将

中有不同的写法。若是综合性工作总结则在前言中概括成绩和收获,在主体中详细地、具体地归纳成绩和收获的几个方面;若是专题性经验总结,则除了在前言部分扼要点明成绩和收获外,其他具体的成绩常常在下面写的"经验体会"中作为各论题的例证之用,不必在此专门写"主要成绩和收获"。

(3) 主要经验体会。经验是指取得优良成绩的原因、条件以及具体做法。体会则是经验的升华、理论的认识。这部分是总结的重心,应下工夫分析、研究、提炼、概括,对是非得失、成败利弊做出科学判断,找出规律性认识,上升为精辟的理论概括。若是写经验性总结,则应根据推广经验的需要而使侧重点不同,有的重点阐明工作的成效,有的重点阐明做法的先进,有的重点阐明体会的深刻、认识的提高。

(4) 存在问题和教训。查找工作中应当解决而没有解决的问题,分析造成问题的原因,从思想方法、工作方法或者其他主客观原因等方面去查找,从而总结出失误的教训。

总结常见的结构形式有四种:

(1) 条目式,就是把材料概括为要点,按一定的次序分为一、二、三等条,一条一条地写下去。这种结构,条理较清楚,但有时显得不够紧凑。

(2) 三段式,即从认识事物的习惯来安排顺序,先对总结的内容作概括性交代,表明基本观点;接着叙述事情经过,同时配合议论,进行初步分析;最后总结出几点体会、经验和存在问题。这种结构单纯、易学。

(3) 分项式,即不按事件的发展顺序,而是把做的事情分几个项目,也就是几类,一类一项地写下去,每类问题又按先介绍基本情况,再叙述事情经过,再归纳出经验、问题的顺序写下去。这种方式较复杂,只有涉及面广、内容复杂的总结才采用这种结构形式。

(4) 漫谈式,如向别人介绍自己的学习经验,就可用漫谈式,把自己的实践、认识、体会慢慢叙述出来。这种方式多用于对自己亲身经历的事物的总结。

3. 结尾。也叫结束语。一般写两层意思:一是今后努力方向。在总结经验教训的基础上,明确工作前

小事说成大事,甚至捏造事实,弄虚作假;三是出于所谓的"谦虚",该写的不写,或是写了怕人讽刺就不写。这些都不是实事求是的态度。

3. 把观点和材料统一起来。对占有的大量材料要进行认真分析研究、综合归纳,提炼出新颖独特的观点,然后再选用有个性特征的、最能反映问题本质的典型材料去支撑观点,使观点和材料两者水乳交融,有机统一。

4. 语言要准确、简明、生动。总结一是要用语准确,讲究分寸,不夸大,不缩小,所引用的事实没有出入,数据没有差错;二是要语言简明,朴实易懂,不冗长拖沓;三是要生动新颖,善于选用群众喜闻乐见、通俗易懂的语言,使表达新鲜活泼,不落俗套。

进的方向,提出新的目标和任务。二是针对问题和教训,提出改进措施和新的设想。结束语应简短有力,成为画龙点睛之笔。

（三）落款

包括署名和日期。单位总结的署名,一般在标题之中或标题与正文之间的位置。个人总结的署名,一般在标题与正文之间的位置或在正文的右下方。

【例文】

平塘县运输公司民主评议行风工作总结

我公司按照市、县关于在交通部门开展民主评议行风工作的部署,以"三个代表"重要思想为指导,以加快发展我县运输事业为主题,调整人员,充实力量,研究制定方案,扎实有效地开展民主评议行风工作,有力地促进了运输业行风建设,为全县运输业的健康发展创造了良好的环境。现将主要工作总结如下:

一、主要做法

（一）领导重视,机构健全,责任落实。

运输业务面广、线长、行风建设任务重,我公司领导高度重视,把行风建设摆上重要议事日程,与其他工作同安排、同部署、同检查、同考核,强化组织领导,落实责任。

一是健全机构,加强领导。（展开部分略）

二是明确目标,落实责任。为了保证行风评议工作有序开展,我公司与所属各运输车队签订了《平塘县运输公司行风建设责任书》,把行风建设纳入领导班子、领导干部目标管理,与各运输车队工作紧密结合。

三是广泛发动,加强监督。（展开部分略）

（二）加强学习,典型引路,提高服务质量。

职业道德建设是运输业行风建设的一项重要内容,直接关系到运输业的发展及企业的形象。我公司全力加强职业道德建设,提高领导和职工素质。

1. 把加强学习,提高认识,作为职业道德建设的基础。（展开部分略）

2. 优化队伍,提高素质。（展开部分略）

3. 奖优罚劣,典型引路。（展开部分略）

4. 强化监督,提高服务质量。（展开部分略）

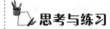思考与练习

撰写一篇学习大学语文的总结。

标题由总结单位、内容和文种三要素构成。

前言说明总结的目的,概述取得的成绩。

主体第一部分"主要做法",详细介绍取得成绩的五点做法、措施。

分析细致,内容具体,措施得力,成效显著。

中心突出,层次分明,语言简明。

（三）规范收费管理，切实减轻服务对象负担，树立了运输业优良服务的新形象。

我公司把规范收费管理，切实减轻服务对象负担，作为树立运输业新形象的突破口，抓紧、抓实、抓好。

1. 建章立制，合法经营，服务行为规范化。（展开部分略）

2. 落实责任，实行责任追究制度。（展开部分略）

3. 标本兼治，防止反弹。（展开部分略）

（四）重视源头防范，进一步提高为客户服务的水平，进一步树立客户是上帝的服务思想。（展开部分略）

（五）加强制度建设，提高服务水平，认真抓好企业效能建设。

加强制度化、规范化建设，增强服务意识，是加强行风建设的重要保证。我公司将行风评议与"解放思想，加快发展"大讨论、党风廉政建设活动紧密结合起来，努力塑造务实高效的运输企业新形象。

1. 加强领导，提高认识。（展开部分略）

2. 完善制度，强化行为。（展开部分略）

二、存在的问题

（一）各运输车队行风建设发展不平衡。一些车队对行风建设的重要性和紧迫性认识不足，重视不够。

（二）职工道德建设仍存在薄弱环节。个别职工工作方法不当，法纪观念不强，存在野蛮装卸的现象。

这些问题，反映了我公司行风建设的艰巨性和长期性。我们将进一步认清形势，切实增强抓好行风建设的紧迫感和责任感。我们将正视存在的问题，主动争取社会各界的关心和监督，组织和带领广大干部职工共同努力，切实加强与服务对象的配合，扎扎实实地抓好运输业行风建设工作。

平塘县运输公司
二〇一二年十二月三十日

> 主体第二部分"存在的问题"，这部分写得比较简要。

> 结尾，针对存在的问题，简明扼要地提出改进的措施。

> 总结单位落款，并写明写作日期。

项目三　求职信

7. 致米兰大公书

达·芬奇

达·芬奇(1452—1519),意大利文艺复兴时期画家、雕刻家、建筑师、音乐家、数学家、发明家、解剖学家、地质学家、植物学家和作家,与米开朗基罗和拉斐尔并称文艺复兴三杰。

显贵的大公阁下：

　　我对那些冒充作战器械发明家的人所进行的试验作了观察和思考,发现他们发明的东西与平常使用的并无两样,故此斗胆求见阁下,以便面陈机密,但对他人不抱任何成见。

　　一、我能建造轻便、坚固、搬运便利的桥梁。可用来追逐和击败敌军;也能建造坚固的桥梁,用以抵御敌军的炮火和进攻,这种桥梁装卸非常方便,我也能焚毁、破坏敌军的桥梁。

　　二、在围攻城池之际,我能从战壕中切断水源,还能制造浮桥、云梯和其他类似设备。

　　三、一个地势太高,或坚不可摧,因而无法用炮火轰击的据点,只要它的地基不是用石头筑的,我能摧毁它的每一个碉堡。

　　四、我还能制造一种既轻便又易于搬运的大炮,可用来投小石块,犹似下冰雹一般,其中喷出的烟雾会使敌军惊惶失措,因而遭受沉重损失,并造成巨大混乱。

　　五、我能在任何指定地点挖掘地道,无论是直的

学习目标与建议

1. 了解达·芬奇的生平事迹。
2. 学习求职信的表达技巧。

参考阅读

1482年,31岁的达·芬奇离开佛罗伦萨,来到米兰,给当时的米兰大公鲁多维克斯弗查写了这封求职信,以谋得一个军事工程师的职位。

有针对性地介绍自己在军事工程领域的九个方面的专业特长。同时还介绍了自己在非军事工程领域之外的两个特长。以提高被录用的可能性。

或弯的,不出半点声响,必要时可以在战壕和河流下面挖。

六、我能制造装有大炮的铁甲车,可用来冲破敌军最密集的队伍,从而打开一条向敌军步兵进攻的安全通道。

七、在必要情况下,我能建造既美观又实用的大炮、迫击炮和其他轻便军械,不同于通常所使用者。

八、不能使用大炮时,我能代之以弹弓、投石机、陷阱和其他效果显著的器械,不同于通常所用者——总之,必要时我能提供不胜枚举的进攻和防御器械。

九、倘若在海上作战,我能建造多种极其适宜于进攻和防守的器械,也能制造可以抵御最重型火炮炮火的兵船以及各种火药和武器。

十、在太平年代,我能营造公共建筑和民用房屋,还能疏导水源,自信技术决不次于他人,而且保君满意。

> 再次表达自己的求职愿望,态度十分诚恳。

此外,我还善于用大理石、黄铜或陶土雕塑;在绘画方面,我也决不逊色于当今任何一位画家。

我还愿意应承雕塑铜马的任务,它将为您已故的父亲和声名显赫的斯福乐尔扎家族增添不朽的光彩和永恒的荣誉。

如果有人认为上述任何一项办不到或不切实际的话,我愿随时在阁下花园里或您指定的其他任何地点实地试验。谨此无限谦恭之忱,向阁下候安。

> 结尾一句谦恭有礼,符合自荐性求职信的特点。

达·芬奇
1482年×月×日

> 署名,并写下完整的日期。

8. 求职信的写作

一、求职信的含义和用途

求职信是指求职者向自己欲谋求职业的单位介绍自己的基本情况,提出求职请求的一种应用文书。

为了求职而自我推荐,因此,求职信的作用是让用

 学习目标与建议

1. 了解求职信的用途和特点。

人单位了解求职者的基本情况,并赢得信任和赏识,留下深刻印象,达到最终被录用的目的。

二、求职信的特点

(一)自荐性。不论求职者与用人单位的人员认识与否,求职者在信中都必须毛遂自荐,恰当地介绍自己。

(二)针对性。求职信的针对性体现在三个方面:一是针对用人单位的实际情况;二是针对读信人的心理;三是针对自己的实际情况。撰写求职信应充分考虑这几个因素。

(三)竞争性。市场经济为每个人提供了公平竞争的机遇与平台,择人与择业的双向选择机制决定了求职行为本身就是一种竞争。自用人单位收到求职信起,竞争就开始了。求职信不仅可以反映个人的语言水平,更是求职者智力、性格、素质等的综合反映。所以,一份简洁明了、措辞得体、书写清晰的求职信对求职的成功与否至关重要。

三、求职信的结构和内容

求职信通常由标题、称谓、正文、敬语、落款、附件六个部分组成。

(一)标题

一般使用的是"文种"式标题,即"求职信"或"求职函"三个字。

(二)称谓

求职信若是写给国有企事业单位,通常称谓写单位名称或单位的人事处(或人力资源部)。若是写给民营、私营或合资独资企业,称谓一般写公司老板或人事部负责人。要注重用语的礼貌庄重。

(三)正文

正文是求职信的重点,应包括以下内容:

1. 求职、应聘的缘由。开门见山地写明求职原因、目的。

2. 自我介绍。介绍自己姓名、性别、年龄、籍贯、民族、学历、学习单位等有关信息。

3. 个人简历。根据自己学习与工作的经历写明自己受过的专业教育及具体成绩或获奖情况;如有工

2. 掌握求职信的结构和写法。

3. 掌握简历的写作要点。

4. 试撰写一篇求职信(或简历)。

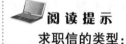
阅读提示
求职信的类型:

1. 非应聘式求职信,这是不知道对方单位是否有用人需求而直接投递过去的求职信。

2. 应聘式求职信,即求职人根据用人单位招聘人员的条件向用人单位进行自我介绍而谋求职位的书信。

阅读提示
写作求职信注意事项:

1. 多写自己的优势,展示自己的业绩和能力。但一定要实事求是,不要虚夸。

作经历,则写明时间、单位、担任职务、现有职称以及曾经取得的具体成绩和科研成果等。

4. 个人优势。求职者要针对用人单位对求职者的需求,全面展示自己的专业特长、业务技能、外语水平、计算机水平、业余爱好等。同时还要侧重自己在某方面更为突出的知识、技能及有利条件。

5. 适当要求。求职信除"投其所好",尽可能展示自我外,还可以适当地提出自己的愿望和要求,如专业选择、工资待遇水平、住房要求等。

6. 个人愿望。最后再次表明个人迫切要求被录用及被录用后的打算。

7. 结尾。以诚恳的态度表达自己希望被择优录用的愿望,如"希望领导给我一次面试的机会"、"盼望答复"、"敬候佳音"等。结尾可以与主体衔接在一起写,也可以另起一段。

(四) 敬语 按信函的格式写"此致"、"敬礼"一类敬语。

(五) 落款

按信函格式写上个人姓名并写上日期。

(六) 附件

要附上自己的简历表、学历证书、获奖证书、论文、职业资格证书、技能证书等复印件,还要写上自己的联系地址与联系方式。

【例文1】

求职信

尊敬的领导:

您好!

我是长安信息职业技术学院人文社科系中英文秘书专业的一名学生,即将毕业。

长安信息职业技术学院是我国西部信息技术人才培养基地,具有悠久的历史和优良的传统,并且素以治学严谨、育人有方而著称。我在这样的学习环境中度过了三年的学习生活。在这三年中,无论是在专业知识、专业能力方面,还是在个人素质修养方面,我都有了很大的提高,达到了一个大学专科毕业生应有的素质。

2. 可适当说明自己求职注重的是某个单位更适合自己发挥个人才能,为单位的发展做贡献,而不是考虑经济上的收入。

3. 如果是应聘式求职信,则严格依据招聘条件,有针对性地逐条如实地表述。

4. 态度自信,热切诚恳,尊重对方,不卑不亢。

5. 文面美观,无论是电子文件还是手抄文稿,均要布局匀称,版面美观,给人以和谐得体的优美感受。

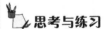

思考与练习

试写一封求职信。

这是一篇自荐性的求职信。先自我介绍所在学校及系科,再介绍学校在社会上的地位。

说明在这样的学校学习,有利于自己的成长。

三年中,在老师的精心培育及个人努力下,我具备了扎实的专业基础知识,系统地掌握了涉外文员专业的有关知识和理论;熟悉涉外工作礼仪;具备较好的英语听、说、读、写、译等能力;能熟练操作计算机办公软件。同时,利用课余时间广泛涉猎了大量书籍,不但充实了自己,也培养了自己多方面的技能。更重要的是,严谨的学风和端正的学习态度塑造了我朴实、稳重、创新的性格特点。

介绍学业和自己的能力。

　　此外,我还积极地参加各种社会活动,抓住每一个机会锻炼自己。大学三年,我深深地感受到,与优秀学生共事,使我在竞争中获益;向实际困难挑战,让我在挫折中成长;参加社会实践,使我提高了工作能力。祖辈们教我勤奋、尽责、善良、正直;学校培养了我实事求是、开拓进取的作风。我热爱贵单位所从事的事业,殷切地期望能够在您的领导下,为这一光荣的事业添砖加瓦;并且在实践中不断学习、进步。

写自己对社会的认识和体会,给人一种积极向上的印象。

　　收笔之际,郑重地提一个小小的要求:无论您是否选择我,尊敬的领导,希望您能够给我一个面试的机会!

表示对求职单位的向往之情。

郑重提出自己的希望。

　　祝愿贵单位事业蒸蒸日上!

以祝词结尾,礼貌且诚恳。

附件:
1. 个人简历
2. 三好学生证书
3. 英语四级证书

附件标题。

季天鸿
二〇一一年五月四日

署名并写明日期。

【例文2】

应聘函

尊敬的红叶商场张晓翔总经理:
　　我从5月9日的《羊城晚报》上看到了贵商场招聘员工的启事。我有意应聘其中的财务会计一职。

这是一封应聘式求职函。先写礼貌的称谓。
再说明消息来源。

　　我叫张晓兰,女,今年26岁,本市人,于2004年毕业于黄河职业技术学院会计电算化专业。在校学习时各科成绩优良,会计电算化技能受到实习单位的好评。毕业后在中北公司做销售员,由于专业不对口,所学特长无法发挥,很是苦闷,很羡慕那些专业对口具有用武

自我介绍基本情况。
突出自己学习成绩优良,专业能力较强。

之地的人士。知悉贵商场招聘财务会计专业人员一事,令我非常高兴,觉得终于盼来了施展自己特长的好机会。

　　希望贵商场能给我一个面试的机会。经考核,如蒙录用,我将会竭尽全力搞好本职工作,做一个合格的红叶商场"理财人"。

此致

敬礼!

　　附件:
1. 黄河职业技术学院毕业证书复印件
2. 会计证复印件

求职人:张晓兰谨上
二〇一二年五月十二日

联系地址:本市淮河南路228号
邮政编码:345620
联系电话:13532××××××

表示对求职单位的向往之情。

以敬语结尾,格式规范。

写明附件名称。

署名谦恭,写明日期。

写明联系地址和联系电话,便于今后联系。

知识积累

求职信与简历的区别:

求职信侧重告诉别人你能做什么,简历侧重告诉别人你的经历和技能。求职信来源于简历又高于简历,具有对简历内容进行综合介绍、补充说明和深入扩展的作用。

项目四 单元学习成果汇报

1. 说说毕业论文或毕业设计提纲的撰写方法。

2. 结合专业撰写一封求职信,在班上组织进行一次模拟招聘活动,接受面试。

3. 了解并掌握"总结"的写法,并结合自己课程学习的感受,撰写一份课程学习总结。要求不少于600字。

4. 扩展阅读。阅读李可《杜拉拉升职记》,并记录下你的阅读感受。

5. 观摩电影《入殓师》或话剧《推销员之死》，写一篇观后感。

后　记

从 2012 年起,我们就开始筹备修订《大学语文》教材。其目的就是要将我们近年来进行课程研究的最新成果呈现出来,进一步提高学生的阅读、思维和表达、拓展能力,进一步提高学生的文化素养和职业素养,为他们奠定职业通用能力的基础。

因此,在教材编写之前,我们对学生职业通用能力、企业需求和典型工作任务等做了广泛调查,并以目标导向、任务驱动的方式进行教学模块与内容的重新设计和编写,更加突出职业教育的理念,更加强调人文素质与职业素质的融合,更加强调让学生在学中练、练中学。

修订出版的《新编高职大学语文》以模块化设计、工作任务驱动、学做合一相结合,融语言、文学、文化、文章等不同文体类型于文选和练习中,相比同类教材融合度高,体系新颖独特,更具有职业性、针对性、实用性、创新性。

本教材由吴汉德教授、钱旭初教授、徐四海教授担任主编,杨丽、章玞担任副主编。吴汉德进行了总体策划,钱旭初承担框架、内容设计,撰稿为徐四海、杨丽、章玞、钱旭初。钱旭初、徐四海进行了统稿修订,最后由吴汉德进行书稿终审。